KB040978

헤겔철학과 형이상학의 미래

헤겔철학과 형이상학의 미래

최신한 지음

서광사

헤겔철학과 형이상학의 미래

최신한 지음

펴낸이 | 김신혁, 이숙
펴낸곳 | 도서출판 서광사
출판등록일 | 1977. 6. 30.
출판등록번호 | 제 406-2006-000010호

(413-756) 경기도 파주시 교하읍 문발리 534-1
대표전화 (031) 955-4331 팩시밀리 (031) 955-4336
E-mail: phil6161@chol.com
http://www.seokwangsa.co.kr | http://www.seokwangsa.kr

제1판 제1쇄 펴낸날 — 2015년 1월 30일

ISBN 978-89-306-2323-0 93160

서문

이 책은 근대 형이상학의 정점인 헤겔을 현대적인 맥락에서 다룬다. 형이상학은 현대철학의 흐름 속에서 많은 상처를 받았지만 여전히 철학의 중심을 차지하고 있다. 탈형이상학의 운동도 그 자체가 '형이상학적 사유'임이 틀림없다면 사유 활동이 있는 한 형이상학은 소멸될 수 없다. 칸트의 말대로 인간은 존재 일반에 대한 '형이상학적 자연성향'을 가지고 있다. 형이상학적 관심은 현실뿐만 아니라 현실 저편으로까지 펼쳐진다. 그러나 '신은 죽었다'(니체), '아우슈비츠 이후에 시를 쓰는 것은 야만적이다'(아도르노)와 같은 뼈아픈 토로는 형이상학에 대한 재고를 요구한다. 형이상학은 과연 끝난 것인가?

제1부는 이러한 문제의식을 가지고 헤겔의 형이상학을 현대적인 맥락에서 재구성한다. 형이상학을 과학의 시각으로 보려고 한 칸트의 입장에서 출발하여 현실 속에서 이론과 실천이 교차하는 모습을 추적한다. 이성의 양분(兩分)을 변증법적으로 통합하는 헤겔의 통찰을 '사랑', '양심', '문화'의 변증법으로 풀이하고, 삶과 죽음의 관계를 살펴본 다음, '신은 죽었다'는 언명의 철학적 복잡성을 규명한다. 더 나아가 철학의 죽음을 형이상학과 논리학의 접목을 통해 극복하려고 한 시

도를 오늘의 관점에서 서술한다.

제2부는 헤겔에서 형이상학과 종교의 관계를 분석한다. 헤겔은 헤겔 좌파가 주장하듯이 반종교의 대변자인가? 종교는 의식의 과거적 형태로서 이미 지양된 정신인가? 철학은 종교와 동일한 내용을 가진 정신으로서 종교를 정당화하는 심급인가? 서구사회의 진보에 녹아 들어 있는 '세속화'의 문제로부터 시작하여 종교의 현주소를 분석한다. 종교는 객관성을 지니며 체계 사유의 내용을 구성한다는 정신철학적 삼위일체론을 다루며, 예술종교는 예술의 진리를 해방시키는 정신의 역사적 과정임을 서술한다. 더 나아가 종교는 실체적인 것을 해체한 후기세속사회에서도 여전히 요구된다는 사실을 논증한다. 종교는 분열을 통합하는 정신으로서 고상한 삶과 인류을 위해 결코 배제될 수 없는 지평이다.

이 책은 탈근대와 탈형이상학의 시대 속에서 형이상학의 미래를 그린다. 이것은 탈형이상학의 타당성을 제한적으로 수용하는 가운데 탈형이상학을 비판한다. 형이상학의 미래는 형이상학의 부재가 아니라 형이상학의 변형이 되어야 한다. 이를 위해 '새로운 신화학'을 다루고 형이상학의 새 지평을 모색한다. 이 모든 논의에는 헤겔과 더불어 야코비, 슐라이어마허, 니체, 하이데거, 가다머가 등장한다.

이 책을 세상에 나오게 해 준 철학서적 전문출판 서광사에 깊이 감사드린다.

2015년 1월

최 신 한

차례

1부

형이상학의 현주소

1

사랑의 형이상학

이 장(章)은 초기 헤겔의 '사랑' 개념을 그의 종교 이해와 관련하여 규명하는 것을 목적으로 한다. 헤겔은 튀빙겐에서 신학을 공부할 때부터, 그리고 그 후 베른과 프랑크푸르트 시절에도 '종교'에 대해 깊이 사색하고 이에 관한 많은 미간행 원고를 남겼다. 이 시기의 종교에 관한 헤겔의 반성은 그의 대표작 『정신현상학』과 『논리의 학』 및 베를린에서 행한 '종교철학' 강의에 많은 영향을 끼쳤지만, 후기의 체계 사유와는 많은 부분에서 구별된다. 이 장에서 나는 프랑크푸르트 시절의 사유를 중심으로 헤겔의 '사랑' 개념을 재구성하고 이와 연관된 종교 사상의 문제들을 조명하려고 한다. 서술은 초기 사상의 특징에 걸맞게 헤겔 사유의 체계성보다 그것의 생성계기에 초점을 맞춘다.

1. 칸트의 도덕종교 비판과 통합적 사유의 단초

헤겔의 종교 이해는 칸트 철학에 대한 비판으로부터 출발한다. 칸트는 세계를 알 수 있는 세계와 알 수 없는 세계로 나누고 도덕과 종교를 알 수 없는 세계에 위치시킨다. 여기서 세계는 이론적으로 설명할 수 있는 세계와, 알 수 없지만 도덕과 종교를 통해 접근할 수 있는 세계로 구별된다. 이렇게 세계를 이원론적으로 파악하는 방식은 도덕세계에 관계하는 주관성에 대한 분석에서도 나타난다. 이원론적 세계 파악은 도덕적인 의무의식과 이것에 맞서는 감각적 경향성(Hang)의 대립이라는 주관성의 분열을 낳는다. 칸트의 도덕성 개념은 이러한 대립을 해소하려는 노력에서 성립하며, 대립의 해소는 감각적 경향성이 의무의식에 종속됨으로써 이루어진다. "도덕성은 보편자에 대한 개별자의 예속이며 보편자와 대립하는 개별자에 대한 보편자의 승리이다."[1] 개별자 위에 군림하는 보편자는 자연적 경향성을 지배하는 의무의식이며, 이 의무의식은 도덕성을 위해 경향성을 완전히 배제하려고 한다. 요컨대 칸트의 실천이성은 보편성의 능력으로서 감각의 자연스런 활동성과 충동을 "배제하는 능력"(301)이다. "배제된 것은 지양된 것이 아니라 분리된 것이며 (분리된 채로) 존립하는 것이다."(301) 칸트는 존재 전체의 이상과 그 실현을 추구해야 하는 철학을 지배와 배제라는 불균형의 방식으로 나타내며 그 결과 철학은 비생동적인 모습으로 전락했다. 생명과 생동성은 개별성과 보편성의 통합에서 발견되므로, 개별자를 분리하고 감각 충동을 배제하는 보편성은 비생동성 내지 죽음과 다르지 않다. 칸트의 도덕성은 특수성과 분리된 보편성이므로, 그 가운데에는 진정한 보편성이 소유하는 생동적인 모습이 존재하지 않는다.

자연적 경향성에 대립할 뿐 아니라 그 위에 군림하는 도덕법칙을 강

---

1 G.W.F. Hegel, *Frühe Schriften*, Frankfurt/M. 1971, 299쪽. 이하 이 책의 인용은 쪽수를 본문에 직접 표기한다.

조하는 칸트의 엄격주의는 이원론의 전형이다. 헤겔은 피히테와 셸링 등 칸트를 잇는 후속 철학자들이 그랬던 것처럼 애당초 칸트의 이원론을 문제 삼는다. 인간이 갖는 마음의 능력은 서로 투쟁적으로 관계하는 둘이 아니라 조화를 이루는 하나이며, 그렇기 때문에 그것이 관계하는 세계도 서로 대립하는 둘이 아니라 하나여야 하기 때문이다. 인간의 내면성과 세계는 철학의 인위적 설명 이전에 통일적으로 존재하므로 진정한 철학은 분리와 대립을 넘어 통일의 상태를 보여 줄 수 있어야 한다. 이것은 존재의 본래적인 통일성을 재구성하려는 이론의 당위이다. 도덕법칙과 경향성의 대립을 비판하는 헤겔은 이 둘을 통일시키는 독창적인 원리를 내세움으로써 이원론적 사고를 극복하려고 한다. 칸트의 엄격주의에 맞서는 원리는 사랑의 원리이며 화해(Versöhnung)의 원리이다. 헤겔은 사랑의 원리에서 도덕법칙과 경향성의 일치가 성취된다고 생각한다. 이러한 목표에 도달하기 위해 헤겔은 먼저 칸트의 이원론이 갖는 문제점을 체계적으로 분석한다. 이것은 '주관종교' 와 '실정성' 의 문제를 중심으로 이루어진다.

헤겔은 객관종교 내지 이성종교를 비판하고 주관종교에 큰 의미를 부여한다. 이러한 비판은 당시의 신학계와 더불어 '이성의 한계 내에서의 종교' 와 '도덕신학' 을 강조하는 칸트를 염두에 둔 것이다. 헤겔은 "신학은 오성과 기억의 일인 반면, 종교는 가슴의 일"이라고 규정한다.(17) 여기서 신학은 객관종교를 지시하며, 가슴의 일에 관계하는 종교는 주관종교를 가리킨다. 객관종교는 교의적 체계나 교리문답서에 서술되어 있는 것으로서 신앙인의 실제적인 삶과는 거리가 있는 "추상적인 것"(14) 이다. 이에 반해 "주관종교는 생동적이며, 존재의 내면에서 영향을 끼치고 외부를 향해 활동한다."(14) 주관종교는 사람들로 하여금 자연이나 삶 속에서 신을 가깝게 느끼게 하며 이를 통해 개인의 삶을 적극적으로 변화시킨다. 헤겔의 관심은 종교가 어떻게 사람들의 마음과 행동과 삶 전반을 변화시킬 수 있는가에 있다. 여기서는 개인의 변화 뿐 아니라 개인이 적극적으로 개입된 시대의 변화도 아울러 중요하다. 초기 헤겔은 후기 체계 사유에서와 달리 이와 같은 삶의 실제적인 변화에 많은 관심을 기울인다. 그는 신학도였던 튀빙겐 시절부터 실정적(實定的) 신앙과 이성종교의 관계를 규명하고 성서를 비판하는 정통신학을 연구하는 방향으로 나아가는 대신, 종교가 개인의 삶과 시대를 어떻게 변화시킬 수 있는지를 모색하는 철학적 탐구에 몰두한다. 신을 사변적으로 증명하고 신에 관한 형이상학적 체계를 구성하는 것보다 종교가 인간의 삶과 행위를 어떻게 긍정적으로 변화시킬 수 있는가 하는 것이 당시의 헤겔을 사로잡은 주제였다. 그러나 헤겔이 말하는 주관종교는 경건주의 전통과 구별된다. 그것은 내면의 변화만을 목적으로 하지 않고 민족공동체와 국가의 변화를 거쳐 궁극적으로 시대의 변화를 추구하기 때문이다. 헤겔의 주관종교 개념에는 시대비판적 정신이 깃들어 있으며, 그렇기 때문에 종교는 인륜성과 뗄 수 없는 관계 속에 있다.

시대비판은 인륜성의 문제와 연관된다. 헤겔이 파악하는 종교는 애당초 인륜성의 문제와 밀접하게 결합되어 있다. 종교는 삶과 현실을 그때마다 늘 새롭게 변화시킬 수 있어야 하며 이를 통해 새로운 인륜성을 구성할 수 있어야 한다. 이것은 칸트의 종교 개념과 구별된다. 칸트가 말하는 종교적 희망과 도덕은 현실세계와 필연적인 연관관계 속에 있지 않는 것이다. 헤겔은 도덕세계와 이성, 현실세계와 감성이라는 이분법을 극복하고 이성과 감성을 종합함으로써 현실을 새로운 현실로 바꾸려 한다. 이성과 감성은 대립되어 있는 것이 아니라 현실 속에서 서로에게로 삼투되어 있다. 칸트에게서 대립적으로 나타나는 실천이성과 감성적 경향성은 헤겔이 구상하는 종교 개념에서 통합된다. 현실을 심판하고 배제하는 도덕종교와 달리 현실에 부합하며 현실을 끌어안는 종교를 위해 헤겔은 이성과 감성이 통일된 종교를 시도한다. 감성은 초월적 세계와 관계하는 실천이성을 위해 배제되고 억제되어야 하는 것이 아니라 이성과 통합됨으로써 새로운 현실을 만들어 낼 수 있어야 한다. 예컨대 감각적 민족의 종교에서는 "신이 오로지 인간의 감성 법칙에 따라 작용하며 오로지 감성에만 영향을 끼친다."(18) 이러한 민족에게 감성을 배제한 이성적인 교리 교육은 아무런 효과가 없을 수 있다. 헤겔이 이성종교를 비판하고 주관종교를 매개로 하여 민족종교에 대해 언급하는 것은 이러한 맥락에서 더 잘 이해된다.

칸트의 이원론적 사고에 대한 또 다른 비판은 실정성(Positivität) 비판에 잘 나타나 있다. 실정성은 인간의 반성이 결여된 채 고착화된 개념을 지시하며 주관성과 분리되어 생동성을 상실한 객관성을 지칭한다. "일반적으로 실정적이라고 불리는 것은 그것이 우리 자신의 반성적 활동성이 아니며 객관적인 것과 그 특성을 결코 벗어나지 못한다는 속성을 지닌다."(240) "자연 속에 영원한 분리가 있는 곳에서 만약 통합될 수 없는 것이 통합된다면, 거기에는 실정성이 있다."(244) 이러한 통합 가운데는 주관적인 요소가 아무것도 없으며 존재하는 것은 오로지 이미 주어져 있는 객관적인 것뿐이다. 이런 맥락에서는 반성적 활동성이 결여된 도덕 개념도 실정적 개념이다. 실정성은 자기규정의 결여를 뜻하며 더 나아가 지배하고 있는 객관에 의존하는 상태를 의미한다.

헤겔은 정통주의 교회의 지배와 봉건정치의 지배하에서 현실세계에 대해 무력감을 갖는 인간의 모습을 '실정성' 개념을 통해 파악한다. 실정성은 주관성과 대립하는 객관성이며 주관성과 분리되어 고착화된 객관성이다. 여기에는 분리를 극복할 수 있는 통합이나 화해가 들어 있지 않다. 예컨대 기독교의 실정성은 기독교가 교리적으로 화해의 내용을 담고 있다 하더라도 그것이 신앙인의 주관성을 새롭게 변화시킬 수 없으며 심지어 신앙인 개인과 아무런 관련이 없게 된 사태를 지시한다. 여기서 실정성은 종교를 새롭게 분석하는 틀이 된다. 헤겔은 이를 통해 개인의 내면과 그 감동에서 분리되어 생동성을 상실한 교리적 종교의 부정성을 비판하고 이를 극복할 수 있는 대안을 찾는다. 사랑과 생의 개념은 이러한 맥락에서 주제화된다. 잘못된 종교를 비판하고 새로운 종교를 모색하는 것은 주관성과 분리된 객관종교나 이성종교를 주관성과 통합하려는 노력과 다르지 않다. 사랑과 생은 주관종교의 이상을 구현할 수 있는 틀로 떠오른다.

주관성과 분리되어 고착화된 객관성은 대립을 낳는다. 이것은 칸트의 이원론이 말하는 도덕법칙과 개인의 특수한 성향의 대립이며 유태교가 말하는 초월적인 율법과 욕구하는 개인의 대립이다. 흥미로운 것은 헤겔이 실정적 종교에서 발견되는 이원론적 대립의 사례를 칸트의 도덕신학과 유태교에서 찾는다는 점이다. 칸트와 유태교에는 공히 의무가 주어져 있으며 개인은 이것에 복종해야 한다. 도덕과 신앙은 의무와 당위의 내용인 도덕법칙과 율법에 대한 복종으로 규정된다. 여기에는 개인의 성향과 욕구와 특수한 관심을 고려하는 공간은 존재하지 않는다. 개인의 특수성은 법칙의 보편성에 대립할 뿐이므로, 이 둘의 통합은 욕구가 도덕법칙으로 수렴되거나 복종하는 데서 찾아질 뿐이다. 여기에는 의무를 향한 목적 지향적 행위만 강조되기 때문에 진정한 통합과 화해가 있다기보다 지배와 복종이 있을 뿐이다.

유태교의 율법과 칸트의 도덕법칙에서는 존재와 당위가 대립하며 주체와 객체가 맞선다. 물론 유태교와 칸트는 구별되어야 한다. 전자는 자기 밖의 존재에 복종하는 것이라면 후자는 자기 안의 법칙에 복종한다. 그러나 이 둘의 공통분모는 대립관계이다. 헤겔은 이러한 대립의 해소 없이는 진정한 종교가 성립할 수 없으며 더 나아가 전체로서의 존재 일반을 파악할 수 없다고 생각한다. 분리와 대립은 불완전한 상태의 존재를 지시하므로 존재의 진정한 모습은 분리와 대립의 극복에서 찾아야 한다. 진정한 존재 내지 신적 존재는 분리와 대립의 극복에서만 발견될 수 있다는 것이다. 주관성과 맞서 있는 고착화된 객관성을 주관성과 화해시키는 길은 고착화된 객관성에 대한 비판에서 수행되어야 한다. 잘못된 객관성을 올바른 객관성으로 바꾸는 일은 잘못된 객관성에 대한 비판으로부터 출발해야 한다. 올바른 객관성은 주관성과 맞서는 객관성이 아니라 주관성과 통합되어 있는 객관성이다. 바꾸어 말한다면 올바른 주관성은 객관성에 맞서는 주관성이 아니라 객관성을 포함하는 주관성이다. 존재의 진정한 모습은 주객의 통일에 있다. 헤겔은 유태교를 비판하는 예수의 노력에서 고착화된 객관성에 대한 비판을 발견한다. 그는 주관성을 배제하는 유태교의 율법에 인간의 감성, 충동, 경향성, 열정을 대립시킴으로써 율법의 경직성을 비판한다. 인간의 특수성을 배제하는 부정적 보편성에 대한 비판은 부정적 보편성에 대한 부정에서 찾아야 한다. 부정적 보편성인 율법에 대한 비판은 보편성에 특수성을 대립시키는 데서 출발하며 궁극적으로 보편성과 특수성의 통합을 지향한다. 특수성과 대립하는 보편성(도덕법칙, 율법)에 다시금 특수성(경향성, 욕구)을 대립시키는 것은 양자의 매개를 의도한다.

2. 화해와 통합의 원리로서의 사랑

헤겔은 주체와 객체의 통합, 의무와 경향성의 통합, 자연과 자유의 통합을 사랑으로 간주한다.[2] 사랑은 한편으로 인간 가운데서 대립적으로 나타날 수 있는 주관성 능력의 통일, 즉 이성과 감성의 통일이다. 다른 한편으로 사랑은 이러한 통일적인 주체가 만들어 내는 인륜적 주체와 신적 존재의 통일이기도 하다. 특징적인 것은 주체와 객체의 통합 내지 인간과 신의 통합이 인간 가운데서 이루어진다는 사실이다. 주관성과 객관성의 통일이 주관성 가운데서 성취된다는 후기 헤겔의 체계 사유는, 주객의 절대적 통일이 사랑이라는 인간 내면성의 활동성에 입각한다는 초기 논증에서 구체화된 것이다. 이러한 맥락에서 헤겔의 사랑 개념은 애당초 "인간학적으로 정초된 종교철학의 근본개념"[3]으로 이해된다.

사랑에 대한 논의의 중심은 신과 종교이다. "주체와 객체 혹은 자유와 자연이 마치 자연이 곧 자유이며 주체와 객체가 불가분리적으로 통합되어 있는 것으로 생각되는 곳에 신적인 것이 존재한다."(242) 초기 헤겔에서 신은 오로지 사랑 가운데서 이루어지는 주체와 객체의 완전한 통합이며 도덕적 이성과 자연적 감성의 통일이다. 이것은 칸트가 파악한 신과 근본적으로 구별된다. 도덕신학이 말하는 신은 자연성과 경험성에 맞서 있는 초월성과 절대적 자유이기 때문이다. 헤겔은 이러한 주객의 통일을 신성으로 간주하고 이를 사랑과 종교의 '이상'(Ideal)으로 규정한다. 더 나아가 그는 이러한 이상을 인간의 내면성 가운데서 성취하려고 한다. 그러므로 신성은 객체와 대립하는 주체여서는 안 되며 주체 가운데 통합되는 객체여야 한다. 주체와 객체의 통합 및 자연과 자유의 통합이라는 이상은 사랑으로 연결되는 반면, 이러한 이상의

---

2 헤겔은 이러한 통합을 '존재'와 '생' 개념을 통해서도 밝힌다.

3 M. Baum, *Die Entstehung der Hegelschen Dialektik*, Bonn [2]1989, 37쪽.

결여는 주체의 공포, 경외, 고통으로 귀결된다. 주체에 맞서 있는 객체는 주체에게 공포의 대상이며 그가 복종하고 경외해야 하는 무서운 존재이다.[4]

주객통일은 아름다움으로 나타나는 반면 이 둘의 대립은 공포와 고통으로 귀결된다. 아름다움과 고통은 논리적인 사태를 지시하기보다 존재연관을 지시한다. 사랑하는 사람들 사이의 통합은 아름다운 모습이지만 이러한 통합은 논리적인 일치가 아니다. 사랑하는 사람들 사이의 통합에는 오히려 모순이 있다. "우리가 사랑하는 사람은 우리에게 대립되어 있는 것이 아니다. 그는 우리의 존재와 하나이며 우리는 우리 자신을 오로지 그 가운데서만 본다. 그렇지만 그는 다시금 우리가 아니다."(244) 사랑은 "주체와 객체의 모순적 통일"[5]이자 "기적"이다. 사랑은 모순적 통일로 규정되므로 논리학의 틀보다 형이상학의 틀에서 파악되며 이성보다 느낌을 통해 파악된다. 헤겔의 사랑의 형이상학은 칸트의 이원론을 극복하려고 하지만 아직 논리적으로 재구성된 일원론에는 이르지 못하고 있다. 이런 점에서 헤겔의 사랑 개념은 '아름다움' 및 '아름다운 종교'(schöne Religion)와 연관되어 있다. 헤겔은 '사랑과 종교' 단편에서 종교와 사랑의 동일성을 언급하며 플라톤의 『파이드로스』(251 A)를 인용한다.(244) 여기서 사랑은 아름다움의 이념으로 소급된다. 사랑하는 사람들은 서로가 이 이념에 참여하고 있는 상대방의 모습을 바라보고 향유한다. 더 나아가 이러한 만족의 지속은 신의 신성을 형성한다. 사랑은 아름다우며 아름다움의 이념에 참여하는 사

4 주체에 맞서 있는 객체는 주체에게 공포의 대상이기는 하지만 그에게 삶의 의미와 기준을 부여해 준다. 따라서 삶의 의미를 제공해 주는 객체를 결여한 주체는 내면의 공허와 함께 고통으로 떨어진다.

5 같은 책, 38쪽.

랑은 아름다운 종교를 형성한다. 플라톤은 사랑을 아름다움의 이념을 통해 설명하는 반면 초기 헤겔은 사랑을 인간의 내면성을 통해 설명한다. 후기 헤겔은 사랑을 감정의 차원에서 사변의 차원으로 옮겨 놓음으로써 사랑의 내면성을 논리적 주관성으로 체계화한다.

미적인 지평에서 이해되는 사랑은 대립자들의 대립적, 수직적 관계가 아니라 이들의 동등한 관계 내지 수평적 관계로 이해된다. 사랑에서는 지배자와 피지배자의 대립이 이미 지양되어 있기 때문에 피지배자가 지배자에게 의존하는 모습이나 지배자가 피지배자 위에 군림하는 모습이 없다. "실정적으로 고착화된 의존관계"(positivierte Abhängigkeitsverhältnisse)[6]에서는 서로를 독자적인 주체로 인정하는 사랑을 발견할 수 없다. 이것은 연관된 사람들 간의 수평적 관계가 아니라 수직적 관계이며 중심에 대한 주변의 의존관계이기 때문이다. 따라서 사랑은 사랑으로 연결된 존재들 간의 의존관계 대신 자유의 관계를 보여 준다. 자유에 입각해 있는 사랑은 공포와 엄격하게 구별된다. 사랑은 공포 위에 있으며 "공포보다 강하다."(247) 신에 대한 사랑과 신에 대한 공포는 똑같이 신과 인간의 관계이지만, 전자는 인간과 신의 수평적 통합인 반면 후자는 양자의 수직적 통합이다. 이것은 기독교와 유태교의 근본적인 차이이기도 하다. 유태교의 신은 주체에 맞서 있는 무한한 객체인 반면 기독교의 신은 주체와 통합된 사랑이다. 전자는 인간 위에 군림하면서 그로부터 생동성을 박탈하는 반면 후자는 인간과 사랑으로 통합되어 있으므로 인간에게 생동성을 부여한다. 사랑과 생동성은 호환적이다.

---

6 F. Wagner, "Philosophisch begriffene christliche Religion zwischen Voll-Endung und Umformung", in: A. Franz, W.G. Jacobs, *Religion und Gott im Denken der Neuzeit*, Paderborn/München/Wien/Zürich 2000, 158쪽.

사랑과 생동성은 일차적으로 내면성의 문제이다. 헤겔은 주관종교의 연장선상에서 사랑을 파악한다. 주관종교는 도덕적 행위를 촉진하기 위해 마련된 것이라면, 사랑의 종교는 도덕적 행위를 포함해서 존재 일반의 유기적 통합을 지향한다. 헤겔은 사랑의 종교를 주관종교와 연관지으면서 인간의 상상력을 강조한다. "신성(神性)은 상상력으로부터 존재로 형성된 사랑이다."(242)[7] 상상력은 사랑이 만들어 내는 주체와 객체의 통일을 신으로 표상한다. 신성은 상상력을 통해 현존하는 존재로 표상되는 사랑이다. 이것은 정신적이고 영적인 사랑이 존재로 형태화된 것 이상이 아니다. 사랑을 신으로 표상하는 것은 이미 주어져 있는 교리적인 것의 확인에 그치는 것이 아니라 신앙인의 생동적인 삶의 변화로 나타난다. 이에 반해 개인의 내적 활동성과 무관한 신은 교리적 가르침의 대상이 될 수 있을지라도 신앙인의 내적 변화와는 상관없다. 외적인 교리보다 마음의 실질적인 변화를 의도하는 주관종교는 사랑의 종교로 이행하면서 내면의 질적 변화와 아울러 인간과 신의 통합을 보다 구체적으로 드러낸다.

주관종교의 이상을 실현하기 위해 사랑의 원리를 천착하는 헤겔은 궁극적으로 진정한 종교의 건립을 목표로 한다. 그는 유태교와 같이 인간과 신이 대립하고 신이 인간을 지배하는 종교를 비판하고 신과 인간이 사랑으로 결속된 종교를 구성하려고 한다. 그런데 왜 사랑이 문제되는가? 칸트의 이분법을 비판하는 헤겔은 "도덕감도 경향성의 영역에 포함되어 있는 경험적 특성에 속한다"(30)고 생각한다. 칸트가 말하는 도덕은 경향성과 대립하는 초월적인 것이지만, 헤겔에게는 도덕도 경

---

7 "종교는 신을 자유롭게 경배하는 것이다. 상상력이 결여된 단순히 주관적인 종교는 정직과 성실(Rechtschaffenheit)에 지나지 않는다."(241)

험적 특성을 갖는다. 여기서 초월과 경험, 보편과 특수, 이성과 경향성의 교차를 중시하는 헤겔의 일원론적 입장이 잘 드러난다. 헤겔은 일원론적 사유에 이르기 위해 이성과 사랑의 근본적인 유사성을 규명하는 데 집중한다. "경험적 특성의 근본원칙은 사랑이다. 이성이 보편타당한 법칙의 원칙으로서 자기 스스로를 모든 이성적 존재 가운데서 다시금 예지계의 시민으로 인식하는 것과 같이, 사랑은 다른 사람 안에서 자기 자신을 발견하거나 오히려 자기 자신을 망각하는 가운데 자신을 자기 실존으로부터 내던져서 다른 사람 가운데 살고 그 가운데서 느끼고 활동하는데, 이런 한에서 사랑은 이성과 유비적이다."(30)

사랑은 이성과 유비적인 관계에 있기는 하지만 그 자체가 오성도 이성도 아니며 감정이다. 오성과 이성은 규정자의 대립과 대립의 부정을 가능하게 하는 능력인 반면 감정은 통합을 담아내는 능력이다. 사랑을 감정으로 간주하는 것은 사랑이 초월적 특성보다 경험적 특성을 지닌다는 사실에 토대를 두고 있다. 위의 인용문은 초월적 특성을 지니는 이성이 보편을 확보하는 것과 같이 사랑은 경험적 특성을 지님에도 이성과 마찬가지로 보편을 확보한다는 사실을 보여 준다. "인간의 경험적 특성은 쾌와 불쾌에 의해 촉발되지만 (마찬가지로 경험적 특성을 지니는) 사랑은 이기적인 것이 아니다."(30) 헤겔은 사랑을 이성과 유비적인 것으로 파악함으로써 경험 속에서 초월을 직관하며 경향성 가운데서 상호주관적인 것을 본다. 이것은 사랑을 매개로 한 경험과 초월의 통일이며 특수와 보편의 통합이다.

헤겔은 예수의 산상수훈을 토대로 삼아 의식 중에 대립되어 있는 감각적 경향성과 의무의식을 사랑 가운데서 통일시키려고 한다. 헤겔의 해석에 의하면 "예수는 계명에 성향(Gesinnung)을 대립시킨다. 즉 계명에다 이렇게 저렇게 행동하려는 경향성(Neigung)을 대립시킨다. 경향성은 내적으로 근거 지어진 것이며 자신의 이상적인 대상을 그 자체 안에 가지며, 이를 낯선 것(이성의 도덕법칙) 가운데서 소유하지 않는다."(301) 헤겔은 주체와 무관하게 외부에서 주어진 도덕법칙이나 신을 진정한 신으로 인정하지 않으며 오로지 주체 가운데 주체 스스로가 접촉하는 계명을 신적인 것으로 받아들인다. 사랑은 당위가 아니며 당위의 위력을 깨뜨린다. 이렇게 도덕법칙과 경향성이 통일되고 법칙의 보편성과 주체의 특수성이 통일되는 것이야말로 진정한 신의 모습이자 사랑의 모습이다.

헤겔은 칸트의 도덕종교를 대신할 수 있는 종교는 이제 '사랑의 종교'라고 한다. "종교는 사랑과 하나이다."(244) "신은 사랑이며, 사랑은 신이다. 사랑이 아닌 다른 신성은 존재하지 않는다. 신적이지 않은 것과 사랑하지 않는 것만이 신성을 자기 바깥의 이념에서 가져야 한다."(304) 이러한 관점에서 볼 때 칸트가 말하는 물자체의 이념은 사랑과 무관하며 따라서 진정한 신성을 드러낼 수 없다. 칸트는 사랑을 "물리적인 원인에 기인하는" 경향성의 일종으로 간주하며 일반적인 인간애를 "단순히 도덕적인 열광"으로 폄하한다.[8] 칸트가 말하는 사랑은 도덕법칙 및 신성과는 무관한 저급한 영역을 벗어나지 못한다. 사랑은 헤겔이 의도하는 바와 같이 도덕법칙과 더불어 신성을 드러낼 수 있는 것이 아니라 오히려 도덕법칙의 지배를 받아야 하는 삶의 하찮은 요소에 불과하다. 헤겔은 사랑에 대한 칸트의 시각을 전적으로 부정하지 않지만 그의 이원론적 사유에 대해서는 시종 비판적이다. 칸트의 도덕은 경향성에 맞선다는 점에서 존재 전체를 대변하지 못하는 반면 헤겔의 사랑은 대립적인 것들을 통합한다는 측면에서 전체성을 대변한다. 더 나

8 I. Kant, *Kritik der praktischen Vernunft*, Hamburg, 149쪽 이하.

아가 도덕은 추상성을 벗어날 수 없는 반면 사랑은 생동적인 존재들의 실제적인 결합을 가능하게 한다.

칸트의 이원론적 도덕종교를 사랑 개념을 통해 극복할 수 있다고 생각하는 헤겔은 종교와 사랑을 동일시하면서 분명하게 말한다. "사랑하는 사람은 우리와 대립되지 않으며 우리의 존재와 하나이다."(244) 헤겔이 볼 때 이러한 대립의 통합은 그 자체가 하나의 기적이다. 사랑의 통합은 합리성의 한계를 뛰어넘기 때문이다. 그러나 종교와 사랑을 동일시하고 이를 합리성 저편의 것으로 파악하는 것은 동시에 그 한계를 내포한다. 사랑은 합리성과 배치된다는 점에서 초합리의 영역에서 합리를 배제하는 한계를 지닌다. 사랑은 통합의 원리를 표방하면서 스스로 통합에 역행하는 모습을 보여 주는 것이다. 이것을 의식하는 헤겔은 앞의 주장을 바꾸어서 "사랑은 아직 종교가 아니다"라고 선언한다.(364) 그는 '종교는 사랑과 하나다'라는 이전의 입장에서 한 걸음 더 나아간다. "사랑 자체는 아직 불완전한 속성을 갖는다."(370) "사랑은 객관성을 위한 공간이 아니다."[9] "사랑 자체는 느낌으로만 있으며 형상(Bild)으로 존재하지 않는다."(364) 사랑은 통합의 원리이기는 하지만 주관적인 차원을 넘어서지 못한다는 것이다. 사랑에서 전체존재의 진정한 통합이 이루어지지만 이는 직관과 느낌의 일에 그치며 통합의 객관성을 드러내지 못한다. 주관적인 느낌으로서의 사랑을 극복하기 위해 상상력의 도움이 필요하며 이를 통해 주관적인 것이 객관화되어야 한다. "상상력을 통해 객관화된 사랑의 통합만이 종교적 숭배의 대상일 수 있다."(364) 결국 사랑에 결여되어 있는 것은 그것이 갖는

---

9 Hegel, Anhang II, "Der Geist des Christentums und sein Schicksal," (Schüler Nr. 89), in: Ch. Jamme, H. Schneider, *Der Weg zum System*, Frankfurt/M., 54쪽.

객관적인 형식의 부족이며 이것이 포착하는 객관적인 내용의 부족이다.

사랑은 통합의 원리이지만 이는 감정과 느낌 속에서 이루어지는 통합에 지나지 않는다는 사실에 대한 자각은 사랑 개념에 대한 헤겔의 자기비판으로 나타난다. 감정에서 이루어지는 통합이 진정한 통합과 구별된다는 사실은 사랑 개념에 대한 비판과 보충을 요구한다. "신을 사랑하는 것은 온생명과 무한자 가운데서 아무런 제약 없이 자신을 느끼는 것이다"[10] 이러한 느낌과 감정으로서의 사랑은 그 가운데 "개념적으로 객관화될 수 있는 차이성"[11]을 포함하지 않는다. 사랑은 반성 및 개념적 규정과 대립하고 있을 뿐이며 이를 자기 가운데 통합하지 못하고 있다. 이것은 통합의 진정한 의미와 구별된다. 진정한 통합의 틀 속에서 "성향은 계명의 실정성과 객관성을 지양하며, 사랑은 성향의 한계를 지양하고, 종교는 사랑의 한계를 지양한다."(302)

"사랑의 직관은 완전성을 충족시키는 듯 보이지만 이것은 모순이다. 직관과 표상은 제약적인 것이며 제약적인 것을 수용하는 것이다."[12] 이제 헤겔은 사랑의 직접성, 제약성, 몰객관성을 극복하고 통합의 완전성을 구체적으로 획득하려고 한다. 그는 사랑의 통합을 객관화하기 위해 이를 반성적으로 파악하는 방향으로 나아간다. 이것은 느낌의 사실로서의 사랑이 표상과 반성의 사실로 바뀌는 계기이기도 하다. 객관성을 산출하는 능력은 반성이다. 그러나 반성은 제약성의 영역을 넘어서지

10 같은 곳.

11 J. Stolzenberg, "Subjektivität und Leben. Zum Verhältnis von Philosophie, Religion und Ästhetik um 1800", in: W. Baungart, G. Fuchs, M. Koch (Hg.), Ästhetische und religiöse Erfahrungen der Jahrhundertwenden I: um 1800, Paderborn/München/Wien/Zürich 1997, 68쪽.

12 Hegel, Anhang II, 54쪽.

못한다. 반성을 근간으로 하는 철학은 종교의 내용을 다룰 수 없다. 무제약성과 무한성에 관한 한, 철학은 종교로 지양되어야 한다. 반성은 사랑의 느낌을 통해 그 영역을 무한성으로 확대해야 하며 사랑은 반성의 도움으로 객관성의 영역에 들어서야 한다. 따라서 "종교적인 것은 사랑의 충만(pleroma)으로 규정된다. 이것은 "반성과 사랑의 통합과 결합으로 생각된 것"(370)이다. 이 충만은 계명과 경향성의 일치로 간주될 수 있다. 사랑의 느낌은 주관성에 머물며 반성은 유한성을 넘어설 수 없기 때문에, 이 둘은 진정한 종교를 대변할 수 없다.

3. 사랑의 토대로서의 생명과 삶

종교가 사랑의 한계를 지양한다는 사실은 사랑 개념에 대한 헤겔의 시각이 내재적으로 변화했다는 것을 보여 준다. 종교는 사랑과 동일한 개념에서 사랑보다 상위의 개념으로 바뀐다. 사랑은 통합의 이상을 구현하는 최종적인 원리가 될 수 없다는 것이다. 무한자를 드러내야 하는 종교는 사랑이 아닌 또 다른 범주를 필요로 한다.

앞서 서술한 바와 같이 종교와 신은 반성적 파악의 범위를 벗어난다. 신에 관해 말하는 것은 대립을 포함해서는 안 되기 때문에 반성적인 표현은 신에게 적합하지 않다. 따라서 "신은 가르칠 수도 배울 수도 없는"(390) "거룩한 비밀"(378)이다. 신은 반성을 통해서 개념적으로 파악할 수 있는 존재가 아니기 때문에 반성을 넘어서는 또 다른 범주를 요구한다. 헤겔은 사랑과 반성을 넘어서는 새로운 범주로 '생명'과 '생'을 든다. 반성은 유한자와 무한자를 구별하는 힘인 반면, 생명은 유한자와 무한자의 연관이다. 특히 "신적 존재는 순수한 생명"(372)이므로, 그것은 분리하는 반성을 통해서가 아니라 생명을 통해서만 파악될 수 있다. 헤겔은 새롭게 발견한 생명의 범주 가운데 사랑의 원리를 수용하면서 동시에 그 결점을 보충한다. 사랑에 대한 이해 없는 생명은 논의가 불가능하다.

생명은 대립의 한 축이 아니며 대립을 포함하는 전체이다. 전체는 유한자와 무한자를 포함할 뿐 아니라 이 둘의 대립관계와 통합관계를 아우른다. 따라서 존재의 진정한 객관성은 유한자에 대립하는 무한자에 있다기보다 유한자를 포함하는 무한자에 있으며, 이는 무한자와 유한자의 대립관계를 자기 안에 포함하는 이 둘의 통합관계에서 찾아야 한다. 유한자와 무한자를 포함하면서도 이 둘의 관계를 아우르는 범주는 '생명'과 '생'이다. 신과 종교는 이제 사랑에 토대를 두면서도 이를 넘어서는 생명의 범주를 통해 파악된다. 신은 주관적인 사랑의 느낌에서 이루어지는 주객통일에 지나지 않는 것이 아니라 삶과 생명에서 성취되는 진정한 통합 그 자체이다. 헤겔은 생명을 부분과 전체 및 유한자와 무한자의 대립과 통합을 근거 짓는 형이상학적 원리로 간주한다. 이제 신은 삶의 형이상학에서 구체화되는, 다시 말해서 대립과 통일을 자기 안에 포함하는 무한한 생명이자 영생으로 규정된다. "신을 사랑하는 것은 총체적인 생명 가운데서 아무런 제약 없이 무한자를 느끼는 것이다."(363)

"사랑은 생동적인 것의 감정이다." "생동적인 것은 생동적인 것을 느낀다."(246) "사랑은 무한한 구별을 추구하고 무한한 통합을 발견함으로써 모든 사상과 영혼의 다양성을 교환할 때 생명의 부요함을 획득한다."(248) 분리된 것을 하나로 묶는 사랑은 그것이 비록 느낌의 차원에 있다 할지라도 사랑을 통해 결속되는 존재들을 더욱 생동적으로 만든다. "진정한 통합과 본래적인 사랑은 오로지 생동적인 것에서만 일어난다."(245) 그러나 사랑은 분리와 구별보다는 통합에 더 많은 관심을 기울인다. 사랑의 느낌에서는 통합이 만들어 내는 생동적인 감정이 우선적이며 통합을 구성하는 개별 주체들에 대한 관심은 차선으로 밀려나 있다. 더 나아가 통합의 느낌에 집중하는 사랑은 모든 대립을 배제한다. "사랑 가운데 분리는 여전히 존재하기는 하지만 그것은 더 이상 분리로서가 아니라 통합으로 있다." "사랑 가운데 전체가 포함되어 있지만 이는 수많은 특수와 분리의 총합으로서의 전체가 아니다."(246) 보다 정확하게 말하자면 사랑 가운데는 통일적인 생명의 중복은 있지만 분리의 유기적 통일은 없다. 이것은 사랑이 반성적 객관성을 결여하고 있다는 사실에서 지적된 바 있다. 진정한 통일은 대립과 통합이 유기적으로 결합되어 있는 생명 개념에서 비로소 가능하다.

생동적인 것의 원천은 순수한 생명이다. 순수한 생명은 단순하며 분화의 원천이고 "모든 개별적인 삶과 충동과 행위의 원천이다."(371) 다양성은 순수 생명에서 분화된 것이라는 점에서 절대적인 것이 아니다. 사랑을 통한 통합의 과정은 이러한 순수한 생명에서 시작되는 분화의 반대과정이다. 생명과 삶은 이런 맥락에서 사랑의 토대인 것이다. 화해와 통합을 둘러싸고 사랑과 생명은 이와 같이 교호적으로 관계한다. 삶은 통합의 실재적 근거를 형성하는 반면, 사랑은 통합의 인식근거를 서술한다.[13]

사랑의 생동성은 생명의 토대 위에 서 있기 때문에 자립성과 자율성과 자유에 근거한다. 타율적인 통합에 생동성이 없다는 사실은 그 자체로 분명하다. 따라서 생동적인 통합의 원리인 사랑은 통합을 타율적으

---

13 F. Wagner, *Der Gedanke der Persönlichkeit Gottes bei Fichte und Hegel*, Gütersloh 1971, 141쪽 참조.

로 만들어 내는 강제력과 구별된다. 사랑은 내적인 유연성을 지닌 반면 강제력은 외적이며 경직된 것이고 심지어 폭력적이다. "사랑하는 사람들은 자립성과 독자적인 생명원리를 갖기"(246) 때문에, "사랑은 오로지 동일한 것과 (이를 비추는) 반사와 우리 존재의 반향에 대응해서만 일어난다."(243) "사랑은 당위를 말하지 않는다. 사랑은 특수성과 대립된 보편이 아니다." 당위와 대립은 경직성과 부자유로 연결되는 반면 통합과 조화는 생동적인 자유로 연결된다. "조화에서는 특수가 모순적인 것이 아니라 화합하는 것"(363)이므로, 그 자체가 보편과 자연스럽게 어울린다.

삶의 생동적 자유와 강제력의 관계는 저 유명한 '운명'과 '법'의 관계를 통해 잘 설명된다. 헤겔은 삶의 자유에 맞서는 당위와 강제력을 범죄와 형벌의 관계에서 설명한다. 범죄와 형벌은 극단적인 대립을 대변한다. 그러나 이 둘이 사랑의 매개를 통해 삶의 실제적인 계기로 받아들여질 경우 대립은 통합으로 이행한다. 법은 주관성과 대립하는 고착화된 객관성으로 나타날 때 형벌이 되지만, 사랑과 삶의 계기로 받아들여질 경우 더 이상 형벌이 아니라 운명(Schicksal)으로 다가온다.

범죄와 형벌은 먼저 법의 손상을 지시한다. 욕구와 경향성에 기인하는 행위는 당위로 주어진 의무와 법에 대한 대립으로서 그 자체가 법의 손상이다. 경향성과 대립하는 법은 "형벌을 주는 법"(strafendes Gesetz)(338)으로 규정되며, 경향성에 따르는 범행은 오로지 법의 강제하에서만 법의 테두리 안에 존재한다. 범죄는 법의 손상이며, 법집행은 범죄에 대한 강제이다. 이 두 경우에서 범죄와 법은 여전히 대립관계에 머물러 있다. 형벌을 주는 법은 범행에 대해 외적으로 관계할 뿐이기 때문에 범행의 주체에게 아무런 영향을 끼치지 못한다. 형벌을 주는 법은 "그 내용상 삶과 대립해 있다."(338) 이 둘은 전혀 남남의 존재이다. 그러나 의무와 경향의 대립이 삶과 사랑 가운데서 지양되면 범죄와 형벌은 이 둘이 대립하는 경우와 다른 의미를 얻는다. 헤겔은 이 경우에 해당하는 법을 '운명'으로 간주한다. 법과 범행의 주체가 삶의 계기로 받아들여져서 이 둘이 실제로 결합되는 경우 형벌은 더 이상 벌을 주는 법이 아니라 삶의 운명이 된다. 여기서 운명은 당위가 삶 가운데 구체적으로 실현되는 모습을 지시한다. "손상당한 삶은 운명으로서 내게 맞서 있다."(305) 그러나 "사랑은 범죄자를 운명과 화해시킬 뿐 아니라 사람들을 덕과 화해시킨다."(359)

헤겔은 운명 개념을 통해 의무와 경향성의 대립 내지 주체와 객체의 대립이 주체의 삶 가운데서 해소된다는 것을 보여 주려고 한다. 의무의 자기와 경향성의 자기는 서로 맞서지만 이는 운명을 인식하는 삶에서 통합된다. 이와 같이 운명을 통해 "자기 자신을 재발견하는 삶의 감정은 사랑이며, 사랑 가운데서 운명은 자신과 화해한다."(346) 사랑 가운데서 사람들은 자신에게 적대적인 운명을 자신의 삶의 일부로 인정하고 이 가운데서 자신을 재발견한다. "사랑 가운데서 인간은 적대적인 것과 적대적인 운명을 자기 자신의 행위와 태만에 대한 답변으로 인식한다. 사랑은 운명의 필연성에 대한 통찰을 보증한다."[14]

중요한 것은 의무와 경향성의 대립이 사랑 가운데서 지양되는 것이며 이러한 대립의 해소가 삶의 이행을 가능하게 하는 것이다. 삶은 범죄를 통해 손상되며 범죄는 법을 손상시키지만 의무와 경향성을 통일하는 사랑은 손상된 삶과 법을 삶 자체의 계기와 삶의 운명으로 파악한다. 운명으로 파악된 법의 강제력은 삶과 무관하거나 삶에 강제적으로 부과되는 힘이 아니라 삶의 주체 가운데 포섭된 힘이다. 결국 사람들은

14 같은 책, 140쪽.

사랑 가운데서 자신에게 적대적인 운명을 자기 자신의 행위에 대한 필연적인 결과로 파악한다. 삶은 범죄를 통해 손상된 삶이 사랑 가운데서 삶의 규정적 계기로 인정됨으로써, 그리고 이 범죄를 처벌하는 법을 운명이라는 삶의 계기로 받아들임으로써 그 자체가 새로운 삶으로 이행한다.

여기서 사랑과 삶의 상관관계가 드러난다. 사랑은 대립하는 두 항을 결합하며 이를 통해 경직된 삶을 생동적으로 바꾼다. 범죄(개별성)와 법(보편성)의 대립에서는 생동성이 결여된 실정성이 지배하는 반면, 이 둘이 사랑 가운데서 통합되면 삶은 생동적인 삶으로 바뀐다. 사랑은 삶과 생동성의 연관에 기초하며, 삶의 통일적 연관은 사랑 가운데서 인정된다. 사랑으로 결속된 두 주체는 서로가 배척하는 추상적 개체가 아니라 서로가 인정하는 생동적 존재이다. 사랑을 통해 이루어지는 진정한 화해는 생동성을 전제한다. 그러나 생동성이 결여된 화해는 내면적인 사랑에 의한 것이 아니라 외적인 제도에 의해 이루어진 것으로서 진정한 통일성을 이룰 수 없다.

요컨대 개별과 대립하는 보편은 죽은 것인 반면 "생명과 삶은 보편성과 개별성의 통합이다."(303) 개별과 특수를 배제한 도덕성은 그 자체가 법칙적 보편성을 표방함에도 진정한 보편성이 아니다. 그것은 개별과 분리되어 있는 추상적 보편성이자 잘못된 보편성이며 죽은 보편성이다. 이와 동일한 맥락에서 생동적인 전체는 부분을 배제하거나 부분에 맞서 있는 전체가 아니라 부분과 전체가 유기적으로 통합되어 있는 전체이다. 유기적 전체는 서로 구별되는 다양한 부분들을 무차별적으로 모은 것(Aggregat)이 아니라 부분들의 개별적 차이성을 보존하는 가운데 이들에게 체계적인 연관을 부여하는 통일성이다. 전체와 부분의 유기적 관계는 전체와 부분의 단순한 통일 내지 통일의 개념과 구별된다. 통일에서 모든 생동적인 것을 추상한 것은 사고가 산출하는 개념에 지나지 않으며 개념이 사고를 통해 정립된 것 이상이 아니다. 그러나 전체와 부분의 유기적 관계는 "생동적인 존재들의 생동적인 관계이며 이 둘의 동일한 생명"이다.(376) 헤겔은 이러한 생명의 전형을 요한이 말하는 아버지와 아들의 관계에서 발견한다. 내가 아버지 안에 있으며 아버지가 내 안에 있는 관계는 최고의 생명을 보여 준다.[15] 여기서 종교, 사랑, 생명은 하나의 연관에 있을 뿐 아니라 그 자체가 최고의 지평에서 파악된다.

4. 사랑과 생명의 자기의식적 구조

대립과 통합, 반성과 통일, 사랑과 생은 헤겔의 초기 사상을 대변하는 주요개념이다. 이들은 모두 종교와 연관된 개념이며 좁은 의미에서 종교철학의 중심문제를 이루는 것이기도 하다. 특히 사랑과 생 개념은 대립을 통합으로 이끌어가는 과정은 물론이고 통합 자체의 구조를 보여준다는 점에서 헤겔 특유의 변증법과 깊이 연관되어 있다. 사랑과 생 개념은 헤겔 변증법의 뿌리이다. 초기의 사랑과 생 개념에는 후기의 체계 사유와 변증법의 단초가 드러나 있을 뿐 아니라 예나 시대에 본격적으로 논의되는 주관성 개념의 밑그림이 나타나 있다. 더 나아가 헤겔의

---

15 전체와 부분의 유기적 관계는 칸트의 『판단력 비판』이 규정하는 자연의 목적에서도 잘 드러난다. 자연의 목적(Naturzweck)은 유기적 본질인데, 이것의 부분들은 서로가 서로에 대해 원인이 되기도 하고 결과가 되기도 한다. 전체의 이념은 이들 부분의 결합을 규정한다. 전체는 부분에 관계하며 부분은 부분들과 관계할 뿐 아니라 전체와 관계한다. 전체는 일자이면서 동시에 다자의 분리와 대립을 포함한다. I. Kant, *Kritik der Urteilskraft*, Hamburg 1974, §65 참조.

사랑 개념은 주관성 뿐 아니라 상호주관성을 설명하는 틀이 된다. 상호인정으로서의 사랑은 상이한 조건과 욕구 속에서 서로 대립하는 인간을 하나로 묶어 줌으로써 개체성을 상호주관성으로 변화시킨다. 사랑은 욕구와 이성으로 분열된 개인의 내면성을 통일시키며 서로 대립하는 개인과 개인 사이의 분열을 극복하고 상호주관성을 마련한다.[16]

우리가 초기 헤겔의 사랑 개념에서 확인할 수 있는 철학적 성과는 무엇보다 사랑과 생명 개념이 드러내는 인간 내면성의 구조에서 확인된다. 사랑은 생명과 생동적 존재의 전제 위에 가능하며, 생동적 존재는 사랑을 통해 더욱 생동적으로 변한다. 사랑하는 사람은 사랑받는 사람 가운데서 자신을 직관할 수 있어야 하며, 이로써 사랑하는 사람들은 더욱더 생명이 약동하는 존재가 된다. 생명은 사랑의 통합을 가능하게 하는 추상적이고 논리적인 틀이 아니라 실질적이고 생동적인 틀이며, 사랑은 생동성을 배가시키는 정신적, 영적 틀이다. 생명과 사랑은 생동성을 중심으로 순환관계를 이룬다. 사랑은 생동적 존재가 전제되어 있기 때문에 분리된 것들 간의 통합을 이루어 낼 수 있으며, 생명은 사랑의 활동성을 통해 이전보다 더 생동적인 존재로 변모할 수 있다. 생명과 사랑의 순환관계는 이 둘을 보다 높은 단계로 상승시키는 열린 순환이다. 사랑은 앞서 존재하는 생동적인 존재들의 간의 관계에서 가능하며 생동적 존재는 사랑을 통해 더욱 생동적으로 변하기 때문이다.

사랑이 생명을 더욱더 생동적으로 만든다는 사실에서 사랑이 생명을 소유한 자기를 이중화하고 분화하는 힘이라는 사실이 드러난다. "사랑은 자기 자신을 재발견하는 생명의 감정이다."(346) 여기서 사랑과 생

16 최신한, 「사랑과 노동」, 『헤겔철학과 종교적 이념』(한들출판사 1997), 89-118쪽 참조.

명은 자기의식의 구조를 획득한다.[17] 자기의식은 의식의 분화와 전개를 함축한다. 사랑이 생동적인 존재의 감정으로서 이 존재를 더욱 생동적으로 만든다는 것은 사랑의 주체와 생명의 주체가 고정되어 있지 않으며 항상 이행과정 가운데 있음을 보여 준다. 주체는 사랑과 생명 개념을 통해 운동하는 자기로 규정된다. 아무런 의식 없는 자기가 의식적 자기로 변하며 의식적 자기가 새로운 의식적 자기로 탈바꿈하는 데서 자기의 새로운 모습이 가능하다면, 이는 생동적인 자기의 늘 새로운 자기획득과 다르지 않다. 이러한 변화는 법칙과 명령에 복종하고 사는 비생동적인 자기가 사랑을 통해 생동적인 자기를 획득함으로써 새로운 삶을 영위하는 데서도 확인된다. 생동적인 것에 대한 감정으로서의 사랑과 사랑을 통해 강화되는 생명은 상보적일 뿐 아니라 똑같이 자기의식적 구조를 갖는다. 헤겔이 '순수한 생명'을 '자기의식' 내지 '순수한 자기의식'으로 규정한 것(370)은 이러한 관점에서 더 잘 이해될 수 있다.

바로 이러한 맥락에서 헤겔은 사랑을 '정신'으로 규정하기도 한다. 그는 특히 사랑의 종교가 의도하는 신과 인간의 통합 내지 무한한 생명과 유한한 생명의 통합을 정신 개념을 통해 설명한다. "정신은 다양한 존재자들의 통합에 깃들어 있는 법칙으로서 이들에게 생동성을 부여한다."(421) 정신은 다양한 존재자들을 일자와 통합시킴으로써 다양한 존재자들에게 무한한 생동성을 부여한다. 이러한 생동성은 사랑의 통합이 만들어 내는 생동성과 다르지 않다. 사랑은 이러한 정신의 결속으로서 정신(영)의 정신(영)에 대한 관계인 것이다. 따라서 사랑의 종교

---

17 최신한, 「전-일성 이론의 자기의식적 구조」, 『헤겔철학과 종교적 이념』(한들출판사 1997), 199-221쪽; 『헤겔 연구』 6호 (한국헤겔학회 1995), 9-37쪽 참조

가 말하는 "신앙은 정신을 통한 정신의 인식이다. 동일한 정신들만이 서로를 인식하고 이해할 수 있으며, 동일하지 않은 정신은 자신이 다른 정신이 아니라는 사실만을 인식한다."(354) "오로지 정신만이 정신을 파악하며 이를 자신 안에 포함하기"(372) 때문에, 인간은 정신을 통해서만 신과 관계할 수 있다. 신앙과 종교는 유한한 정신이 무한한 정신과 관계할 때 비로소 가능한 것이다.

이것은 사랑과 정신의 자기의식적 구조를 잘 보여 준다. 그러나 사랑과 정신은 아직 개념의 통일성에 이르지는 못한다. 이 두 개념은 주관성의 능력과 구조를 잘 드러내지만 아직 주관성을 체계적으로 규정하지는 못한다. 주관성에 대한 체계적 해명은 후기 헤겔에서 비로소 이루어지지만 이는 초기 사상이 파악한 토대 위에서 가능하다. 사랑에 대한 체계적 파악은 후기 철학에서 '삼위일체성'으로 나타난다. 여기서 사랑은 내면성의 형식에 그치는 것이 아니라 전체존재를 논리적인 체계 가운데 담고 있는 절대적 주관성으로 규정된다.[18]

18 본서, 제9장 참조.

2

양심의 변증법
야코비의 영향을 중심으로

일반적으로 헤겔은 야코비(F.H. Jacobi)에 대해 대립적이거나 비판적인 것으로 알려져 있다. 이것은 헤겔이 동시대 철학자들과 관계한 전반적인 모습이기도 하다. 그러나 최근의 연구는 양자의 대립적 관계보다 상보적 관계에 주목하면서 헤겔이 야코비를 무조건적으로 비판한 것이 아니라 오히려 일생에 걸쳐 야코비를 높이 평가한 사실에 주목한다.[19] 사실 헤겔은 야코비를 "시대와 개인의 정신적 도야를 획기적으로 변화시킨 이들 가운데 한 사람"[20]으로 평가한 바 있다. 이러한 적극적인 평가를 받아들이는 데 인색한 해석자들도 낭만주의 일반에 대한 헤겔의 비판과 야코비에 대한 비판은 구별되어야 한다고 주장한다.[21] 두 철학자의 적극적인 관계는 『정신현상학』의 "정신" 장에 서술된 '양심의 변

---

19 W. Jaeschke/ B. Sandkaulen (Hg.), *Friedrich Heinrich Jacobi. Ein Wendepunkt der geistigen Bildung der Zeit*, Hamburg 2004 참조.

20 *Briefe von und an Hegel*, Hrsg. von Johannes Hoffmeister, Hamburg 1952 ff. Bd. 2, 213쪽. G. Falke, "Hegel und Jacobi", in: *Hegel-Studien*, Bd. 22, Bonn 1987, 141쪽에서 재인용.

21 O. Pöggeler, *Hegels Kritik der Romantik*, München 1998, 39쪽 참조.

증법'에서 가장 특징적으로 나타난다. "여기서 야코비의 구상은 단순히 비판되거나 극복된다기보다 도덕적 의식의 경험과정에 대한 패러다임으로 파악되어야 한다"[22]는 것이다.

잘 알려진 바와 같이 헤겔의 양심의 변증법은 개인의 양심에 바탕을 두는 행위의 기준이 객관적이고 보편적인 행위 기준과 통합되는 과정을 보여 준다. 개인의 차원에 머물러 있는 양심은 그 본래의 모습과 달리 사악과 위선에 빠지는 반면, 상호주관적 지평에 들어선 양심은 상대방과 화해하면서 보편적 의식을 획득한다. 이러한 이행과정은 "행동하는 양심"과 "판단하는 양심"의 상호관계에서 특징적으로 확인된다.[23] 개인의 양심은 양심의 변증법을 통해 공동체의 양심이 되며, 이로써 양심은 더 이상 주관적인 것이 아니라 객관적인 것이 된다. 성공적으로 진행된 양심의 변증법은 도덕성을 넘어서 절대정신에 도달한다. 개별성을 보편성으로 수렴한 절대정신은 이제 도덕의 대상이 아니라 종교의 대상이다. 양심의 변증법은 개인을 공동체로 이끌며, 주관성을 객관성으로 고양시키고, 유동적인 개인적 선을 보다 확고한 공동선으로 상승시키는가 하면, 내면의 이상을 현실 속에 구현한다.

헤겔에게 양심의 변증법의 토대를 이루는 것이 양심을 소유한 주체들의 대화와 상호인정이라면, 이는 야코비를 염두에 둔 구성임에 틀림없다. 선행 연구를 통해 부분적으로 확인된 이러한 판단은 야코비의 소설 『볼데마르』에 기인한다. 여기서 탁월성에 도달한 최고의 내면성과 "마음"의 개념이 다루어질 뿐 아니라 이러한 주체들 간의 진정한 관계

---

22 D. Köhler, "Hegels Gewissensdialektik", in: D. Köhler/ O. Pöggeler (Hg.), *G.W.F. Hegel, Phänomenologie des Geistes*, Berlin 1998, 215쪽.

23 G.W.F. Hegel, *Phänomenologie des Geistes*, Frankfurt 1970, 484쪽 이하 참조. (이하 "PhG"로 표기)

가 "우정" 개념을 통해 주제화되고 있기 때문이다. 야코비의 "마음" 개념은 동시대 낭만주의 사상가들이 천착한 "아름다운 영혼" 개념과 통하므로, 진정한 우정은 곧 아름다운 영혼들의 상호성이다. 아름다운 영혼들의 상호성은 개인을 공동체로 이끌 뿐 아니라 각자의 내면세계를 현실세계와 통합시킨다. 개인의 양심이 공동체의 양심으로 이행하는 것, 그리고 아름다운 영혼이 진정한 우정을 발견하는 것, 이 둘에서 정신의 동종적 운동을 발견하는 것은 어렵지 않다.

이 장에서는 헤겔이 양심 장을 구성할 때 염두에 둔 것으로 간주되는 『볼데마르』에 나타난 양심의 변증법을 재구성하고, 이를 위해 지양되어야 하는 (야코비의) 아름다운 영혼 개념을 헤겔이 어떻게 수용하고 비판하는지를 평가한다. 그다음, 양자에게 양심의 변증법을 추동하는 힘으로 간주되는 "언어"와 "대화"의 역할을 규명함으로써 헤겔과 야코비의 상보적이며 생산적인 관계를 드러내려고 한다.

2. 야코비의 『볼데마르』에 나타난 양심의 변증법 – 자기 내적 거리유지의 전형

야코비는 동시대의 "감정의 문화"를 대변할 뿐 아니라[24] 이를 통해 칸트를 넘어설 수 있는 새로운 통합의 사상을 제시한다. 새로운 통합은 무엇보다 탁월한 감정과 천재적 마음에서 추구되며, 『볼데마르』[25]는 이

---

24 H. Nicolai, "Nachwort zum 'Woldemar', Stuttgart 1969, 4쪽 참조.

25 F.H. Jacobi, *Woldemar. Eine Seltenheit aus der Naturgeschichte*. Erster Band. Flensberg und Leipzig 1779. Nachdruck der Ausgabe von 1779 mit einem Nachwort von Heinz Nicolai, Stuttgart 1969. (이하 "W"로 표기)

러한 사상을 특징적으로 표현하는 소설이다.

야코비는 이 작품에서 우정의 이상을 추구하며 이를 통해 모든 것을 통합하면서도 가장 순수한 천재적 감정과 양심을 묘사하려고 한다. 두 영혼이 완전히 일치하며 모든 느낌과 사고에서 전적으로 하나가 되는 상태를 체험하려고 하는 것이다. 주인공 볼데마르(Woldemar)는 인간이 제약적이고 유한하고 유동적이지만 그 영역을 확장할 수 있는 능력을 가지고 있다고 생각한다. 이러한 능력을 통해 마음은 더 많은 것을 예감하고 더 깊은 곳을 접할 수 있다는 것이다. 그는 이렇게 "강하고" "생동적"이며 "흔들리지 않는" "신실한"(W 215) 지평을 사랑과 우정에서 추구한다. "나는 너를 항상 영혼의 근저에서 사랑한다." "형제의 신실함을 파괴하고 우정의 결속을 깰 수 있는 것에 대해 생각해 본 적이 없다."(W 33)

그는 그야말로 하나의 마음과 하나의 영혼일 수 있는 사람을 찾는데, 여기서 등장하는 인물이 헨리에테(Henriette)이다. 매혹적인 소녀 헨리에테는 볼데마르에게 아름다운 영혼이자 "가장 순수하고 가장 성스러운"(W 217) 친구이다. 야코비는 헨리에테를 다음과 같이 묘사한다. 그녀는 다른 사람에게 "늘 개방되어 있으며 선한 양심의 평화가 한 번도 중단된 적이 없는 마음"을 갖고 있다.(W 15) "그녀의 시선은 순수하고 파고드는 강렬함을 지녔기 때문에 [늘 자신의] 영혼에서 [다른 사람의] 영혼으로 나아갔다."(W 16)

볼데마르는 헨리에테와 숭고한 영혼의 사랑에 빠진다. 두 사람은 만나면서 자신 속에 상대방의 운명이 펼쳐져 있음을 느낀다. "황홀감"을 맛볼 뿐 아니라 이제껏 경험하지 못한 "자기만의 현존"에 이르게 되고 "최고의 생각과 느낌"은 물론이고 "생동적인 힘과 없앨 수 없는 확신"까지 갖게 된다.(W 51f.) 야코비는 이것을 "천상의 사랑으로 결실을 맺은 영혼"이라고 묘사한다. 이들은 "멋진 맹아(萌芽)의 발아에서 시작되는 형언할 수 없는 동요"(W 52)를 느끼며 이것이 우정으로 자라나는 것을 기쁨으로 경험한다. 두 사람 사이의 우정은 그 자체가 천상의 사랑이다. 이들이 도달한 곳은 "창조의 모든 순간으로 꽉 채워진 마음"(W 57f.)이며 "모든 사람이 사랑스럽게 여겨지는 거듭난 감정"이고 "아무런 제약이 없는 신뢰"(W 59)이다. 이제 두 사람은 서로를 결코 오해하지 않으며 상대방에 대해 조금의 주저함도 없으며 서로의 동등한 가치를 인정한다. 그야말로 상호이해와 상호인정의 상태에 도달한 것이다. 이들은 서로에게 열린 마음을 가지며 자신의 마음을 상대방에게 전달하고 인내심을 갖고 기다리며 침착한 태도를 견지하면서 더욱 사교적으로 변한다.(W 60) 볼데마르와 헨리에테의 우정과 사랑은 탁월한 내면성을 가진 개인과 개인이 "아무런 제한 없는 신뢰"(W 59)에 도달한 상호인정의 상태이다.

소설의 변전을 이루는 중요요소는 볼데마르의 독특한 우정관에서 발견된다. "우정은 결코 사랑의 정열로 변질될 수 없다"(W 70)는 것이다. 이 때문에 볼데마르는 그를 진정으로 아끼는 친구 비더탈(Biederthal)의 간곡한 권유에도 불구하고 헨리에테와는 결혼하지 않겠다고 말하며, 헨리에테는 그의 뜻을 존중한다. 흥미롭게도 두 사람의 우정은 볼데마르가 헨리에테의 적극적인 주선으로 그녀의 친구인 알비나(Allwina)와 결혼하면서 정점에 이른다. 이것은 가히 사랑과 우정의 최고점이다. 볼데마르에게는 우정과 사랑이 완전히 일치되어 있기 때문에, 흔히 발생하는 두 여자 사이에 낀 남자의 고민은 존재하지 않는다. 이것은 질풍노도 시대의 감정문화가 도달한 최고점이다.

헨리에테는 무슨 이유에서인지 온갖 결혼제안을 거부하고 오로지 병상의 아버지를 지킨다. 그녀에게 각별한 애정을 가진 아버지는 병세가

깊어지면서 기회 있을 때마다 볼데마르를 멀리하라고 요구한다. 아버지 호르니히(Hornich)는 헨리에테와 가깝게 지낸 볼데마르를 혐오했기 때문이다.(W 63) 그녀는 온갖 부드러운 말로 아버지를 안심시키지만 볼데마르와 결혼하지 않겠다는 서약만은 하지 않는다. 그러나 아버지의 임종을 지키면서 그녀는 자신의 뜻을 꺾는다. 서약만은 피하려고 했던 마음을 접고 결국 아버지의 뜻을 따른 것이다.

헨리에테는 아버지와 한 약속과 볼데마르와의 실질적 관계 사이에서 예민한 감정에 빠지면서 그에게 이 사실을 감춘다. 나중에 이를 알게 된 볼데마르는 그녀의 기만적인 행동에 크게 실망하고 배신감마저 갖는다. 그는 자신이 추구했던 순수한 우정과 이상적인 감정의 상태가 여지없이 깨져 나가는 것을 체험하면서 극도의 회의와 절망에 빠진다. 혼자서 고민해 보기도 하고 여자 친구를 만나 속내를 들어 보기도 하지만 볼데마르는 동요하는 마음을 진정시키지 못한다. 이제 그에게 "모든 우정과 사랑은 망상과 바보짓에 지나지 않는다."(W 238) 우정에 대한 갈망과 동경을 채워 줄 수 있는 것은 이제 아무것도 존재하지 않는다. "나의 갈망하는 마음에는 너희들의 하해(河海) 같은 눈물이 단 한 방울도 떨어지지 않는다."(W 239)

볼데마르가 겪는 내적 갈등은 평온했던 순수한 감정의 자기분열과 다르지 않다. 이것은 "공감과 상호이해에 대한 절망"이며, 이로부터 귀결되는 "반감"(Antipathie)이다.(W 242f.) 내면의 최고 상태를 보여주는 순수하고 이상적인 감정은 이제 존재를 근본적으로 뒤흔들어 놓는 위험한 마음으로 나타나며, 아무나 흉내 낼 수 없는 천재의 마음은 견디기 힘든 무감각과 체념으로 전락한다. 최고 행복의 마음이 최고 불행의 마음으로 몰락한 것이다.

그후 헨리에테는 자신의 배신으로 인해 볼데마르가 겪은 고통을 확인하면서 자신의 잘못을 인정한다. 여기서 그녀는 상대방의 입장을 자기 속에 받아들이고 타자 속에서 자신을 직관하는 상태에 이르게 된다. 이것은 직접적인 상태의 지속이 아니라 자신으로부터 거리를 유지함으로써 도달하게 되는 새로운 의식이다. 자기 내적 거리유지[26]를 통해 의식의 새로운 지평에 이르는 것은 볼데마르의 경우도 마찬가지이다. 그는 처음에 헨리에테의 고백을 단호하게 거부하면서 그야말로 차갑고 "강퍅한 마음"(hartes Herz, PhG 490)을 갖는다. 볼데마르는 아름다운 영혼을 가졌지만 이를 외화(外化) 할 수 있는 능력이 없기 때문에 헨리에테에게서 자신의 내면을 발견할 수 없었다. 자기만의 세계에서는 모든 것이 아름답고 안정되었지만, 당연히 발견되리라 믿었던 이러한 아름다움과 안정을 타자 속에서 발견할 수 없었다. 여기서 아름다운 영혼은 고립을 자초하게 된 자신의 잘못을 되돌아본다. 모든 외부세계를 거부하고 내면에 침잠함으로써 이전보다 더 큰 혼란과 착란에 빠진다는 사실을 깨닫게 되면서 그는 자신의 완고함에서 벗어나 상대를 인정하고 그녀와 화해한다.

볼데마르가 체험한 고통과 절망과 허무는 무로 끝나지 않고 새로운 깨달음에 이르는 계기가 된다. 고통을 안겨 준 헨리에테의 행동은 이상적인 감정에 몰두하던 볼데마르를 현실로 끌어내린다. 절망과 허무를 통과하면서 볼데마르가 새롭게 깨달은 사실은 적나라한 현실에 대한 인식이다. 새로운 현실 인식은 애당초 볼데마르가 추구했던 우정과 사랑의 변형으로 이어진다. 이것은 이상적인 감정이 보여 주는 긍정성을 보존하면서 그 위험성을 넘어설 수 있는 지평에 대한 모색이다. 천재적

---

26 최신한, 『정신현상학 — 자기 내적 거리유지의 오디세이아』, 살림출판사 2007 참조.

마음이라는 최고의 상태를 유지하면서도 이를 타자와 공유할 수 있는 차원을 향한 새로운 발걸음이다. 천재적 마음의 대안은 이를 공유하는 대화와 상호주관성이다.

새로운 지평의 발견은 야코비에게 감정의 철학이나 비합리성의 철학에 대한 성찰과 변형을 요구한다. 이제 야코비는 젊은 시절에 가졌던 감정의 철학에 대해 거리를 유지한다. 감정에 몰두하고 집착하는 것은 사실을 사고의 연관을 통해 개념적으로 규정하는 영역 바깥에서 자기만의 경험을 확고한 것으로 고수하는 것과 다르지 않다. 감정은 아무리 고상한 것이라 하더라도 그것이 자신의 척도를 아무런 제한 없이 주장할 경우 자기기만으로 떨어진다. 감정에는 지속성이 결여되어 있기 때문이다. 지속성이 없는 자기주장은 그때마다 다른 척도를 제시하게 마련이며, 더 나아가 척도의 토대도 그때마다의 감정에 내맡겨져 있다는 점에서 일관성을 지닐 수 없다. 지속성 없는 자기주장이나 일관성 없는 척도는 객관성을 지닐 수 없다.[27]

야코비에게 대화는 내면성이 달성한 높은 척도를 새로운 차원에서 지속시키려는 "고상한 충동"(höherer Trieb)[28]이다. 고상한 충동은 곧 사랑의 충동이다. 이것은 욕구의 충동이 아니라 이성의 충동이다. 이러한 충동은 대화의 주체들이 서로를 존중하는 가운데 자기 속에서 상대

27 감정은 지속성이나 확고함과는 무관하기 때문에 감정적 기준에 집착하는 사람은 타자로부터 자신의 존재와 의도를 정당하게 평가받을 수 없다. 아무리 타인을 존중하는 사람이라 하더라도 자기목적에만 집착하는 사람까지 무조건적으로 인정할 사람은 거의 존재하지 않는다. 타자에게 인정받지 못하는 사람은 결코 자립적일 수 없다. 진정한 자립성은 그때마다 자신에게 집착하는 유동적인 감정에서 나온다기보다 이와 구별되는 새로운 차원의 지속성에서 나온다.

28 Jacobi, Werke, Bd, VI, 72쪽. K. Hammacher, *Die Philosophie Friedrich Heinrich Jacobis*, München 1969, 164쪽에서 재인용.

방을 발견하게 되는 "거룩한 반향"(heiliges Echo)[29]에서 진정한 만족에 이를 수 있다. 양심의 대화는 실로 거룩한 반향이다. 그러므로 거룩한 반향은 오로지 자기에게만 관심이 있고 자신에게만 집착하는 사람에게서는 일어날 수 없다. 높은 척도를 지닌 감정이라 하더라도 자기 안에 갇혀 있는 경우에는 욕망의 이기성으로 전락한다. 진정한 대화는 자기 속에서 다른 사람의 목소리를 들을 수 있을 때 가능하다. 이것은 다른 사람에게 자신을 내어준다는 헌신적 마음가짐이며 이 가운데서 자기 자신을 재확인하는 깨어 있는 의식이다. 거룩한 반향 속에서 자신을 확인하는 것은 자신이 타자의 활동성을 통해 제약된다는 사실을 확인하는 것과 다르지 않다.

바로 이러한 점에서 야코비는 사랑을 의식적인 활동으로 파악하며 사랑에서 한걸음 더 나아간 이성적 통합에 대해 언급한다. 야코비에게 사랑은 자기 속에서 타자를 의식하는 "만족"(Genuß)의 의식이다. 만족은 "사소한 것으로부터 보다 나은 것으로 이행하는 것에 대한 의식"이라는 점에서 항상 이행과정 속에 있다.[30] 이러한 사유는 야코비와 헤겔의 접점이다. 헤겔이 자신의 초기 사상을 정리하면서 도달한 지평이 바로 이러한 차원이다. 그는 사랑의 감정을 이성과 정신의 차원으로 고양시킨다. 나중에 헤겔은 여기서 더 나아가 사랑을 이성으로 개념화하려고 하고 전체존재를 개념적으로 구조화하려고 한다.

요컨대 헤겔과 야코비의 공통분모는 의식의 "이행"(Übergang)에 대한 긍정적 파악에 있다. 야코비의 탁월성은 감정과 마음의 중요성과 가치를 인정하면서도 개인적인 틀에 갇힌 감정을 자기기만이라고 비판한

29 Jacobi, Werke, Bd. V, 438쪽. K. Hammacher, 같은 곳에서 재인용.

30 Jacobi, Werke, Bd. 6, 92쪽, K. Hammacher, 같은 책, 166쪽에서 재인용.

것에서 확인된다. 그는 천재적인 감정과 고매한 마음을 중시하면서도, 감정과 마음이 주관적인 재귀관계에 빠지는 것을 경계하고 상호주관적인 지평을 지향한다. 천재성을 지닌 개인의 감정은 상호주관성의 지평으로 이행할 때 천재성을 지속할 수 있을 뿐 아니라 더 확장할 수 있다. 그렇지 않는 한 천재적인 마음은 자기기만에 빠짐으로써 천재성을 상실할 뿐 아니라 이로 인해 극복하기 어려운 고통에 휩싸이게 된다.

3. 양심과 아름다운 영혼 – 수용과 비판의 접점

야코비가 『볼데마르』를 통해 제시하는 양심은 무엇보다 도덕적 천재성으로 나타난다. 도덕적 천재성은 당시에 유행적으로 거론된 "아름다운 영혼"에 대한 규정이다. 아름다운 영혼은 "영혼의 측면에서 형성된 인간을 말하는 것으로 천성적으로 선을 지향하는 하나의 조화로운 영혼에 대한 일반적 표현"[31]이다. 야코비에게 도덕적 천재성은 인간 안에 내재하는 신적 속성으로서 윤리적인 행동을 추동하는 능력이다. 도덕적 천재성은 선 자체를 직접적으로 맛보는 데서 출발하여 고상하고 탁월하며 원본적인 행동으로 펼쳐진다. 이것은 선과 도덕의 근원인 신이 인간의 마음속에 직접적으로 임재해 있는 모습이다. 야코비는 도덕적 천재성 개념을 상정함으로써 칸트가 시도한 천재미학의 길을 천재윤리학으로 연결시킨다.

도덕적 천재성과 윤리적 아름다움을 통해 야코비는 칸트와 계몽주의

---

31 J.W. v. Goethe, *Wilhelm Meisters Lehrjahre*, Hamburg/München 1989, 763쪽. 이현숙, 『괴테의 "빌헬름 마이스터의 수업시대"에 있어서 '아름다운 영혼의 고백' 연구』, 경북대학교 박사논문, 2004, 21쪽 참조.

의 도덕법칙을 넘어서려고 한다. 왜냐하면 이 둘은 그때마다 특수하게 결정체화되는 인간 내면의 고유한 지평을 도외시한 채 오로지 개인을 넘어서는 추상적 개념과 객관성만을 지향하기 때문이다. 천재성이나 아름다움과 관련된 윤리는 개인의 특수한 차원을 존중할 뿐 아니라 이것이 그때마다 늘 새롭게 도달하는 윤리적 차원의 신천지를 무엇보다 소중하게 받아들인다. 이것은 천재예술과 천재윤리만이 산출할 수 있는 것으로서 공동체를 변화시킬 수 있는 새로운 지평이다. 의무에 대한 복종만을 강요하는 윤리와, 행위자의 마음속에 늘 새롭게 각인되는 행위기준을 존중하는 윤리는 삶의 구체성에서 비교할 수 없는 결과를 가져온다.

문제는 야코비가 말하듯이 내면의 목소리에만 몰두하고 현실을 도외시하는 한계에 있다. 그러므로 야코비가 강조하는 마음의 개념이나 윤리적 천재성 자체가 문제라기보다 이 둘의 구체성을 받아들이면서 그 한계를 넘어서는 일이 중요하다. 헤겔이 의도하는 양심의 변증법은 비록 마음과 천재윤리학의 차원을 그 자체로 인정하지 않으려는 경향을 보이지만 이 점을 결코 간과하지 않는다.[32]

헤겔의 야코비 수용은 야코비가 칸트를 넘어서고 있다는 사실을 인정하는 데서 쉽게 확인된다. 야코비의 칸트 넘어서기는 칸트 실천철학의 경직된 이원론을 극복하려고 노력한 청년 헤겔과 일맥상통한다. 칸트의 도덕철학에 각인되어 있는 경향성과 의무의 이원론을 넘어서기

---

32 마음과 천재윤리학의 차원이 전적으로 받아들여질 수 없다면, 그가 애써 강조하는 변증법적 경험은 일어날 수 없다. 왜냐하면 긍정적 단계의 의미가 전제되지 않는 부정적 단계는 애당초 출발할 수 없으며, 변증법적 매개는 그것에 선행하는 직접성 없이 등장할 수 없기 때문이다. 천재윤리학에 대한 전적인 부정은 헤겔이 의도하는 양심의 변증법을 아예 출발시킬 수 없다는 차원에서 볼 때 어불성설이다.

위해 헤겔은 이 둘 사이에 사랑과 삶의 범주를 매개하는데[33], 이것은 야코비와 같은 차원에 있다. 야코비에 의하면 인간의 의지는 의무에 따라서가 아니라 자기 안에 내재하는 본성의 힘을 느낌으로써 자유롭게 행동한다. 칸트의 경향성은 행위 일반에서 무조건적으로 배제되어야 할 것이라기보다 그 자체에서 나오는 폭발적인 힘을 통해 인간이 추구하는 최고의 목적과 최고선에 도달할 수 있다는 것이다. 이렇게 되면 자유로운 의지는 자기법칙성을 갖는다.

의지의 자기법칙성은 의무에 따른 것이 아니라 본성의 힘에 대한 감정에 따른 것이다. 인간의 내면에서 나오는 특유한 힘은 아무런 장애 없이 표출되어야 함을 강조하는 야코비는 아리스토텔레스의 전통을 연상시킨다. 여기서 중요한 것은 의무로 부과되는 법칙을 능가하는 본성적인 힘의 영향이다. 자유는 인간에게 보편적으로 부과된 의무에서 나온다기보다 내면에서 고유하게 발현하는 자연적인 힘에 대한 감정에서 나온다. 이러한 생동적 의식에서 자기만의 자유로운 행위가 가능하다.[34] 본성적인 힘의 고유한 영향은 야코비가 강조하는 "윤리적 천재"(sittliches Genie) 개념에서 특징적으로 확인된다.

헤겔은 이러한 야코비의 사상을 "윤리적 아름다움"(sittliche Schönheit)으로 규정하고 이를 비판한다. 헤겔은 윤리적 아름다움의 이념이 나타나 있는 기조(基調)를 자기 자신에게 집착하는 주관성, 객관성에 대한 의식적 결여, 자신의 인격성에 대한 지속적인 반성, 영원히 주체

---

33 최신한, 「전-일성 이론의 자기의식적 구조」, 최신한, 『헤겔철학과 종교적 이념』, 한들출판사 1997, 특히 207쪽 이하; 본서, 제1장 참조.

34 칸트와 야코비의 대립적 관점에 대해서는 J. Stolzenberg, "Was ist Freiheit? Jacobis Kritik der Moralphilosophie Kants", in: W. Jaeschke/ B. Sandkaulen (Hg.), *Friedrich Heinrich Jacobi. Ein Wendepunkt der geistigen Bildung der Zeit*, Hamburg 2004, 특히 32쪽 이하 참조.

로 회귀하는 고찰, 동경하는 이기주의, 도덕적 병약 등으로 폄하한다.[35] 양심이 드리는 "내적 예배"(PhG 481)는 헤겔이 볼 때 "내적인 우상숭배"로 전락한다.(GuW 382) 이러한 생각은 볼데마르에 대한 평가에도 이어진다. 그는 "자신의 행위에서는 물론이고 극도의 지루함과 공허한 존재의 무기력에서도 자기 자신을 영원히 주시하는 고통"을 안고 있다.(GuW 382) 윤리적 아름다움을 소유한 주인공은 바깥의 현실로 나가지 못하고 자신의 주변만 맴돌고 있다는 것이다.

헤겔이 볼 때 야코비가 말하는 아름다운 영혼은 "모든 측면에서 현실과 왜곡된 관계를 맺는 고결하고 신적인 영혼"에 지나지 않는다. 그것은 "진정한 인륜적 관심이나 삶의 놀라운 목적에 개방되어 있지 않으며" 자신의 내밀한 종교적 도덕적 생각에만 사로잡혀 있는 "내적인 열광" 그 이상이 아니다.[36] 아름다운 영혼에 대한 헤겔의 비판의 핵심은 그것이 현실의 삶과 객관적 목적에 대한 관심을 결여하고 있는 내면성에 지나지 않는다는 사실에 있다. 윤리적 아름다움에는 개념과 객관성이 부재한다는 것이다.

그러나 헤겔은 야코비가 강조하는 양심의 원리와 주체의 무한한 권리를 전면적으로 비판하지 않는다. 비판의 초점은 객관적인 내용을 결여한 채 형식성에 머물러 있는 양심의 원리에 맞추어져 있다.[37] 형식적 원리에 집착하는 양심은 특수성의 범위를 벗어날 수 없다. 이것은 내 마음 속에 현존하는 신에 대한 직접적 의식으로서의 양심이 갖는 한계

35 Hegel, "Glauben und Wissen oder die Reflexionsphilosophie der Subjektivität, in der Vollständigkeit ihrer Formen, als Kantische, Jacobische, und Fichtesche Philosophie", in: G.W.F. Hegel, *Jenaer Kritische Schriften*, Gesammlte Werke, Bd. 4, Hamburg 1984, 382쪽 참조. (이하 "GuW"으로 표기)

36 Pöggeler, 같은 책, 35쪽 이하.

37 Falke, 같은 책, 138쪽 이하 참조.

이다. 그러나 직접적 의식의 한계를 인정하고 양심의 변증법의 단초를 마련한 것이 『볼데마르』의 야코비임은 서술한 바와 같다. 야코비가 말하듯이 마음과 윤리적 아름다움은 객관적인 견해들을 무시하고 침묵으로 반항하며 이를 실행에 옮기는 오만을 부리면서 급기야 "마음의 광기"와 "강퍅한 마음"에 빠져들기 때문이다.[38] 직접적 지식은 매개적 지식으로 탈바꿈할 때 비로소 진정한 객관성을 획득할 수 있다는 입장의 출발점은 야코비이다.

결국 아름다운 영혼에 대한 헤겔의 입장은 수용과 비판의 교차로 나타난다. 원래 아름다운 영혼은 단순히 자기만의 기준에 따르는 이기적이고 몰현실적인 주관성이 아니라 자신 가운데 보편을 정위시키는 주관성이다. 이른바 "개성적 보편"의 상태를 구현하고 있는 것이 낭만주의자들의 양심이자 아름다운 영혼이며, 바로 여기서 도덕적 천재 개념이 자리를 잡는다. 헤겔도 거론하고 있지만 이러한 생각은 양심을 "신적인 창조력"으로 규정하는 노발리스에 의해 가장 잘 드러난다. 신적인 창조력은 이를 소유한 개인에게만 나타나며 오로지 그를 통해서만 힘을 발휘할 수 있다는 점에서 지극히 개인적이고 순간적이며 임의적이다. 바로 이러한 상태가 낭만주의 사유가 갖는 양가성이다. 이러한 사유를 접하기 전에는 그 누구도 새롭고 고상한 윤리적 차원을 맛볼 수 없다. 이런 점에서 신적 창조력으로서의 양심은 다른 행위능력과 비교할 수 없는 탁월성을 지닌다.

그러나 『볼데마르』에서 볼 수 있듯이 야코비는 이러한 상태를 변증법적으로 넘어서려고 한다. 그는 법을 능가할 수 있는 양심의 천재적 지평을 정당화하는 동시에 내면의 기준에만 머물러 있는 양심을 비판

---

38 Pöggeler, 같은 책, 37쪽 참조.

한다. 자신의 행위 기준만을 확신하는 존재는 다른 사람을 능가하는 윤리적 천재라 할지라도 스스로 파멸의 길을 자초한다. 윤리적 탁월성은 상호주관적 지평을 인정하지 않을 때 자기만을 고집하는 광기의 노예로 전락하는 것이다. 바로 여기서 헤겔은 야코비를 다른 낭만주의자와 구별해서 파악한다.

야코비와 함께 낭만주의를 넘어서려는 헤겔에게 아름다운 영혼은 이제 "꺼져가는 아름다운 영혼"(verglimmende schöne Seele, PhG 484)에 지나지 않는다. 여기에는 내면이 갖는 신성의 힘은 현실을 도외시할 경우 그 힘을 상실할 수밖에 없다는 역설이 들어 있다. 흥미로운 것은 헤겔이 '아름다운 영혼'을 '판단하는 양심'과 동일시하는 점이다. 판단하는 양심은 행동하지 않으며, 자신의 순수성을 지키기 위해 다른 사람에게 자신을 드러내지 않으며, 자기 밖의 현실공동체를 거부하고 오로지 개인과 내면에 집착한다는 점에서 아름다운 영혼과 같다는 주장이다. 이보다 더 확실한 것은 헤겔이 이 둘을 동일시하면서 낭만주의 일반을 비판하려고 한다는 점이다. 판단하는 양심이 자기 양심의 척도를 전혀 구체화할 수 없음에도 불구하고 행동하는 양심을 평가한다는 사실을 부각시킴으로써 아름다운 영혼이 비현실적이고 몰객관적임을 폭로하려고 하는 것이다. 내면세계에 침잠하고 현실성 없는 세계를 동경하는 것은 헤겔이 볼 때 나약하고 무능하며 무책임한 활동에 불과하다. 현실과 매개되지 않은 개인은 그가 어떤 정신세계와 접촉하든 상관없이 저급한 상태에 머물러 있다는 것이다.

남는 문제는 아름다운 영혼으로서의 양심이 아무런 내용을 지니지 않는다는 헤겔의 평가에 대한 정확한 이해이다. 헤겔은 『정신현상학』의 '양심' 장에서 뿐만 아니라 '종교'와 '절대지' 장에서도 아름다운 영혼에 대해 언급한다. 헤겔 특유의 절대지의 차원에서 보면 세 영역에 등장하는 아름다운 영혼은 상이한 형식을 띤다는 점에서 서로 명확하게 구별되지만 애당초 전적으로 동일한 내용을 갖고 있다.[39] (정신의) '의식', (정신의) '자기의식', '개념'은 아름다운 영혼을 '양심', '종교', '절대지'의 영역에서 상이하게 드러내는 형식이다. 아름다운 영혼은 "자기확실적 정신이 자신의 순수하고 투명한 통일성 속에서 자신을 아는 자기지식이며, 순수한 내적존재를 정신으로 아는 이 순수한 지식인 자기의식으로서, 신적 존재에 대한 직관이자 그에 대한 자기직관이다."(PhG 580) 아름다운 영혼에 대한 헤겔의 특징적인 규정은 그것이 자기지식이며 자기 밖의 타자와 현실에 대한 지식이 아니라는 사실에 잘 나타나 있다. 아름다운 영혼은 외적 사실에 대해서는 전적으로 몰의식적이다. 이렇게 내면성에만 집착하는 아름다운 영혼은 그야말로 추상적인 자기관계와 자기지식의 단계를 벗어나지 않는다. 그것은 행동을 통해 현실과 관계하는 것이 자신의 고결한 내면성을 더럽히게 될 것이라는 걱정 때문에 아예 현실과의 관계를 단념하고 더욱더 내면으로만 침잠한다. 결국 아름다운 영혼은 고립상태에 빠지면서 현실과 관계할 수 있는 모든 힘을 상실한다.

그러므로 헤겔이 아름다운 영혼으로서의 양심을 비판하는 이유는 간단하다. 그것이 아무런 내용을 소유하지 않기 때문이 아니라 그 형식이 직관이기 때문인 것이다. 헤겔이 볼 때 직관의 직접적 형식에서는 이로부터 건져 낼 아무런 객관적 내용이 존재하지 않는다. 그러나 아름다운 영혼은 절대지의 형식에서 절대정신 그 자체라는 내용으로 드러난다. 중요한 것은 직접적인 내용이 아니라, 이를 드러내는 사고가 직관을 넘

39 Th. Auinger, *Das absolute Wissen als Ort der Ver-Einingung. Zur absoluten Wissensdimension des Gewissens und der Religion in Hegels Phänomenologie des Geistes*, Würzburg 2003 참조.

어서서 자기관계적 사고로 이행하는 형식이다. 아름다운 영혼에 대한 비판은 동경에 대한 비판으로 이어진다. 동경은 "스스로 본질이 결여되어 있는 대상으로 변하면서 자신을 상실하며 이러한 상실을 넘어서 재차 자기 자신으로 하락하는 가운데 상실된 존재로 드러날 뿐이다."(PhG 484) 직관이 내용을 담아낼 수 없는 것처럼, 동경은 아무런 형식 없이, 말하자면 자기의 토대 없이 대상으로 빠져들다 자기마저 상실한다. 아름다운 영혼의 단계를 벗어나지 않는 양심은 이와 같이 허망한 주관성에 지나지 않는다는 주장이다.[40]

4. 양심에서 종교로 – 아름다운 영혼의 상호전달

야코비가 주장하듯이 천재윤리학의 범주에서 설명되는 양심은 기존의 외적 질서와 법의 상태를 능가하는 전혀 새로운 주관성이다. 새로운 주관성으로 기능하는 양심은 자기만의 세계에 도취하면서 다른 양심을 왜곡하고 무시할 때 악의 상태로 떨어지는 반면, 자기 속에서 다른 양심을 인정하는 상태에 들어서면 기존의 외적 질서와 법의 상태를 능가하는 새로운 인륜적 지평을 성취한다. 새로운 인륜성은 개체적 양심에서 출발하지만 개체적 양심들 간의 상호인정을 통해 공동체적인 모습

---

40 낭만주의에 대한 헤겔의 비판에는 과도한 측면도 있다. 괴테, 실러, 야코비 등이 주장하는 '아름다운 영혼'이 그 자체 안에 아무런 내용도 지니고 있지 않은 공허한 주관성이라는 주장이 그것이다. 만약 그렇다면 직관과 감정과 같은 주관성이 포착하는 내용도 공허하며 그 결과 문예학적이고 심미적인 영역까지 모두 공허하다고 주장해야 옳을 것이다. 그러나 헤겔의 수렴의 논리를 받아들이지 않는 입장에서는 이것이 사실이 아니다. 비록 내면성의 활동이기는 하지만 현실의 질서를 부정하고 새로운 세계를 동경하는 것 자체를 "악"으로 규정하는 것은 객관성에만 집중하는 일면성일 수 있다.

으로 구체화된다. 이 점에서 양심의 변증법은 개인윤리가 보편윤리로 이행하는 과정에 대한 서술로 간주될 수 있다. 새로운 사회정치적 질서와 법률은 구성원들의 구체적인 삶과 무관하게 특정 지배자에 의해 추상적으로 부과되는 것이 아니라, 기존의 질서를 넘어서려는 생동적인 양심들의 상호인정을 통해 구체적으로 형성된다. 그러나 이러한 논의는 『법철학』의 과제이다.

야코비는 볼데마르와 헨리에테의 상호인정을 통해 양심의 상호주관적 지평을 범형적으로 보여 주었다면, 양심 다음에 종교를 정위시키는 『정신현상학』의 헤겔은 야코비가 말하는 양심의 상호주관적 지평이 바로 교회공동체의 양심임을 구체적으로 적시하고 있다. 교회공동체 가운데는 신이 임재해 있다. 신이 임재해 있는 공동체에서 개인은 신을 의식하며 신은 개인을 의식한다. "정신의 자기의식"으로 규정되는 종교는 바로 이러한 상태를 지시한다. 헤겔의 양심의 변증법은 정신의 자기의식을 가능하게 하는 토대이다. 야코비와 헤겔에게 공히 중요한 것은 볼데마르가 헨리에테와 "화해하는 목소리"(versöhnendes 'Ja', PhG 494)를 낸다는 것, 그리고 판단하는 양심이 행동하는 양심과 화해에 이르는 모습이다. 이것은 각자에게 "사랑에 대한 신뢰"이자 "상호인정"이다.

양심은 의무에 부합하는 행동에 대한 최고의 결정권을 갖고 있기 때문에, 자신의 행동이 보편적이라는 사실을 주장할 뿐 아니라 이러한 보편성이 다른 자기의식적 존재에 의해서도 인정되어야 한다는 사실을 주장한다. 양심은 자신이 의무를 결정할 뿐 아니라 이러한 결정이 타자에 의해서도 인정받을 수 있다는 것을 확신한다. 이러한 주장은 주장의 언표 및 전달과 뗄 수 없다. 바로 여기서 양심적 개인의 언표와 대화가 중요한 문제로 떠오른다. 이것은 양심과 언어의 관계이기도 하다. 야코비는 자기세계에만 침잠하는 천재적 개인이 맞닥뜨린 한계를 극복하기 위해 대화적 관계를 주제화한 반면, 헤겔은 양심의 변증법을 수행하는 중요한 계기로 언어의 문제를 제기한다.

공동체와 말의 관계를 중시한 경우는 야코비를 흠모했던 슐라이어마허에게서 구체적으로 확인된 바 있다. 개인은 자신을 감동시킨 종교적 내용을 다른 개인에게 전달하지 않을 수 없으며, 전달받는 개인도 타자가 체험한 진정한 내용을 적극적으로 수용한다. 여기서 "상호전달"(gegenseitige Mitteilung)이 이루어지며 이를 통해 현실의 종교공동체가 형성된다.[41] 전달되는 체험의 내용이 아무런 작용력을 갖지 못한다면, 다시 말해서 양심의 경우와 같이 그 자체 안에 신적 천재성과 같은 보편적인 힘이 존재하지 않는다면, 이는 다른 사람에게 수용될 수 없다. 전달의 이유가 있으며 수용의 근거가 있을 때 상호전달은 성취되며, 이것은 자연스럽게 새로운 정신의 지평을 소유한 사람들의 공동체로 이어진다. 그러므로 공동체 구성의 원리는 언어와 대화를 토대로 하는 상호전달이며 이를 수행하는 상호주관성이다. 요컨대 "거룩한 반향"과 "상호전달"은 양심의 공동체를 설명하는 근간이다.

헤겔은 내면의 소리를 신의 목소리로 알아듣는 도덕적 천재성이 자신의 내면에만 머물면서 외부세계와 아무런 관계를 맺지 않을 경우 더 이상 양심의 차원에 머물 수 없는 것으로 파악한다. 양심의 지속을 위해서는 신에 대한 개인의 "내적 예배"가 "공동체의 예배"(PhG 481)가 되어야 한다. 중요한 것은 개인의 내면성이 타자의 내면성과 통합을 이루는 일이다. 이것은 개인의 내면에서 울리는 양심의 목소리를 다른 사

---

41 F.D.E. Schleiermacher, *Über die Religion. Reden an die Gebildeten unter ihren Verächtern*, Göttingen ^{6}1967, 최신한 옮김, 『종교론. 종교를 멸시하는 교양인을 위한 강연』, 기독교서회 2002, 「넷째 강연」, 참조.

람에게 말할 때 비로소 가능하다. "양심의 언명은 [먼저] 자신의 확실성을 순수한 자기로 정립하며 이로써 자신의 확실성을 보편적 자기로 정립한다."(PhG 481) 보편적 자기는 개인의 내면성이면서 동시에 공동체의 내면성이다. 더 나아가 양심의 언어는 자신을 순수한 자기로 아는 것을 넘어서서 "자신의 행위를 [타자에게] 인정받은 의무로 언명한다."(PhG 486) 양심의 언어를 통해 실천적 차원의 상호인정도 이루어지는 것이다. 내면에서 울리는 신적인 목소리를 다른 사람에게 전달하고 다른 사람도 이를 신적인 목소리로 수용할 때 진정한 양심의 공동체가 마련된다면, 양심의 공동체의 형성 원리는 양심을 가진 개인들 간의 의사소통에 있다. 헤겔은 이와 같이 양심의 의사소통이 이루어지는 현실공동체 가운데 절대정신이 거주한다고 말한다. "상호인정은 곧 절대정신이다."(PhG 493) 두 사람이 화해하고 통합하는 말은 "자신을 순수한 지(知)로 아는 사람들 가운데 현상하는 신"이다.(PhG 494) 양심의 공동체 가운데 절대정신이 거한다는 언명(헤겔)과, 성스러운 체험의 상호전달에서 종교공동체가 성립한다는 주장(야코비, 슐라이어마허)은 공통의 토대 위에 있다.

헤겔에게 이른바 "양심의 완성"은 개인에게 국한된 양심의 개별성과 추상성을 넘어서서 공동체의 양심을 달성하는 데 있으며, 이것은 이미 '종교'의 단계로 이행한 '양심'에서 발견된다. 종교의 근간은 양심을 소유한 사람들이 자신의 내면을 타자에게 전달한 정신이다. 개인의 내면에서 각성된 절대정신이 타자에게로 이행하여 타자 속에서도 절대정신으로 각성된다면 이것이 바로 공동체의 양심과 종교가 되는 것이다. 여기서도 중심점은 자신의 정신에 대한 언명과 전달이다. 말과 언어의 매개 없이 개별적 양심은 공동체의 양심으로 건너갈 수 없다.

5. 헤겔과 야코비 – 수렴(收斂)인가 이산(離散)인가?

야코비에 대한 헤겔의 입장은 그 자체가 변증법적이다. 헤겔은 야코비를 비판하지만 이것은 그의 사유를 받아들이면서 넘어서려고 하는 차원의 비판이다. 헤겔이 야코비를 전면적으로 부정하고 배제했다는 주장은 양심의 변증법에 관한 한 옳은 이야기가 아니다. 헤겔에게 긍정적으로 영향을 미치는 야코비의 사유, 또는 두 철학자의 공통분모는 다음의 두 가지로 요약될 수 있다. 첫째, 헤겔과 야코비는 "프로테스탄트적 주관성"(GuW 383)에 대한 적극적인 관심에서 출발하며 이를 철학적으로 해명하는 데서 일치한다. 더 나아가 이 주관성에 대한 칸트의 입장을 넘어서는 방식에서 동일한 방향을 잡고 있다. 이를테면 이론이성과 실천이성의 양분을 넘어서서 주관성의 활동을 통일적으로 확장시켜 나아간다.

야코비에게 주관성의 통일적 확장은, 피히테의 "노력"(Streben) 개념이 말하듯이, "감정"이나 "동경" 개념을 통해 주관성이 유한성을 넘어 무한성에 이르는 총체적인 과정을 의미한다.[42] 헤겔이 이러한 주관성의 확장과정을 적극적으로 수용하는 것은 자명하다. 헤겔이 주관성을 절대적 활동성으로 규정하는 것은 피히테와 야코비의 전제 없이 불가능하다. 그러나 헤겔이 볼 때 야코비의 주관성이 반(反)개념적이라는 데 문제가 있다. "야코비 철학이 보여 주는 개념에 대한 보편적 증오는 필연적으로 인륜과 법률의 객관적 형식을 거부한다."(GuW 380)

헤겔의 표현대로 야코비가 개념을 증오하는 이유는, 도덕적 아름다

---

42 슐라이어마허는 피히테와 야코비를 종합하여 주관성의 활동성을 "노력"과 "동경"의 양면적 활동으로 규정한다. 『종교론』, 「첫째 강연」 참조.

움(sittliche Schönheit)이 지니는 개성적 생동성은 결코 "죽은 개념에 복종"할 수 없기 때문이다. 야코비는 사람이 법률을 위해 존재하는 것이 아니라 법률이 사람을 위해 존재한다고 말한다.[43] 특수성과 보편성의 연관에서 보자면, 특수성을 띤 개인이 보편적인 법률 위에 있다는 주장이다. 헤겔도 야코비의 주장이 갖는 타당성을 인정하지만, 그는 여기에 머물지 않고 객관성에 대한 자신의 주장을 더 강화한다. 그러나 헤겔이 강조하는 객관성은 "개성적 생동성"에 맞서는 "죽은 개념"이 되어서는 안 되며 이를 끌어안는 "생동적인 개념"이 되어야 한다. 헤겔이 초기철학에서부터 일관되게 생동적인 개념으로서의 객관성을 추구하는 한, 그에게 야코비는 비판과 배제의 대상이 아니라 수용과 넘어서기의 대상임이 틀림없다.

『볼데마르』에 나타나 있는 "가장 순수하고 가장 거룩한 우정"(W 70) 개념은 개성적 생동성이 상호주관성을 향해 나아가는 이행과정을 잘 보여 준다. 야코비는 도덕적 아름다움을 소유한 개인의 차원을 개인과 개인 간의 관계 차원으로 확장한다. "거룩한 반향"으로 규정되는 우정은 개인이 개성적 생동성을 상실하지 않으면서 타자와 관계하는 모습을 잘 드러내고 있다. 우정으로 표현되는 상호주관성에서 생동성과 객관성을 발견하는 것은 자연스럽다. 헤겔이 『볼데마르』를 생동적인 개체성이 객관성으로 나아가는 도정에 대한 서술로 파악했다면, 헤겔과 야코비의 관계는 적대적이 아니라 상보적으로 평가되어야 한다.

이 문제는 헤겔과 야코비의 두 번째 공통분모로 연결된다. 이것은 직접성과 매개성의 문제이다. 생동적인 개체성이 객관성으로 나아가는 길은 직접성이 매개성으로 나아가는 도정과 동일하다. 야코비의 "마

---

43 Jacobis Brief an Fichte, GuW 381쪽에서 재인용.

음", "감정", "동경" 개념은 직접적으로 개인의 보편적 주관성을 지시하는 반면, 『볼데마르』에 나타나 있는 "우정" 개념은 보편적 상호주관성을 지시한다. 여기서 헤겔에게 중요한 것은 직접적 주관성이 매개적 주관성으로 나아가는 이행과 매개이다. 그에게 야코비는 자신의 매개 개념을 철학사적으로 정당화할 수 있는 중요한 계기인 것이다.

이런 맥락에서 헤겔은 서평에서 다음과 같이 말한다. "야코비는 그의 깊은 내면성에서 절대적 실체를 절대정신으로 이행시켰으며, 억제할 수 없는 확실성의 감정을 가지고 신은 정신이며 절대자는 자유롭고 인격적인 존재라고 선언했다. (......) 야코비를 통해 신에 대한 직접적 인식의 계기가 가장 규정적이고 가장 강력한 계기로 강조된 것이다. 신은 죽은 존재가 아니라 살아 있는 존재이다. 신은 살아 있는 존재 그 이상이다. 신은 정신이며 영원한 사랑이다. 이 모든 것은 신이 추상적 존재가 아니라 내적으로 운동하는 구별자이며 그와 구별되는 인격 가운데서 자기 자신을 인식하는 존재라는 사실을 통해서만 가능하다."[44]

헤겔은 매개적 주관성의 정점을 신적 주관성 또는 절대정신으로 간주하는데, 이러한 정신으로서의 신개념의 형성에 야코비가 말하는 거룩한 마음과 감정이 영향을 미쳤다는 사실은 이제 분명해 보인다. 특히 "거룩한 반향"으로 규정되는 "우정"은 "자기와 구별되는 인격 가운데서 자기 자신을 인식하는" 절대정신과 직접적으로 일치한다. 흥미로운 것은 이러한 일치가 "종교"와 직결되어 있다는 사실이다. 야코비에서 탁월한 마음들의 상호관계가 "거룩한 우정"으로 이어진 것과 마찬가지로, 『정신현상학』에서는 개인의 양심이 공동체의 양심으로 이행함으로

---

44 Hegel, "Friedrich Heinrich Jacobi's Werke", in: *Heidelbergische Jahrbücher der Literatur*, GW Bd. 15, Hamburg 1990, 11쪽.

써 종교에 도달한다. 거룩한 우정에서든 공동체의 양심에서든 강조점은 상호주관성(의 형식)에 있으며, 유한성을 넘어서는 무한한 정신(의 내용)에 있다.

이렇게 본다면 도덕적 아름다움과 이를 본질로 하는 아름다운 영혼이 개념과 객관성에 반하는 것으로서 그 안에 아무런 객관적 내용을 지니고 있지 않다는 헤겔의 주장(GuW 382; PhG 484)은 형식과 내용을 함께 고려한 평가라기보다 오로지 형식적 측면의 평가로 보아야 할 것이다. 도덕적 아름다움이나 아름다운 영혼 가운데 애당초 아무런 내용이 존재하지 않는다면, 사유 형식의 변화와 함께 이제껏 존재하지 않던 내용이 갑자기 객관성의 옷을 걸치고 등장할 수는 없기 때문이다. 이렇게 되면 양심의 변증법은 개인의 양심에서 공동체의 양심으로 이행하는 운동이 아니라 몰내용적 주관성에서 절대정신으로 이행하는 불합리한 운동이 될 것이다.

야코비가 헤겔과 함께 갈 수 있는 지평은 대화와 변증법적 운동을 만들어 내는 항들에 대한 인정이다. 이것은 변증법적 지양이 변증법적 관계를 형성하는 각 항들의 동력 없이 성취될 수 없다는 사실에 대한 인정이며, 이른바 상위의 계기가 하위의 계기 위에 군림할 수 없다는 사실에 대한 인정이다. 이성이 감정 위에 있다는 일방통행을 통해 변증법이 완성될 경우 그것은 심오하고 생동적인 작용력을 상실하고 피상적 도식의 무영향력을 한탄하게 될지 모른다. 변증법은 감정에서 이성으로 나아가는 직선적 전개과정에서보다, 둘의 대화와 상호인정에서 보다 구체적이고 생동적인 개념의 확실성에 이를 수 있다. 헤겔이 말하는 비판은 비판의 대상을 완전히 배제하는 활동이라기보다 그 사상을 만들어 낸 영양소로 이해하는 것이 헤겔의 의도에 가깝기 때문이다.

양심의 변증법을 중심으로 확인되는 야코비와 헤겔의 공통분모에도 불구하고 둘 사이에는 간과할 수 없는 상이성이 존재한다. 이것은 헤겔의 낙관주의에 대한 물음과 연관된다. 변증법 일반이 의도하듯이 전체를 이루는 모든 요소와 모든 개체는 매개되어야 한다. 양심의 변증법이 도달한 종교공동체의 구성원들도 하나의 예외 없이 매개되어야 한다. 개인적 신앙의 특유성은 그 자체로 견지될 수 없으며 반드시 다른 특유성과 관계해야 한다. 그러나 신앙공동체의 현실과 신앙인의 양심은 이 지점에서 한계에 부딪친다. 이것은 고유한 예술작품이 다른 예술작품과 같은 차원에 이를 수 없는 한계와 흡사한 한계이다. 신 앞에 선 단독자의 진리체험과 이를 실현하려는 양심이 다른 단독자의 그것과 같을 수 없는 것과 같은 이치이다. 한 치의 오차도 허용하지 않는 이념과 현실의 일치를 강조하는 원리가 문제라기보다, 이러한 일치의 요구와 유한한 인간의 현실이 보여 주는 간격이 문제이다. 그러므로 "아무런 흉터를 남기지 않고 정신의 상처를 치료한다"(PhG 492)는 이상적 지평을 마주하고 있는 『정신현상학』에 대한 해석 과제는 아직도 무한하다.

3

도야와 문화의 변증법

1. 교육사상가로서의 헤겔?

[45]헤겔철학은 좁은 의미의 교육학이나 교육철학이 아니다. 헤겔철학은 전통 형이상학의 완성을 시도한 데서 보여지듯이 특정 영역에 제한되지 않는다. 그것은 교육의 영역은 말할 것도 없고 존재 일반에 대한 가능한 모든 규정들을 포함하는 거대 체계이다. 체계 철학이라는 맥락에서 교육학이나 교육철학에 대한 헤겔의 생각을 특별하게 구별해 내는 일은 그 자체가 독자적인 의미를 지닐 수 없으며, 그것은 기껏해야 그의 전체 사상의 한 부분을 이룰 뿐이다. 그러나 헤겔의 생애 중 김나지움(Nürnberg)과 대학(Berlin) 교육의 책임을 맡은 기간은 중요한 시기

---

45 헤겔의 주요 저술에 대한 인용은 다음의 약호와 함께 그 쪽수를 괄호로 묶어 본문에 직접 표기한다.

Phänomenologie des Geistes. Frankfurt/M. 1970 (=PhG)

Wissenschaft der Logik. Frankfurt/M. 1970 (=WdL)

Grundlinien der Philosophie des Rechts. Frankfurt/M. 1970 (=R)

Nürnberger und Heidelberger Schriften 1808–1817. Frankfurt/M. 1970 (=NS)

였으며 이때 행한 강의와 강연이 교육과 학교의 현실에 대한 그의 중요한 생각을 보여 주기 때문에, 헤겔철학이 교육학과 무관한 것이라고 단정할 수도 없다. 그렇지만 그의 철학이 직접적으로 교육철학이나 교육사상에 국한된 것이 아닌 것만은 분명하기 때문에 헤겔의 교육사상에 대한 직접적인 언급은 용이하지 않다. 그러나 분명한 것은 그의 철학이 넓은 의미에서 인간의 교육과 도야, 그리고 이를 통한 역사의 진보에 대해 언급한 의미 있는 주장들로 평가된다는 것이다.

"이 시대는 훌륭한 성과를 거두었다...신의 섭리에 대한 절대적 신앙으로부터 출발한 심오한 고찰은 우리 시대에 본질적인 개선(改善)과 진보의 날을 시작하게 하며 이 날을 서광이 비치는 날로 인식하게 한다."(NS 372f.) 이것은 헤겔이 1815년 뉘른베르크 김나지움에서 행한 강연에 나오는 말로서 그는 이를 통해 지난 20년 동안의 시대 변화와 발전을 긍정적으로 평가한다. 더 나아가 그는 자신의 시대를 "새로운 시대"로 규정하기까지 한다. 헤겔철학에서 시대와 현실의 문제는 결코 결여될 수 없으며 그의 교육사상 일반도 이 문제를 떠나 언급될 수 없다는 사실이 여기서 자연스럽게 드러난다. 헤겔은 격동의 시대를 살았으며, 그의 철학은 이러한 현실과 치열하게 논쟁하면서 생겨난 것이다. 헤겔 자신이 소위 "국가교육학"(Staatspädagogik)을 쓰려고 한 사실이나 그의 교육사상을 국가교육학으로 규정하려고 한 시도는 이러한 시대연관성에서 비롯된다.

헤겔은 1770년 독일의 서남부 중심 도시인 슈투트가르트에서 태어났다. 그는 뷔르템베르크 정부의 공무원이었던 아버지의 소망에 따라 튀빙겐(Tübingen) 신학교에서 신학공부를 하게 된다. 그러나 인간의 내면과 영혼의 문제보다는 현실의 삶과 자유에 더 많은 관심을 가졌던 헤겔은 보수적인 교의학자였던 신학교수들의 강의보다는 루소, 레싱,

야코비, 헤르더와 같은 사상가들에 더 많은 관심을 가졌다. 청년 헤겔을 사로잡은 것은 무엇보다도 당시 유럽을 강타한 프랑스혁명과 이에 대한 평가였고 칸트에 의해 수행된 사고방식의 혁명, 그리고 루소의 문명 비판적, 정치 비판적 사고였다. 당시의 현실과 학문에 공통적인 것은 무엇보다 자유의 문제였다. 정치적 자유와 사고의 자유와 관련된 현실적 삶의 문제가 청년 헤겔을 사로잡았으며, 인간 내면의 형성이나 기존의 학교교육은 애당초 그의 관심사가 아니었다. 그는 튀빙겐 신학부(Stift)의 친구들인 셸링, 횔덜린과 더불어 새로운 시대의 도래와 현실적 삶의 변화를 위해 "이성과 자유", "하나님의 나라", "전-일성"(全-一성; Hen kai Pan) 등을 구호로 하는 사고의 "동맹"을 결성하기까지 한다. 이 모든 구호를 관통하는 생각은 물론 자유와 통합이었다. 자유는 아무런 반성을 거치지 않은 역사적, 종교적 소여물에 있는 것이 아니라 철두철미한 이성적 통찰을 거친 것의 중심에 있으며, 그것도 개별적 이성 가운데 있는 것이 아니라 모든 이성적 존재의 근원적 결속 가운데 있는 것이다. 나중에 "눈에 보이지 않는 교회"로 명명된 이러한 통합으로부터 "시대의 위대한 아이가 태어나야 하며, 바울이 (데살로니가전서에서) '주(主)의 미래'라고 말한 모든 날들 중의 날이 도래해야" 했던 것이다.[46]

이러한 생각은 튀빙겐 대학에서 신학석사 학위를 받고 난 뒤 베른과 프랑크푸르트에서 가정교사를 할 때 구체화된다. 딜타이의 제자 헤르만 노올에 의해 편집되어 1907년에야 빛을 보게된 『헤겔의 청년기 신학논집』[47]은 새로운 시대를 열기 위한 헤겔의 처방을 구체적으로 드러

---

46 Otto Pöggeler: "Hegels Bildungskonzeption im geschichtlichen Zusammenhang". In: *Hegel-Studien*, Bd. 15 (1980), 245쪽.

47 H. Nohl(Hrsg.): *Hegels theologische Jugendschriften*. Tübingen 1907.

낸다. 프랑스혁명이 처음의 기대와 달리 실망을 안겨 준 후 헤겔이 중요하게 생각한 것은 교육과 도야를 통한 인간 삶의 개선이었다. 일반적으로 '프랑스혁명의 자유정신을 내면화한 것이 헤겔철학'이라는 평가는 이러한 맥락에서 나온 것이다. 종교를 정치적 관점에서 고찰한 루소의『사회계약론』에서 많은 것을 시사받은 헤겔은 횔덜린과 더불어 소위 "민족교육의 이상"을 갖게 되고 이를 "민족종교"의 도움으로 구체화하려고 한다. 다시 말하면 정치적인 관계를 포함한 인간의 자유로운 삶의 관계가 민족종교를 통해 어떻게 가능할 수 있는지를 규명하려고 한 것이다. 민족종교는 이성종교나 도덕종교일 수 있으며 환상종교(Phantasiereligion)나 신화종교일 수도 있다. 이성이나 도덕 혹은 신화는 모두 인간의 자율적 능력에 바탕을 둔 것으로서 그 자체가 자기규정의 능력을 지니며 자유로운 삶을 가능하게 하는 것이다. 특히 칸트의 실천철학의 영향하에 있던 이 시기의 헤겔은 이성을 도덕적인 자기규정으로 간주하고 이성으로부터 자유가 유래하는 것으로 생각한다. 이러한 생각은 인간의 진정한 자유와 진리를 종교적 권위와 전통으로 억압하는 실정종교에 대한 비판으로 이어진다. 헤겔은 종교, 국가, 시대가 갖는 억압의 구조를 실정종교를 비판함으로써 폭로하고 이를 순수이성의 지평으로 고양시키려 한 것이다. 청년 헤겔에게 교육이 문제가 된다면, 그것은 애당초 인간의 자유획득과 이를 통한 시대의 변화에 있었다.

그러나 자유가 순수이성으로부터 나온다는 생각은 이성의 역사적 연관이 통찰되면서 교정된다. 이성은 이미 완결된 이상적 이성이라기보다 늘 현실 속에 있는 변화가능한 이성이다. 이성은 한편으로 이상적인 것이기도 하면서 다른 한편으로는 다면적으로 얽혀 있는 현실 가운데서 역사적으로 형성되는 것이기도 하다. 따라서 자유는 이상의 지평에 있는 순수이성에 의해서 성취되는 것이라기보다 이성과 이성의 관계 내지 정신의 운동을 통해 획득된다. 여기서 이성 간의 통합 내지 유기적 연관이 중요한 문제로 떠오르게 된다. 초기 헤겔에게 중요하게 다루어지는 "사랑"의 개념이나 "생"의 개념은 모두 이러한 맥락에서 파악되어야 한다. 말하자면 이미 주어져 있는 정치적, 종교적 권위에 무조건적으로 복종하는 상태를 벗어나서 그것을 자율적으로 규정하고 파악하며 더 나아가 이러한 개별 규정들을 상호주관적으로, 역사적으로 관계하게 하는 것이 새로운 시대를 가능하게 한다는 것이다. 헤겔이 품은 "청년시대의 이상"[48]은 새로운 시대가 도래함으로써 성취되며, 새로운 시대는 이성의 운동을 매개로 하는 도야와 교육을 통해 가능한 것이다.

고독하고도 힘든 가정교사 생활 이후 헤겔은 1805년부터 예나대학의 원외교수로 활동한다. 여기서 헤겔은 그의 대표작 『정신현상학』을 발표한다. 다음 절에서 구체적으로 언급하겠지만 이 책에서 헤겔은 의식 도야의 역사를 학문에 이르는 과정으로 파악하고, 의식과 정신의 구체적인 계기와 전개과정을 시대와 역사로 간주한다. 특기할 만한 것은 나중에 『법철학, 1820』에서 구체화한 인륜성의 문제를 도야 및 교육과 관련짓고 있다는 사실이다. 인륜성은 역사 속에서 현재의 의식을 변화시키지만 의식의 도야는 새로운 인륜성을 가능하게 한다. 의식과 인륜성의 상호관계는 절대자의 자기지식에 이르기까지 전개된다.

이후 헤겔은 1806년에서 1816까지 뉘른베르크 김나지움의 교장 겸 철학교수로 활동하며 1813년부터는 이 지방의 교육위원으로 일한다. 우리가 헤겔로부터 교육에 관한 구체적인 입장을 들을 수 있는 것은 그가 이 기간 동안에 쓴 글들에 기인한다. 철학교육의 구체적인 실험이라

---

48 Hegel, *Briefe*. (1800. 11. 2. 헤겔이 셸링에게 보낸 편지).

고 할 수 있는 『철학입문』(*Philosophische Propädeutik*)과 매년 학생들과 교육위원들 앞에서 행한 강연(Gymnasialreden), 그리고 김나지움과 대학에 관한 소견서(Gutachten)는 다른 저술들에서 배경적으로 비치고 있는 교육에 관한 그의 생각을 구체적으로 드러내 주는 중요한 자료이다. 특히 이 기간 동안 헤겔의 교육사상을 구체화하는데 관련된 사람은 니이트함머(Niethammer)이다. 그는 헤겔의 오랜 친구이자 예나대학 교수였으며 당시 바이에른 정부의 내무부 소속 교육위원이었다. 그는 바이에른의 교육개혁을 지원하기 위해 헤겔을 뉘른베르크로 초빙했으며, 이 일은 나중에 베를린 대학의 총장으로 일하게 된 헤겔의 이력에 직접적인 영향을 끼치기도 했다. 따라서 헤겔의 교육사상에는 많은 부분이 니이트함머의 생각이 관련되어 있다고 평가된다. 나이트 함머 교육사상은 그가 쓴 『우리 시대 교육수업이론에 나타난 박애주의와 인문주의의 논쟁』[49]에 잘 정리되어 있으며, 헤겔은 박애주의와 인문주의가 갖는 일면성을 인간의 이념으로 환원시키려는 그의 교육관을 많은 부분 적극적으로 수용한다. 헤겔은 나중에 니이트함머의 생각에서 한 걸음 더 나아가 관념론의 입장에서 인문주의를 강조하며 박애주의를 비판한다.

하이델베르크를 거쳐 1818년 베를린 대학에 초빙받은 헤겔은 이러한 관념론적 입장을 심화하여 대학교육에 있어 철학교육을 제일 중요한 것으로 간주한다. 그가 취임강연에서 말하듯이 철학은 단순히 다른 학문을 위한 입문으로 그 역할을 다하는 것이 아니라 그 자체가 모든 정신의 형성과 학문의 중심이 되어야 한다는 것이다. 이때 헤겔은 베를

---

49 Niethammer: *Der Streit des Philanthropinismus und Humanismus in der Theorie des Erziehungsunterichts unserer Zeit*, 1808.

린이 독일의 중심이듯이 베를린대학에서 행해지는 철학강의가 모든 학문의 근간이 되어야 한다고 할 정도로 철학교육에 역점을 두었다. 헤겔은 이런 관념론적 관점에 입각한 자신의 교육사상이 대학의 새로운 교육제도로 자리 잡았다고 자평한다. 이것은 인문주의적, 이성주의적 태도를 중시하는 헤겔의 또 다른 관점이며 교육사상의 영향사에서 비판적으로 수용된다.

2. 도야의 개념: 의식 전개의 구조 논리

2.1 의식의 형성과 도야

우리가 헤겔철학을 "교육"의 조명하에 두고 볼 경우 그것은 교양이론 내지 도야이론과 밀접하게 관련되어 있다. 잘 알려진 바와 같이 헤겔의 교육철학과 교양이론의 핵심을 이루는 것은 "Bildung" 개념이다. "교양", "교육", "형성", "도야", "문화", "교화" 등으로 번역되는 "Bildung"의 의미는 번역과정에서 불가피하게 생겨난 비통일적인 의미라기보다 이 용어에 대한 헤겔 자신의 다양한 관점을 보여 주는 의미이다.[50]

그러나 이 다양한 의미는 크게 "교육"과 "도야"(교양)의 두 가지 의미로 수렴된다. 헤겔은 "Bildung"에 대해서 무엇보다 『정신현상학』에서 소상하게 다루고 있으며, 『법철학』과 『역사철학』도 이 문제를 다루고 있는 중요한 텍스트이다. 헤겔은 특히 『정신현상학』 "서문"에서 "세계의 형성과 도야"를 다루며 "서론"에서 "의식의 도야"를 분석하고 "정

---

50 〈Bildung〉에 대한 불어권, 영어권 번역도 크게 두 가지로 나뉜다. Hyppolite는 〈Bildung〉을 도야 내지 문화(Kultur)로 옮기며 Kaufmann은 교육(education)으로 옮긴다.

신" 장(章)에서 문화적으로 형성된 세계에 대해 기술하고 있다. 교양과 형성은 일반적으로 능동적, 역동적 측면과 수동적, 정태적 측면으로 구별될 수 있지만, 헤겔의 도야이론은 어느 한쪽만을 강조하지 않는다. 교양은 "교육"의 의미를 부각시키는 반면, 형성은 "도야"와 "문화"의 의미를 강조한다.[51] 그러나 이 두 가지 중 무엇을 강조하든지 간에 헤겔은 "Bildung"을 좁은 의미의 학교교육으로 이해하지 않으며 인간 일반의 내적 형성과 인간 간의 인륜적 도야를 주제화하고 있다. 특히 형성의 관점은 헤겔의 교양이론을 공교육이론으로 간주하게 하며 교육의 본질을 공공성(Öffentlichkeit) 획득에서 찾게 하는 중요한 단서를 제공한다.[52] 여기서 헤겔철학은 "실천학으로서의 교육학을 위한 교양이론적 정초"로 간주될 수 있다.[53]

도야는 개별적인 의식의 직접적인 상태로부터 보편적인 지식의 매개적 상태로 나아가는 과정이다. "도야는 실체적 삶의 직접성으로부터 항상 보편적인 원칙과 관점에 관한 지식을 얻는 일과 함께 시작해야 하며 사실 일반에 관한 사유로 나아가는 일과 더불어 시작해야 한다."(PhG 13f.) 도야는 이 점에 있어서 개별성으로부터 보편성으로 나아가며 직접성으로부터 매개성을 진행하는 의식 전개의 구조 논리로 규정된다. 도야는 어린이의 자연적 의식의 전개과정과 역사의 발전과

---

51 W. van Dooren: "Bildung, Erziehung, Pädagogik". In: *Hegel-Jahrbuch*, 1973, 163쪽 참조.

52 L. Sichirollo: "Zur Pädagogik Hegels". In: W.R. Beyer, *Die Logik des Wissens und das Problem der Erziehung*. Nürnberg Hegel-Tage 1981, Hamburg 1982, 250쪽 참조.

53 Wolfdietrich Schmied-Kowarzik: "Hegel und die Pädagogik". In: W.R. Beyer (Hrsg.): *Die Logik des Wissens und das Problem der Erziehung*. Nürnberger Hegel-Tage 1981. Hamburg 1981, 193쪽.

정을 메타적으로 서술한 것이라기보다 개인과 공동체 발전의 토대로 기능하는 구조 논리인 것이다. 헤겔은 의식 개념을 항상 의식의 운동과 관련 지우며 이 운동을 늘 그 총체적 연관성 가운데서 파악하기 때문에, 도야는 총체적인 의식 운동의 틀로 받아들여진다.

의식은 자연적 상태로부터 출발한다. 자연적 의식은 아직 자기반성적 의식이 아닌 한 외부세계와 직접적으로 맞닿아 있으며, 그리하여 실재적 성격을 띤다. 그러나 의식은 내적으로 운동하기 때문에 주어져 있는 실재를 무반성적으로 받아들이는 단계에 머물지 않는다. 의식은 자연적 의식의 단계를 넘어서서 의식대상에 대해 반성적으로 관계하며, 여기서 의식과 의식 대상 간의 분열이 시작된다. 의식은 운동하면서 이중적 의식으로 변하는 것이다. 다시 말해서 의식은 한편으로 대상에 대한 의식이며 다른 한편으로 대상을 의식하는 의식 자신에 대한 의식이다. 의식은 이렇게 이중적으로 분열되는 운동 가운데서 의식 자신의 여러 형태들을 경험하며, 이를 특히 의식 자신을 인식하는 단계로 나아가는 데 필연적인 변증법적 과정으로 경험한다. 의식의 경험은 의식 분열의 경험이며 의식의 분열을 통해 새롭게 생성되는 의식 형태에 대한 경험이다. 경험은 "의식이 의식 자신의 지식과 대상 가운데서 행사하는 변증법적 운동이며 이 운동을 통해서 의식에게 늘 새로운 대상이 생겨나게 되는 운동이다."(PhG 78) 헤겔이 이해하는 의식의 운동은 곧 의식의 형성과 도야이며, 이러한 과정은 의식 가운데 더 이상 새로운 대상이 생겨나지 않는 단계에 이르기까지 지속된다. 다시 말해서 의식의 운동과 도야의 과정은 의식과 대상의 분열이 의식 가운데서 완전히 통합되는 단계에 이르기까지 전개된다. 이러한 의식의 최종단계는 전체 존재가 의식의 형태를 띠게 되는 "절대지"이다. 사실에 대한 보편적인 관점과 이로부터 획득되는 보편적 지식은 도야의 과정이 지향하는 목표점인 것이다.

따라서 헤겔에게 있어서 도야와 교양의 개념은 항상 특수성이 보편성을 향해 나아가는 과정과 관련되어 있다. "특수한 개인은 불완전한 정신이며 그 전체의 현존 가운데 하나의 규정만이 지배적인 구체적 형태이다."(PhG 32) 여기에 다른 규정이 있다 하더라도 그것은 거의 말살된 형태로 있을 뿐이다. 따라서 특수한 개인은 개별성을 벗어나지 못하며, 그가 보편성으로 이행하기 위해서는 다른 특수성과의 매개가 필수적이다. 도야의 과정은 특수성을 벗어나지 못하는 개인이 자신의 특수성을 다른 특수성과 매개시킴으로써 자신의 특수성을 보편성으로 형성시켜 가는 도정이다. 이런 의미에서 개인은 보편적 정신의 도야단계를 모두 통과해야 한다. 이렇게 되면 "우리는 지나간 시대에 있어서 사람들의 성숙한 정신을 빼앗았던 것이 이제는 어린시절의 놀이나 연습으로 전락해 버린 것을 보게 되며, 교육의 진보를 경험하면서 마치 그림자 속에서 기술된 것 같은 세계문명사를 인식하게 된다."(PhG 32) 도야를 거친 보편적 정신에게 과거적인 사실은 그 어떤 내용이라 할지라도 그의 소유물이 되어 버린다. "개인의 도야는...자기 앞에 현전해 있는 것을 자기화하고 그 비유기적 속성을 소화하여 이를 자기의 소유물로 삼는 데 있다. 이것은 보편적 정신 내지 실체가 그 자신에게 자기의식을 부여한 것과 다르지 않으며 자기 자신에게 자신의 생성이나 자기반성을 산출한 것과 다르지 않다."(PhG 33) 도야의 주체는 자기와 구별되는 타자를 자기 밖에 둘 수 없으며 자기와 타자의 완전한 일치에 이르면서 자기와 타자의 구별이 사라진 보편자의 내적 투명성을 획득한다. 그러나 도야를 통한 개인의 보편자에로의 이행은 개인과 개인의 물리적 통합과정이라기보다 개인의 정신적 통합과정 내지 지양과정이며 이를 통해 보편자의 자기반성적 상태에 도달하는 것을 의미한다. 보편적 정신이 세계문명사를 과거사로 인식할 수 있는 것은 오로지 정신적 파악과정을 통해서만 가능하다.

2.2 세계의 형성과 정신의 소외

헤겔이 교양의 개념을 개별자가 보편자로 이행하는 것으로 보는 것은, 교양이 개별적 의식에서 보편적 의식으로 전개되는 과정으로 규정될 수 있다는 점에서 그다지 많은 사변을 요구하지 않는다. 그러나 헤겔이 『정신현상학』의 "정신" 장(章)에서 교양을 "소외된 정신"으로 규정하고 있는 점은 쉽게 이해되지 않는다. 난문같이 보이는 교양과 소외된 정신의 관계는 사실상 헤겔의 도야이론을 구성하는 핵심 중의 하나이다.

소외된 정신에 대한 이해는 정신에 대한 이해를 전제한다. 정신은 의식과 연관되어 있으면서도 의식과 구별된다. 의식은 개인의 의식을 지칭하는 반면 정신은 사회적, 역사적 의식을 가리킨다. "정신은 의식 일반이다."(PhG 326) 그것은 의식의 여러 양태들인 감각적 확실성과 지각과 오성이 내적으로 파악하는 것을 지칭하며, 그렇기 때문에 정신은 의식내적인 확실성을 넘어서서 의식이 곧 세계로 이해되고 세계가 의식으로 간주되는 이 둘 사이의 절대적 동일성에 대한 의식을 가리킨다. 이런 의미에서 "정신은 대상적으로 존재하는 현실이다."(PhG 326) 우리가 일반적으로 "우리 학교의 정신" "우리 민족의 정신"이라고 말할 때 이 정신은 개인의 주관적 의식을 뜻한다기보다 학교와 나라를 지칭하는 특정 공동체의 구체적인 현실을 의미한다. 헤겔은 정신이 먼저 있어서 현실이 있게 되는지, 아니면 현실이 먼저 있어서 그것에 대한 정신이 있게 되는지를 분명하게 규정하지 않지만, 확실한 것은 정신과 현실이 상호 변증법적인 관계 속에 놓여 있다는 사실이다.

정신의 기원에 대한 설명은 쉽게 결론지어지지 않는다. 그러나 정신이 "민족의 인륜적 삶"(PhG 326)으로 존재해 왔으며 현재의 인간은 이것과 어떤 방식으로든지 관계하고 있다는 것은 확실하다. 민족의 인륜적 삶으로 존재하는 정신은 직접적인 진리의 형태를 띤다. 헤겔은 이러한 첫 번째 형태의 정신을 "진정한 정신" 내지 "인륜성"으로 규정한다. 이것은 마치 고대 폴리스에서와 같이 그 자체가 민족의 삶이며, 개인의 삶은 이미 존재하는 이러한 인륜성으로부터 출발한다. 우리가 헤겔을 따라 인륜성의 역사를 정신 발달의 역사로 본다면 민족의 인륜적 삶이 개인의 삶을 지배하던 시대는 당연히 고대이다. 고대가 고대로만 머물러 있지 않고 소위 역사의 전개가 있게 된 것은 각 시대마다 시대 특유의 정신 운동이 매개되었기 때문이다. "정신은 그 직접적인 상태를 넘어가야 하며 아름다운 인륜적 삶을 지양해야 하고 일련의 형태를 관통하여 자기 자신에 대한 지(知)에 도달해야 한다."(PhG 326) 정신은 기존하던 것에 편승하는 상태로부터 그 자신이 현실을 이루는 상태로 진행해야 한다. 그 자신이 곧 현실인 현실적 정신은 이미 존재하는 정신을 직접적으로 수용하는 직접적 정신과 근본적으로 구별된다. 정신은 본성상 기존하는 정신에 대한 의식의 상태, 즉 정신의 자기관계의 단계로 들어간다. 헤겔은 정신이 정신에 대해 자기분열적으로 관계하면서 새로운 정신을 산출하는 과정을 의식내적인 관계로만 간주하지 않고 이를 역사의 전개과정으로 파악한다. 고대의 직접적 정신을 의식하는 정신은 이제 근대의 정신이 된다. 그러나 근대의 정신은 자기분열적인 정신, 즉 "소외된 정신"이며, 우리의 주제인 도야와 교양은 바로 이 소외된 정신의 본질을 지칭한다.

정신은 활동을 시작하면서 고대 폴리스의 인륜성과 같은 기존하는 직접적 실체를 수용할 수밖에 없지만, 그 활동성이 전개되면서 직접적 소여로서의 실체를 규정적으로 부정하며 이로써 스스로 하나의 세계로 형성된다. 시대가 그 시대를 살아가는 인간을 통해 늘 다른 모습의 시대로 나타나는 것이 이를 잘 입증한다. 기존하는 시대는 인간정신의 매개를 통해 그 직접적인 규정성을 넘어서서 다른 모습의 시대로 변모되는 것이다. 헤겔은 정신의 운동을 통해 변화되는 현실을 설명하기 위해서 정신과 소외(Entfremdung)의 관계 및 정신과 외화(外化 Entäußerung)의 관계를 다룬다. 그는 외부세계를 향해 활동하는 정신의 구조를 "소외"나 "외화"로 부르며 소외된 정신을 정신에 의해 형성된 세계로 간주한다. 정신에 의해 새롭게 형성된 세계인 "실체는 정신의 외화 그 자체이며, 외화는 실체이거나 하나의 세계로 정돈된 정신의 힘이며 또한 이를 통해서 획득된 정신적 힘이다."(PhG 360) 인간의 정신은 그 자체가 아무런 운동 없이 순수하게 내적으로 머물러 있는 존재가 아니라 끊임없이 자기를 외화하고 자기를 실현하는 활동성이다. 정신이 순수한 내적 상태를 벗어나 구체적인 실재를 갖는 것은 자기 자신을 소외시키는 한에서 가능한 것이다.

정신은 역설적이게도 소외를 경험하면서 개별성으로부터 보편성으로 변한다. 정신의 개별성은 소외를 매개로 해서 개별적인 지평을 벗어나서 보편적인 지평에서 타당한 것으로 인정받으며 이러한 방식으로 현실 가운데 실현된다. 개별적인 정신이 그 타당성과 현실성을 획득하는 것은 오로지 정신이 자신을 보편자에 걸맞게 형성하는 소외의 매개를 통해서만 가능한 것이다. 따라서 정신의 소외는 개별적 정신으로 하여금 보편적인 타당성과 현실성을 얻게 하는 도야와 교양이다. 개인이 근원적으로 소유하는 진정한 본성은 자신의 자연적 존재를 소외시키는 정신이며 자신의 자연적 자기를 지양하는 정신이다. 개인은 자신의 자연적 본성을 소외시키고 지양하는 도야의 과정을 통해 외적으로 새로운 세계와 현실을 창조할 뿐 아니라 내적으로 새로운 존재로 변모되어

간다. "자기를 도야하는 개별성의 운동은 곧 보편적인 대상 존재인 개별성의 형성, 즉 실제적 세계의 형성이다."(PhG 365) 이와 같이 도야는 개인과 현실이라는 두 측면에서 이루어지며 이 둘은 상호 변증법적인 관계 속에 있다.

3. 도야의 역사적 연관: 제2의 자연과 문화

3.1 시대와 도야

개인과 현실을 변증법적 관계 속에 있는 것으로 파악하는 헤겔은 시대를 철학의 문제와 분리시켜 생각하지 않는다. 그는 오히려 철학을 사유에 의해 파악된 시대로 간주할 정도로 이 둘의 연관성을 중시한다.(R 26) 철학이나 인간 사유 일반이 시대와 직접적으로 관련되어 있다는 파악은 헤겔에게서 가장 두드러지게 나타난다. 시대와 사유의 관계는 앞서 살펴본 바와 같이 의식의 분열과 소외, 그리고 도야의 과정을 통해 현상한다.[54]

"시대는 옛것을 전체와 새롭게 관계 지우며 이를 통해 옛것이 갖는 본질을 시대에 의해 변경되고 갱신된 모습으로 간직한다."(NS 314) 헤겔은 시대가 옛것을 새로운 것으로 변경하고 갱신하는 데 있어서 가장 중요한 역할을 감당하는 것이 도야와 교육이라고 간주한다. 옛것에 대한 무조건적 수용이나 옛것을 무시한 전혀 새로운 출발은 진정한 교육과 무관하며 이러한 교육은 현실을 변화시킬 수 없다. 교육 및 도야와

---

54 이런 의미에서 하버마스는 헤겔을 근대성(Modernität)의 대변자로 규정짓는다. Jürgen Habermas: *Der Philosophische Diskurs der Moderne*. Frankfurt/M. 1988, 34쪽 이하. 참조.

시대는 결코 뗄 수 없는 관계에 있으며, 그렇기 때문에 교육은 개인의 내적인 변화에만 머물 수 없고 늘 현실의 변화와 적극적으로 관계해야 한다. 이러한 생각은 나중에 기술하게 될 "교육과 인륜의 관계"와 밀접하게 관련되어 있다. 따라서 헤겔이 이해하는 교육은 넓은 의미에서 볼 때 시대와 관계하는 인간 반성활동의 테두리 안에 있는 것이며 특정한 교육기관에 국한되는 것이 아니다.

교육과 새로운 시대와의 관계는 변증법적이다. 오로지 교육만이 새로운 시대를 형성하지 않으며 기존하는 시대가 교육을 전적으로 규정하는 것도 아니다. 전자는 계몽주의 교육이론에 대한 비판적 관점이며 후자는 실천철학적인 맥락에서 쉽게 오해될 수 있는 헤겔의 생각이다. 헤겔은 학습의 균형에 대해 설명하는 자리에서 이와 관련된 중요한 주장을 하고 있다. 단순히 주입 및 암기와 동일시되는 학습이 일면적인 것 같이 학생의 독자적인 반성과 추론 역시 일면적이라는 것이다. "만약 학습이 단순한 주입에 제한된다면 학습의 영향은 우리가 문장들을 물 위에 기록하는 것보다 하등 나을 것이 없다."(NS 332) 중요한 것은 단순한 주입이 아니라 학습자의 독자적인 파악활동이며 학습한 것을 다시금 사용할 줄 아는 능력이다. 그러나 학습자가 선생에게서 받은 내용을 등한시하고 자신의 독자적인 생각과 반성을 앞세운다면 여기서는 기존하는 것을 포함해서 보편적인 것과 연결되는 연관성, 일관성, 질서 등이 사라져 버린다. "교육의 중심목적은 학생이 가질 수 있는 독자적인 착상과 생각과 반성, 그리고 학생이 이것들을 소유할 수 있는 방식을 근절하는 것이다."(NS 332)[55] 시대가 이성을 규정하고 이성에 의해

55 헤겔은 여기서 피타고라스의 학생들이 최초 4년간 침묵을 지켜야 했다는 사실을 상기시키고 있다. (NS 332 참조)

시대가 규정되는 것과 같이, 학습자에게 주어지는 내용은 기존의 보편적인 것으로 받아들여져야 하고 또한 주입된 내용은 학습자의 독자적인 파악활동에 의해 새로운 의미로 드러나야 한다.

시대와 교육 간의 일반적인 관계와 더불어 헤겔은 당시의 교육학에 대한 자신의 관계를 구체적으로 언급하고 있다. 헤겔은 우선 당시의 교육학과 이를 받아들이는 시대적 상황에 대해 강하게 비판하며, 이러한 비판은 그의 철학과 밀접한 연관을 지닌다. 당시의 교육학에 대한 헤겔의 비판은 이 시대의 학문적 지각변동이라 할 수 있는 칸트철학과 밀접하게 관련되어 있다. 특히 칸트철학은 교육에 대한 헤겔의 입장과 관련해서 양면적인 의미를 지닌다. 헤겔은 『논리의 학』 서문에서 칸트철학과 관련된 당시의 교육학을 다음과 같이 평가한다: 칸트철학에서 유래하는 사변적 사고에 대한 거부라는 "잘 알려진 학설에는 근대 교육학의 외침과 직접적인 욕구를 지향하는 시대의 궁핍이 맞서게 되었다." 헤겔은 여기서 당시의 교육학이 자신의 철학과는 상당한 거리가 있거나 아예 대립적인 위치에 있는 것임을 밝히고 있다. 그는 인식에 대해 경험을 앞세우고 공적인 삶이든 사적인 삶이든 간에 이론적인 통찰을 유해한 것으로 간주하며 연습과 실천적 도야를 본질적인 것으로 생각하는 시대의 요구와 기준을 받아들일 수 없었다.(WdL/I 14 참조) 사변보다는 경험을 중시하고 이론보다는 실천을 신뢰하는 시대의 분위기는 경험론 및 공리주의를 근간으로 하는 교육학(페스탈로찌, 바제도우)과 관계가 있다. 헤겔은 그들이 중시하는 경험의 직접성과 구체성, 그리고 이론적인 근거 규명을 제2선으로 밀쳐내는 실천적 도야를 비판한다.

헤겔의 방대한 저술 가운데 교육학에 관한 언급은 몇 안 되지만 그것은 대부분 위의 맥락으로 읽어야 하는 주장들이다. 헤겔은 인간의 본성이 선하며 인간의 발전은 긍정적인 자기정립이라는 시대의 자기만족 상태를 비판한다. "'인간은 본성적으로 선하다' 라는 말은 이 새로운 시대에 현대적인 의미로 쓰이고 있었다. 이 말은 인간의 경향과 성향이 그의 이념에 따라 선한 것이 아니라 경험적으로 선하며 천성적으로 선하다는 의미를 갖는다."[56] 인간의 발전은 인간의 성향이 아무런 방해를 받지 않고 긍정적으로 외부를 향해 나오는 것이며 부정성을 매개로 한 전개가 아니라는 것이다. 이런 맥락에서 헤겔은 인간이 천성적으로 선하다는 루소의 생각을 비판한다. 이 점은 루소에 대한 칸트의 비판을 수용하는 것이기도 하기 때문에 헤겔은 칸트에 대해 양면적인 입장을 취하는 셈이다. 칸트는 루소의 생각에 대립하면서 인간의 본성 가운데 극단적인 악이 있다고 주장한다.[57] 칸트와 헤겔에게 공통적인 것은 인간의 본성이 긍정적이라기보다는 부정적이기 때문에 인간 교육은 당연히 부정성 극복을 지향해야 한다는 것이다. 그러나 인간에게 선이 전적으로 결여되어 있는 것은 아니기 때문에 원칙적으로 선의 회복은 가능하며 교육학은 이것을 위해 봉사해야 한다는 것이다.

헤겔은 인간의 본성을 선으로 간주하고 이것의 계발을 외적 우연성에 맡기는 것을 "공허함을 조장하고 이를 보증하며 산출하는 이 시대의 교육학이 보여 주는 공허한 견해"라고 비판한다. "이 교육학은 인간성의 깊이를 탐구하지 않고 이 깊이를 더 이상 산출하지 않으며 텅 빈 영역에서 자기도취에 빠져 있는가 하면 이것에 만족하면서 나아간다"[58]

---

56 G.W.F. Hegel: *Religions-Philosophie*. Vorlesungsmanuskripte I (1816-1831), Hamburg 1987, 243쪽.

57 I. Kant, *Die Religion innerhalb der Grenzen der bloßen Vernunft*. Frankfurt/M. 1982, 676쪽 이하.

58 Hegel: *Religions-Philosophie*. 243쪽.

는 것이다. 이렇게 당시 교육학의 상황을 신랄하게 비판하는 헤겔은 진정한 교육을 자연적인 것과 자기추구를 떨쳐 내는 지성적 도야에서 찾는다. 교육은 자연적인 것과 본성적인 것을 그대로 보존하는 것이 아니라 이것을 이성적인 것과 보편적인 것으로 만드는 것이며 이를 정의로운 도덕을 통해 새로운 모습으로 창출하는 것이다.[59] 헤겔은 자연적 인간은 선하다기보다 타자에 저항하고 자기를 주장하는 의지의 주체이며 자신을 즉자대자적인 목적과 선에 따라 규정하는 쪽으로 생각하지 않는 주체이고 심지어 자기 자신에 대해서도 자유롭지 않은 이기적이고 의존적인 주체라고 보았다. 이러한 인간은 그 자체로 받아들여질 수 없고 어떤 방식으로든지 새롭게 형성되고 다듬어져야 한다. "교육은 도야의 역사"인 것이다.[60] 도야 역사로서의 교육은 직접성과 매개성의 연관을 통해 더욱더 분명하게 드러난다.

3.2 제2의 자연과 정신의 자유

교육을 도야의 역사로 간주하는 헤겔의 관점은 다음의 언명에 잘 요약되어 있다: "최초의 낙원이 인간자연의 낙원이라면 두 번째 낙원은 인간정신의 낙원이다. 인간정신은 마치 신부가 방에서 나오는 것처럼 더욱더 아름다운 자연성과 자유와 깊이와 청명함으로 등장한다."(NS

59 흥미로운 것은 헤겔이 이러한 주장의 근거를 기독교에서 가져온다는 사실이다. 헤겔의 칸트 수용도 기독교에 대한 양자의 공통된 이해와 밀접하게 관련되어 있다. "기독교는 인간이 천성적으로 선하다는 근대의 학설을 부정한다." "기독교는 고통으로부터 출발하여 고통을 일깨우고 정신의 자연적 통일성을 찢어 분열시킨다...기독교는 인간의 가장 깊은 내면에서 자신과의 부정성을 깨뜨린다." 같은 책, 26쪽.

60 G.W.F. Hegel: *Vorlesungen über die Philosophie der Religion*. Zweiter Band 2. Halbband, Hamburg 1974, S. 103: „daß die Erziehung selbst die Geschichte der Bildung...und ihr Durchlaufen ist.„

318) 헤겔이 교육의 맥락에서 인간의 도야와 형성을 강조하는 것은 철두철미 자연성으로부터 정신성으로, 직접성으로부터 매개성으로의 이행을 강조하는 것이다. 이러한 이행에 대한 강조는 직접적으로 주어져 있는 자연에 대한 부정적 평가라기보다 새로운 자연, 제2의 자연에 대한 기대이며 이로부터 발생하는 새로운 인간과 그에 의해 창출되는 새로운 시대이다. 직접적인 자연이 주어져 있지 않다면 제2의 자연 역시 불가능하겠지만, 늘 동일한 상태로 머물러 있는 인간자연으로부터는 새로운 인간의 형성과 새로운 시대의 창출을 기대할 수 없다. 중요한 것은 외적 자연이 내적 자연으로 이행하는 것이다. 내적 자연인 정신의 발전과 성장만이 인간을 자립적인 지평에 세울 수 있으며 자립성을 획득한 정신만이 독자적인 세계를 구성할 수 있기 때문이다. 헤겔에게 있어서 교육은 애당초 자립적 정신의 연관을 떠나서는 존재하지 않는다. 이것은 어머니로부터 독립하는 아이의 육체적 성장과 가족의 보호로부터 자립하는 그의 정신적 성장을 강조하는 교육 일반의 요구와 정확하게 일치한다.

그러나 이러한 교육과 형성의 과정은 자연스러운 진행이 아니다. 교육은 이후의 것이 아무런 내적 연관 없이 이전의 것에 외적으로 누적되는 과정을 통해 만들어지는 연결고리의 진행이 아니다. 교육은 오히려 교육의 조건 속에 들어와 있는 인간정신이 앞서 주어져 있는 재료와 대상을 자기만의 방식으로 적극적으로 변경하고 새롭게 형성하는 가운데 이루어져야 한다. 교육은 자연스럽게 형성되는 것이라기보다 인간정신이 인위적으로 형성하는 것이다.

이런 의미에서 헤겔의 교육학은 "파손의 교육학"으로 부를 수 있다.[61] 교육은 그 첫 단계에서 소외를 경험하게 해야 하며 복종과 훈육을 통해 기존의 것을 파손하게 해야 한다. 그렇지만 파손과 깨뜨림은 전적으로 부정적인 의미를 지니는 것이 아니다. 그것은 직접성과 즉자존재에 대한 규정적인 파손이며 특정의 깨뜨림이다. 이것은 직접성에 대한 전면적인 부정이 아니라 "규정적 부정"이다.(WdL/I 49) 인간은 교육을 통해 직접적인 자연으로부터 빠져나와서 인간적인 세계로 들어가고 이미 구성되어 있는 인간적인 세계를 파손함으로써 새로운 인간정신의 세계를 구성한다.

교육을 인간정신이 인위적으로 형성하는 것으로 간주하는 데서 헤겔 특유의 교육이론이 정립되며, 여기서 특히 교육과 분열의 관계 내지 도야와 소외의 관계가 다루어진다. 헤겔은 소외를 "이론적 도야의 조건"으로 간주한다.(NS 321) 무릇 모든 것이 자기의 것으로 되기 위해서는 그것이 자연이든 정신이든 상관없이 그 자체가 이를 대하는 주체에게 대상으로 현상해야 한다. 말하자면 그 어떤 것이라도 주체에게 일단 대립적인 것으로, 이질적인 것으로 나타나야 하는 것이다. 아직까지 주체에게 대립적인 것으로 나타나지 않으며 그렇기 때문에 낯설게 다가오지 않는 것, 그리고 여전히 주체에게 친숙하고 주체와 직접적으로 결합되어 있는 것은 믿음과 사랑과 신뢰의 대상일지언정 반성의 대상이 될 수 없다. 그러나 주체에게 반성의 대상으로 나타나지 않는 것은 개별적 주체의 지평을 벗어날 수 없으며 다른 개별적 주체와의 공동 지평 속으로 들어설 수 없다. 직접적인 친숙함은 개인적 결속의 지평을 벗어날 수 없으며 다른 개인과의 결속으로 나아갈 수 없는 것이다. 이런 맥락에서 칸트 인간학의 한 면모에 대한 셸링의 설명은 시사하는 바가 많다: "어린이가 자아를 통해 자기 자신에 대해 말하기 시작함과 동시에

---

61 Jacques D'Hondt: "Der Endzweck der Erziehung bei Hegel". In: W.R. Beyer, *Die Logik des Wissens und das Problem der Erziehung*. Nürnberg Hegel-Tage 1981, Hamburg 1982, 195쪽.

그에게는 하나의 새로운 세계가 나타나는 것처럼 보인다."[62] 자기가 자기 자신에 대해 거리를 유지하는 과정을 통해서만 자기만의 세계가 새로운 것으로 개방된다는 것이다. 새로운 세계의 출현은 자동적으로 이루어지는 것이 아니라 기존의 세계와의 거리유지로부터 나온다. 기존하는 세계와의 거리유지는 곧 이 세계로부터의 분리이며 분리를 통해 관계하는 대립이다. 교육은 대립을 요구하는 것이다.[63]

그렇지만 교육이 요구하는 분리와 대립은 또 다시 전면적인 분리나 이것이 파생시키는 전면적인 고통, 특히 사람들이 견딜 수 없는 전면적인 인류적 고통이 아니다. 그것은 기존의 것에 대한 반성을 통해서 주체의 변화를 유도하는 것이며 이 과정에서 겪게 되는 긍정적 고통이다. 말하자면 직접적인 것과 친숙한 것에 만족하고 있는 것보다 이것의 새로운 의미 발견을 위해 이를 낯선 것과 관계 짓기를 요구하고, 말초적인 감각과 결합되어 있는 것을 기억과 회상과 사고와 결부시키기를 요구하는 것이다. 반성은 그 대상이 무엇이든 간에 그것과 대립관계에 있기 때문에 이러한 대립적 의식이 분리의 의식인 것은 분명하다. 그러나 분리의 의식이 보여 주는 직접적인 대상과의 거리유지는 분리 자체를 목적으로 하는 것이 아니라 분리의 의식을 통해 새롭게 변화하는 대상의 의미와 이를 산출하는 반성주체의 변화를 목적으로 한다. 새로운 것을 추구하는 "청소년이 친숙한 고향을 벗어나서 로빈슨 크루소와 함께 머나먼 섬나라에 사는 것을 행복으로 생각"(NS 321)하는 것은 이러한

---

62 F.W.J. Schelling: *System des transzendentalen Idealismus*, Hamburg 1962, 42쪽.

63 기존의 것과의 거리유지는 새로운 것의 출현이라는 맥락에서 "현대성"의 의미로 쓰인다. Günter Figal: "Modernität", in: Günter Figal, *Der Sinn des Verstehens*. Stuttgart 1996, S. 112 참조. 헤겔이 시대와 관련해서 이러한 현대성 개념의 초석을 놓은 철학자로 평가되는 것은 이미 지적한 바 있다. J. Habermas, 같은 책.

맥락에서 볼 때 지극히 자연스러운 것이며 새로운 인간형성을 위해 본질적인 것이기도 하다.

이질적인 것과 낯선 것은 이를 대하는 주체에 대한 관심을 유발시킨다. 이러한 관심은 결국 자기에 대한 몰두로 이어지며 이러한 자기몰두에서 새로운 자기가 탄생한다. 자기에 대한 몰두는 자기와 친숙한 것에 침잠해 있을 때는 생겨나지 않는다. 자기에 대한 몰두와 반성은 자기가 바라는 것과 자신에게 친숙했던 것이 맺고 있던 기존의 관계가 더 이상 친숙하지 않은 것으로 등장할 때 시작된다. 친숙했던 것이 갑자기 낯설어지고 지금까지 낯설었던 것에 관심이 가기 시작할 뿐 아니라 낯설었던 것이 심지어 친숙한 것으로 변모되는 친숙함과 낯섦이 형성하는 관계의 전도(顚倒)에서 자기에 대해 몰두하게 되는 것이다. 교육에서 추구하는 "심원한 깊이와 힘은 오로지 먼 거리를 통해서만 측정될 수 있다."(NS 321)

그러나 이렇게 주체를 주체 자신으로부터 분리시키는 힘은 분리된 상태를 만들면서 멈추지 않으며 분리된 주체를 분리되기 전의 주체로 복귀시키는 데까지 작용한다. 그렇지 않다면 주체는 불행한 의식에 머물고 말 것이며 불행한 의식은 새롭게 형성되는 인간과는 무관하게 될 것이다. 헤겔의 교육이론에서 중요한 것은 분리의 과정이지만 이 과정은 다시금 통합의 도정으로 이어져야 한다. 분리로부터 자기복귀를 성취한 주체는 분리를 경험하기 전의 자연적, 개별적 주체 및 그와 무관하게 존재하는 특수한 대상을 넘어서서 개별적인 주체와 대상을 포함하는 보편적인 정신적 주체로 바뀐다. 교양인 내지 "지성인(gebildeter Mensch)은 자신의 본성을 특수한 것에 국한시키지 않으며 오히려 그것을 모든 것에 대해 능력 있는 것으로 만든다."(NS 331) 특수성을 넘어서서 보편성을 획득하는 과정과 교육의 과정은 동일하며, 교육받은 교양인은 보편적인 주체가 된다. "보편적 교육은 그 형식에 있어 인륜 교육과 밀접하게 관련"(NS 335f.)되어 있다. "교육받은 인간은 인륜적으로 도야된 인간이다."(NS 336)

4. 도야와 인륜교육: 가족과 시민사회의 매개로서의 학교교육

4.1 도야와 인륜성의 형성

앞서 지적한 바와 같이 헤겔은 교육학에 관한 저술을 남기지 않았으며 그것에 대한 집중적인 언급도 하지 않았지만 다음의 인용문은 교육학 일반 및 인륜교육으로서의 교육학에 관한 그의 생각을 압축적으로 보여 준다: "교육학은 인간을 인륜적으로 형성하는 기술이다. 교육학은 인간을 자연적인 존재로 고찰하며 그를 새로운 모습으로 태어나게 하는 길을 제시할 뿐 아니라 그의 최초의 본성을 두 번째 정신적 본성으로 변화시켜서 이 정신적인 것이 그의 습관이 되는 길을 제시한다. 이러한 습관에서는 자연적 의지와 주관적 의지의 대립이 사라지며 주체의 투쟁이 단절된다. 이렇게 된다면 습관은 그것이 철학적 사고에 속하는 것과 마찬가지로 인륜적인 것에 속한다. 왜냐하면 철학적 사고는 정신이 자의적인 생각에 맞서 형성되고 이를 깨뜨릴 뿐 아니라 극복함으로써 이성적 사고가 자유로운 길을 소유하게 되는 것을 요구하기 때문이다."(R §151 Zusatz)

헤겔의 인륜성 개념은 직접적으로 주어져 있는 제1의 자연으로부터 그것에 대한 정신적 매개를 거쳐 제2의 자연에 이르는 과정에서 생성된다. 그러나 이미 생성된 제2의 자연은 그것으로 자족할 수 있는 것이 아니다. 제2의 자연이라는 표현은 인륜성의 구조적 특징을 대변하는 말로서 끊임없이 새로운 정신세계를 산출하는 실제적 과정만이 아니라 이를 가능하게 하는 형식을 아울러 지칭한다. 교육은 자연의 직접성으로부터 정신의 매개성으로 나아가는 인간 재생의 도정을 지시하는 것이다. 교육을 통해 새로운 인간이 가능하다는 관점은 헤겔에게도 어김없이 적용되지만, 이때 새롭게 탄생된 인간은 개인적으로, 내면적으로 변화된 인간뿐만 아니라 인륜성의 테두리를 넓게 확장한 인간으로의 재생을 지칭한다. 헤겔의 교육학이나 교양이론이 학교의 학생뿐만 아니라 전 인간에게 해당하며 그것도 개인의 내면의 변화를 문제 삼는 것이 아니라 시민사회의 구성원이 되는 것을 중시한다면, 교육은 결국 역사적인 문제로까지 확장된다. 헤겔로서는 세계정신이 최고의 교육자이다. 자연이 제2의 자연으로 이행하고, 제2의 자연인 정신이 새로운 정신으로 이행하는 것은 결국 정신의 활동성을 새로운 것으로 확장하는 과정이다. 이 과정은 계기별로 주어지는 모든 내용을 늘 새로운 모습으로 형성하는 정신의 활동성이 산출하는 과정으로서 결국 역사의 이념을 향해 나아가는 것이다.

이와 같이 직접적 인간을 인륜적 인간으로 형성하는 데에는 두 가지 도정이 있다. 하나는 오성 교육과 언어 교육으로 대변되는 이론적 도야이며 다른 하나는 노동을 통해 이루어지는 실천적 도야이다. 전자가 이론적 반성을 근간으로 한다면 후자는 실천적 노동을 중심 계기로 삼는다.[64] "이론적 도야는 관심을 불러일으키는 규정과 대상의 다양성에서 전개된다. 다시 말해서 그것은 표상과 지식의 다양성 뿐 아니라 표상행위의 운동성과 신속성은 물론이고 하나의 표상에서 다른 표상으로 넘어가는 이행의 운동성과 신속성, 그리고 복잡하게 뒤얽힌 일반적인 관

64 헤겔은 반성과 노동이 논리적으로 동일한 구조를 갖고 있는 것으로 파악한다.

계에 대한 파악 등에서 전개된다." "실천적 도야는 자기를 산출하는 욕구와 전반적인 일의 습관, 그리고 자기행위의 제약에서 이루어진다."(R §197) 이론적 도야는 세계의 다양성을 수용하고 파악하는 과정으로서 이를 통해 인간은 세계를 이해하고 수용하는, 소위 세계와의 동일화 과정을 심화시킨다. 인간은 이러한 과정을 거치면서 이론적인 차원에서 보편의 지평에 점차 다가간다. 또한 실천적 도야의 과정에서 나타나는 자기행위의 제약은 부분적으로 대상의 속성에 따르지만 대부분은 다른 사람의 자의나 자기훈육을 통해 획득되는 "객관적 활동성과 보편타당한 숙련성의 습관"에 따른다.(R §197) 다시 말해서 실천적 도야는 외부세계와 다른 사람과의 실제적 관계 가운데서 자기를 제약하고 타자를 인정하는 상호인정의 관계를 형성하면서 점차 보편의 지평으로 들어서게 된다.

이러한 이론적, 실천적 교육은 지성적으로 도야된 인간과 도덕적으로 도야된 인간을 형성한다. 이러한 교육의 결과는 시민사회 속의 상이한 체계들로 나타나며 상이한 신분과 계층으로 나타난다. 상이한 신분과 계층은 상이한 이론 교육의 결과만이 아니라 욕망과 노동이 만들어내는 특수한 체계의 결과이기도 하다. 도야는 이론과 실천의 어느 한 축을 중심으로 이루어지는 것이 아니라 그 자체가 이론과 실천을 매개하는 중심이며 그 보편화 과정을 주도하는 요소이다. 그러나 여기서 중요한 것은 도야가 시민사회의 체계 재생산에 기여하는 상이한 요소들 가운데 핵심 요소로 자리 잡고 있다는 사실이다.

도야와 시민사회 형성의 관계, 도야와 인륜성의 관계는 앞서 살펴본 바와 같이 개별성을 보편성으로 이행하게 하는 중심이며 추상성을 구체성으로 변화시키는 힘이다. 헤겔이 도야를 "해방" 내지 "보다 고차적인 해방의 노동"으로 규정하는 것은 이런 맥락에서 읽어야 한다.(R §

187) 말하자면 "도야는 더 이상 직접적이고 자연적인 인륜의 실체성으로가 아니라 보편적인 형태로 고양된 무한히 주관적인 정신적 인륜의 실체성으로 나아가는 절대적 통과점이다."(R §187) 도야와 교양의 과정은 개인이 사회적, 역사적 공동체에 이르는 과정이며, 유한자가 무한자에 이르는 자기 형성의 과정인 것이다. 이러한 과정은 항상 현실관계를 통해 이루어지기 때문에 추상적일 수 없으며 이미 주어져 있는 자연상태의 지속일 수 없다. 교육을 통해 이루어지는 개별성의 도야는 보편성을 구체적으로 형성하는 반면, 개별성의 자기지양 과정이 배제된 보편성은 추상적이다.

유한자가 도야되고 보편자에 가까워져 가는 과정이 교양의 과정이라면 이는 무한자 자신의 내재적 계기와 다르지 않다. 또한 이러한 도야의 과정이 보편적인 인륜성의 체계를 만들어 낸다면 인륜성은 도야의 과정을 통해 그 자체가 무한한 가치를 지닌 것으로 드러난다.(R §187 참조) 개별자를 내재적 계기 가운데 포함하지 않는 무한자는 공허하거나 추상적이며, 개별자의 현실적인 형성과정을 도외시한 인륜성은 절대적 가치를 요구할 수 없다. 이런 맥락에서 그의 도야이론은 여타의 이론들과 더불어 유한자와 무한자의 상호관계를 근거 짓는 중요한 설명체계로 기능한다. 헤겔에게 무한자는 유한적인 지평의 개별자와 무관하게 존재하지 않으며 개별자 역시 무한자와 전적으로 구별되는 차원에 존재하지 않는다. 헤겔이 그려 보이려는 무한자와 유한자의 상호관계는 하나의 철학적 주장으로서 그의 철학체계에 전제된 것이라기보다 이 관계 자체가 그의 철학을 통해, 특히 그의 도야이론을 통해 구체적으로 입증된 것이다.

4.2 학교와 시민사회

교육이 개인의 인륜성 획득을 목적으로 한다면 이는 그의 자유 및 자립성 획득과 맞닿아 있다. 헤겔에게 있어서 인륜성은 "자유의 이념"이며 "자기의식이 실재적인 세계와 자연으로 형성된 자유의 개념"이기 때문이다.(R §142) 교육을 인륜교육으로 간주하는 헤겔은 자유와 자립성 획득을 교육의 최고 목적으로 삼는다. 이러한 견해는 가족으로부터 시민사회로 이행하는 인륜태의 변화가 교육을 통한 어린이의 성장과 자립성 획득을 매개로 해서 이루어진다는 주장에서 가장 뚜렷하게 드러난다. 헤겔은 『법철학』에서 가족으로부터 시민사회로의 이행을 설명하는 부분(R §§173-180)에 "어린이의 교육과 가족의 해체"라는 제목을 붙이고 있다. 교육은 가족과 시민사회의 연결고리이며 비자립적인 개인을 시민사회를 구성하는 "자유로운 인격성"과 "법적 인격"으로 만드는 수단이라는 것이다.(R §177)

어린이는 아직 법적 인격을 소유한 자립적 존재가 아니기 때문에 가족 공동재화의 도움으로 양육받을 수 있는 권리를 지닌다. 어린이가 비자립적 상태로부터 자립적 상태에 이르기까지 가족 인륜태의 보호막 가운데 있지 않는 한 새로운 자립적 개인의 출현은 불가능하다. 이와 동시에 부모는 어린이의 자의적 욕구와 태도를 훈육시킬 수 권리를 지닌다. 부모의 역할은 어린이 양육에 필요한 재화를 제공하는 것으로 끝나는 것이 아니라 훈육의 의무와 권리를 지닌다. 어린이가 자립적 상태에 이르기 위해서는 어린이가 양육받을 수 있는 권리, 그리고 부모가 어린이를 훈육시킬 수 있는 권리가 요구된다.

어린이 교육은 부모의 훈육으로부터 학교의 인륜교육으로 진행되는 일련의 과정에서 이루어진다. 가족은 교육의 규준점이며, 학교는 부모가 시작한 교육을 지속시킨다. "교육의 중심계기는 어린이의 아집을 깨뜨림으로써 감각적인 것과 자연적인 것이 근절되게 하는 의미를 지니는 훈육이다."(R §174 Zusatz) 어린이에게 훈육으로서의 교육이 우선적으로 요구되는 것은 그가 상황에 따라 가변적인 본능의 노예가 되지 않고 스스로 보편적인 차원에서 행위할 수 있는 능력을 갖게 하기 위함이다. 헤겔은 이런 맥락에서 박애주의적인 놀이 교육학(spielende Pädagogik)을 비판한다.(§175) 놀이 교육학에서는 어린이의 유치함이 자연스럽게 받아들여질 수 있으며 이러한 유치함이 그 자체로 타당하고 완결된 것으로 간주될 수 있기 때문이다. 헤겔의 교육사상에 있어서 무엇보다 중요한 것은 모든 이에게 모든 것으로 받아들여져야 하는 실체적인 것의 획득과 이것을 향한 도야이기 때문에, 만약 어린이의 상태에서 보여지는 것들이 그 자체로 타당하게 받아들여진다면 이는 미완성에 대한 인정으로 이어질 뿐 아니라 어린이에게서 당연히 발양되어야 하는 "정신세계의 실체적 관계"에 대한 욕구가 소멸되며 이에 대한 감각이 무디어져서 급기야는 공허함에 떨어지게 된다는 것이다. 교육은 제1의 자연을 제2의 자연으로 이행시키는 것이며 "자연적 의지가 갖는 제1강제에 맞서는 반강제"[65]이다.

헤겔이 어린이 교육을 가족 해체와 시민사회의 출발 중간에 위치시키고 있는 점은 1) 가족의 직접적 인륜성이 교육과 도야의 매개를 통해 시민사회의 인륜성으로 변화되는 것을 보여 주며, 2) 어린이는 교육을 통해 가족의 자연적 직접성으로부터 자립성과 자유로운 인격성으로 변모된다는 사실을 보여 준다. 어린이는 교육을 통해 "가족의 자연적 통일성을 벗어나서 스스로를 고양시킬 수 있는 능력"(§175)을 가져야 한다는 것이다. 아집, 감각적인 것, 자연적인 것 등을 보편적인 것, 정신

65 Pöggeler: 같은 책, 266쪽.

적인 것, 매개적인 것 등과 첨예하게 대립시키는 헤겔의 관점은 결국 개별에 대한 보편의 우위, 그리고 스스로를 보편자로 고양시킬 수 있는 개별자의 자유로 요약된다.

따라서 헤겔에게 교육은 인륜교육이며 이것은 구체적으로 좋은 국가의 시민이 되게 하는 교육이다. 헤겔은『법철학』153절 보충에서, 아들을 도덕적으로 교육시키는 최선의 방법에 대해 묻고 있는 한 아버지에게 피타고라스학파에 속한 사람이 한 말을 의미 있게 인용한다: 아들을 인륜적으로 교육하는 최선의 방법은 그를 "좋은 법을 가진 국가의 시민"으로 만드는 일이다. 이런 맥락에서 그는 인간을 현재의 일반적인 삶으로부터 빠져나오게 하고 자연에서 교육시키려 하는 루소의『에밀』에 나타난 시도를 받아들이지 않으며 이를 강하게 비판한다.(R § 153 Zusatz) 인간은 현실을 떠나 고립적으로 존재할 수 없으며 세계의 법칙으로부터 소외될 수 없다는 것이다. "개인은 그가 좋은 국가의 시민일 때 비로소 그 자신의 법과 권리에 이르게 된다."(같은 곳) 시사된 바와 같이 헤겔에게 법과 권리는 곧 자유의 상태를 말한다. 교육을 통해 이르게 되는 자유의 상태는 개인의 의지가 자의적으로 사용되는 상태가 아니라 보편적인 의지로 도야된 개인의 자유로운 공간이다.

요컨대 학교는 개인을 이러한 자유의 상태에 이르게 하는 인륜태이다. 그리고 학교는 전체 시민사회가 지향하는 교양과 도야의 과제를 충족시켜야 한다. 헤겔은 시민사회를 "욕망의 체계" 내지 "상호의존체계"로 규정하는데, 여기서는 개인의 특수성이 보편성과 관계하며 개인이 스스로 보편성의 한 부분을 구성하는 일이 필연적으로 요구된다. 개별성을 보편성으로 형성하는 시민사회의 과제는 학교교육을 통해 비로소 충족되기 시작한다. 이런 맥락에서 학교는 단순히 교육기관에 불과하거나 상위 교육기관에 대한 준비단계에 그치는 것이 아니라 그 자체가 하나의 "인륜적 상태"이다. 학교에서 아이는 "일반적인 규정에 따라 비판되고 정위되며 수업의 내용을 통해 확고한 규칙에 따라 교육받을 뿐 아니라 전반적으로 보편적인 질서에 종속된다."[66] 학교는 "인간이 현실관계에 적응함으로써 실천적으로 도야되는 곳"이다.(NS 348)

바로 여기서 인륜적 상태로 규정되는 학교의 위상이 구체적으로 드러난다. 다시 말해서 "학교는 가족과 현실세계 사이에 있으며 가족이 현실세계로 이행하는 것을 결합하는 중간항을 형성한다."(NS 348) 가족의 삶에는 "느낌, 사랑, 자연적 신뢰의 관계"가 있는 반면, 현실세계에는 내적으로 완전히 짜여진 확고한 법의 전체와 보편을 목적으로 하는 조직이 있다. 현실세계에는 더 이상 가족의 관계가 존재하지 않는다. 가족이 자연적인 혈연관계라면 현실세계는 개인이 수행하는 것에 의해 평가되는 사실의 관계이다. 가족의 관계에서 자연적인 신뢰를 배운 아이들은 학교에서 현실세계를 준비하지 않는 한 냉혹한 현실세계를 살아갈 수 없다. 가족에서 자연스럽게 받아들여지던 개인은 그 스스로 보편자에 걸맞게 행동하지 않는 한 현실세계에서 그 존재를 인정받을 수 없다. 개인은 현실세계 가운데서 자기만의 특수한 목적과 견해와 감각방식을 관철시킬 수 없다. 현실세계는 느낌과 사적인 인격이 통용되는 공간이 아니라 개인으로부터 독립해 있는 공동의 장이기 때문이다. 인간의 전체적인 삶을 위해서는 사적인 공간과 공적인 장이 어떤 방식으로든지 매개되어야 한다. 이러한 매개는 학교에 의해 최초로 수행되어야 한다. 학교는 아이들 개인의 사사로운 관심과 정열을 침묵시키고 아이들이 스스로 현실적인 관계에 적응하도록 실천적으로 도야시

---

66 G.W.F. Hegel: *Enzyklopädie der philosophischen Wissenschaften III*. Frankfurt/M. 1970, 82쪽.

킴으로써 아이들에게 현실세계를 준비시켜야 한다. "학교는 인간을 가족의 영역으로부터 세계로 끌어내며 느낌과 경향의 자연적 관계로부터 사실의 요소로 이끌어 내는 중간영역인 것이다."(NS 349)

그러나 학교는 학생 개인의 측면에서 볼 때 소외를 경험하는 공간이다. 학교는 외적으로 아이들을 가족으로부터 분리시키며 수업을 통해 아이들 자신으로부터 분리시킨다. 그러나 아이는 학교 수업을 통해서 가족관계에서 막연하게 유지되었거나 이미 잊힌 직접적인 전체성을 다시금 회복할 수 있게 된다. 학교의 수업은 아이들을 아이들 자신들로부터 분리시켜 냄으로써 진정한 자신으로 되돌아가게 만든다. 아이는 이러한 분리와 자기복귀의 과정을 통해 가족관계 가운데서 추상적으로 경험했거나 이미 상실한 세계를 이제 구체적으로 재인식하게 되는 것이다. 학교교육은 학생의 자연적, 사적 상태를 사회적, 공적 상태로 이끌어 내며 이를 통해 그의 소외경험을 극대화하고 이러한 소외의 상태로부터 자기 내면으로 복귀하게 함으로써, 그의 자연성을 정신성으로, 직접성을 매개성으로, 추상성을 구체성으로, 개별성을 보편성으로, 타자가 지배하는 속박의 상태를 자기가 자신의 주인인 자유의 상태로 이끈다. 학교교육이 전체 교육과정의 한 부분이 아니라 그 자체가 인륜교육인 것은 이와 같은 매개를 성취할 때 비로소 확인된다.

4

삶과 죽음의 변증법

오늘날 편만해진 생명 경시 현상과 몰가치적인 죽음의 경향은 철학의 시대정신과 무관하지 않다. 신의 죽음과 형이상학의 죽음을 넘어 철학의 죽음까지 말하고 있는 시대에서 생명을 존중하는 삶을 기대하는 것은 그 자체가 모순인지 모른다. 기존의 사상과 틀을 벗어나려고 하는 '포스트'(post) 사유가 삶 자체를 포기하는 경향으로 이어진다면, 이것은 탈현대나 탈형이상학이 의도하는 새로움의 상태와 상관없는 파괴적인 삶을 낳는다. 이른바 포스트 사유의 진정한 의미를 드러내기 위해서라도 포스트 사유가 비판한 사상으로 되돌아가 볼 필요가 있다. 형이상학의 죽음에서 삶의 죽음이 도래했다면 형이상학의 회복에서 죽음을 극복하는 삶 또는 새로운 삶을 기대할 수 있을 것이다.

죽으면 모든 것이 끝나는가. 죽음은 과연 무(無)인가. 죽음이 완전한 없음이라 하더라도 죽음에 대한 생각과 논의는 이미 삶 속에서 이루어진다. 그러므로 죽음은 삶에 속하며 삶과 더불어 있다. 더 나아가 죽음에 대한 생각은 삶의 종말을 앞당기는 활동이 아니라 오히려 죽음을 극복하는 활동이다. 왜냐하면 죽음에 대한 생각이 삶을 흔들어 놓으며 새로운 삶을 가능하게 하기 때문이다. 죽음에 대한 생각이 삶의 동요와 절망으로 이어진다 하더라도 이 절망은 삶 속에서 이루어지는 절망이며, 절망의 선상에서 삶의 이편과 저편을 살펴보게 된다는 점에서 진정한 삶을 가능하게 한다. 절망은 "죽음에 이르는 병"일 뿐 죽음 자체가 아니다. 절망도 삶 속에 있다. 절망이 죽음에 이르게 한다 하더라도 절망하는 삶은 절망하지 않는 삶보다 더 진정성을 갖는다. 어쨌든 죽음은 삶의 연관 속에 있는 것이다.

전통 형이상학에서 죽음의 문제는 영혼불멸성을 중심으로 형이상학적 영혼론에서 다루어진다. 영혼불멸성 이론은 그 자체가 이미 인간의 죽음을 유한성의 틀에서 파악하는 것을 넘어선다. 죽음을 피할 수 없는 인간의 현사실성을 죽음의 극복가능성과 연관하여 생각하는 것이다. 영혼불멸성이 인간의 죽음 대신 죽음 너머의 삶을 드러낸다면 이것은 인간의 죽음이 이미 영원한 삶과 연관되어 있다는 사실을 말하고 있다. 영혼불멸성 이론은 죽음으로 끝나지 않는 삶 또는 죽음을 삶으로 바꾸는 생명을 다룬다. 영혼불멸에 대한 갈망은 전통 형이상학을 부정하는 니체에서도 영겁회귀 사상으로 나타날 만큼 너무나도 인간적인 문제임이 틀림없다.

근대철학, 특히 칸트 이후의 철학은 전통 형이상학과 달리 존재를 주관성의 틀 속에서 다룬다. 삶과 죽음의 문제는 유한성과 무한성의 관계에 대한 물음이다. 죽음이 인간의 유한성을 지시한다면, 죽음을 생각하는 삶은 유한성 너머의 삶에 대한 생각으로서 그 자체가 무한성과 연관되어 있는 삶이다. 삶과 죽음의 문제는 결국 유무한의 문제이다. 다시 말해서 삶과 죽음의 문제는 삶의 주체가 생각하는 죽음의 문제로서 주관성의 틀 속에서 파악되는 유무한의 문제이기도 하다.

나는 이 장에서 근대철학의 봉우리를 형성한 슐라이어마허와 헤겔을 중심으로 삶과 죽음의 문제를 '삶 속의 죽음'과 '죽음 속의 삶'이라는 틀로 분석하려고 한다. 양자는 이 두 가지 문제를 아주 상이하고도 특징적인 방식으로 풀이한다. 슐라이어마허가 삶과 죽음을 현실적인 인간의 조건을 중심으로 설명한다면, 헤겔은 이를 존재 전체를 관통하는 차원에서 형이상학적으로 해명한다.

1. 슐라이어마허에서 삶과 죽음의 문제

1.1 삶은 이행이다

삶과 죽음을 주제화할 때 일상적 삶은 초월적, 종교적 삶과 연결된다. 일상적 삶이 유한한 세계 속에서 영위된다면 종교적 삶은 일상적 삶을 가로질러 무한한 세계와 접촉함으로써 이루어진다. 무한한 세계와의 접촉을 꼭 종교적 삶으로 보지 않는다 하더라도 이것은 적어도 초월성과 관계하는 삶이다. 슐라이어마허는 삶을 애당초 일상적 삶과 종교적 삶의 연관 속에서 파악한다. 말하자면 일상적 삶에도 종교적 삶이 토대로 주어져 있으며 종교적 삶에도 일상적 삶이 매개되어 있다. 일상적 삶과 종교적 삶을 주도하는 하는 것은 주관성이다. 삶과 죽음의 주제와 관련하여 중요한 문제는 주관성이 갖는 초월성이다.

슐라이어마허의 주관성 이론은 그만의 고유한 자기의식 이론에 나타나 있다. 이 자기의식 이론은 칸트의 주관성 이론이 빠진 이원론을 극복한 것이다. 주관성의 종교적, 초월적 특성은 자기의식의 이중적 구조 가운데 잘 나타나 있다. 이 구조는 주관성이 스스로를 정립하는 측면과 주관성이 초월적으로 정립되어지는 측면으로 이루어져 있다.

모든 자기의식에서는 이른바 '자기정립'(Sichselbstsetzen)과 '자기를-이렇게-정립하지-않음'(Sichselbstnichtsogesetzthaben) 또는 '존재'(Sein)와 '어떻게든-형성된-존재'(Irgendwiegewordensein)라는 두 요소가 하나이다.[67]

일상적 삶은 자기정립적 주관성의 활동으로 이루어진다. 즉 사고와 의지가 성취하는 지식과 행동의 틀 속에서 이루어지는 것이 삶이다. 삶은 사고를 통해 자기 속에 세계를 각인하고 의지를 통해 세계 속에 자기를 각인하는 활동성이다. 이 활동성에서 삶은 그때마다 세계를 자기화하며 자신을 세계 속에 실현한다. 자기확장과 세계확장이 삶의 기본이다. 이것은 곧 삶의 "노력"과 "동경"이다.[68] "삶은 자기-안에-머무는-주체와 자기-밖으로-나아가는-주체 간의 교환으로 파악될 수 있다."[69] 여기서 밖으로 나아가는 주체는 자신의 자발성을 통해 지식과 행위를 달성한다. 자기 안에 머무는 주체는 주체 자신에 의해 작동되는 것은 아니지만 그 자체가 주체 안에서 확인된다. 이것은 생각과 행동 이전에 수용된 주체이며 그렇기 때문에 자기 속에서 직접적으로 확인되는 자기감정이다. 이것은 자기원인성이나 자발성이 아니며 자기 밖으로부터 형성되고 자극된 것이다. 그러므로 감정은 생각하고 행하는

---

67 F. D. E. Schleiermacher, *Der christliche Glaube nach den Grundsätzen der Evangelischen Kirche im Zusammenhange dargestellt*. Siebente Ausgabe. Erster Band. Auf Grund der zweiten Auflage und kritischer Prüfung des Textes neu hg. und mit Einleitung, Erläuterungen und Register versehen von Martin Redeker, Berlin 1960 (=GL), §4.1.

68 Schleiermacher, *Über die Religion*, Erste Ausgabe, Berlin 1799, 6쪽, 최신한 옮김, 『종교론』, 기독교서회 2002, 20쪽.

69 Schleiermacher, GL, §3,3 "ein Wechsel von Insichbleiben und Aussichheraustreten des Subjekts"

삶 이전에 작동하는 삶의 근본기능이다.

삶은 사고에서 의지로, 의지에서 사고로 움직이는 "이행"(Übergang)[70]이다. 좁은 의미에서는 하나의 사고에서 다른 사고로, 하나의 행위에서 다른 행위로 이행하는 것이 삶이다. "이 이행에서 전체의 삶이 정립된다."[71] 이론과 실천이 삶을 구성한다는 사실은 슐라이어마허에게만 국한되는 설명이 아니다. 죽음은 육체적 죽음을 도외시 할 경우 이러한 사고와 의지의 활동성이 더 이상 진행되지 않는 삶이다. 활동하지 않는 주관성은 그 자체가 죽은 것으로서 더 이상 새로운 지식이나 행동을 산출할 수 없다.

종교적 삶 내지 초월적 삶도 주관성에 뿌리를 두고 있다. 자기활동성 너머에서 작용하는 초월적 힘, 자아의 자발적, 반성적 활동 너머에서 자기에게 영향을 미치는 초월적인 힘이 주관성 가운데 나타난다. 슐라이어마허는 이것을 인간 주관성의 "연원"(Woher)[72]으로 규정한다. 그러므로 초월적 삶은 자발적으로 활동하는 사고와 의지의 산물이 아니라 사고와 의지 너머에서 작용하는 힘의 결과이다. 그런데 이것은 전적으로 인간 초월적인 것이 아니라 인간의 주관성 가운데 작용하는 힘이므로 '내재적 초월'로 설명된다. 초월적 삶이 인간적 삶이 아닌 것이 아니라면 이 삶도 어떻게든 삶의 주체와 관계를 맺어야 하며 이 주체 속에서 확인되어야 한다. 주관성을 정립한 '연원'은 자아를 넘어서면서도 자기 속에서 활동하는 패러독스의 구조를 지닌다.

자기정립적 활동성인 사고와 의지는 정립되어진 활동성과 무관할 수

---

70 Schleiermacher, *Dialektik*. Herausgegeben und eingeleitet von Manfred Frank, Bd. 2, Frankfurt 2001 (=DF), 286쪽.

71 같은 곳.

72 GL, §4.4.

없다. 자기정립적 활동성은 자기 가운데 이미 정립되어 있는 활동성을 받아들일 때 비로소 가능하다면, 우리는 정립되어 있는 활동성을 "근원적 수용성"으로 규정할 수 있다. 이 활동성을 '근원적'이라고 부르는 것은 인간이 자발적으로 정립하는 활동을 펼치기 이전에 이미 주어져 있는 활동성이기 때문이다. 인간의 활동성은 이전에 주어져 있는 이 바탕 위에서 비로소 이루어질 수 있다. 활동성의 토대가 수용성이다. 인간의 사고가 세계와 자신을 인식하기 전에 이미 그 무엇인가가 사고의 토대로 자리 잡고 있다. 인간의 행위가 밖을 향해 활동하기 전에 이미 그 무엇인가가 의지의 토대로 자리 잡고 있다. 슐라이어마허는 이러한 주관성의 토대를 주관성의 활동 이전에 주관성이 '수용한' 힘으로 간주한다. 이것은 사고도 아니고 의지도 아닌 초월적 감정이다.

정립하는 활동성과 근원적 수용성의 관계가 자기 속에서 일어나지 않는다면 일상적 삶과 초월적 삶은 아예 두 개체의 삶이 되거나 한 개체의 정체성에 혼란을 주는 삶이 될 것이다. 결국 한 주관성 가운데 들어 있는 자기활동성과 근원적 수용성이 삶의 통일성을 가능하게 한다. 자기활동성에서 아는 삶과 행동하는 삶이 가능하며, 근원적 수용성에서 초월하는 삶과 종교적 삶이 가능해진다. 일상적 삶과 초월적 삶은 동일한 주관성에 토대를 두고 있다. 반면 죽음은 일상적 삶의 죽음이든 초월적 삶의 죽음이든 모두 이 주관성과 무관하거나 이것과 부분적으로만 관계한다.

삶 속에 있는 죽음은 자기활동성 및 근원적 수용성과 관계하지 않는 비활동성의 삶이다. 이 삶은 살아있으나 죽은 것과 같으며, 앎과 행동에서 아무런 의미를 산출할 수 없는 허무한 삶이다. 삶 속에 있는 죽음이 죽음으로 끝나지 않으려면 삶은 어떻게든 활동성으로 연결되어야 하며, 더 나아가 근원적 수용성을 자신의 활동성과 연결시킬 수 있어야 한다. 자기활동성으로 연결되는 삶에서 사람들은 세계의 의미를 새롭게 인식하고 자신을 세계 가운데 실현할 수 있다. 근원적 수용성 없는 자기활동성은 불가능하다. 더 나아가 근원적 수용성을 각성하는 삶은 주어진 세계의 의미를 넘어서서 초월적 세계 내지 종교적 세계를 그때마다 늘 새롭게 확인할 수 있다. '늘 새로움'은 그 자체가 생명이므로 생명을 각성하는 삶은 고상한 삶이며 시간 속에서 영원을 쟁취한 삶이다.

요컨대 삶은 "완전한 변증법적 개념"[73]이다. 언급한 바와 같이 "삶 그 자체는 활동성"[74]이며, 그것도 아주 다양한 등급의 활동성이다. 그러므로 "아주 낮은 자기활동성과 아주 높은 수용성의 삶이 있는가 하면, 아주 높은 자발성과 아주 낮은 수용성의 삶도 있다."[75] 전자의 삶에서는 자기보다 타자가 더 중요한 위치를 차지한다. 자기는 타자에 대해 상대적으로 비워져 있으며 이 빈 자리를 타자가 차지하고 있다. 타자에 의해 채워지는 삶은 기존의 자기와 다른 삶으로 이어질 수 있다. 이 타자가 초월자일 경우 삶은 자연스럽게 초월적 삶이 되며 생동적인 삶이 된다. 반면에 "아주 높은 자발성과 아주 낮은 수용성의 삶"에서는 자기의 활동성이 타자를 압도한다. 자기정립성을 통해 세계를 파악하고 이를 새롭게 형성하는 삶은 의미가 풍부한 삶이다. 그러나 이 삶에는 자기에 의해 정립된 삶 이외의 삶이 없으며 타자에 의해 형성되어지는 삶이 결여되어 있다. 따라서 이러한 삶은 늘 공허한 삶의 가능성을 지니고 있다. 전적으로 자기활동적이거나 전적으로 수용적인 삶이 없다는 것은, 모든 삶에는 양자의 최대치와 최소치가 함께 있다는 것을 말한

73 DF, 394쪽.

74 DF, 395쪽.

75 같은 곳.

다. 아주 높은 자발성에도 아주 낮은 수용성이 함께 있으며, 아주 높은 수용성에도 아주 낮은 자발성이 함께 있는 것이다. 삶의 의미는 자기활동성과 수용성의 변증법적 관계 가운데 들어 있다. 반대로 삶의 허무와 가사상태는 이 관계의 결핍에서 나온다. 아무것도 행하지 않고 아무것도 받아들이지 않는 삶, 아무와도 관계하지 않고 그 누구도 받아들이지 않는 삶은 죽음의 삶이다.[76]

1.2 삶을 동반하는 초월적 근거

슐라이어마허는 근원적 수용성을 의미하는 자기 속의 타자를 "초월적 근거"(transzendenter Grund)[77]로 명명한다. 이것은 맥락에 따라 "우리 안에 내재하는 신 존재"[78]로 규정되기도 한다. 다른 한편으로 이 개념의 유비개념으로 "신 의식", "절대 의존감정", "직접적 자기의식"이 있다. 이 모든 개념들은 인간의 자발적 활동성의 토대를 지시한다. 초월적 근거는 사고와 의지를 가능하게 하는 토대이다. 삶과 죽음의 주제 하에서 초월적 근거는 어떻게 나타나는가?

삶이 사고와 의지의 이행에 있는 한, 양자의 초월적 근거는 삶의 초월적 근거이기도 하다. 그러므로 초월적 근거와 무관하거나 이를 도외시하는 하는 삶은 애당초 진정한 삶이 될 수 없다. 왜냐하면 초월적 근거를 도외시할 경우 사고와 행동은 확실성을 상실하면서 결국 회의주의와 허무주의에 빠지게 되기 때문이다. 반면 초월적 근거가 동반하는

---

76 이런 점에서 삶은 그 개념에서 연역할 수 있는 것이 아니다. 삶은 그때마다 다양하게 펼쳐지므로 이를 파악하기 위해서는 오히려 귀납적인 방식이 요구될 것이다. (cf. DF, 395쪽)

77 DF, 291쪽.

78 Schleiermacher, *Dialektik (1814/15)*, *Einleitung zur Dialektik* (1833), Hamburg 1988, 65쪽.

(begleitend) 삶 내지 이 근거가 함께-정립되어-있는(mitgesetzt) 삶은 현실적 지식을 획득함과 동시에 현실을 초월할 수 있다. 초월적 근거의 동반이 이루어지는 자리는 "종교적 의식"이다. 삶에서 "종교적 측면이 완전히 결여된 순간은 없다."[79] 사고와 의지의 영점(零點)은 없으며 그 토대로 자리 잡고 있는 것이 종교적 의식이기 때문이다. 결국 현실적 삶의 초월과 새로운 삶의 형성은 종교적 차원에서 성취된다.

이러한 삶과 대비되는 삶 속의 죽음은 초월적 근거의 결여로 나타나는 사고와 의지에서 발견된다. "오류는 제약적 사고에서 정립된다."[80] 무제약적 사고나 절대적 사고는 진리로 나타나는 반면 제약적 사고는 오류로 나타난다. 그래서 진리에 도달하려는 "순수사고는 의식에 주어져 있는 수많은 혼돈적인 오류에서 생겨난다."[81] 오류도 벗어나야 하고 혼돈에서도 빠져나와야 한다. 오류는 건강한 몸에 침투하는 질병과 같다. 질병은 삶 속에 있는 죽음이다. 질병을 극복해야 건강한 삶을 살 수 있듯이 진정한 삶을 위해 사고는 오류를 극복해야 한다. 더 나아가 "삶을 자유의 관점에서 파악한다면 오류는 죄이다."[82] 이것은 실천적 측면에서 삶을 고찰한 것으로서 실천적 삶 속의 죽음은 죄이다. 기독교에서도 죽음은 죄에 대한 대가이다. 진정한 삶을 위해 의지는 죄를 극복해야 한다. 자연적 존재로서 인간이 육체의 죽음을 회피할 수 없듯이 인간은 자연의 연장선상에서 질병을 앓을 수 있으며 사고와 의지의 차원에서 오류와 죄를 범할 수 있다. 인간은 초월적 근거를 결여할 때 저급한 곳으로 추락할 수 있는 것이다. 저급한 차원에 머무는 삶은 죽음 속

---

79 DF, 293쪽.

80 DF, 333쪽.

81 같은 곳.

82 DF, 335쪽.

에 있는 삶이다.

슐라이어마허는 초월적 근거를 설명하면서 그것의 "무시간적 동반"(zeitlose Begleitung)을 강조한다.

> 초월적 근거는 모든 시간 충전적 현실적 사고에 선행하며 모든 사고를 뒤따르지만 그 어떤 규정적 시간 가운데도 현상하지 않는다. 초월적 근거는 무제약자가 제약자에게 하듯이 관계함으로써 과거에 대한 후진적 관계와 미래에 대한 전제에서 스스로를 현시한다. 그는 현실적 사고를 무시간적 방식으로 동반한다. 즉, 그는 사고의 행위와 사고의 의식 가운데 결코 그 자체로 현상하지 않으며, 스스로 결코 사상(思想)이 되지 않으며, 오로지 사고를 근거 짓는 것으로 간주될 수 있을 뿐이다.[83]

하이데거의 분석과 같이 시간은 유한성의 징표이다. 시간의식은 유한성의 의식이자 죽음의 의식이다.[84] 초월적 근거는 죽음을 회피할 수 없는 유한성의 차원에 머물지 않지만, 그렇다고 해서 유한자와 관계하지 않는 것도 아니다. 오히려 유한자의 삶, 죽음을 포함하는 삶을 동반하면서 이를 정초하는 것이 초월적 근거이다. 시간과 현실 속에서 진행되는 사고와 행동을 무시간적으로 동반하면서 정초한다는 것은, 죽음의 가능성을 지니고 있는 삶을 무시간적으로 동반하면서 이 삶을 죽음 너머의 차원으로 옮겨 놓는다는 의미이다. 사고와 행동에서 죽음을 넘어서는 삶이란 곧 오류와 죄를 극복한 초월적 삶이다. 초월적 근거는 우리가 과거를 돌아볼 때 그 속에서 확인되며 미래를 설계할 때 그 가

---

83 DF, 291쪽.

84 F. Kümmel, *Schleiermachers Dialektik. Die Frage nach dem Verhältnis von Erkenntnisgründen und Wissensgrund*, Hechingen 2008, 411쪽 참조.

운데서도 발견된다. 그것은 우리 삶의 순간 속에 늘 함께 하고 있는 것이다. 그러나 우리는 초월적 근거 그 자체를 사고를 통해 밝힐 수 없다. 초월적 근거는 사고를 동반할 뿐 사고의 대상이 되지 않기 때문이다. 이것은 인간이 삶을 초월할 수 있는 근거를 갖고 있지만 인간 스스로 결코 삶의 근거 그 자체가 아니라는 말과 같다. 인간은 죽음의 그림자가 드리워져 있는 시간 속에서 죽음 너머의 삶과 생명을 쟁취할 수 있지만 결코 생명 그 자체일 수는 없다. 인간은 기껏해야 삶 속의 가상적 죽음을 초월적 근거의 도움으로 진정한 삶으로 바꿀 수 있을 뿐이다.

1.3 영혼불멸성과 죽음의 직관

"유한성의 한복판에서 무한자와 하나가 되고 순간 가운데서 영원인 것이야말로 종교의 불멸성이다."[85] 슐라이어마허의 이 말은 죽음을 피할 수 없는 인간의 죽음 극복가능성을 명쾌하게 설명해 준다. "죽음은 우리에게 희망을 준다."[86] 죽음은 절망이 아니라 오히려 새로운 삶의 희망이다. 죽음을 희망으로 직관할 때 죽음은 죽음으로 끝나지 않고 죽음 너머의 세계로 사람들을 이끈다. "이것들[태어남과 죽음]을 지각할 때 우리의 고유한 자아는 자신이 전적으로 무한자에 에워싸여 있다는 느낌을 벗어날 수 없다. 또 이 점은 언제나 고유한 동경과 거룩한 경외를 동하게 한다."[87] 동경과 경외의 대상은 "죽음을 통해 우리가 실수 없이 날아오른 무한성"[88]이다. 유한자와 무한자의 통합은 죽음을 매개로 하

---

85 Schleiermacher, *Über die Religion. Reden an die Gebildeten unter ihren Verächtern*, Urausgabe 1799 (=Reden), 133, 최신한 옮김, 『종교론』, 기독교서회 2002, 118쪽.

86 Reden, 132쪽/118쪽. (원문 면수/번역본 면수)

87 Reden, 154쪽/134쪽.

88 Reden, 132쪽/118쪽.

여 도달한 새로운 지평이다. 이것은 영혼불멸성 논의에 대한 슐라이어마허의 답변이다. 진정한 의미의 영혼불멸은 현세의 개인성을 내세에도 똑같은 모습으로 지속하는 데 있는 것이 아니다. 오히려 그것은 유한자가 무한자와 통합됨으로써, 다시 말해서 종교적 초월을 체험하고 자기만의 종교를 소유함으로써 자신의 유한성을 극복하고 진정한 인간성을 달성하는 데 있다. 이것은 자연적 삶의 시간적 연장이 아니라 초월적 삶의 초시간적 지속이다.

초월적 삶의 지속은 순간적으로 발생한다. 지속과 순간이 함께 있는 것은 모순처럼 보인다. 그렇지만 이 순간은 항상 현재(je jetzt)라는 의미에서 곧 지속이다. 항상 현재는 그 자체가 영원이다. 탄생과 죽음을 올바로 직관하면 초월적 삶을 얻을 수 있다. 인간이 어디서 와서 어디로 가는지에 대한 자기만의 생생한 직관과 체험이 초월적 삶을 가능하게 한다. "고유한 종교적 삶은 우주[곧 무한자]에 대한 규정적 의식이 출발하는 매순간마다 고유하게 생겨난다."[89] 초월적 삶이 개인의 고유한 삶이 되는 것은 무한자를 자기만의 방식으로 직관하고 자기화하기 때문이다. 삶과 죽음에 대한 올바른 직관이 곧 무한자에 대한 직관이라는 사실은 진정한 의미의 영혼불멸을 설명한다. 진정한 영혼불멸은 자기만의 고유한 인격이 동시에 무한성의 인격을 얻게 된 상태이다. 초월적 삶은 일상적 삶과 마찬가지로 "각각의 개별자 속에서 전적으로 규정적인 고유한 인격성을 갖는다."[90] 그 가운데 이미 유무한의 통일이 이루어진 고유한 인격성은 자연적 인간의 고유성과 전혀 다르다. 순간적으로 이루어지는 유무한의 통일, 이것은 삶 속에 드리워져 있는 죽음

89 Reden, 266쪽/220쪽.
90 Reden, 266쪽/219쪽.

의 그림자를 물리칠 수 있는 힘이다.

2. 헤겔의 죽음의 개념

2.1 죽음과 유한성

죽음은 시간 속에 살고 있는 인간존재의 피할 수 없는 현사실성이다. 인간의 유한성은 죽음과 시간의 연관에서 가장 분명하게 드러난다. 인간의 유한성에 대한 자각은 현대철학만의 고유한 발견이 아니다. 근대 철학자 헤겔도 죽음에 대해 숙고했다. "죽음을 면치 못하는 운명은 유한성의 필연적인 결과이다."[91] 인간이 육체의 죽음을 피할 수 없다 하더라도, 죽음의 의미에 대해 묻고 죽음 너머의 삶에 대해 생각한다면 그 유한성은 단순한 동물적 유한성에 그치지 않는다. 죽음의 필연성이 그 새로운 가능성과 함께 생각될 수 있다면 이 죽음은 단순한 유한성과 필연성을 넘어선다. 시간 속의 삶이 시간에서 귀결되는 죽음을 통해 단순히 종말을 맞는 것이 아니라면 삶과 죽음은 자연적 삶과 자연적 죽음 그 이상의 것이다.

이와 같은 죽음에 대한 의미의 전환은 고찰방식의 특유함에서 나온다. 이른바 '절대적 관점'은 사실 자체에 대해 가장 객관적인 결과를 얻으려고 한다. 헤겔의 절대적 관점은 죽음의 사실에 대한 가장 입체적인 파악을 의도한다. 죽음이 육체적 죽음과 유한성으로 끝나는 것이 아니라는 파악 속에도 죽음의 사실에 대한 객관적 관점이 들어 있다. 가

91 G. W. F. Hegel, *Religions-Philosophie*, GW Bd. 17, Hamburg 1987 (=RelPhil), 249쪽. 최신한 옮김, 『종교철학』, 지식산업사 1999, 296쪽.

장 객관적인 관점은 죽음을 육체적 측면에서만 파악하지 않고 죽음 속에 깃들어 있는 정신적 측면까지 파악한다. 죽음에 대한 '생각' 자체가 이미 죽음에 대한 정신적 접근이다. 이러한 모습은 동물에게서는 발견되지 않는다. 절대적 관점 내지 객관적 관점은 이미 정신적인 것에 대한 논의를 함축하고 있다.

2.2 죽음의 정신적 계기 - 죽음 속의 삶

언급한 바와 같이 헤겔도 인간의 삶을 유한한 것으로 파악한다. 자연적이고 통속적인 삶은 일반적으로 욕구에 사로잡혀 있다. 이 욕구는 완전히 채워지지 않기 때문에 삶은 늘 제약적이다. 삶이 제약적이고 유한하지만, 그 제약성과 유한성은 죽음에 미치지 못한다. 죽음은 자연적 삶보다 더 제약적이며 더 유한하기 때문이다. 삶의 연장선상에 있는 죽음은 양면성을 지닌다. 죽음은 삶을 종식시킨다는 점에서는 삶보다 더 강하지만, 있음(存在)을 부정한다는 점에서는 삶보다 더 유한하다. 삶의 유한성보다 더 유한한 것이 바로 죽음이다. 실존하는 인간에게 죽음보다 더한 제약과 제한은 없다. 삶이 죽음으로 건너가고 죽음이 삶을 부정하므로, 죽음은 부정성으로 규정된다. 이 부정성은 자연적 삶에서 공존하던 삶과 죽음이 분열되고 대립되는 것이다. 자연적인 삶은 늘 죽음의 그림자와 함께 있는 '삶 속의 죽음'이라면, 죽음 자체는 이렇게 중첩되어 있는 것의 분열과 대립이다. 삶이 죽음과 함께 있는 삶의 상태를 떠나 아예 죽음으로 진입한 것이다. 헤겔은 이 사실을 다음과 같이 표현한다. "죽음은 직접적으로 중첩된 것이 내적으로 대립하는 자연적 부정성이다.(natürliche Negativität, die das unmittelbar gedoppelte entgegensetzen in sich ist.)"[92]

자연적 부정성은 없음(無)으로 끝나지 않는다. 자연적 부정성은 생각과 매개되면서 정신적 부정성으로 바뀔 수 있다. 이러한 이행과정은 오로지 자연적 삶과 자연적 죽음을 벗어날 때만 가능하다. 자연적 부정성으로서의 죽음이 생각과 매개된다는 것은 죽음이 다시금 삶으로 이행한 상태를 가리킨다. 이것은 '죽음 속의 삶'이다. 죽음 속의 삶은 죽음에 대해 생각하는 삶이며 궁극적으로 죽음에서 삶으로 이행하는 삶이다. 자연적 부정성으로서의 죽음이 정신적 부정성으로서의 죽음이 되면, 죽음은 이미 정신의 계기 속에 있는 죽음으로서 그 자체가 새로운 삶이 되든지, 또는 삶 속에서 새로운 의미로 파악된 죽음이 된다.

자연적 죽음에 대한 반성은 죽음의 정신적 차원을 열어 보인다. 자연적 죽음이 고통과 아픔을 수반한다면 죽음에 대한 반성은 죽음 속에서 고통과 아픔과 자기존재의 소멸까지 파악한다. 죽음에 대한 규정은 자연적 죽음에 대한 정신적 파악에서 나온다. 이것은 자연적 존재의 소멸을 확인하고 그 자연성과 직접성의 한계를 파악하며 이러한 한계를 지닌 그 존재로 되돌아가는 과정이다. 죽음의 정신적 계기는 이러한 과정을 통해서 유한성의 내적 구조를 드러낸다. 죽음은 자연적 죽음에서 소멸에 대한 인식을 거쳐 자기 가운데로 침잠하는 데서 구체적으로 규정된다. 이로써 죽음이라는 유한성의 내적 구조가 분명하게 드러나는 것이다.

> 죽음은 자신 속에서 자신을 파악하며 자연적인 것 가운데서 소멸을 파악하는 정신의 계기이다. 죽음은 직접적 의지와 직접적 의식으로부터의 무한한 추상이며 자기 자신에로의 침잠이고 이러한 협곡으로부터 나온 죽음 자체의 규정과 그 구체적 존재이다.[93]

---

92 RelPhil, 264쪽/313쪽.(원문 면수/번역본 면수)

삶 속의 죽음, 즉 인간존재의 한계와 유한성이 실제적인 죽음으로 이행할 때 유한성의 가장 유한한 모습이 드러난다. 실제적인 죽음만큼 인간의 한계와 유한성을 드러내는 것은 없다. 그러나 실제적인 죽음이 드러내는 유한성은 추상적이다. 이에 반해 자기 내적 구조 속에서 파악되는 유한성은 구체적이다. 죽음을 정신적으로 파악할 때 죽음이라는 유한성의 의미가 가장 분명하고도 간결하게 드러나기 때문이다. 유한성의 구조가 ①자연적 죽음 ②소멸에 대한 인식 ③죽음 자체로의 침잠이라는 내적인 원환운동을 거쳐 드러난다는 사실은 이미 밝혀졌다. 그것은 죽음에서 소멸의 의미를 파악한 다음 이 의미를 가지고 죽음으로 복귀하는 원환운동이다.

소멸에 대한 파악은 곧 죽음 속의 삶이다. 죽음 속의 삶은 "자연적 유한성과 직접적 존재의 지양"이고 "제약의 해소"[94]이다. 죽음은 모든 것의 종말과 소멸이 아니라 오히려 자연적 유한성과 제약의 극복이다. 이것은 곧 죽음이 갖는 가치로 이해된다. 헤겔은 죽음의 정신적 계기가 갖는 가치를 "절대적 보편성"이라고까지 추어올린다. 죽음의 가치는 자연적 죽음에 머물지 않고 그 특수성을 극복할 때, 그리고 반성의 지평에서 주어져 있는 상황제약성을 뛰어넘을 때 확인된다. 죽음을 정신적으로 파악할 때 획득되는 죽음의 생명성은 "정신의 내적인 회심과 전향"[95]에 있다. 죽음은 정신으로 하여금 이전 상태를 돌아보게 하고 이와는 전혀 다른 상태를 지향하게 한다. 죽음에 대한 정신적 파악은 현재의 삶을 새로운 삶으로 결단하게 만든다. 죽음 속의 삶은 죽음을 관통하여 나아가는 정신적 계기에서 확인되는 것이다.

---

93 RelPhil, 266쪽/315쪽.

94 같은 곳.

95 RelPhil, 267쪽/316쪽.

2.3 신의 죽음

니체의 '신의 죽음'의 논제는 현대의 철학을 뒤흔들었다. 이후 시대의 정신세계는 신의 죽음과 마찬가지로 '철학의 죽음'에 직면하고 있으며 일상의 삶을 멜랑콜리의 어두운 지평으로 몰아넣는다.[96] 철학의 죽음은 삶의 죽음을 함축한다는 의미에서 니체의 파괴력은 그 평가에 앞서 현실적이다. 삶과 죽음의 연관에서는 헤겔의 '신의 죽음' 논제도 마찬가지로 유의미하다. "신은 죽었다"라는 명제의 분석은 헤겔에 의해 선취된 것이며, 이보다 앞서 이것은 기독교 교리의 한 부분을 차지하고 있다. 기독교에서 말하는 신의 죽음은 곧 그리스도의 죽음이다. 여기서는 신의 죽음과 인간의 죽음이 분리되지 않는다. 그리스도는 스스로 인간이며 인간을 대변한다. 기독교에서도 헤겔에서도 그리스도론은 인간론을 포함한다. "신은 죽었다"는 말은 "신이신 인간이 죽었다"는 말과 같다. 우리가 인간의 삶과 죽음을 주제화한다면, 여기서 신의 죽음은 인간의 삶/죽음과 하나의 연관하에 들어온다.

무엇보다 먼저 신의 죽음은 그 어떤 유한성도 미치지 못하는 최고의 유한성이다. 애당초 유한한 인간의 실제적 죽음이 인간의 유한성을 보여 주지만, 신의 죽음은 이 인간의 죽음보다 더 유한하다. 왜냐하면 신의 죽음은 삶에 대한 부정 중 최고의 부정이기 때문이다. 최고의 부정성은 신의 죽음에 대한 가장 간결한 설명이다. 부정성은 긍정성에 대한 부정이다. 죽음은 삶에 대한 부정이다. 신의 삶은 최고의 생명이며 최고의 긍정성인 반면, 신의 죽음은 최고의 생명과 긍정성에 대한 부정으로서 가장 큰 분열을 나타낸다. "신 자신이 죽었다는 것은 분열의 가장

---

96 E. Düsing, "Der Tod Gottes in Religionsphilosophie und Nihilismus", in: A. Gethmann.-Siefert/E. Weisser-Lohmann (Hg.), *Wege zur Wahrheit*, München 2009, 134쪽 참조.

깊은 심연을 표상으로 가져오는 엄청나고 무서운 표상이다."[97] 가장 큰 분열은 그것과 비교할 것이 없는 가장 극단적인 유한성이다.

인간의 삶과 죽음은 신의 죽음에 비추어 볼 때 양면적으로 긍정성을 가질 수 있다. 인간의 삶은 유한한 삶이라 하더라도 신의 삶과 더불어 보다 고상한 상태를 지향할 수 있다. 유한한 삶은 무한한 삶과 더불어 보다 무한한 삶으로 나아갈 수 있다. 그리고 인간의 죽음은 보잘것없는 유한한 죽음이라 하더라도 신의 죽음보다 나은 죽음이다. 그것은 신의 죽음이 가져오는 분열보다 덜 극단적인 분열에 그치기 때문이다. 인간의 죽음은 그보다 아래에서 그것을 떠받치고 있는 신의 죽음에 의지할 수 있다.

신의 죽음은 신도 인간과 같이 시간적 존재임을 가리킨다. 신이 추상적이고 초현실적인 존재가 아니라는 사실이 신의 죽음에서 재확인된다. 그러므로 신은 역사와 무관한 존재가 아니다. 신의 죽음이 없다면 인간의 역사는 신과 아무런 연관을 가질 수 없다. 신의 섭리도 마찬가지이다. 신의 죽음이 전제되지 않는 신의 섭리는 그 자체가 추상적이거나 비현실적이다. 신의 죽음은 인간 현존재의 신적인 확인인 동시에 신적 현존재의 인간적 확인이다. 이러한 양방향의 확인은 '신적 이념의 외화(外化)'로 정식화된다. 신의 죽음은 신적 이념이 가장 바깥으로 뻗어나간 것으로서 인간의 죽음보다 더 치욕스런 것이다. 가장 고귀한 신적인 힘이 가장 비천한 상태로까지 전락한 것이다. 이것은 신의 힘이 미치는 범위를 보여 주는 동시에 그것이 가장 비천한 것에 굴복한 치욕스러움도 드러낸다. 신의 죽음은 다시금 "최고의 유한성"이며 "최고의 부정"[98]이다.

---

97 RelPhil, 265쪽/314쪽.

신적 이념의 외화는 인간 현존재와 역사를 포함하면서 그 자체가 모든 존재의 총체성과 관계한다. 일자(一者)와 다자(多者)의 실질적 연관이 신적 이념의 외화와 함께 드러난다. 존재신론(Ontotheologie)이 이를 잘 설명하고 있다. 이렇게 외화된 이념이 현실 가운데서 죽었다는 것은 모든 존재의 총체적 허무를 말한다. 신의 죽음과 함께 인간을 포함한 모든 존재의 존재적 특성이 없어졌다는 사실(無性)이 드러난다. 신은 보편적 존재라는 '개념'이 아니라 생동적으로 운동하는 '정신'으로서 현실과 관계를 맺는다. 그런데 신의 죽음은 이러한 생동적 운동의 종언을 의미한다. 생동적으로 운동하는 정신은 현실 속에서 영위되는 신의 삶이라면 신의 죽음은 그 정신의 죽음, 곧 절대이념의 죽음이며 신의 나라의 소멸이다.

애당초 "영원한 이념은 스스로를 단순한 사상과 구별되는 존재와 실제적 존재로 직접적으로 현상하게 하며 이로써 이 존재를 자기 자신이 되게 하는 주관성의 규정이다. 신의 나라는 곧 이념의 실현이다."[99] 영원한 이념이 주관성에 대한 규정이라면 이 주관성은 인간 개인일 수 없으며 신이다. 주관성으로서의 신, 주관성으로서의 절대자, 절대주관성으로서의 신이 정신으로 규정된다. 신의 나라는 정신의 나라이며 주관성의 나라이다. 정신의 나라에서 삶이란 결국 이념이 추상적 이념으로 남아 있지 않고 현실로 이행하는 데 있다. 삶의 생동성과 의미는 주관성의 운동과 이를 통한 현실의 변화에서 획득될 수 있다. 반면에 정신의 나라에서 죽음은 현실과 더 이상 관계하지 않는 것이다. 아니 오히려 이 죽음은 정신이 현실 가운데 가장 유한한 것에 이르기까지 적극적

98 같은 곳.

99 RelPhil, 263쪽/312쪽.

으로 관계함으로써 그 운동 자체가 소멸된 상태이다. 이것은 정신 자신을 위한 것이라기보다 현실을 위한 것이며 그 중에서도 가장 유한한 존재를 위한 것이다.

헤겔은 여기서 신의 죽음을 신의 사랑과 연결시킨다.

> 이러한[신의] 죽음은 그것이 바로 이러한 죽음인 한에 있어서 동시에 최고의 사랑이다. 이 사랑은 신과 인간의 동일성의 의식이며, 이러한 유한화는 종국에 죽음에 이른다. 이러한 유한화의 절대적 단계에서 통일을 직관하는 것은 곧 사랑에 대한 최고의 직관이다. 왜냐하면 사랑은 자신의 인격성과 소유 등을 포기하는 자기의식과 행위이며 타자 가운데서 감행되는 최고의 자기 포기이기 때문이다. 사랑은 죽음이라는 가장 외적인 타자존재 가운데서 자신을 포기함이며 삶의 제약을 절대적으로 대변하는 가장 외적인 타자존재 가운데서 자신을 포기하는 것이다.[100]

2.4 신의 죽음과 신의 사랑

사랑은 무한자가 최고의 유한자를 자기 안에 끌어안는 "절대적 극단의 통일"(265)이다. 일반적으로 사랑은 인격적 개인 간의 통일로 이해되지만, 신의 죽음을 통해 확인된 사랑은 신과 인간의 통일이며 신과 모든 존재자들의 통일이다. 절대적 존재가 그 절대적 유한화에서 통일을 직관하는 것은 가장 현실적인 통일이며 가장 폭넓은 통일이다. 이 통일은 현실적 존재자들과의 통일이므로 구체적이고 실질적이며, 절대적으로 유한하게 되는 단계에서 이루어진 통일이므로 가장 폭넓은 통일인 것이다. 여기서 사랑은 타자사랑이며 타자 속에서의 자기 포기라는 의

100 RelPhil, 265쪽/314쪽.

미에서 가장 고상한 차원의 사랑이다. 그런데 이 사랑이 바로 신의 죽음에서 성취된다.

그래서 헤겔은 신의 죽음을 인간을 위한 "보상의 죽음"[101]으로 규정한다. 이것은 교리적 설명을 따른 것이 아니라 사실/사상(事象, Sache)의 본성에 근거한 것이다. 개인이 다른 개인을 위해 대신 죽는다는 것은 불가능하다. 그렇지만 이렇게 생각하는 것은 주관적 관점에 불과하다. 신의 죽음이 보상의 죽음이라는 것은 개인적 차원에서 불가능한 보상의 죽음이 아니다. 주관적이고 개인적인 관점을 초월하는 것이 바로 사실의 본성에 근거한 파악이다. 사실의 본성은 객관적이며 법칙적이어야 한다. 그래서 이 보상의 죽음은 예컨대 판사의 판결과 피고에 대한 처벌이 동일하게 근거로 삼는 법적 사실의 본성과 같다. 또는 그것은 음식물과 이를 섭취하는 사람의 동종성이 갖는 사실의 본성과도 같다. 신의 죽음과 사랑의 연관은 모든 존재와 사실을 관통하는 정신적 본성이다.

신의 죽음이 '사실의 본성에 근거한 보상의 죽음'이라는 논제는 이념과 정신의 운동에 근거한다. 정신의 운동은 가장 높은 곳으로부터 가장 낮은 곳으로 나아가며 다시금 가장 낮은 곳으로부터 가장 높은 곳으로 되돌아간다. 그렇지 않으면 정신은 신적인 속성을 드러낼 수 없다. 형이상학적 설명의 완결을 위해서라도 정신의 운동은 자기복귀로 마무리되어야 한다. 신의 죽음이 없으면 신은 인간 및 자연과 무관하게 되며, 인간을 위한 보상의 죽음을 감행하지 않으면 신은 유한자 일반과 관계를 맺을 수 없다. 신의 창조를 받아들이는 인간의 입장에서는 죽음 또한 신의 창조적 활동성 가운데 자연스럽게 포함된다. 인간의 죽음을

101 RelPhil, 267쪽/316쪽.

포함하는 신의 창조적 활동성은 죽음이라는 인간적 사실 너머의 차원이다.

또한 신의 죽음은 삶의 무한성과도 연결된다. 무한한 사랑의 죽음이 없다면 삶은 언제나 유한한 삶으로 끝날 것이며, 무한한 삶은 현실적 인간의 삶과 무관한 추상적인 삶에 머물 것이다. 극단적으로 표현하면 신은 자신의 무한성을 위해서 죽기까지 인간을 사랑할 수밖에 없다. 죽음을 앞둔 신인(神人 Gottmensch)의 절박한 토로가 이 사실을 잘 대변한다.

> 나의 아버지, 할 수만 있다면 제게서 이 잔을 지나가게 해 주십시오. 그러나 내 뜻대로 하지 마시고, 아버지의 뜻대로 하시길 원합니다.[102]

신의 죽음은 신 자신의 가장 깊은 고통인 동시에 유한자에 대한 최고의 사랑이다. 깊은 고통과 최고의 사랑은 신으로부터 가장 멀리 떨어져 있는 존재를 향한 신 자신의 운동에서 나온다. 신은 스스로 죽음으로써 가장 치욕스럽고 고통스런 상태로 떨어지지만 이를 통해 유한자를 자기 안에 끌어안는 통합을 성취한다. 신은 스스로 죽음을 극복함으로써 유한자를 최고의 존재로 일으켜 세우며 가장 극단적인 분열을 이겨 내고 모든 존재를 자기 안으로 복귀시킨다. 이러한 복귀는 "죽음의 죽음이며 무덤의 극복이고 음부의 극복이며 부정적인 것을 이겨 낸 승리이다."[103] 신의 죽음은 유한자인 인간과 자연의 소멸로 끝나지 않고 이 모든 존재를 자기 안에 끌어안고 그 극단적인 유한성까지 극복하는 중심

102 마태복음 26장 39절.

103 RelPhil, 271쪽/320쪽 이하.

계기이다. 죽음의 죽음은 부정의 부정으로서 부정적인 것과 화해하는 사랑의 원리이다. 신의 죽음과 그 죽음의 극복은 죽을 수밖에 없는 인간성을 자신으로부터 제거하는 것이 아니라 오히려 유한한 인간성을 끌어안으면서 이를 영원한 상태로 고양시키는 중대 사건이다.

신의 죽음으로 모든 존재의 허무가 도래한 것이 아니라 오히려 유한한 존재가 새로운 의미와 생명을 획득한다. 신의 죽음은 최고의 분열[104]인 동시에 최고로 분열된 존재를 자기 안에 통합시키는 생명의 계기이다. 진정한 생명은 유한자와 무한자의 통합에 있으며 스스로 죽음으로써 유한자를 자기 안에 끌어안는 무한자의 인격성에 있다. 삶과 죽음은 시간 속에서 일어나지만 진정한 삶과 생명은 시간과 역사를 자기 안에 포함하는 초시간이다. 이것은 헤겔이 특유한 방식으로 표현하는 '개념'이며 "완성된 직관"(angeschaute Vollendung)[105]이다.

3. 각성된 삶 – 죽음을 통해 본 삶의 의미

삶과 죽음을 함께 생각할 수밖에 없는 것은 인간이 육체와 정신을 함께 가지고 있기 때문이다. 죽음은 일차적으로 육체의 죽음이며 그것도 시간 속에서 일어나는 죽음이다. 인간존재와 죽음의 연관은 인간의 시간성 이외에서 찾을 수 없다. 그러나 인간은 정신을 가진 존재이므로 삶

---

104 헤겔은 '신의 죽음'으로써 근대의 상황, 즉 "회의적인 상실감"을 표현하려고 한다. 그러나 신의 죽음은 근대의 시대적 분열과 회의와 상실을 뚫고 나아가게 하는 힘이며 궁극적으로 새로운 삶을 가능하게 하는 중심계기이다. E. Düsing, 같은 책, 128쪽 참조.

105 RelPhil, 271쪽/320쪽 이하.

의 지속과 영속에 대해 생각할 수 있으며 따라서 초시간성과 접촉하는 존재이다. 시간적 존재와 초시간적 존재로서의 인간이라는 존재특성 때문에 인간에게 삶과 죽음이 문제로 떠오른다.

인간존재를 시간과 육체, 초시간과 정신의 결합으로 보는 것은 인간을 이원적으로 고찰하는 것이 아니다. 양자가 분리되어 있다면 철학적 물음 자체가 발생하지 않을 것이다. 삶 속의 죽음 또는 죽음 속의 삶은 인간을 양자의 결합에서 파악한 것이다. "영혼의 신체성", "육화된 영혼"[106], "육화된 자유로운 정신"[107] 등의 표현은 인간이 시간성과 초시간성의 종합으로 존재함을 잘 드러낸다.[108] 이 종합에서는 삶과 생명이 죽음을 포함한다. 병이나 죽음의 가능성은 삶 가운데 이미 포함되어 있다. 생명을 설명하는 유기체론은 기계론이나 화학론과 달리 죽음을 포함하는 삶이며 양자를 포함하는 내적인 가능성이다. 기계적, 화학적 생산물은 생명을 구성하는 부분이기는 하지만 그 자체가 죽은 존재자로 받아들여진다. 반면 생명은 이 모든 부분들을 관통하는 운동의 주체이다.[109] 생명을 누리는 삶은 정신의 운동 속에서 죽음을 자기 안에 포함하면서 이를 넘어서고 있다.

그러므로 죽음은 단순히 주어진 사실이나 자연 현상으로 파악되기보다 삶과의 연관에서 파악되어야 한다. 삶과의 연관은 결국 삶 속에서 차지하는 죽음의 의미가 된다. 이것은 전통적으로 영혼불멸성의 사유가 죽음을 넘어서려는 희망과 연관되는 것과 같다. 이것은 또한 죽음이

---

106 Hegel, *Wissenschaft der Logik II*, Frankfurt 1970, 475쪽 참조.

107 F. Kümmel, 같은 책, 305쪽.

108 이런 맥락에서 '육화된 영혼이 정신'이라는 규정은 흥미롭다. ("embodied soul is *Geist*") A. Nuzzo, "Leben und Leib in Kant und Hegel", in: *Das Leben denken, Hegel-Jahrbuch 2007*, Berlin 2007, Zweiter Teil, 99쪽.

109 Hegel, *Wissenschaft der Logik II*, 476쪽 참조.

단발적인 종교적, 제의적 행위를 통해서가 아니라 지속적인 내면적 행위를 통해 드러나야 한다는 사실과 통한다. 죽음을 '사실'로서가 아니라 '연관'으로 보는 것 자체가 하나의 "정신적 행위"이다.[110] 이러한 정신적 행위는 죽음이 인간에 대한 자연의 필연적, 강제적 지배가 아니라 인간이 스스로의 한계를 돌아보게 되는 "내적 자기규정"[111]과 통한다. 인간의 내적 자기규정은 결국 삶의 각성으로 연결된다. 죽음 때문에 삶이 흔들리지만 이러한 동요는 새로운 삶을 만들어 낼 수 있다. 삶의 각성은 곧 죽음을 피할 수 없는 유한성에 대한 각성으로서 새로운 유한성을 향한 결단으로 이어진다. 새로운 유한성을 향한 결단은 유한성 속에서 무한성을 발견하는 일이다. 삶과 죽음에 대한 반성은 많은 부분에서 종교적 초월과 통한다.

죽음에 대한 반성, 즉 내적인 자기규정은 내재적 초월로 이어진다. 죽음이라는 존재의 박탈이 새로운 삶으로 이어지면 이는 새로운 존재를 향한 돌파가 된다. 삶 속의 죽음, 죽음 속의 삶은 또 하나의 변증법이다. 이것은 "자기박탈과 자기돌파의 변증법"일 수 있다. 이 변증법은 "자기관계의 규정을 제한에서 확장으로 인도하는 형식들을 개방"[112]한다. 삶 속에서 죽음을 경험하는 것은 지속적인 자연적 삶으로부터 빠져나오는 것이며, 이는 이미 존재하는 자기의 박탈과 다르지 않다. 누구든 자기존속을 원하지만 변화가 수반되지 않는 자기존속은 자기박탈이

---

110 W. Lohff, "Theologische Erwägung zum Problem des Todes", in: H. P. Schmidt (Hg.), *Leben angesichts des Todes*, Tübingen 1968, 161쪽 참조.

111 H. P. Schmidt, "Todeserfahrung und Lebenserwartung", in: *Leben angesichts des Todes*, Tübingen 1968, 197쪽 참조.

112 J. Dierken, "'Bewußtes Leben' und Freiheit", in: D. Korsch/J. Dierken (Hg.), *Subjektivität im Kontext. Erkundungen im Gespräch mit Dieter Henrich*, Tübingen 2004, 114쪽.

통하지 않을 때 몰의식적 삶이나 습관적 삶에 갇힐 수 있다. 바로 여기서 삶 속의 죽음은 역설적으로 자기돌파의 가능성이 된다. 삶 속에서 죽음을 경험함으로써 자기는 자기소외와 자기상실을 거쳐 새로운 자기를 희망하고 획득할 수 있다.

이와 같이 자기가 자기를 규정하는 것은 의식적인 삶에서 가능하다. 의식적 삶, 각성된 삶, 깨어 있는 삶(bewußtes Leben)은 자발적인 사고 없이 불가능하다.[113] 자발적인 사고, 즉 자기활동성은 곧 자유로운 삶이며, 이것은 삶의 근거와 전체 삶을 반성한다. 바로 이러한 각성된 삶에서 자기에 대한 해석이 가능하게 된다. 각성된 상태에서 이루어지는 자기해석은 삶의 의미를 드러낸다. 아니 오히려 자기해석 없는 삶의 의미는 애당초 불가능하다. 자기해석에서 나오는 삶의 의미는 자연적 시간과 죽음을 초월할 수 있다. 이것은 외적이고 자연적인 삶의 의미가 아니라 이를 넘어서는 초월적 의미이다.

최근의 보고에 의하면 현대인들에게 죽음은 공적인 사건이나 삶 자체에 속하는 것으로 받아들여지지 않는다. 죽음에 관한 이야기는 사적인 영역에 국한되며 그 이야기 자체가 억압당하고 일상적 대화에서 밀려난다. 현대인에게 죽음은 억압된 죽음이며 감추어진 죽음이다.[114] 그렇지만 (서구) 신세대들은 기독교의 부활신앙보다 개인의 영혼불멸에 대해 더 많은 관심을 가지며 종교적 거듭남도 개인의 영혼불멸로 이해

---

113 "bewußtes Leben"이라는 표현은 헨리히 고유의 철학에 나타나는 용어이지만 여기서는 이보다 포괄적인 의미로 사용한다. D. Henrich, "Religion und Philosophie — letzte Gedanke — Lebenssinn", in: D. Korsch/J. Dierken (Hg.), *Subjektivität im Kontext*, Tübingen 2004, 219쪽 참조.

114 W. Gräb, *Religion als Deutung des Lebens*, Göttingen 2006, 147쪽 이하; W. Fuchs (Hg.) *Todesbilder in der modernen Gesellschaft*, Frankfurt 1973, 7쪽 이하 참조.

하려고 한다.[115] 탈형이상학의 시대라고 하지만 여전히 형이상학적 관심이 살아 있는 것이다. 형이상학적 관심은 곧 궁극성에 대한 관심이며 초월을 향한 의지이다. 보다 적극적인 표현을 빌린다면 "형이상학 없이는 성공적인 삶이 없다."[116] 인간 주관성 속에서 확인되는 초월적 근거(슐라이어마허)이든 삶의 모든 계기를 관통하는 객관적 정신(헤겔)이든 모두 인간 삶의 초월가능성을 형이상학적으로 보여 주고 있다. 삶 속에서 죽음을 확인하고 죽음을 초월하는 삶에 대해 관심을 기울이는 것은 현재의 삶에서 의미를 찾는 활동과 다르지 않다. 그러나 이것은 절대적 관계라는 형이상학의 틀 안에서 가능한 것이다.

115 W. Gräb, 같은 책, 150쪽 참조.

116 D. Henrich, *Fluchtlinien. Philosophische Essays*, Frankfurt 1982, 22쪽.

5

'신은 죽었다'는 말의 콤플렉스

'신은 죽었다' 는 말은 철학사의 스캔들이다. 이 말은 한갓된 인간의 죽음이나 동물의 죽음을 지시하지 않으며 신 자체의 죽음을 지시한다는 점에서, 그리고 의미 전달의 심층적 확대를 노리는 수사학적인 표현을 넘어선다는 점에서 그 자체가 이미 엄청난 사건이다. 스캔들은 관련된 사태의 토대가 흔들리는 불안정한 상황을 지시하기도 한다면, '신의 죽음' 이라는 철학사의 스캔들은 곧 형이상학의 존폐와 관련된 스캔들이다. 신은 철학이 탐구하는 모든 존재의 토대이자 근거이며 이에 뿌리를 두는 의미의 근거이자 모든 정당성의 근거이기 때문이다. '신은 죽었다' 는 말은 그것이 함의하는 의미에 따라 형이상학의 철학사적 지위를 변경시키며 이를 통해 철학 자체의 위상을 변경시킨다. 그것은 한편으로 '형이상학의 완성' 과 관련되며 다른 한편으로 '형이상학의 극복' 과 관련된다. 이렇게 볼 때 '신은 죽었다' 는 말은 형이상학을 관통하는 근본 사태이다.

'신은 죽었다' 는 말을 최초로 쓴 사람은 니체가 아니라 헤겔이다. 그는 『종교철학』 강의에서 기독교를 분석하면서 다음과 같이 말한다. "그리스도의 죽음은…유한성의 최고점이다…최고의 유한성은 시간적인 것 속에서 영위되는 실제적 삶이 아니라 죽음이며 죽음의 고통이다. 죽음은 최고의 부정이며 가장 추상적이고 자연적인 부정이다. 이것은 또한 제약이며 가장 극단적인 유한성이다…신은 죽었다. 신 자신이 죽었다는 것은 분열의 가장 깊은 심연을 의식에 떠올리는 엄청나고 무서운 표상이다."[117] 헤겔은 이보다 훨씬 앞서 『신앙과 지식』에서 저 유명한 '사변적 성금요일'에 대해 언급한다. "순수개념이나 무한성은…새로운 시대의 종교가 기인하는 신 자신이 죽었다는 감정인 무한한 고통을…최고 이념의 계기로 특징지어야 한다…즉 절대 자유의 이념과 더불어 절대적 고통이나 사변적 성금요일을 철학에…재생해야 한다."[118]

니체는 헤겔과는 전혀 다른 맥락에서 '신의 죽음'에 대해 말한다. "신은 어디로 가는가? 나는 너희들에게 말하려 한다! 우리가 신을 죽였다. — 너희들과 내가. — 우리 모두는 신의 살해자이다! 그러나 우리는 이를 어떻게 행했는가?…우리는 아직 신을 매장하는 자로부터 아무런 소리도 들은 바가 없는가? 우리는 신의 섭정에 대해 아무것도 감지하지 못하는가? 신은 죽었다! 신은 죽은 채로 있다! 우리가 신을 죽인 것이다!"[119]

하이데거는 허무주의의 본질을 추적하면서 니체의 이 말을 다음과 같이 해석한다. "신 및 기독교 신의 이름은 니체의 사유에서 초감각적 세계 일반을 특징짓기 위해 사용된다. 신은 이념과 이상의 영역을 위한

---

117 G.W.F. Hegel, *Vorlesungsmanuskripte I (1816-1831). Religions-Philosophie*, Hamburg 1987, 264쪽 이하. 최신한 옮김, 『종교철학』, 지식산업사 1999, 313쪽 이하. (이하 『종교철학』으로 표기)

118 G.W.F. Hegel, "Glauben und Wissen", in: Hegel, *Jenaer kritische Schriften*, GW. Bd. 4, 413쪽 이하.

119 F. Nietzsche, *Fröhliche Wissenschaft*, Berlin 1980 Nr. 125.

이름이다... '신은 죽었다' 는 말은 초감각적 세계가 아무런 작용력이 없다는 것을 의미한다.[120] 초감각적 세계는 아무런 생명을 주지 못한다. 형이상학, 즉 니체에게 플라톤주의로 이해되는 서양철학은 종언을 고한다. 니체는 자기 고유의 철학을 반형이상학 운동, 즉 반플라톤주의 운동으로 이해한다... '신은 죽었다' 는 말은 무(無)가 확산된다는 확증을 포함한다. 여기서 무는 초감각적 세계와 구속력 있는 세계의 부재를 뜻한다. '모든 손님 가운데 가장 끔찍한 손님' 이 문 앞에 서 있다."[121]

이 인용문들 가운데는 이미 '형이상학의 완성' 과 '형이상학의 해체 내지 극복' 을 지시하는 내용이 적나라하게 드러나 있다. '신의 죽음' 에 대한 헤겔, 니체, 하이데거의 해석을 중심으로 죽음이 서양 형이상학 가운데 차지하는 위상과 의미를 규명하고 이를 통해 형이상학의 현주소와 그 과제를 드러내 보이려 한다.

1. '사변적 성금요일'과 '죽음의 죽음'

헤겔의 '죽음' 개념은 변증법적이다. 모든 사태를 변증법적 운동의 관점에서 파악하는 방법은 죽음의 경우에서도 마찬가지이다. 자연적 죽음과 경험적 · 역사적 죽음이 다루어질 뿐 아니라 사변적 죽음 내지 죽음의 정신적 차원이 중요하게 다루어진다.

헤겔에게 죽음은 우선 '유한성' 의 표지이다. 죽음은 "유한성의 정

120 하이데거는 이 말을 나중에 "초감각적 세계의 초감각적 근거가 비현실적으로 되었다" 고 부연 설명한다.

121 M. Heidegger, "Nietzsches Wort 'Gott ist tot'", in: Heidegger, *Holzwege*, Frankfurt/M. 61980, 212쪽 이하.

점"[122]이며 '최고의 분열'이고 '깊은 고통과 절망'이다. "죽음은 인간의 절대적 유한성에 대한 최고의 증명이다."[123] 이렇게 최고의 부정성으로 규정되는 죽음은 죽음의 자연적 측면이다. 자연적 죽음의 유한성은 '자연적 유한성'[124]이다. '죽음에 이르는 병'은 자연적 인간을 그 종말에 이르게 한다. 따라서 죽음의 형이상학적 의미는 우선 존재의 유한성과 개별성에 있다. 현대철학 일반에서 인간의 유한성이 강조된다면 이는 현대철학의 자연적 경향을 반영하는 단면이기도 하다.

헤겔은 유한자를 자연적 유한자로 뿐만 아니라 정신적 유한자로 파악한다. 인간은 자신의 자연적 유한성 가운데서 삶을 영위하지만 그 의미를 파악하려고 하며 이를 통해 자연적 유한성을 넘어서려고 한다. 죽음에는 인간의 자연적 죽음뿐만 아니라 사악한 행위 주체의 부끄러운 죽음도 있다. 인간이 이러한 유한성을 어떤 방법으로든 극복하려고 한다면 이는 결코 자연적인 방식으로 이루어질 수 없다. 예컨대 부끄러운 죽음에 대해 명예 회복을 생각하며 생명의 한계에 대해 영혼의 불멸을 생각하는 것은 이미 정신적인 것이다. "정신은 오로지 부정 자체를 포함하는 부정에 대한 부정으로서의 정신이다."[125] 부정의 부정으로서의 정신은 죽음의 죽음이며 "자연적 유한성의 지양"[126]이다.

자연적 죽음과 달리 정신으로 파악된 죽음은 유한자의 종말이 아니라 유한자의 자기 해방이다. 죽음은 "최초의 자연적이며 공평무사한 유한자의 자기 해방"이다. 자연적 생명은 이러한 정신적 해방으로서의

122 『종교철학』, 318쪽.

123 G.W.F. Hegel, *Vorlesungen über die Philosophie der Religion* II, Frankfurt/M. 1969, (=Rph II), 289쪽.

124 『종교철학』, 318쪽.

125 Rph II, 291쪽.

126 같은 책, 293쪽.

죽음에서 현실적으로 정립되는 반면, 개별자의 감각적 생동성은 종식된다.[127] 헤겔은 이러한 사태를 다음과 같은 특유한 어법으로 표현한다. "죽음은 즉자적인 부정적 존재의 추상적 부정에 지나지 않는다. 죽음 자체는 무적 존재이며 명백한 무성(無性, Nichtigkeit)이다. 그러나 정립된 무성은 동시에 지양된 무성이며 긍정적 존재로의 복귀이다. 여기서 유한성의 정지와 유한성으로부터의 해방이 등장한다. 의식 가운데서 일어나는 유한성으로부터의 해방은 죽음이 아니다. 이런 고상한 것은 사유 가운데 있다."[128]

유한자의 자기 해방으로 규정되는 죽음은 더 이상 삶의 종말로서의 죽음이 아니라 오히려 자연적 생명이 갖는 직접성의 지양이며 제약의 해소이다. "죽음은 직접적 의지와 직접적 의식으로부터의 무한한 추상이며 자기 자신에로의 침잠이고 이러한 협곡으로부터 나온 죽음 자체의 규정이다."[129] 결국 헤겔에게 진정한 죽음은 자연적 죽음이 아니라 정신적 죽음이며 이는 "근원적 고상함의 성취를 정립하는 매개자이다."[130] 이러한 정신적 매개는 부정과 절망에 대한 반성이며, 이러한 반성은 의식을 전도(顚倒)시키며 인간을 변화시킨다. 의식의 전도는 개별 인간의 자연성과 직접성이 죽음으로써 나타난다. 모든 것이 파괴되고, 존재하는 것 가운데 '외적이고 차가운 힘인 죽음'[131] 밖에 남지 않았을 때 의식의 전도를 통해 새로운 삶의 지평이 열린다. 이러한 의식의 전도는 죽음을 부끄러워하지 않을 때 가능하며 죽음의 부정성을 부정할

---

127 Hegel, *Vorlesungen über die Philosophie der Religion* I, Frankfurt/M. 1969, =(Rph I), 175쪽 이하.

128 Rph I, 175쪽 이하.

129 『종교철학』, 315쪽.

130 Rph II, 297쪽.

131 『종교철학』, 320쪽.

수 있을 때만 일어난다.

헤겔은 죽음 일반에 대한 반성을 '신의 죽음'에도 일관되게 적용한다. 경험적인 차원에서는 신의 죽음이라는 사태가 받아들여질 수 없다. 이것은 신의 개념과 근본적으로 모순되기 때문이다. 죽음은 원래 무한자에게는 어울리지 않는 것이며 유한자의 표지일 뿐이다. 따라서 헤겔에게 신의 죽음은 신 자체의 죽음이라기보다 신을 개념적·사변적으로 파악하고 증명하는 한 계기에 지나지 않아야 한다. 그렇지 않을 경우 그의 절대자 형이상학은 성취될 수 없으며 이를 토대로 한 학문으로서의 형이상학도 완성될 수 없기 때문이다.

헤겔은 기독교에 나타난 신의 죽음을 적극적으로 분석하며 여기서 헤겔 자신의 형이상학적 사유의 특징을 확인한다. (기독교적) 신의 이념에서는 죽음의 부정성이 "자연적 죽음 가운데 나타나 있는 정신의 역사에 대한 외적인 서술"[132]이다. 따라서 부정에 대한 반성이나 '죽음에 대한 해석'이 없이는 절대적 진리를 파악할 수 없다. 헤겔에게는 절대적 진리의 주체인 신이나 절대자가 단순히 '즉자존재'가 아니라 '즉자대자' 존재이기 때문이다. 즉자대자적 존재는 보편자가 스스로에게 대립하는 과정을 거쳐 자기 자신과 동일하게 되는 존재이다. 헤겔은 절대자의 이러한 특성을 종교철학적으로 '삼위일체성'(Dreieinigkeit)으로 규정한다. 제1인격은 이념으로서의 신이라면 제2인격은 자신의 죽음을 몸소 체험하는 신이며 제3인격은 자신의 죽음을 극복하고 신 자신으로 복귀하며 이러한 이념을 소유한 모든 유한자를 동반하는 신이다.[133] 이러한 의미에서 죽음은 즉자대자적 존재를 진정으로 이해할 수

132 같은 책, 316쪽.

133 본서 제9장 참조.

있는 통로이자 이러한 이해의 진위를 시험할 수 있는 시금석이다.

'죽음의 죽음'은 논리적으로 '부정의 부정'이며 종교철학이나 기독교 신학의 언어로는 "육화(肉化)의 논리"[134]이다. "부정의 부정은 신적 자연(속성)의 계기"이자 "신의 계기"이다.[135] 이 계기는 '절대적 사랑'이며 '세계와의 화해'이고 '외화로부터의 자기 복귀'이다. 이것은 절대자가 자기의 타자 속에서, 그리고 자신이 외화된 존재 가운데서 자기 자신을 직관하는 계기를 넘어서서 본래의 자기 가운데서 자신을 직관하는 사태이다. 이런 점에서 절대자의 자기 복귀는 "직관된 완성" 내지 "완성된 직관"[136]으로 규정된다. 완성된 직관은 유한자의 직관이 아니며 유한자의 관점이 아니다. 따라서 '죽음의 죽음'은 결코 경험적인 사태가 될 수 없으며 역사적 지평에서 일어날 수 없다. 그것은 개념의 노동과 노력을 통해서만 받아들일 수 있는 것이며 사변적 지평에서만 가능한 일이다.

"사변적인 것은 아들이 신적 존재로 전제되고 신적 존재가 아들로 변화되며 아들이 절대적 사랑인 죽음에 이른다는 사실이다. 그러나 사변적 의미는 그것이 갖는 보편적 의미로 고찰되어야 한다. 죽음은 정신과 연관하여 고찰되어야 하며 정신 가운데서 정신의 계기로 고찰되어야 한다."[137] 사변적 지평에서 수행되는 죽음의 죽음과 부정의 부정은 감각적인 것, 직접적인 것, 역사적인 것을 정신적인 것, 매개적인 것, 사변적인 것으로 지양하는 것을 의미한다. 사변이 수행하는 지양의 활

---

134 P. Cornehl, *Die Zukunft der Versöhnung*. Eschatologie und Emanzipation in der Aufklärung bei Hegel und in der Hegelschen Schule, Göttingen 1971, 138쪽.

135 Rph II, 295쪽.

136 『종교철학』, 320쪽.

137 같은 책, 314쪽 이하.

동은 경험적 · 우연적 · 외적인 것을 내면화함으로써 이것에 사고의 형식을 부여하고 그 필연성을 도출한다. 이것은 경험적인 것과 역사적인 것을 사변적인 것으로 정화하는 일이며, 이러한 정화는 경험과 역사를 규정하는 개인성과 특수성을 지양하고 보편성을 획득하는 일이다. 경험적 지평에서 일어난 '신의 죽음'의 사건은 사변적 지평으로 옮겨지지 않는 한 신 존재의 무한성과 생동성을 영원히 상실할 수 있다. 진정한 신과 생명은 역사적 · 경험적 지평을 넘어서야 하는 것이다. 이런 의미에서 '신의 죽음'으로 규정되는 "개인적 · 감각적 · 특수적 현재의 지양은 보편적 현재의 가능조건"이다.[138]

'신의 죽음'은 현대의 무신론적 상황을 지시한다. 유신론으로부터 출발한 서양의 형이상학은 근대 형이상학의 전개과정을 통과하면서 무신론으로 귀결되는데, 이는 서양 형이상학이 보여 주는 패러독스적 상황임이 틀림없다. 이러한 상황은 형이상학적인 것이기 때문에 인간의 사유과 관련된 것이며 더 나아가 인간의 사유가 용해되어 있는 현실 자체의 문제 상황이다.

헤겔은 근대정신의 역사를 '신의 죽음'이라는 말로 파악하며 이를 파스칼의 말을 빌어 '인간 안팎에서 상실된 신'으로 표현한다. 그는 여기서 근대 형이상학의 무신론적 상황을 직시한다. 무신론적 상황은 종교와 신앙의 의미가 퇴색한 상황이며 철학의 범위가 무한성으로부터 유한성으로 축소되고 전통적인 삶의 방식이 사라진 상황이다. 신과 함께 생동적이었던 원대한 삶의 자리에 '신 없는 세계'와 더 이상 신의 도움을 요구하지 않는 왜소한 인간의 삶이 등장한다. 무신론적 상황은 요컨대 '신앙에 대한 계몽의 승리'라는 사태를 지시한다.

---

138 Cornehl, 같은 책, 140쪽.

'계몽주의', 그리고 이것을 더욱더 세련된 형태로 전개한 '반성철학'은 앎의 이편과 저편을 철저하게 분리시킴으로써 주관성과 절대성의 이원론적 대립을 낳는다. 이성과 대립하는 신앙은 이성 위에 있거나 이성 밖에 있으며, 여기서 신은 파악할 수 없는 존재 내지 알 수 없는 존재가 된다. 이러한 전통에서 유일하게 강조되는 것은 유한성의 절대화와 대립의 고착화이다. 이것은 유한성과 무한성, 감각적인 것과 초감각적인 것, 실재와 이상의 대립으로 나타난다. 근대의 무신론적 상황의 배후에 고착되어 있는 것은 바로 이러한 대립이다.

헤겔의 파악에 의하면 이성과 무관하거나 이성과 대립하는 신은 신적인 내용과 아무런 관련이 없는 내면성으로 빠져든다. 종교와 신의 영역은 내용을 지니는 객관성과 무관하게 되면서 순수한 심정의 공허한 내면성으로 침잠한다. 심정의 운동을 강조하는 '종교개혁적 주관성'은 자칫 이러한 내용 없는 주관적 확실성으로 떨어질 수 있다는 것이다. 헤겔의 입장에서는 이러한 주관성과 내면성이 계몽의 난문 앞에서 무신론의 등장을 방기할 수 있으며 그 결과 신앙에 손실을 가져다 줄 수도 있다. 더 나아가 신앙의 손실은 신앙적 내용이 현세로부터 소외되는 사태로서 절대자의 인식을 포기하는 "철학적 이성의 손실"로 이어질 수 있다.[139]

결국 '신의 죽음'은 초월적 지평의 상실을 뜻하며 모든 존재가 '내재'의 지평으로 수렴되는 상황을 의미한다. 신의 죽음은 이성과 사고의 활동성이 더 이상 초월적 존재를 인정하지 않는 상황을 지시하며, 여기서 사고 내재적 지평은 초월의 자리를 대신한다. 초월이 상실된 사태를 설명하기 위해 헤겔은 기독교의 '성금요일'의 사건을 인용한다.

---

139 H. Küng, *Menschwerdung Gottes*, München 1989, 213쪽.

성금요일은 신(그리스도)이 죽은 날이다. 계몽적 사유의 극단이 무한자의 죽음으로 귀결된 것이다. 계몽주의의 승리는 신의 죽음을 지시하는 성금요일에 해당한다. 역사적 사건으로서의 성금요일은 사고의 차원에서 배제된 신을 지시한다. 성금요일은 결국 신과 초월자를 생각으로부터 배제한 사건이며 그를 죽인 사건이다.

그러나 헤겔은 '사변적 성금요일' 이라는 표현으로 근대정신의 무신론적 상황만을 파악한 것이 아니라 더 나아가 무신론적 상황의 극복을 의도한다. 이것은 "근대적 무신론을 탈무신론적으로(nachatheistisch) 이해"하는 것이다.[140] 그의 사변철학은 신의 죽음과 함께 무신론적 종말과 분열을 생각하는 것이 아니라 성금요일에 대한 적극적 해석을 시도한다. 이로써 그의 철학은 '사변적 성금요일' 을 통해 무신론으로 떨어지는 것이 아니라 탈무신론적 신앙에 이르려 한다. 이런 점에서 헤겔 철학은 무신론의 철학이 아니라 그 반대이다.

신의 죽음에서 무신론이 감지된다면, 탈무신론은 당연히 '신의 죽음의 극복' 이나 '신의 죽음의 죽음' 에서 획득되어야 한다. 신의 죽음은 유한성으로 귀결되었다면 신의 죽음의 극복은 유한성이 무한성과 관계하면서 유한성 자체를 극복하는 데서 마련되어야 한다. 이것은 진정한 의미에서 표현되는 '절대자의 철학' 이다. 절대자는 유한자와 대립하는 무한자가 아니라 유한자와 적극적으로 관계하는 무한자이며 자기 가운데 유한자를 포함하는 무한자이다. 무신론의 전통 가운데서 배제되고 죽임당한 무한자는 이제 유한자와 대립하며 그와 맞서는 무한자가 아니다. 그는 오히려 무한자를 배제한 유한자를 부정하면서 유한자의 유한성을 넘어서서 자신으로 돌아가는 무한자이다.

---

140 같은 책, 213쪽 이하.

신의 죽음과 성금요일이 가져다주는 고통은 절망과 종말의 사태가 아니라 고통과 절망을 넘어서서 신 자신으로 복귀하는 사태이다. 여기서 신의 죽음은 더 이상 유한자로부터 상실되고 배제된 부정적인 신을 지시하지 않는다. 신의 죽음은 무한자가 자기 자신으로 되돌아가는 중요 계기이다. 이것은 전적으로 배제되어야 하는 것이 아니라 자기복귀를 위한 필연적 통과점이다. 신의 죽음은 그를 죽인 인간의 사태가 아니라 최고 이념으로서의 신이 자기 자신으로 복귀하는 과정에서 불가피하게 거치는 중요 계기이다. 세계가 무신론적으로 신을 떠난 사태는 신이 자기 자신을 떠난 사태를 거쳐 자신의 무한한 생명을 확인하면서 자신으로 복귀하는 사태가 된다. 신의 죽음과 성금요일은 최고의 고통과 절망을 지시하는 것이 아니라 신 자신의 생명과 생동성을 지시한다. 그러나 이것은 결코 경험의 사태가 아니며 다만 사변의 지평에서만 파악될 수 있는 것이다.

이런 점에서 키르케고르의 『죽음에 이르는 병』이 말하는 절망도 결코 절망 그 자체가 아니다. 절망은 절망의 변증법을 통과할 때 전혀 새로운 실존에 도달한다. 이것은 헤겔이 말하는 '죽음의 죽음' 내지 '부정의 부정'과 구조적으로 동일하다. 자기는 정신이며 정신은 관계이고 관계는 관계에 대한 관계이다.[141] 이 관계는 곧 운동하는 자기이다. 죽음에 이르는 병은 절망이고 절망의 절망은 생명으로 통하는 것이다. 절망과 죽음은 새로운 생명에 이르는 통로이다.

부정을 부정하는 힘으로서의 정신은 죽음의 힘이 아니라 삶과 생명의 힘이다. 이러한 "정신의 생명은 죽음을 부끄러워하고 황폐화를 통해 순수하게 보존되는 생명이 아니라 죽음을 견뎌내고 죽음 가운데서

141 S. Kierkegaard, *Die Krankheit zum Tode*, Gütersloh 1985, 8쪽 이하 참조.

보존되는 생명이다. 정신은 절대적 분열 가운데서도 자기 자신을 파악함으로써 자신의 진리를 획득한다."[142] 정신에게는 부정성이 자신의 한 계기일 뿐 정신 자체가 부정성에 묶이지 않는다. 정신의 과정은 그 자체가 신적인 것으로서 유한성이나 유한성의 부정으로부터 아무런 방해를 받지 않는다. 이런 점에서 헤겔의 정신 개념은 '영원의 상하' (sub specie aeternitatis)와 같은 것이다. 그렇기 때문에 분열을 극복하고 통일을 이루어내는 과정은 인간으로부터 형성되는 것이 아니라 신의 이념으로부터 연역된 신 자신의 것이다. 이러한 헤겔의 사유는 그의 논리가 학문적 성격을 갖는가에 대한 논의와 상관없이 죽음에 대한 논의에서 너무나도 중요하다. 신적 이념의 자기 동력적 운동은 종교철학과 기독교 신학의 핵심을 관통한다.

신의 이념으로부터 유한성을 연역해 내는 사변적 운동에서는 유한성의 역할이 거의 발견되지 않는다. 유한성은 신 이념의 지평에 아무런 개입도 하지 않는다. 사변적 운동에서 말해지는 '지양' 은 유한성으로부터 무한성으로의 상승운동이 아니라 무한성으로부터 유한성으로의 하강운동일 뿐이다. 현대철학 일반의 비판과 맞물릴 수 있는 이러한 주장은, 인간성은 유한성으로부터가 아니라 신과 무한성으로부터 비로소 정확하게 해석될 수 있다는 데서 상대화된다. 죽음의 죽음과 부정의 부정은 "인간적 자연과 속성의 추출이 아니라 이를 죽음과 최고의 사랑 가운데 보존하는 것" 이다.[143]

신의 죽음은 신 자신으로부터 연역되기 때문에 임의적인 우연의 역사가 아니라 '보편적 역사' 이며 '즉자대자적 역사' 이다. "신의 죽음은

142 Hegel, *Phänomenologie des Geistes*, Frankfurt/M. 1970, 36쪽.

143 Rph II, 291쪽 각주.

그 자체로 일어났으며 영원히 일어나는 신적인 이념의 절대적 역사를 서술하기 때문"이다.[144] 바로 이러한 역사 때문에 개인의 죽음은 육체의 자연적 죽음, 고통, 아픔으로 끝나지 않을 수 있다. 이것은 이러한 보편적 역사를 내적으로 성취할 때 가능하다. 다시 말해서 "개인이 전향을 완성하고 무한한 사랑 가운데서 자연적 의지와 관심의 포기를 내적으로 관철"함으로써 '즉자대자적인 사상'을 획득할 때 가능하다. "보편적 자기의식의 전개는 정신의 명예를 형성한다."[145] 보편적 자기의식을 전개시키는 정신적 죽음은 "진정한 존재이며 절대적 보편성 자체이다. 이 보편성은 감각적 사랑과 종교 속의 사랑으로 나타난다."[146]

사랑으로 나타나는 보편적 자기의식은 유한성의 죽음이며 무덤과 음부(Hades)의 극복이고 신적 자연과 인간적 자연의 통일이며 절대적 화해이다. 헤겔에게 삼위일체성으로 표현되는 신의 사랑은 '신과 종말에 대한 인간적 대립의 지양'[147]이며 절대이념의 생동성이다. 형이상학적으로 유의미한 주장은 이러한 이념의 생동성이 개념의 노동을 통해 확보된다는 데 있다. 헤겔에게 인식은 상처를 내기도 하고 치유하기도 하는 것으로서 그 가운데는 '신적 전환의 원리'가 들어 있다. 신적 전환은 최고의 대립까지 해소하고 이를 통합에 이르게 하는 개념의 운동이다. 형이상학의 완성은 개념이 이러한 통합을 이루어 낸 데서 성취된다.

---

144 『종교철학』, 316쪽.

145 같은 책, 282쪽.

146 같은 책, 315쪽.

147 같은 책, 321쪽.

2. '허무주의'와 '힘에의 의지'

헤겔에게 신의 죽음은 신 존재의 완전한 죽음이라기보다 신의 생동성을 형성하는 한 계기였다면, 니체에게 신의 죽음은 신 자체의 죽음이며 이를 대변하는 기존의 모든 형이상학과 가치와 최종심급의 죽음이다. 초감각적인 세계가 제공하는 설명의 힘과 위안의 힘은 신의 죽음과 함께 사라져 버렸으며 그 대신 아무런 토대도 내용도 없는 허무주의가 도래한다. 이로써 형이상학, 삶의 의미, 사회적 정당성을 가능하게 했던 종합적 이성, 이념, 실체, 주체가 해체된다. 이 모든 것을 지탱하는 최고의 가치 체계와 학적 체계인 기독교와 서양 형이상학이 해체되며, 민중에게 가치 있는 것으로 여겨졌던 전통과 삶의 방식도 평가절하된다. 가치의 자리에 무가치와 무의미가 자리 잡는다. 인간의 삶은 공허와 허무와 무의미로 채워져 있을 뿐이다.

그러나 니체에게 무와 허무주의는 근원적인 것이 아니다. 이것은 존재와 의미로부터 파생된 것이며 이를 해체함으로써 획득된 것이다. 무는 존재의 해체에서 도래한다. 이 점에서 니체는 해체의 선봉자이다. 그러나 해체는 분석과 관련이 있으며 그렇기 때문에 계몽주의와 무관할 수 없다. 이렇게 본다면 신의 죽음은 니체에서 처음으로 나타나는 것이 아니라 계몽주의 이후 지속적으로 나타난 것이다. 계몽주의가 이성의 힘으로 모든 것을 분석한다면, 낭만주의는 계몽주의가 분석하고 구성해 놓은 의미를 또 다시 해체시켜 버린다. 따라서 니체는 해체의 창시자라기보다 해체의 적극적 수행자이다. 낭만주의는 계몽주의를 비판하고 배제한 철학이 아니라 이를 철저화한 철학이라는 점에서 니체는 '변절한 낭만주의자'로 불리기도 한다. 낭만주의의 계몽주의 비판은 무로 이어지지 않으며 자기파멸 대신 늘 고유한 새로움이 자리 잡고 있기 때문이다.

니체가 볼 때 허무주의는 자신에게서 처음으로 등장한 것이 아니다. "허무주의는 서양 역사의 근본 운동이다."[148] 그것은 계몽주의와 기독교 옆에 있었으며 휴머니즘과도 나란히 존재했었다. 무엇인가를 붙들고 있다고 자부했던 역사는 그 자체 안에 이미 허무주의와 해체를 동반하고 있었으며 심지어 이를 자라나게 하고 있었다. 심지어 기독교도 니체에게는 허무주의의 결과이다. 형이상학은 존재와 의미의 법정이 아니라, 초감각적 세계, 신과 이념, 도덕법칙, 이성의 권위, 진보와 문명화 과정이 그 구성의 힘을 상실하고 허무에 내맡겨진 역사적 공간에 지나지 않는다는 것이다. 따라서 이러한 운명적 공간은 그 자체가 해체의 대상이 될 수밖에 없다. 신의 죽음은 니체가 수행한 것이 아니라 허무주의를 근본으로 하는 서양의 역사가 수행한 것이다. 따라서 니체는 이러한 허무주의의 역사를 서술하려고 하며 더 나아가 이 역사를 관통하여 스스로 서양의 몰락에 도달하려고 한다.

신의 죽음은 이제 서양 역사의 허무주의를 표현한 것에 다름 없다. 허무주의는 "최고의 가치가 가치를 상실한 것"이며 "목표의 부재"이고 "이유를 묻는 물음에 대한 대답의 결여"[149]이다. 최고의 가치가 없어짐으로써 가치를 평가하는 기준이 사라지며 이를 지향하는 목표가 모호해지고 목표를 향한 노력의 이유도 무의미하게 된다. 허무주의는 역사 속에 등장한 특정한 현상들에 대한 평가가 아니다. 허무주의는 "서양 역사의 근본과정인 동시에 무엇보다 이 역사의 법칙성"이며 "서양 역

---

148 M. Heidegger, "Nietzsches Wort 'Gott ist tot'", in: Heidegger, *Holzwege*, Frankfurt/M. 61980, 214쪽.

149 같은 책, 218쪽.

사의 내적 논리"이다.[150]

니체는 이러한 역사의 과정 가운데서 '완전한 허무주의'를 의도한다. 불완전한 허무주의는 허무주의의 원래 의도와 다르게 다시금 초감각적 세계로 귀속된다. 그러나 완전한 허무주의는 초감각적 세계를 배제할 뿐 아니라 여기서 나오는 기존의 가치를 전도시킨다. 종래 모든 가치의 전도를 통해서만 성취될 수 있는 완전한 허무주의는 허무와 공허로 끝나지 않고 새로운 가치의 출현으로 이어진다. 허무주의의 목표는 해체와 파괴에 있다기보다 새로운 가치의 출현에 있다. 가치는 〈가치 정립-가치의 몰가치화-가치의 전도-새로운 가치의 정립〉이라는 과정을 통과하면서 새로움과 새로움의 생동성으로 규정되는 가치로 등장한다. "가치 전도를 지향하는 허무주의는 최고의 생동성을 추구하며" 여기서 "허무주의는 그 자체가 풍요로운 삶의 이상으로 변한다"[151]. 신의 죽음으로 표현되는 완전한 허무주의는 분열과 비생동성으로 귀결되지 않고 전혀 새로운 생명으로 나타난다는 점에서 역설적이다.

허무주의의 역설은 그것이 죽음을 거론하면서 생명에 도달한다는 사실에 있다. 니체는 생명과 삶의 본질을 '보존'과 '상승'에서 직시하며 삶과 연관된 보존 조건과 상승 조건의 관점을 가치로 간주한다. 삶은 가치 정립의 연속인데, 이러한 과정 속에는 항상 보존과 상승의 관점이 들어 있다는 것이다. 보존과 상승을 근간으로 하는 생명은 힘을 지향하며, 이것은 '힘에의 의지'로 규정된다. 여기서 형이상학은 '가치의 형이상학'과 '의지의 형이상학'이 되며, 이로써 종래의 형이상학은 해체된다. 니체에게 해체는 근원적인 것이 아니며 항상 그 무엇에 대한 해

150 같은 책, 219쪽.

151 같은 책, 222쪽.

체라면, 해체의 대상은 서양의 전통 형이상학이며, 해체 이후 획득되는 것은 '힘에의 의지'를 근간으로 하는 '의지의 형이상학'이다.

하이데거의 해석에 의하면 의지는 "각자가 모든 순간 자기 자신 가운데서 경험할 수 있는 것"이며 힘은 "지배와 강제의 실행"이므로, 힘에의 의지는 "힘에 이르려는 노력"이다.[152] 그러나 '신의 죽음'과 관련해서 말해지는 '힘에의 의지'는 통상적인 의미의 '힘'과 '의지'로 받아들여질 수 없고 오로지 서양 형이상학의 역사와 관련된 의식의 차원에서 이해되어야 한다. 형이상학적 사유와 관련된 힘에의 의지는 결국 가치와 생동성을 잃은 형이상학적 사유의 해체와 새로운 생동성의 창출을 지향한다. 이런 관점에서 니체는 "내가 생동적인 것을 발견한 곳에서 힘에의 의지를 발견했다"[153]고 말한다. 의지는 자기 자신을 의욕하는 것이며 이전보다 더 강해진 자기가 되려고 하는 것이고 이러한 자기의 변화를 위해 현재의 자기를 뛰어넘는 것이며 이를 향해 성장하는 것이다. 니체는 이러한 자기초극의 조건으로 힘 보존의 조건과 힘 상승의 조건을 말하며 이를 '가치'로 명명한다. 결국 의지는 가치를 평가하고 확정하는 능력이다.

니체는 힘에의 의지가 구체화되는 가능성을 예술에서 찾는다. "예술은 관점들을 개방하고 점유하는 모든 의지의 본질이다."[154] 힘에의 의지는 늘 생동적인 것을 추구하고 늘 새로운 변화를 의도한다면, 예술은 이러한 자기초극을 가능하게 하는 삶의 자극제이다. 여기서는 예술을 미학과 예술가의 범주 내에서 말하는 것이 아니라 존재 일반의 생성과 새로운 인간의 가능성의 차원에서 말한다. 존재의 새로운 형성과 상승

152 같은 책, 228쪽 이하.

153 같은 책, 229쪽.

154 같은 책, 236쪽.

적 운동은 헤겔에서와 같이 진리를 추구하는 '개념의 운동'을 통해서가 아니라 가치를 추구하는 의지의 수행을 통해 이루어진다. 하이데거의 해석이 지적하는 바와 같이 니체에게 예술은 진리의 가치를 능가하는 가치이다. 이 말은 보편성보다는 새로움의 창출과 관련해서만 이해될 수 있다. "예술은 모든 상승 고도를 처음으로 개방하는 가치"이다.[155] 신의 죽음과 함께 종래의 모든 가치가 전도된 반면, 힘에의 의지를 구현하는 예술을 통해 새로운 가치가 창출된다. 의지와 가치와 예술의 형이상학은 신의 죽음 이후에, 즉 최고 가치의 몰가치화와 전통 형이상학의 몰락 이후에 비로소 등장한다.

힘에의 의지와 예술을 통해 새로운 가치를 추구하고 구현하는 인간은 '초인'(Übermensch)이다. 초인은 전통의 중심을 이루었던 이성과 무관하다. 그는 이성의 가치를 완전히 멸절시킨 다음 등장하여 현실의 생동적인 변화와 창조적인 생성을 주도한다. 그러나 신의 죽음은 모든 존재의 절멸로 이어지지 않고 초인의 탄생으로 이어지며, 허무주의는 모든 존재자(das Seiende)의 종말로 이어지지 않고 존재자와 존재(das Sein)의 만남으로 나타난다. 니체는 여기서 전통 형이상학의 극복을 확인한다.

3. '죽음을 향해 가는 존재'와 '현존재의 가능성'

니체에게 '신의 죽음'은 '초인의 탄생'으로 이어지는 반면, 하이데거에게 죽음은 '본래적인 실존의 가능성'으로 나타난다. 전통적인 가치

155 같은 책, 237쪽.

의 몰락, 그리고 가치 중의 가치인 기독교의 몰락은 새로운 가치를 요구하고, 이것은 니체에게 새로운 가치를 추구하는 의지로 구체화된다면 하이데거에게 이 새로운 힘은 죽음을 선구적으로 결단하는 실존에서 찾을 수 있다. 헤겔에게 죽음은 신적 이념의 한 계기로 받아들여진 반면 하이데거에게 죽음은 인간 현존재의 '본래적 가능성'으로 간주된다. 인간은 더 이상 무한자와의 형이상학적 관계 가운데서 파악되지 않으며 실존의 심연에서 파악된다. '신의 죽음'이 중요한 것이 아니라 불가피하게 죽음을 향해 가는 인간의 현존재가 중요하다. 이것은 초월의 이성적 내재화보다 더 극단적이고 철저한 초월의 실존적 내재화이다. 하이데거의 초점은 인간 삶의 종말로서의 죽음을 문제 삼는 데 있는 것이 아니라, 인간의 삶이 죽음과 지속적으로 형성하는 관계 자체를 문제 삼는 데 있다. 다시 말해서 죽음에 대한 논의가 비존재나 무로 규정되는 죽음 자체를 지향하는 것이 아니라 이와 정반대로 새로운 '존재 가능'으로서의 죽음을 지향한다.

하이데거에게 죽음은 애당초 끝이 아니다. 죽음은 끝과 종말과 비존재가 아니라 처음과 시작과 새로운 존재 가능이다. 여기서 존재와 비존재, 존재와 무가 혼재한다. 이것은 논리적인 것이 아니며 변증법적인 것도 아니다. 이것은 현상학적인 것이며 해석학적인 것이다. 이것은 전통 형이상학의 지반을 떠난 것으로 철저하게 내재적인 것이며 실존적인 것이다. 하이데거에게 존재와 무는 이성적으로 매개된 것이 아니라 다만 실존적으로 조우하고 부딪친 것이다. 그 결과는 이성적인 변화가 아니라 실존적·내면적 변화이다. 여기서 유일회성, 전대미문의 새로움, 타자와 나눌 수 없는 고유성이 발생한다. 그러나 죽음이 가져다준 이러한 특징들은 동시에 불안과 동요와 꺼림칙한 기분을 동반한다.

이러한 실존의 경험은 곧 염려이다. 여기서 실존은 "존재의 개방성에 대해 열려 있는 존재자"[156]가 된다. 여기서 현존재는 탈자적(脫自的) 본질을 획득한다. "탈자의 상태(Stasis des Ekstatischen)는 존재 자체가 존재하는 방식인 비은폐성의 '빠져나감과 현존' 가운데 내재한다는 것을 고수한다." 하이데거는 실존을 이러한 의미에서 '절박성'(Inständigkeit)으로 부른다. "우리는 존재의 개방성에 내재함, 이 내재를 감수함(염려), 이를 극도로 인내함(죽음을 향한 존재)을 실존의 완전한 본질로 사유해야 한다."[157]

죽음과 실존의 연관을 탐구하는 하이데거의 초기 철학은 후기에 '무의 형이상학'으로 발전한다. 여기서는 "왜 도대체 존재자이며 오히려 무는 아닌가"(Warum ist überhaupt Seiendes und nicht vielmehr Nichts?)가 핵심 주제이다.[158] 이는 존재의 진리에 대한 '표상적 사유'로부터 불안과 무에 대한 '회상적 사유'(andenkendes Denken)로의 전이를 지시한다. 진정한 존재의 진리는 존재자에 대한 물음과 존재에 대한 물음을 넘어서서 무에 대한 물음에서 드러날 수 있다는 것이다. 죽음의 문제는 '염려'와 '불안'과 '무'의 문제로 전이되며 더 나아가 '무의 무화'(無化)[Das Nichts selbst nichtet]의 문제로 옮겨진다.

죽음과 무는 이성적 사유의 대상이 아니라 접촉과 만남의 대상이다. 무와의 만남은 무에 대한 근본경험에 내맡겨질 수밖에 없다. 싫증과 같은 기분의 상태가 존재자를 전체로 드러내 보이듯이 인간의 정상성(情狀性, Befindlichkeit)이 존재자 전체를 드러내 보인다. 이같이 무는 무를 드러내는 특수한 기분 속에서만 드러난다. 인간이 무와 직면하는 기분상태는 바로 불안이라는 근본 기분(Grundstimmung)이다. "불안이

156 M. Heidegger, *Was ist Metaphysik?*, Frankfurt/M. [11]1975, 15쪽.
157 같은 책, 15쪽.
158 같은 책, 22쪽.

무를 현시하며"[159], "무는 불안 가운데서 드러난다."[160] 불안이라는 근본기분이 현존재의 근본현상을 드러낸다. 이 현상 속에서 무가 드러나며 여기서 무에 대해 묻게 된다. 그러나 무는 존재자로서 드러나는 것이 아니기 때문에 우리는 불안을 통해 무를 파악할 수 없다. 무는 불안이 현존재 속에서 일으키는 변화를 통해 드러날 뿐이다. 불안은 쉽게 규정되지 않으며 불안의 이유 역시 규정되지 않기 때문이다. 무는 불안 속에서 존재자 전체가 근본적으로 흔들어 놓는 가운데 드러날 뿐이다.

이러한 무의 본질은 무화(無化, Nichtung)에 있다. 무의 무화는 존재자를 근멸시킴도 아니고 존재자 전체를 부정하는 것도 아니다. 무화는 "빠져나가는 존재자 전체에 대한 부정적 지시"이다.[161] 이는 전체로서의 존재자를 무에 대한 절대적 타자로서 지금까지 드러나지 않은 전혀 다른 모습으로 드러낸다. "불안이라는 무의 밝은 밤에 비로소 그것은 존재자이며 무가 아니라는, 존재자 자체의 근원적인 개방성이 가능하게 된다."[162] "근원적으로 무화하는 무의 본질은 현-존재를 최초로 존재자 그 자체 앞으로 인도하는 것이다."[163] 현존재는 불안과 무 가운데 진입해 있으며, 이로써 그는 존재자 전체를 넘어서 있다. 이는 곧 현존재의 초월이다. 따라서 "무의 근원적 개방성 없이는 자기존재도 없고 자유도 없다."[164]

인간의 일상적인 삶은 무의 무화와 근원적 불안 없이도 잘 진행된다. 그러나 무에 대한 형이상학적 반성은 하이데거에게 결코 쓸데없는 장

159 같은 책, 32쪽.
160 같은 책, 33쪽.
161 같은 책, 34쪽.
162 같은 곳.
163 같은 책, 35쪽.
164 같은 곳.

난과 허구가 될 수 없다. 근원적 불안 없는 현존재는 자기존재를 존재자에게 전적으로 빼앗기며 표피적인 공적 생활에 머물 뿐이다. 무는 쉼 없이 무화하지만 일상성으로 타락한 인간은 이러한 무의 현상과 의미를 알지 못한다. 불안과 무는 인간 가운데서 언제나 비은폐될 수 있지만 인간은 실존의 상태를 유지하지 않는 한 무와 근원적으로 만날 수 없다. 인간은 무로부터 멀어지면서 유한하게 되는 반면 무 가운데 진입하면서 새로운 가능 존재가 된다. 현존재가 무로부터 멀어지고 일상성에 빠져드는 한 무로부터 발생하는 전체존재자를 경험할 수 없다. 이럴 경우 그에게는 "무로부터 존재자로서의 모든 존재자가 생긴다"(ex nihilo omne ens qua ens fit)[165]는 사실은 영원히 비밀로 남는다.

불안과 염려와 죽음과 무를 관통한 실존은 더 이상 기존하는 존재자의 모습이 아니다. 그것은 지금껏 없던 존재자의 전혀 새로운 모습이며 이것이 지니는 새로운 질적 규정이다. 그러나 기대되는 이런 새로운 존재자는 전통 형이상학의 범주를 넘어서 있다. 새로운 존재자는 더 이상 학문적 형이상학의 틀 속에서 포착되지 않는 것이다. 새로운 존재자를 드러내는 틀은 더 이상 이성과 철학적 학문이 아니라 삶과 실존이며 이를 드러내는 예술이다. 후기 하이데거가 몰두하는 예술작품과 시적 사유는 전적으로 새로운 존재자를 드러내는 근본적인 틀이다. 니체에게 힘에의 의지가 드러나는 장이 예술이었듯이 하이데거에게 실존이 드러나는 장은 예술작품과 시작(詩作)인 것이다. 여기서 형이상학은 실존의 유일회성과 고유성의 범주를 벗어날 수 없다. 진리는 그때마다 각자 나름의 실존과 예술 행위를 통해서만 가능한 것이다. 전통 형이상학의 극복은 이제 극단적으로 내면화되고 분절화된 개인의 의미 공간에 갇히

---

165 같은 책, 40쪽.

는 또 다른 문제를 맞는다.

4. 형이상학의 현주소와 상호주관성의 형이상학?

'신의 죽음'에 대한 헤겔과 니체의 논의 및 죽음에 대한 하이데거의 해석은 모두 삶의 종말과 허무라는 부정성을 지시하는 것으로 끝나지 않는 공통점을 지닌다. 이들 논의는 각각의 방식을 따라 궁극적으로는 죽음에 대한 긍정적인 의미에 도달하는 것이다. 헤겔의 사변적 형이상학이 '형이상학의 완성'에 도달하는 것이나 니체와 하이데거가 '형이상학의 극복'에 이른 것은 그 상이한 양상에도 불구하고 결코 부정성의 도정에서 사유를 마감한 것이 아니다. 요컨대 신 죽음의 형이상학이 지향하는 중심문제는 죽음을 관통한 존재의 '생동성'과 '새로운 가능성'에 있다. 이러한 생동성이 헤겔에게 생동적인 이념으로, 니체에게는 힘에의 의지로, 하이데거에게는 존재 가능으로 나타난다.

헤겔에게 신의 죽음은 신 자신의 죽음이 아니라 생동적으로 운동하는 신이 필연적으로 통과하는 한 계기이다. 이를 통해 신은 즉자와 대자의 상태를 거쳐 즉자대자적인 절대성을 구체적으로 확보한다. 신은 '신의 죽음', '죽음의 죽음', '절대적 해방'이라는 사변적 개념을 통해 스스로의 부정성을 극복하는 영원한 생명과 생동성으로 파악된다. 이러한 사유는 헤겔의 방대한 전체 체계 가운데서 늘 중심을 차지하고 있다. 이것은 초기의 '사랑'과 '삶' 혹은 '생명'에 대한 관심에서부터 후기의 체계적 사유에 이르기까지 지속적으로 강조되고 구체화된 것이다. '결합과 비결합의 결합' 내지 '동일성과 차이성의 동일성'을 강조한 초기의 '삶의 형이상학'과, 개념의 운동을 정초하는 후기 논리학의 체계이론은 모두 존재를 '생동적 이념'으로 파악한 것이며 종교철학의 '삼위일체성'에서 최고점에 도달한다. 존재를 생동적 이념으로 파악하고 신을 삼위일체성으로 파악하는 것은 이성 형이상학의 최고점을 보여 준다. 이러한 이념의 생동성은 추상적 개념과 현실을 종합한 것으로서 전체존재의 역동성을 드러내 보여 주는 형이상학의 완성점임이 틀림없다. 전통 형이상학은 이성의 노력과 개념의 긴장을 통해 완성되며 이는 '주관성의 형이상학'으로 귀결된다.

"신은 죽었다는 헤겔의 말은 니체의 그것과 다른 것을 사유한다. 그럼에도 이 둘은 모든 형이상학의 본질에 감추어져 있는 본질적 연관을 함의하고 있다."[166] 이 본질적 연관은 무엇보다 죽음을 매개로 하여 존재를 철저하게 사유하고 내재화하는 데서 찾아진다. 그러나 니체는 헤겔에게 한 계기에 지나지 않는 '신의 죽음'을 절대화한다. 헤겔에게는 생동적으로 운동하는 신의 한 계기인 죽음이 니체에게는 신 자체의 죽음으로 파악되며 이것이 허무주의로 나타난 것이다. "'신의 죽음'에 대한 낭만주의적 허무주의는 학문적-방법적 무신론과 같이 변증법으로부터 돌출된 과정계기이며 그렇기 때문에 더 이상 과정적 운동에서 파악되지 않는다."[167] 오히려 죽음은 모든 가치의 전도로 이어지며 여기서 절대적 단절이 수행된다. 전통 및 소여된 모든 것과의 절대적 단절을 통과한 '힘에의 의지'는 새로운 가치의 창출로, 새로운 삶의 의미로, 새로운 존재의 생성으로 이어지는 것이다. 새로운 존재의 의미는 기존하는 존재의 파괴와 해체 위에서만 가능한 것이다. 피안의 삶과 그에 대한 복종을 비판하면서 획득한 것은 초월을 파괴하고 상실한 터 위

---

166 M. Heidegger, "Nietzsches Wort 'Gott ist tot'", 210쪽.

167 J. Moltmann, *Theologie der Hoffnung*, Göttingen 1997, 155쪽, Küng, 같은 책, 218쪽에서 재인용.

에 마련된 현실의 생동성이다.

하이데거는 삶과 현실의 생동성을 넘어 실존의 생동성과 새로운 가능성을 의도한다. 생동성의 사유는 헤겔 및 니체와 공유하는 것이지만 생동적 존재의 차원은 사뭇 상이하다. 존재자의 본질 파악보다 존재자의 의미 이해를 형이상학의 과제로 설정하는 하이데거는 존재를 내재화하는 극단을 보여 준다. 하이데거에게 "죽음에 대한 현세적인 존재론적 해석은 모든 존재적-피안적 사변에 선행한다"[168] 죽음에 대한 선구적 결단은 현재의 실존 가운데서 이루어지며, 심지어 이러한 결단이 가져다주는 "양심-소유-의욕"(Gewissen-haben-wollen)도 현실 가운데서 성취된다. 이것은 인간의 한계상황과 유한성의 돌파를 성취하는 새롭고 생동적인 삶과 실존이며 그 본래적 가능성으로서 오로지 현실과 인간의 내면에서 성취되는 존재의 의미이다.

뢰비트는 하이데거의 『존재와 시간』에서 '신 없는 신학'을 읽어 내기도 하지만[169] 전통적으로 피안에서 구해지거나 이성의 논리적 운동을 통해 구해지던 무한자에, 실존적 돌파를 통해 도달하려는 노력, 즉 내재의 최고 상태에서 차안과 피안을 구별하지 않으면서 무한자에 이르려는 노력은 지극히 미(美)적이고 개별적이다. 하이데거의 죽음의 개념 뿐 아니라 그의 형이상학 일반에 대한 비판가들의 공통된 견해는 그것이 아무런 규범적 힘이나 사실적 정당성을 객관적으로 소유하지 못한다는 것이다. 실존의 결단과 양심의 의욕은 인간 가운데서 실질적으로 확인될 수 있는 '신적인 힘'이지만 이는 그야말로 '그때마다' 지극

---

168 M. Heidegger, *Sein und Zeit*, Tübingen 1972, 248쪽.

169 H. Ebeling, "Philosophische Thanatologie seit Heidegger", in: Ebeling, *Der Tod in der Moderne*, 41997, Königstein/Ts., 19쪽; Heidegger, "Vom Wesen des Grundes", in: *Wegmarken*, Frankfurt 1978, 157쪽 각주 56번 참조.

히 개별적인 방식으로 드러날 뿐이다.

헤겔–니체–하이데거로 이어지는 일련의 과정은 초월이 내재로 이행하는 과정이며 보편이 개별로 넘어가는 과정이다. 니체와 하이데거의 공통점은 새로운 인간의 가능성 내지 삶과 실존의 새로운 지평을 추구하는 데 있다면, 이는 애당초 개별적 인간의 차원을 넘어서지 못하며 미적인 단계를 벗어나지 못한다. 아니 오히려 이 둘은 미적이고 예술적인 차원을 통해서만 인간에게 '새로움'이 열려질 수 있다고 생각한 것이다. 니체와 하이데거에게서 진리가 예술이나 시작(詩作)과 깊이 관련되어 있는 사실은 이를 구체적으로 보여 준다.

그러나 죽음에 대한 논의와 더불어 결코 망각될 수 없는 사실은 인간의 유한성에 대한 각성이다. 이런 관점에서 볼 때, 개념의 운동을 통해 유한성을 사변적으로 극복한다는 헤겔의 사유는 인간의 현사실성을 넘어간다. 인간의 현사실성은 '지금 여기'에 묶여 있는 시간적 존재 및 '죽음을 향해 가는 존재'[170]라는 규정에 잘 나타나 있다. 개념의 노력과 운동을 요구하는 헤겔 철학은 특히 이 점에서 현대철학 일반과 대립한다. 그러나 인간 본성의 다른 측면은 유한성의 구속을 언제든지 넘어서려 한다. 이런 점에서 철학과 형이상학은 항상 인간의 자기 제약과 더불어 자기 초월을 지시하고 있다. 그렇지 않는 한 철학은 자기 해체적인 수행적 모순을 벗어날 수 없을 것이다.

따라서 개념의 수고와 노동은 인간의 절대화를 의미하는 것으로 이해되기에 앞서 신과 신적 지평에 대한 진지한 수용과 반성으로 이해되어야 한다. "우리가 헤겔로부터, 그리고 심지어 니체와 같은 진정한 무신론자로부터 배울 수 있는 것은 무신론를 진지하게 수용하는 것 뿐 아

---

170 Heidegger, *Sein und Zeit*, Tübingen 1972, 235쪽.

니라 말로 표현할 수 없는 신에 대한 존경이다. 왜소한 정신을 소유한 자만이 신을 긍정하느니 부정하느니 하면서 자질구레하게 말할 수 있다."[171] 초월적 차원을 상실한 인간의 왜소한 모습보다 영원한 생명성과 관계하는 원대한 인간이 더욱 가치 있는 것이다. 개념의 노력을 통해 파악된 '신의 죽음'은 초월적 차원의 배제와 내재적 · 인간적 차원에의 몰두로 파악되는 신의 죽음과 구별되어야 한다. 의식 저편과 이편의 이분법적 구별을 해소한다는 것이 자칫 의식 초월적 차원을 인정하지 않거나 이를 폄하하는 인간의 자기 제약으로 귀결될 수 있기 때문이다.

그러나 영원한 생명과 관계하는 원대한 인간은 자칫 이 관계를 망각하면서 스스로 오만의 지평으로 떨어질 수 있다. 따라서 헤겔의 '개념의 운동'은 현대철학 일반의 비판을 돌아보는 가운데 '개념의 운동'의 진정한 차원을 드러낼 수 있어야 한다. 그렇지 않는 한 사유와 사상과 개념을 오로지 인간의 산물로 착각하는 비인간성이 등장할 수 있다. 개념의 노력을 거쳐 획득한 죽음의 의미는 그 자체로 보편적인 것은 아니다. 그것은 아직 보편을 담지한 개별적인 것에 지나지 않는 것이다. 이것은 보편을 담지한 개별자들 간의 실질적인 관계와 대화를 요구하며 대화를 통해 형성될 수 있는 공동체를 요구한다.[172]

그러므로 절대적 개념의 운동은 개념의 지배로 이어지는 인간의 오만을 경계하면서도 그 철저성을 포기하지 않아야 한다. 여기서 우리는 '약한 의미의 개념 운동'을 제안할 수 있다. 약한 의미의 개념 운동은 전체존재를 철저하게 파악하려는 주관성의 노력을 포기하는 않는 가운데 상호주관성의 지평을 추구한다. 약한 의미의 개념의 운동은 사고 주

---

171 Küng, 같은 책, 220쪽.

172 헤겔에게서 '신적 이념의 개별성'은 교회 공동체에서 완성된다. 개별적 주관성의 완성은 공동체와 상호주관성에서 이루어진다. 『종교철학』 322쪽 이하 참조.

체의 내재적인 개념 운동을 중시하면서 동시에 다른 사고 주체와의 대화와 공동성을 중시한다. 여기에는 개인적-보편적 차원의 개념적 완결성의 수용이 있으며 아울러 존재의 새로움과 가능성에 대한 개방이 있다. 이러한 개방성은 외부로만 향하는 가운데 내적으로는 공허한 상태를 지칭하지 않는다. 이것은 개인적으로 완결된 개념 체계의 바탕 위에 새로움에 대해 열려 있는 지평이며 다른 개인과의 합리적인 상호전달을 통해 실질적인 보편성을 마련하려는 지평이기도 하다. 개인이 만들어 내는 새로움의 감각을 상호전달을 통해 공유하는 것은 이전에 없었던 새로운 개념 체계를 가능하게 하면서도 절대적 개념 체계에 이르지는 않는다. 이것은 이른바 '유한성의 변증법'이며 무한에 개방되어 있는 유한성들 간의 대화이다.

타자에 의존하지 않을 뿐만 아니라 타자와의 관계가 철저히 배제될 때 획득되는 '죽음을 향하는 존재'의 본래적 자유는 공동체가 직면한 문제 앞에서 전적으로 무기력할 수 있다. '죽음을 향한 선구적 결단'의 자유는 현존재에게 본래적이기는 하지만 그 자체가 아직 무규정적이거나 새로운 규정을 기다리는 것이며 더욱이 타자와는 전적으로 무관계적이다. 따라서 이러한 본래성의 '고독'과 '독백'은 인류가 이미 맞았거나 맞을 수 있는 죽음의 힘 앞에서 무기력할 수 있다.

신 죽음의 형이상학 이후 도래한 초월의 상실과 의미의 내재화는 극단적인 허무주의와 의미의 예술적 개별화만을 초래했다. 이러한 정신적 상황의 극복은 새로운 초월의 회복과 개별화 · 내재화된 존재 의미의 보편화를 통해 이루어지는 길 외에 다른 길이 있을 수 없다. 새로운 초월의 길은 사실적인 것과 현실적인 것 너머의 세계를 '반-사실적인 것'으로 인정하는 데서 찾아야 하며[173], 이는 개별화되고 독단화된 의미 공간 바깥에서 추구되어야 한다. 철학이 결코 포기할 수 없는 이성의 작업은 보편적이지만 그것은 다시금 실질적인 공동성으로 이어지지 않는 한 추상성을 벗어날 수 없다. 오늘날의 형이상학은 주관성의 형이상학에 대한 탈형이상학적 비판을 거친 다음 불가피하게 상호주관성의 형이상학을 요구하는 것은 아닌가.

---

173 M. Frank, *Conditio moderna*, Leipzig 1991, 4장, "Metaphysik heute" 참조.

6

형이상학의 죽음과 내용의 논리학

1. 철학의 죽음과 그 극복

이 시대를 흔히들 '포스트 형이상학의 시대' 라 부른다. 형이상학은 이미 극복되었으며 철학도 그 근본 틀이 변형되었다고 말한다. 포스트 형이상학은 철학을 떠받치고 있는 논리학과 형이상학의 토대를 무너뜨리면서 철학의 종언을 고한다. 그 결과 형이상학 없는 윤리학이나 논리학 없는 인식론은 그 본질이 훼손당하면서 파편적인 주장으로 전락해 버렸다. 이 장은 '형이상학의 갱신' 을 통해 형이상학 '없는' 철학의 현실을 극복해야 한다는 당위성과 필요성에서 출발한다. 형이상학이 없는 현실은 학문 영역뿐만 아니라 전체의 삶에 영향을 미친다. 이것은 신이 부재하는 신전과 같으며 정신이 떠나 버린 육신과 같다. 전통 형이상학의 죽음 이후에도 삶과 사유는 여전히 지속되며 또 되어야 한다면 이른바 '형이상학적인 것' 을 부정하는 것은 사유에 대한 최고의 모순이다. 우리는 변화된 철학의 조건 가운데서 '형이상학적인 것' 의 가능성을 추적하고 그 밑그림을 그려 보일 수 있어야 한다.

전통 형이상학의 변혁과 갱신을 시도한 철학에서 칸트와 독일관념론의 운동은 결코 도외시될 수 없다. 이것은 칸트가 시도한 '사유방식의 코페르니쿠스적 혁명'에서 출발하며 선험철학의 전통을 완성한 헤겔의 『논리의 학』에서 정점에 도달한다. 그런데 헤겔과 동시대의 인물인 슐라이어마허의 『변증법』이 근자에 새롭게 조명되면서 칸트에서 헤겔에 이르는 사유운동의 스펙트럼은 획기적으로 넓어졌다. 슐라이어마허는 그동안 신학자로만 인식되어 왔으며 그가 수행한 다양한 철학 강의록들도 대부분 신학의 관점을 통해 파악되어 왔다. 그러나 1980년대부터 간행되기 시작한 비평본 전집(Kritische Gesamtausgabe)을 통해 철학자 슐라이어마허에 대한 평가는 근본적으로 달라지고 있다. 신학과 철학을 완전히 독립된 학문으로 간주한 슐라이어마허의 사유는 특히 그의 『변증법』에서 확인되며, 그는 여기서 형이상학의 갱신을 독자적인 방식으로 수행한다. 슐라이어마허 역시 당시 철학의 조건 속에서 칸트가 남겨 놓은 과제를 해결하는 데 몰두하며 동일한 과제를 수행한 헤겔과 유사하면서도 차별적인 해법을 내놓는다.

비평본 출간작업에 참여한 예슈케와 아른트는 헤겔 전문가로서 칸트에서 헤겔에 이르는 도정에 감추어져 있는 문제들을 파헤친다. 특히 아른트는 슐라이어마허의 변증법 강의(1811, 1814/15, 1831)와 비평본 『변증법』(KGA II/10, 2)을 편집하면서 헤겔과 슐라이어마허의 연관을 탐구한다.[174] 칸트 이후의 초기 낭만주의 사상을 현대적인 맥락에서 탁월하게 논구한 프랑크도 그가 편집한 『변증법』의 긴 서론을 통해 이 책의 현재성에 대해 논한다.[175] 또한 연이어 간행된 방대한 분량의 관련

---

174 W. Jaeschke, "Schleiermacher und Hegel. Neue Ausgaben und alte Fragen", in: *Hegel-Studien* 23. (1988), 327-341쪽; A. Arndt, "Schleiermacher und Hegel. Versuch einer Zwischenbilanz", in: *Hegel-Studien* 37. (2002) 55-67쪽.

연구서들은 헤겔과 슐라이어마허의 관계에 대한 재조명을 요구하고 있다.[176] (헤겔과 슐라이어마허의 관계에 대한 논의는 근자에 미국에서도 활발하게 진행되고 있다.) 헤겔과 슐라이어마허 형이상학의 현재성에 대한 논의는 형이상학의 갱신과 연결되며 이는 또한 '철학의 죽음'을 넘어서는 '철학의 부활'을 의도한다.

헤겔에게 형이상학은 비판철학을 통해 "뿌리째 뽑혀 버린" 상황에 있었고[177], 이러한 모습은 형이상학이 논리학의 옷을 입고 나타날 때 극복될 수 있었다. 이것은 헤겔이 자신의 형이상학에 '논리의 학'이라는 이름을 붙인 데서 잘 확인된다. 헤겔의 형이상학은 모든 사물의 본질을 사유 가운데서 파악하는 내용의 논리학이다. 슐라이어마허에게 "형이상학과 논리학의 분리"라는 당시의 상황은 "철학의 죽음"으로 귀결된다.[178] 여기서 형이상학은 "확정될 수 없는 것"이 되고 논리학도 공허한 것이 되어 버린다. 그래서 슐라이어마허는 변증법에서 형이상학과 논리학의 통합을 시도한다. 그의 변증법은 "모든 학문의 기관(Organon)"[179]으로 불린다.

"형이상학이 없는 개화된 민족"은 "갖가지 장식으로 꾸며져 있으면서도 가장 존귀한 신은 모시지 않고 있는 사원"[180]과도 같으며 (헤겔),

---

175 F. D. E. Schleiermacher, *Dialektik*, Herausgegeben und eingeleitet von Manfred Frank, Bd. 1I, Frankfurt 2001, 10-136쪽.

176 Ch. Helmer/Ch. Kranich/B. Rehme-Iffert (Hg.), *Schleiermachers 'Dialektik'*, Tübingen 2003; 최신한, 『독백의 철학에서 대화의 철학으로』, 문예출판사 2001; P. Grove, *Deutungen des Subjekts. Schleiermachers Philosophie der Religion*, Berlin/New York 2004.

177 G. W. F. Hegel, *Wissenschaft der Logik I*, Frankfurt 1969, 13쪽.

178 F. D. E. Schleiermacher, *Dialektik (1811)*, Herausgegeben von A. Arndt, Hamburg 1986, 6쪽.

179 같은 곳.

"논리학이 없는 형이상학은 임의적이고 환상적인 형태 그 이상을 얻을 수 없다"[181] (슐라이어마허). 형이상학이 없는 합리적 삶에는 최고의 내용이 결여되어 있으며 논리학이 없는 형이상학에는 이 내용에 대한 학문성이 빠져 있다. 나는 포스트 형이상학 시대의 철학이 바로 이러한 상황에 빠져 있다는 사실에서 출발하며, 헤겔과 슐라이어마허의 공통성과 차이성을 분석함으로써 형이상학의 가능한 미래를 추구하려고 한다. 또한 "관념론의 한복판에서 포스트 관념론의 사유를 시작한"[182] 슐라이어마허의 고유한 사유를 헤겔의 사유와 비교하는 독창성을 추구한다. 그러므로 양자의 비교는 포스트 형이상학 시대 속에서 형이상학의 가능성을 시험하는 준거점이 될 수 있다.

형이상학 없이는 지식이 불가능함을 의도하는 두 철학은 통일적 지식을 부정하는 현대의 '포스트' 사유와 대결할 수 있다. 존재에 대한 지식으로서의 형이상학을 부정하는 철학은 이미 철학이 아니기 때문이다. 형이상학 이후 시대의 사유는 이른바 "갱신된 형이상학"(regenerierte Metaphysik)[183]을 통해 극복될 수 있다. 형이상학을 부정하면서 존재의 지식을 부정하는 탈현대의 문제적 상황은 끊임없는 부정과 분

---

180 G. W. F. Hegel, *Wissenschaft der Logik I*, Frankfurt 1969, 14쪽.

181 F. D. E. Schleiermacher, *Dialektik* (1814/15), *Einleitung zur Dialektik* (*1833*), Herausgegeben von A. Arndt, Hamburg 1988, 4쪽. "오랫동안 관찰된 방식은 논리학과 형이상학의 분리였다. (...) [그러나] 우리는 논리학과 형이상학이 하나일 수 있다는 사실에서 출발한다." F. D. E. Schleiermacher, *Vorlesungen über die Dialektik*, Teilband 2 Hrsg. von A. Arndt, Berlin 2002, 137쪽.

182 M. Theunissen, "Zehn Thesen über Schleiermacher heute", in: *Schleiermacher's Philosophy and the Philosophical Tradition*, ed. Sergio Sorrentino, New York 1992, iv장.

183 Schleiermacher, *Vorlesungen über die Dialektik*, Teilband 2 Hrsg. von A. Arndt, Berlin 2002, 124쪽.

열의 연속 속에 있다면, 차이로 점철된 존재의 의미 혼란은 통일적 지식의 획득에서 멈출 수 있다. 헤겔과 슐라이어마허의 칸트 극복은 그 현재적 적용에서 탈현대의 극복을 성취할 수 있다.

2. 논리학으로서의 형이상학

헤겔과 슐라이어마허는 '형이상학과 논리학의 통합' 이라는 공동의 학문적 이상을 갖고 있다. 양자에게 형이상학은 비판철학 이후의 형이상학으로서 형식논리학과 구별되는 '내용의 논리학' 이다. 형이상학과 논리학의 통합에서 형이상학은 자연학과 윤리학으로 이행할 수 있으며 (슐라이어마허), 자연철학과 정신철학으로 넘어갈 수 있다 (헤겔). 논리학도 형이상학과의 통합에서 공허한 상태로 남지 않고 최고지식(절대지) 및 가장 보편적인 지식을 산출할 수 있다. 헤겔과 슐라이어마허의 논리학은 형이상학에 기초를 두고 있다. 양자에게서 형이상학과 논리학의 통합이 똑같이 절대자에 대한 '개념' 으로 귀결되는 것은 아니지만 형이상학이 존재에 대한 지식이라는 점에서 논리학과 연관된다는 사실은 동일하다. '존재의 학' 으로서의 형이상학이 '존재에 대한 지식학' 으로 진일보한 것은 형이상학과 논리학의 통합이라는 차원에서 설명될 수 있으며, 이것은 칸트 이후의 철학에서 비로소 가능할 수 있었다.

(헤겔)

청년 헤겔에게 논리학은 형이상학과 구별된다. 이것은 후기 헤겔의 경우와 다르다. 논리학은 유한한 반성을 위한 부문이며, 유한한 반성은 절대자를 인식하기 위해 지양되어야 한다. 이에 반해 형이상학은 애당초 절대자를 위한 부문이다. "논리학과 형이상학은 서로 상이한 두 가지 인식방식이다. 순수한 유한적 반성과 사변이 그것이다."[184] 흥미로운 것은 헤겔이 이 두 부문을 연결하고 양자를 통합하려고 한다는 점이다. 청년 헤겔에서 성숙한 헤겔로의 발전은 논리학의 발전으로 규정할 수 있으며, 이는 유한한 반성에서 절대적 반성으로의 발전이다. 이것은 칸트와는 다른 길이다. 칸트의 경우 논리학은 유한자만을 다룬다. "비판철학은 이미 형이상학을 논리학으로 만들었지만, (...) 객관에 대한 불안에서 논리적 규정에 본질적인 주관적 의미를 부여했다."[185]

유한자에서 무한자에 도달하려는 헤겔의 의도는 유한적 차원을 절대적 차원으로 이끄는 논리학의 도움으로 실현된다. 논리학과 형이상학의 차이는 유한한 논리학이 절대적 논리학으로 발전하는 과정에서 지양된다. 헤겔은 논리학과 형이상학의 통합과 더불어 한편으로 논리학을 무한자의 영역으로 확장하려고 하고 다른 한편으로 전통 형이상학을 철학적 학문으로 변경하려고 한다. 학문으로서의 철학은 논리학의 무한한 형식과 절대적 내용으로 짜진 옷이다. 비판적 사고를 통해 형이상학을 해체하려는 칸트의 시도는 절대자에 대한 사변적 인식을 통해 극복된다. 지식은 경험에 관계하는 세계에 제한되지 않으며 최고의 단계로 확장된다. 체계적 학문은 여기서 새로운 형이상학으로 등장한다. 체계적 학문에서는 존재의 모든 유한한 규정이 무한한 규정을 위해서 포기된다. 논리학과 형이상학의 통합은 다름 아니라 유한자와 무한자의 체계적 통합이다.

논리학과 형이상학의 통합이라는 연관에서 변증법이 등장한다. 중요

184 R. Schäfer, *Die Dialektik und ihre besonderen Formen in Hegels Logik*, Hamburg, 2000, 4쪽.

185 Hegel, *Wissenschaft der Logik I*, 45쪽.

한 것은 유한자와 무한자의 매개이다. 변증법은 오성의 유한한 논리학을 절대적 동일성을 산출하는 이성의 형이상학과 매개한다. 긴 논의를 거쳐 변증법은 '방법'과 동일시된다. 방법은 더 이상 지식구성의 수단으로 기능하는 단순한 방법이 아니다. 방법은 대립자의 최고 통일성을 산출하며 이를 통해 모든 규정들을 포괄하는 '이념'에 도달한다.

체계적 학문의 형성과정은 특징적이다. 체계적 학문은 이념의 운동 내지 논리적-변증법적 방법을 통해 이루어진다. 이념의 운동에서는 이념 이외의 그 어떤 다른 존재도 있을 수 없다. 이념은 자기 자신으로부터 타자로 이행하고 다시금 자기 자신으로 복귀하기 때문이다. 이념은 이 운동을 통해 완전히 드러난다. "논리학은 절대이념의 자기운동을 오로지 근원말(ursprüngliches Wort)로 표현한다. 이 근원말은 그것이 표현됨으로써 외적인 것이 다시금 금방 사라져 버리는 그러한 표현이다."[186] 직접적 표현으로서의 근원말은 매개과정에서 새롭게 현상해야 하는 말로 변경된다. 근원말은 이러한 지속적 자기규정을 통해 순수 사상이 된다. 그러므로 순수 사상으로서의 절대이념은 자기로부터 타자로 이행하고 다시금 자기 자신으로 복귀하는 원운동이다. 이 운동은 주체와 객체의 총체성을 함축한다. 헤겔에게 중요한 것은 형식 바깥에 있는 실재적 내용이 아니라 이 내용을 규정하는 형식이다.

(슐라이어마허)

논리학과 형이상학의 공속성은 원래 플라톤에서 유래한다. 슐라이어마허는 플라톤의 변증법을 단순히 재현하려고 하지 않으며 이를 칸트 이후의 전통 속에서 갱신하려고 한다. 이렇게 함으로써 한편으로 형이

---

186 Hegel, *Wissenschaft der Logik II*, 550쪽.

상학, 자연학, 윤리학의 통일을 복권시키고 다른 한편으로 시대정신에 걸맞게 이 통일을 논리적으로 정초하려고 한다.

칸트 이후에는 전통 논리학과 전통 형이상학이 받아들여지지 않을 뿐 아니라 그 기본전제들도 부정된다. 논리학은 형식적 방법을 넘어서서 내용을 다루어야 하며, 형이상학도 논리적으로 정당화되어야 한다. 논리적 규칙은 그 자체가 내용과 관계하지 않기 때문에 실제의 논쟁을 해소할 수 없다.[187] 슐라이어마허는 논리학과 형이상학의 통일을 사고의 존재연관성과 관련시킨다. 중요한 것은 사고가 존재 일반과 관계하는 것이다. 논리학과 달리 변증법은 관여하는 모든 사람이 어떤 방식으로든 존재와 관계하는 실제의 논쟁에서 작동한다. 그러므로 변증법의 존재연관성은 변증법이 전통 형이상학의 자리에 들어섰음을 보여 준다.

슐라이어마허는 헤겔과 같이 새로운 형이상학을 만들기 위해 형이상학을 논리학과 통합하려고 한다. 논리학과 형이상학의 동일성이 어떻게 논리학의 형식을 통해 달성되는가 하는 것이 관건이다. 이 동일성은 "논리학과 형이상학을 뭉쳐 놓은 것"과 다르다.[188] 슐라이어마허에 의하면 양자의 동일성을 창출할 수 있는 부문은 변증법이다. "근대의 변증법은 갱신된 변증법으로서 그 자체가 학문을 추구한다." 그래서 종교적 충동은 논리학과 무관하며, 가설적인 것은 형이상학으로 이행한다고 평가한다. 그러나 "변증법은 논리학과 같이 비판적인 것만은 아니다."[189] 비판적인 것은 형식적 논쟁에 치우치면서 내용을 놓치는 반면, 진정한 변증법은 주관적 사고와 객관적 통합내용을 지향한다.[190] 슐

---

187 Schleiermacher/Frank, *Dialektik II*, 34쪽 이하. 참조.

188 Schleiermacher, *Dialektik. Aus Schleiermachers handschriftlichen Nachlasse* herausgegeben von L. Jonas, Berlin 1839, 364쪽.

189 같은 곳.

라이어마허가 추구한 논리학과 형이상학의 통합은 이 점에서 헤겔과 아주 유사하다.

당시 형이상학이 선험철학으로 불린다면 논리학은 예나 지금이나 형식철학이다. 그렇기 때문에 형이상학과 논리학의 통일은 선험철학과 형식철학의 동일성으로 간주할 수 있다. 슐라이어마허에 의하면 이 동일성은 "최고 원리들"[191]의 영역에 있기 때문에 이것은 구성적(형이상학적) 원리와 규제적(논리적) 원리의 동일성이다. 이러한 연관에서 슐라이어마허는 변증법을 "최고지식 및 가장 보편적인 지식과 학문적 구성 원리 간의 동일성"[192]으로 규정한다.[193] "논리적 원리와 형이상학적 원리가 하나라는 사실은 이 둘을 뒤바꿔 놓을 수 있다 하더라도 아주 분명하게 될 수 있다. 우리는 모든 지식의 연관을 형성함으로써 논리적 규칙들도 생길 수 있게 해야 한다. 그렇지만 우리는 이것을 할 수 없다. 왜냐하면 우리는 형이상학적 원리들을 대화수행에서 발생하는 명제들의 형식을 통해서만 말할 수 있다는 점에서, 모든 지식의 연관과 함께 시작할 수 없기 때문이다."[194]

칸트와 달리 슐라이어마허가 논리적 원리와 형이상학적 원리의 통일을 요구했는데도 이 통일은 불가능하다. 실제로 사람들은 두 원리의 중간세계에서 생활하고 있기 때문에 그는 모든 것을 연역적 과정에 집어넣지 않는다. 그리고 형이상학적 영역은 늘 부분적으로만 주어지며 우

---

190 "nicht nur auf das subjective Denken gehen, sondern auch auf das objective Coalesciren." 같은 곳.

191 Schleiermacher/Arndt, *Dialektik* (1811), 5쪽.

192 같은 책, 6쪽.

193 이런 맥락에서 그는 자신의 『변증법』을 선험적 부분과 기술적 부분 (또는 형식적 부분)으로 나눈다.

194 Schleiermacher/Frank, *Dialektik I*, 410쪽.

리는 부분적인 실제세계 안에서만 대화할 수 있다. 말하자면 말할 수 없는 것이 존재한다. 이것은 슐라이어마허와 칸트의 교차영역이다.

3. 공동의 방법론 – 과정적 형이상학과 방법

앞서 서술한 논리학과 형이상학의 통일 조건하에서 우리는 헤겔의 『논리의 학』과 슐라이어마허의 『변증법』으로부터 공통의 방법을 도출해 낼 수 있다. 헤겔은 자기-매개를 통해 '개념적 지식'을 산출하려는 반면 슐라이어마허는 상호성(Wechselseitigkeit)을 통해 '실제적 지식'을 산출하려고 한다. 흥미로운 것은 지식이 두 철학자에게 공통적으로 사고의 운동이나 대화수행을 통해 가능하다는 점이다. 사고의 운동을 내적 대화로 간주할 수 있다면 우리는 지식을 획득하는 공통의 방법을 발견할 수 있다. 헤겔에서 현상적(erscheinend) 지식의 운동은 슐라이어마허에서 현실적(wirklich) 지식의 획득과정과 유사하다. 사고의 운동이 똑같이 지식의 근간을 이루고 있는 것이다. 그러므로 우리는 두 철학자가 말하는 변증법을 '과정적 형이상학'[195]으로 규정할 수 있다.

슐라이어마허의 변증법은 지식전개의 기술론으로 정의될 수 있다. "지식의 연관 없이는 그 어떤 지식도 주어지지 않는다. 지식의 원리 없이는 지식의 연관 또한 주어질 수 없다."[196] "원리와 연관은 우리가 철

---

195 J. M. Dittmer, Schleiermachers *Wissenschaftslehre als Entwurf einer prozessualen Metaphysik in semiotischer Perspektive. Triadizität im Werden*, Berlin/New York 2001; Ch. Helmer (ed.), *Schleiermacher and Whitehead: Open Systems In Dialogue*, Berlin/New York 2001 참조; 헤겔과 화이트헤드의 비교연구도 같은 맥락에서 이해할 수 있다. G. R. Lucas, Jr. (ed.), *Hegel and Whitehead. Contemporary Perspectives on Systematic Philosophy*, New York 1986 참조.

학으로 부르는 것이다. 그러므로 우리는 기술과 함께 전체 철학을 획득한다."[197] 지식의 전개를 위해서는 지식의 원리와 그 내적 연관이 필수적이다.

이러한 상호성은『정신현상학』이 말하는 내용과 형식의 변증법적 매개와 아주 유사하다.[198] "학문의 등장은 하나의 현상이다. 학문의 등장은 아직 학문의 진리 가운데서 수행되고 다듬어지지 않았다."[199] 헤겔에 의하면 학문을 임의의 현상으로 표상하는 것이나, 참이 아닌 지식을 학문의 현상으로 부르는 것은 같다. "학문은 이러한 가상에서 벗어나야 한다. 학문은 가상에 오로지 맞섬으로써 이러한 자유를 얻을 수 있다."[200] 학문은 오로지 현상지의 매개과정을 통해서만 달성된다.

이와 마찬가지로 슐라이어마허에서 지식의 원리와 연관의 상호성은 헤겔에서 현상지가 학문 자체와 맺는 매개성과 유사하다. 헤겔에게 철학은 "현실적인 것이며 자기 자신을 정립하는 것이고 자기 자신 속에 사는 것"이다. 이것은 "스스로 자신의 계기를 산출하며 이를 관통하는 과정이며, 이러한 전체 운동은 긍정적 존재와 그 진리를 만든다."[201] 이로써 철학의 원리와 연관, 철학과 그 현실적 매개, 이 둘은 동일한 사태이다. 슐라이어마허의 어법으로 말한다면 "시간적인 개념형성은 이성 가운데서 무시간적인 방식으로 정립된다."[202] 시간과 원리는 불가피하

---

196 Schleiermacher/Frank, *Dialektik II*, 64쪽.

197 같은 책, 65쪽.

198 이러한 사실은 최근 연구서에서도 확인된다. S. Schmidt, *Die Konstruktion des Endlichen*, Berlin/New York, 2005, 114쪽.

199 Hegel, *Phänomenologie des Geistes*, Frankfurt 1970, 71쪽.

200 같은 곳.

201 같은 책, 46쪽.

202 Schleiermacher, *Vorlesungen über die Dialektik*, 524쪽. 슐라이어마허는 개념 가운데 그 시간적 현상이 예정되어 있다고 보기도 한다.

게 개념의 역사를 요구한다.

헤겔에게 이념은 개념이 자기 자신에 대해 부정적으로 관계하는 과정이다. 연속적으로 일어나는 이러한 자기관계는 개념의 과정을 형성한다. 개념의 운동 내지 개념의 자기관계는 곧 개념의 과정성이다. 헤겔은 이러한 과정성을 유한자와 무한자의 불변적 통일성으로 규정하지 않고 자기 자신으로 복귀하는 주관성으로 규정한다. 존재 자체는 그 자체가 구별됨으로써 다시금 자기 자신으로 복귀한다. 이러한 과정에서 이념은 자기 자신으로부터 자연과 정신으로 외화되고 다시금 자기 자신으로 복귀하는 원운동을 수행한다. "이념의 자기 자신과의 동일성은 과정과 하나이다."[203] 이러한 이념의 운동은 변증법의 진행으로 간주된다.

헤겔은 논리학과 형이상학을 통합함으로써 모든 존재를 범주로 파악하려고 한다. 헤겔의 형이상학은 사물의 본질성을 개념적으로 파악하는 사고의 학문을 뜻한다. 다르게 표현하면 그것은 사고의 전개를 통해 달성한 학문 또는 개념과 실재의 통일성이다. 헤겔의 형이상학은 객관적인 의미에서 사실 자체에 도달한다. 그러나 슐라이어마허의 『변증법』은 존재를 단순히 형식적 원리로 다룰 수 없다. 그에게 사고하는 파악은 전면적인 해명과는 다르다. 그의 변증법은 형식적 원리 못지않게 실재적 원리를 중요한 것으로 간주한다.[204] 시간적인 차원에서 운동하는 현실적 지식이 중요한 것이다. 그렇지만 절대자는 사고의 범주에 매개될 수 없음에도 불구하고 현실적 지식을 무시간적으로 동반한다.

이 지점에서 헤겔과 슐라이어마허의 '방법' 개념이 보다 정확하게 밝혀져야 한다. 헤겔에 의하면 방법은 우선 "인식의 방식"으로 규정된

203 *Wissenschaft der Logik II*, 467쪽.

204 Schleiermacher/Arndt, *Dialektik* (1811), 71쪽.

다. 방법은 "도구" 내지 "주관적 측면에 있는 수단"[205]으로서 객관을 규정적인 방식으로 인식하려고 한다. 이로부터 "존재의 규정적 양상"[206]이 획득될 수 있다. 이러한 양상이 존재의 '한' 측면에 관계한다는 것은 확실하다. 그러나 헤겔은 이를 넘어서 방법을 '인식의 양상'으로 규정하려고 한다. 방법은 주어진 내용에 논리적 토대를 부여하는 외적 형식으로 기능하는 것이 아니라, 주어진 내용의 모든 형태들이 그 가운데서 현상하게 되는 논리적인 것의 전체 과정을 감싸고 있다. 내용의 모든 형태들을 동반하는 논리학은 내용의 전체 진리를 산출한다. 참된 개념은 사고와 존재의 동일성뿐만 아니라 사고의 운동 가운데 등장한 모든 규정들의 총체성이다. 그러므로 방법은 "스스로를 아는 개념, 스스로를 절대자로, 주관적인 것뿐만 아니라 객관적인 것으로 대상화하는 개념"이다. 이러한 방법에서 "개념과 그 실재성의 순수한 일치"가 이루어진다. 요컨대 헤겔에게 방법은 "개념 자체의 운동"이다.[207]

방법이 개념의 운동으로 규정된다는 것은 논리학이 사실 자체로 파고드는 힘을 가지고 있음을 뜻한다. 논리적인 것은 사실의 토대에 놓여 있을 뿐 아니라 스스로를 이 사실 가운데서 인식한다. 논리학은 이렇게 이해되는 방법을 가지고 사실 자체로 침투하기 때문에 이미 형이상학과 통합되어 있다. 논리학은 마침내 모든 형이상학적 관심이 대상으로 삼는 절대자를 파악한다.

잘 알려진 바와 같이 헤겔에게 결과는 자기 내부로 진입한 전체 및 이를 통해 자기 자신과 동일하게 된 것이므로 항상 직접성의 형태를 획득한다. 따라서 이 직접성은 불완전한 직접성이어서는 안 되며 스스로

205 Hegel, *Logik II*, 552쪽.
206 같은 책, 551쪽.
207 같은 곳.

가 항상 "연역된 것 및 입증된 것"이어야 한다. 특징적인 것은 헤겔이 『논리의 학』 마지막 부분에서 '시작'을 "연역되지 않은 것"과 "불완전한 것"으로 규정한다는 점이다. 이것은 그야말로 갑작스런 논조의 변화이다. "시간적 전개의 경우, 원으로 물러 들어가는 방법은 시작 자체가 연역된 것이라는 사실을 기대할 수 없다."[208] "진리의 방법도 시작을 불완전한 것으로 안다. 왜냐하면 시작은 시작이지만 동시에 이 불완전한 것 일반도 필연적인 것이기 때문이다. 그 이유는 오로지 진리만이 직접성의 부정을 통해 자기-자신으로-다가오는-것이기 때문이다."[209]

이 두 인용문에서 헤겔이 방법의 두 차원 또는 진리 토대의 두 차원, 즉 시간적 토대와 논리적 토대를 인식하고 있다는 사실을 쉽게 알 수 있다. 또는 진리에 대한 토론에서는 적어도 현실적 차원을 추상하려고 한다. 방법이 반성의 원운동으로 올라선다 하더라도 시간적 시작을 결코 "연역된 것"으로 규정할 수 없다. 이 시작은 전혀 반성의 운동으로 들어가지 않은 단순한 시작이다. 이것은 일반적인 헤겔 해석에서 다루어지지 않는 아주 중요한 문제이다. 헤겔이 말하는 진리의 방법은 모든 전제들을 자기 안으로 포함하는 논리적 차원에서만 운동한다. 그러나 방법은 어쨌든 그것이 사전에 전혀 다룰 수 없었던 시작을 전제해야 한다. 이 시작은 스스로를 절대이념으로 이끄는 방법의 현실적 전제이다. 방법이 이 시작을 시간적 차원에서 전제하지 않을 수 없는 한 시작은 절대적 시작이 아니라 상대적 시작이다. 시작은 방법의 전제로서 변증법적 진행의 '단절'을 형성한다. 이것은 '방법의 틈새'[210]가 아닌가.

---

208 같은 책, 570쪽.

209 같은 책, 571쪽.

210 K. Utz, "Absolute Methode?", in: A. F. Koch/A. O. K. Utz (Hg.), *Der Begriff als Wahrheit. Zum Anspruch der Hegelschen Subjektiven Logik*, Paderborn/

여기서 우리는 논리적 과정이 시간성과 연관되어 있으며 시간성을 포함하고 있다는 사실을 주목해야 한다. 변증법은 현실적 지식 가운데서도 진행된다.

슐라이어마허는 변증법의 방법을 형성적 지식의 과정으로 본다. 지식이 규정적 사고여야 하는 한 변증법의 도정은 낮은 규정의 사고에서 높은 규정의 사고로 진행하는 과정이거나 저급한 지식에서 고급한 지식으로 나아가는 과정이다.[211] 규정의 관점에서 본다면 이러한 진행은 빈 규정에서 채워진 규정으로 나아가는 과정이기도 하다. 엄격하게 본다면 이렇게 충족된 규정은 결국 통일적 규정에 도달해야 한다. 그렇지 않는 한 지식은 항상 중도에 머물게 되며, 지식의 이념은 지식의 과정 바깥에 머문다.

논리학과 형이상학의 통합에 관한 한 철학적 방법은 일상적 의식을 그 최고 상태로 변화시켜야 하며 이를 통해 최고지식을 획득해야 한다. 방법은 일상적 실천에서 나타나는 전반성적 지식을 이론적 개념에 도달하게 하는 과제를 안고 있다. 다르게 표현한다면, 방법은 의식의 모든 소여(所與)를 가능한 한 개념적으로 파악해야 한다. 바로 여기서 슐라이어마허가 헤겔과 같이 중요한 것으로 간주하는 현실적 지식이 발생한다. 변증법은 규정적인 현실적 지식을 획득함으로써 형이상학과 논리학을 통합한다. 방법은 현실적 지식을 위해 사고의 과정을 필요로 한다.

München/Wien/Zürich 2003, 특히 206쪽 참조.

211 M. Frank, "Einleitung", in: Friedrich Schleiermacher, *Dialektik*, Herausgegeben und eingeleitet von Manfred Frank, Bd. 1, Frankfurt 2001, 80쪽 이하 참조.

무한자를 유한자 가운데 지니고 이를 재구성하려는 시도는 슐라이어마허 『변증법』의 핵심과제이다. 여기서 중요한 것은 사고와 무한자 간의 보편적 연관에 대한 추구이다. 이 연관은 사고와 존재 간의 연관이며 지식과 존재 간의 연관이다. 그러므로 변증법의 과제는 보편적인 지식연관을 발견하는 일이다. 이것은 논리학과 형이상학의 불가분리성 및 양자의 통일성을 지시한다. 형이상학의 측면에서는 무한자가 주제화되며, 논리학의 측면에서는 실재적 지식의 구성이 주제화된다. 지식의 정초를 위해 변증법은 형이상학적인 것을 형식적으로 구성해야 한다. 칸트 이후의 전통에 따라 무한자는 주관성 가운데 거주하는 신의 존재로 자리 잡는다. 이것은 "인간 가운데 내주(內住)하는 절대자와 최고존재에 대한 근원적 지식"[212]으로서 모든 지식의 원리로 기능한다. 따라서 "방법의 과제는 근원적 지식을 [인식]과정을 통해 작동시키고 구체적 지식을 존립하게 하는 것이다."[213]

이성의 이념은 칸트의 경우와 달리 규제적이면서 동시에 구성적이다. 이념은 한편으로 모든 인식을 규제적으로 체계적 통일성이 되게 하며, 다른 한편으로 이 통일성을 구성한다. 이러한 구성의 근거는 지식과 존재의 연관에 있다. 지식의 원리는 지식의 존재연관과 결합한다. 이것은 지식의 원리 (내주하는 신 존재인 주관성의 형이상학)가 지식의 연관 (내용의 논리학) 없이 지식을 산출할 수 없다는 것을 뜻한다.

완전한 지식이 되기 위해서는 지식이 동시에 그 총체성 가운데 놓여 있어야 한다. 지식은 그 완전성을 위해 자신의 진행과정을 되돌아보며 이 과정을 자신 가운데 포함한다. 논리적 형식은 내용의 진행과정에서

---

212 Schleiermacher, *Vorlesungen über die Dialektik*, 427쪽.

213 F. Kümmel, *Schleiermachers Dialektik. Die Frage nach dem Verhältnis von Erkenntnisgründen und Wissensgrund*, Hechingen 2008, 106쪽.

자신을 변경시켜야 한다. 그러므로 현실적 지식은 전체론적 과정을 통해서만 비로소 작동될 수 있다. 이 전체론적(holistisch) 관점에서 슐라이어마허는 헤겔과 일치한다.[214] 슐라이어마허에서는 지식근거가 이 과정에서 신성(神性)의 이념과 세계 이념으로 현상하는 반면, 헤겔에서는 이념이 홀로 자기 관계적 방법으로 또는 "집약적(intensiv) 총체성"[215]으로 작동한다.

4. 전망

헤겔은 애당초 논리학과 형이상학의 통합을 통해 형이상학을 학문으로 고양시키려고 한다. 학문으로서의 형이상학은 직접적으로 소여된 모든 것을 논리적으로 매개하는 변증법이다. 매개를 통해 달성된 절대이념은 "(다만) 신적 개념의 학문"[216]으로 불린다. 이 이념은 연역적 방식으로 재구성되므로, 우리는 헤겔의 『논리의 학』을 절대자의 연역적 형이상학으로 규정할 수 있다. 여기서 연역적이라는 말은 모든 규정이 오로지 논리적 매개를 통해서만 산출되는 사고의 결과여야 한다는 의미이다.

이에 반해 슐라이어마허에서 절대자는 개념을 통해 온전히 해명될 수 없다. "우리는 우리 자신의 존재와 개념의 동일성 가운데서 우리가

---

214 U. Barth, "Der Letztbegründungsgang der 'Dialektik'. Schleiermachers Fassung des transzendentalen Gedankens", in: U. Barth, *Aufgeklärter Protestantismus*, Tübingen 2004, 359쪽 참조.

215 같은 책, 572쪽.

216 같은 책, 572쪽.

신성의 형상(Bild)인 한에서만" 신의 개념을 가질 수 있다. 신성의 형상은 신성의 개념과 다르다. "신성은 신성에 대한 인식이 모든 인식의 토대라는 사실과 마찬가지로 확실히 파악할 수 없는 것이다."[217] 우리는 신성을 인식하는 근거에서 임의의 것을 인식할 수 있기 때문에 신성을 이미 알고 있다. 신성은 인식의 근거임에도, 우리는 신성을 개념적으로 파악할 수 없다. 이것은 인간의 조건 속에 나타난 신성의 패러독스이다. 슐라이어마허에 의하면 "신에 대한 지식은 세계직관과 함께 비로소 완성된다."[218] 결국 절대지는 전체의 세계진행을 인식함으로써 비로소 도달할 수 있다. 절대지는 다만 접근과정 속에 놓여 있을 뿐이다. 그러므로 슐라이어마허에서 형이상학은 "인간정신의 초월관계에 대한 귀납이론"[219]으로 규정될 수 있다.

헤겔은 궁극적으로 '개념적 지식'과 '사상(事象)의 운동'을 강조하는 반면 슐라이어마허는 '현실적 지식'으로 만족한다. 그 이상의 사고 운동은 수행할 수 없는 일로 간주한다. 헤겔은 형이상학과 논리학을 통합함으로써 모든 존재를 범주로 파악하는 경지를 추구한다. 사물의 본질성을 개념적으로 파악하는 '사유의 학', 사고의 전개와 매개를 거쳐 도달한 학, 즉 개념과 현실의 통일로서의 절대이념의 학이 바로 헤겔의 형이상학이다. 반면 슐라이어마허의 『변증법』은 존재와 사고의 통합을 사고 '안'에서만 달성하려고 하는 것에 동의하지 않는다. 사고의 범주를 통해 존재를 파악하는 것과 존재를 전면적으로 파악하는[220] 것은 같을 수 없다는 것이다. 슐라이어마허의 형이상학은 존재에 대한 지식이

217 Schleiermacher/Jonas, *Dialektik*, 322쪽.

218 같은 곳.

219 U. Barth, 같은 책, 361쪽.

220 ergründen/comprehend

며 그것도 현실적 존재에 대한 지식이다. 절대적 존재에 대한 지식은 불가능하지만 그렇다고 해서 절대자와의 연관이 부정되는 것은 아니다. 인간이 절대자와 관련을 맺고 있지만 이를 사고범주를 통해 매개적으로 파악할 수는 없기 때문에 절대자와 직접적으로 접촉하는 것[221]으로 만족해야 한다.

헤겔과 슐라이어마허에게 이러한 형이상학의 문제는 곧 '동일성'의 문제와 같다. 존재에 대한 사고의 관계는 동일성에 근거한다. 스피노자가 말하는 '존재와 사고의 평행'은 당시 철학자들이 설명하고 해결하려고 했던 실재론과 관념론의 관계를 관통하는 문제이다. 이른바 '절대동일성'은 실재론과 관념론의 동일성을 규정하는 개념이다. 문제는 이 절대동일성을 어떻게 설명하고 이것에 근거를 부여하는가 하는 것이다. 헤겔의 형이상학은 이 절대동일성을 사고범주를 통해 규정하는 반면, 슐라이어마허의 형이상학은 개념적 사고로는 결코 절대동일성에 도달할 수 없음을 선언한다. 그에게 절대동일성은 사고 너머의 것이다. 이런 맥락에서 헤겔은 슐라이어마허에게 물음을 던질 수 있다. '개념에 이르지 못하는 철학은 미완의 것이 아닌가?' 반면 슐라이어마허는 헤겔에게 반문할 수 있을 것이다. '존재와 사고의 관계에서 왜 사고의 운동에만 머무는가?' '이것은 실재와 무관한 관념의 철학이 아닌가?' 두 철학자의 물음은 사실 쉽게 해결될 수 없는 난문과 같은 것이다. 헤겔의 『논리의 학』은 과연 현실적인가? 슐라이어마허의 『변증법』은 실재 전체를 드러낼 수 있는가? 개념화 작업의 진수를 보여 준 헤겔은 이미 존재의 지반을 떠난 것이 아닌가? 실재를 중시한 슐라이어마허는 개념의 불철저성에 머문 것이 아닌가? 아른트의 진단처럼 헤겔과 슐라

---

221 unmittelbare Berührung

이어마허는 칸트가 펼쳐 놓은 서로 다른 마당, 즉 각각 사고와 존재의 마당에서 경주한 것인가?[222]

헤겔이 성취한 형이상학과 논리학의 통합은 가히 '주관성 형이상학의 최고봉'으로 불린다. 헤겔 형이상학의 업적은 개념이 현실을 드러내고 사고가 존재를 완전하게 파악하는 데 있다. 그렇지만 정말 중요한 것은 심지어 "개념-물신"(Begriffs-Fetischismus)으로 불리기까지 하는 철학체계를 통찰함으로써 "이념적 전체를 다시금 현실의 실제 운동으로 바꾸는 일"이다.[223] 그렇지 않으면 개념 운동의 끝은 "흘러가는 진리의 강"이 아니라 아무런 운동도 일어나지 않는 "죽은 바다"일 수 있다.[224] 완결된 체계를 이념의 형이상학으로 제시한 것은 철학사에 빛나는 헤겔의 업적이다. 하지만 이것은 동시에 '논리의 우상숭배'에 빠질 위험을 안고 있다. 헤겔은 "이념을 관통하여 세계정신에 몰입하는 대신 이 이념 자체에 몰입했기 때문에"[225] 이념과 세계정신을 혼동한다. 헤겔은 원래 관념론과 실재론을 넘어서는 존재 자체의 의미를 추구했지만 결과적으로 이를 관념의 늪에 빠뜨렸는지 모른다.

관념으로 수렴된 존재 가운데는 예컨대 '우연성의 실재'와 같은 현

---

222 A. Arndt, "Schleiermacher. Dialectic and Transcendental Philosophy, Relationship to Hegel", in: *Schleiermacher, the Study of Religion, and the Future of Theology*, Berlin/New York 2010, 352쪽 참조.

223 Th. Grüning/K. Vieweg, "Buchbesprechung: Hegels Transformation der Metaphysik, hrsg. v. D. Pätzold u. A. Vanderjagt", in: *Hegel-Studien* 29. (1994), 187쪽.

224 이 표현은 야코비에게 보낸 프리스의 편지에 나온다. *Hegel in Berichten seiner Zeitgenossen*, hg. v. Günther Nicolin, Hamburg 1970, 87쪽 이하. H. Schmitz, 같은 책, 349쪽에서 재인용.

225 G. Dellbrügger, *Das Erkennen schlägt die Wunde — und heilt sie*, Stuttgart 2000. 현욱 옮김, 『인식의 상처와 치유』, 서광사 2012, 107쪽.

실은 머물 자리가 없다. "헤겔이 과연 좀 더 강력한 객관적인 의미에서의 우연성의 실재성을 설명할 수 있는가?"[226] 그렇지 않다면 이념이 사고 내적인 전개에 머물게 됨으로써 형이상학은 결국 "닫힌 마음의 심리학"[227]으로 평가될 위기에 처할지 모른다.

그러므로 헤겔과 슐라이어마허에 대한 재조명은 새로운 차원의 형이상학 내지 미래 형이상학의 가능성을 전망하는 문제와 연결되어야 한다. 존재와 사고의 매개적, 절대적 동일성(헤겔)과 존재와 사고의 직접적, 절대적 동일성(슐라이어마허)을 능가할 수 있는 제3의 길은 무엇인가? 이것은 절대존재에 대한 개념과 감정의 선언적-이접(離接)적(disjunktiv) 동일성일 수 있다.[228] '실재론'은 이를 밝힐 수 있는 토대 중 하나이다. 위에서 설명한 연역적 형이상학과 귀납적 형이상학의 교차점은 바로 실재론이다.

헤겔에게 실재론의 문제는 그에게 채색된 관념론의 빛깔과 상반되는 것처럼 보이지만 사실 관념론보다 더 본질적인 것이다. 존재와 사고의 관계를 문제 삼는 한 표상에 주어진 존재가 실재론적인 것은 물론이며, 사고에서의 존재를 넘어서서 존재 자체의 진리를 문제 삼을 때 존재는 자기 자신과 일치하는 것이라는 점에서 실재론적이다.[229] 이 때 '실재론적'이라는 말은 '관념론적'이라는 말과 대립적인 의미로 쓰인 것이 아니라 존재나 사실 자체(res)라는 의미로 사용된다.[230]

---

226 F. Beiser, *Hegel*, Routledge 2005. 이신철 옮김, 『헤겔. 그의 철학적 주제들』, 도서출판 b 2012, 110쪽.

227 Kümmel, 같은 책, 167쪽.

228 이 문제는 독자적인 연구를 필요로 하며, 이 논문의 범위를 넘어선다.

229 남기호, 「헤겔의 인식론 – 헤겔은 과연 관념론자인가」, 『헤겔연구』 24, (2008. 12) 참조.

230 H. Schmitz, *Hegels Logik*, Bonn 1992, 352쪽 참조.

슐라이어마허에게 존재는 감정과 직관에 접촉될 수 있지만 그것이 사고 저편에 있는 한 애당초 실재론적인 것이다. 논리학과 형이상학의 통합이라는 관점에서도 절대동일성은 지식의 근거이지만 그 자체가 지식의 지평에 떠오를 수 없다. 절대동일성은 모든 것을 초월하는 실재론적 근거이다. 이것은 의식이 설명할 수 없을 것일 뿐만 아니라 의식이 요청해야 하는 지식의 전제이다. 존재 전체를 지식의 차원에서 설명하려고 하면서 지식의 전제를 인정할 수밖에 없는 이론은 이미 실재론을 포함하고 있다.

실재론에서 타자의 문제는 중요하다. 모든 것을 자기와 동일시하면서 자기 안에만 머무는 이념은 결국 자기 밖의 모든 것을 배제하는 모순에 빠질 수 있다. 그래서 이념은 자기로부터 자연을 방출해야 한다.[231] 이것은 자연을 자신의 타자로 인정하는 과정이다. 오로지 이럴 때만 헤겔의 형이상학은 스스로 관념과 실재를 아우를 수 있으며 타자를 배제하는 관념론을 모면할 수 있다. 타자를 배제하는 연역적 형이상학의 한계는 귀납적 형이상학의 도움으로 타자를 타자로 인정할 때 극복될 수 있다. "경험의 매개가 없이는 실재체계적 영역이나 논리적 영역의 총체성에 대한 연역을 설명할 수 없다."[232] 전통 형이상학을 비판한 포스트모더니즘 '이후'의 형이상학은 타자와 차이에 대한 인정을 도외시해서는 안 된다.

아무런 전제도 허용하지 않는 헤겔의 형이상학은 "관념론의 한복판에서 포스트 관념론의 사유를 시작한"[233] 슐라이어마허의 형이상학과 함께 '전제'와 '타자'를 적극적으로 사유할 필요가 있다. 나는 이러한

231 Hegel, *Logik II*, 573쪽 참조.

232 L. B. Puntel, *Darstellung, Methode und Struktur*, Bonn ^{2}1981, 255쪽.

233 본서 156쪽 각주 182번 참조.

사유방향의 전형을 야코비의 실재론적 사유에서 찾을 수 있다고 생각한다. 헤겔과 슐라이어마허가 야코비에게 함께 빚지고 있다는 사실도 이런 맥락에서 중요하다. 야코비의 전제는 실재 자체이다. 그에 따르면 "우리는 어떤 방식으로도 처음부터(a priori) 존재하지 않는다. 우리는 처음부터 알거나 행할 수 없으며 아무것도 경험할 수 없다. 우리는 우리 자신을 이 땅에 정립되어 있는 존재로 알 뿐이다."[234] 야코비는 헤겔과 자신의 차이를 "도약"(salto mortale)의 철학활동에서 찾는다.[235] 스피노자주의로부터 아무런 도약 없이 사유를 통해 자유의 체계에 도달한 것이 헤겔이라면, 자신은 헤겔도 전제한 실체적 지식에서 도약한 것이라고 토로한다.[236] 도약은 도약대를 필요로 한다. 이것은 철학의 불가피한 전제이다.

---

234 H. F. Jacobi. *Über die Lehre des Spinoza*, Hamburg 2000, 130쪽.

235 Jacobi, 같은 책, 26쪽.

236 Brief an Neeb (1817. 5. 30). H. J. Gawoll, "Der logische Ort des Wahren. Jacobi und Hegels Wissenschaft vom Sein", in: A. Arndt/Ch. Iber (Hg.), *Hegels Seinslogik. Interpretationen und Perspektiven*, Berlin 2000, 107쪽 이하 참조.

2부

종교와 형이상학의 미래

7

세속화의 변증법

1. 세속화 문제의 위상과 논의의 상황

'세속화' (Säkularisierung)는 역사철학과 종교철학의 문제이다. 세속화에 근간이 되어 있는 신앙과 지식의 관계 내지 종교와 철학의 관계는 철학사의 가장 오래된 중심문제에 속한다. 서양 중세에서 처음으로 제기된 종교와 절대자의 문제가 근대의 주체철학이나 의식철학을 통해서 뿐만 아니라 현대의 계몽된 인간에게도 여전히 실제적인 것은 그 자체가 결코 회피할 수 없는 본질적인 문제이기 때문이다. 근대 이후의 철학에서 절대자에 대한 물음은 절대자에 대한 의식적 관계를 통하지 않고는 답할 수 없다. 이 물음은 주체에게 부과된 절대적 존재에 대한 물음인 한 절대자와 관계하는 인간 주체의 자발성 문제와 불가피하게 연결되어 있다. 이런 맥락에서 세속화는 신적 차원과 인간적 차원의 접촉과 통합을 그 어떤 주제보다 선명하게 드러낸다. 세속화는 공간적인 우주의 문제라기보다 시간과 시대(saeculum)의 문제이다.[1] 세속화와 관련된 절대자는 시대의 변화를 관통하는 역사적 섭리를 통해 이해된다.

이런 맥락에서 세속화 문제는 종교철학과 역사철학의 접점에 서 있다.

'절대자의 문제'와 이를 규정하는 '방법의 문제'는 서로 뗄 수 없는 관계 속에 있다 '우리에게서'(für uns)라는 관점을 통해 인간의 내적 절대성을 방법론적으로 해명하지 않고는 '그 자체'(an sich)의 존재와 최고 존재에 대한 재구성이나 배제가 원천적으로 불가능하다. 존재는 그것의 의미와 불가분리적이다. 따라서 근대철학에서 방법의 문제가 탁월하게 마련됨으로써 종교와 절대자의 의미가 근대적 삶의 조건에 걸맞은 방식으로 구성되었다는 것은 철학사의 유의미한 진보이자 인간 사유의 진보임이 틀림없다. 존재의 근거와 의미가 확고하게 드러나는 시대와 그렇지 않은 시대를 구별하는 것은 발전과 진보를 가늠하는 잣대이다.

그러나 이른바 '주체의 해체'를 요구하기까지 하는 포스트모던 시대의 철학은 절대자의 문제를 더 이상 중요하게 받아들이지 않는다. 니체가 '신의 죽음'에 대해 언급한 이래 철학은 개인의 삶과 공동체의 정당성을 더 이상 초월적인 지평에서 구할 수 없게 되었다. 확고하게 주어져 있는 원칙이나 이것에 근거하는 삶의 기준과 정당성이 더 이상 존재하지 않는다고 생각하는 시대가 되었기 때문이다. 원칙과 정당성을 지지해 주던 '모던'의 시대가 지나가고 그야말로 '모던 이후'의 시대가 된 것이다. 신의 죽음은 곧 존재 의미의 상실이다. 따라서 포스트모던 시대의 인간 삶은 모든 것에 대해 '해석'을 요구하는 삶이며 해석 이전의 의미가 그 자체로 정당화될 수 없는 삶이다. 이런 점에서 보면 종래의 '신앙'이나 '절대자'는 의미를 상실한지 오래되었다. 의미가 있다

---

1 saeculum은 mundus와 구별된다. 전자는 창조에서 종말을 향해 가는 역사와 시대를 지시하며, 후자는 공간적 세계와 우주를 뜻한다.

고 하더라도 그것은 적어도 해석을 통해 밝혀져야 할 의미 내지 우리의 삶에 '새로움'을 가져다주어야 하는 당위를 지닌 의미일 뿐이다.

나는 '신의 죽음'으로 규정되는 오늘날의 시대 조건 내지 포스트모던의 조건을 고려한다. 그러나 전통적인 신과 종교의 의미가 그동안 수많은 변천을 겪었고 그것이 아예 극복된 것처럼 보이는 시대 조건 속에서도 종교와 신앙의 의미를 새롭게 물을 수밖에 없는 절박한 현실로부터 출발한다. 포스트모던 시대 속의 인류가 맞고 있는 '문명 충돌의 위기'는 우리에게 시대 규정에 대해서 뿐만 아니라 종교와 신앙의 역사철학적 위상에 대해 심각한 질문을 던진다. 그것은 종교문명 간의 충돌을 우연적인 것으로 평가하고 전망한다 하더라도 마찬가지이다. 종교문명 간의 충돌을 전통적인 '신앙과 지식의 관계' 범주에서 분석하고 위기 극복의 가능성을 모색하는 것은 결코 한가한 사유의 유희가 아니다. 9.11 테러와 이라크 전쟁 이후 인류는 한편으로 중세적 신앙의 유형이 지금도 존재하고 있음을 확인하며, 다른 한편으로 공동체의 최종 정당성을 상실한 시대 조건 속에서 합리성으로 가장한 폭력의 위협에 언제든지 노출될 수 있다는 사실을 조심스럽게 전망할 수 있다. 여기서 떠오르는 문제가 바로 '세속화'이다. 하버마스의 지적대로 인류는 아직 '세속화의 변증법'을 마무리하지 못한 이유로 이러한 위기를 맞고 있는지 모른다. "문명의 전쟁을 방지하려는 사람은 서양에서 고유하게 전개된 세속화 과정의 변증법을 상기해야 한다."[2] 9.11 테러 이후 인류가 직면한 상황은 미완으로 끝난 '세속화의 변증법'을 다시금 심사숙고하게 만들었다는 것이다. 이런 점에서 세속화는 무엇보다 문명비판

---

2 J. Habermas, *Glauben und Wissen. Friedenspreis des Deutschen Buchhandels 2001*, Frankfurt/M. 2001, 11쪽.

적인 개념이며 역사철학적 개념이다.

위기의 현실은 문제의 현실이며 문제가 해소되는 새로운 현실을 요구한다. 여기 7장에서는 세속화의 변증법을 현실적인 조건 속에서 분석하고 그 철학적 의미를 규명함으로써 새로운 역사의 전개 가능성을 모색하려고 한다. 오늘날과 같이 이미 세속화된 사회 속에서 무엇을 더 세속화할 필요가 있는가. 문제가 있다면 문제 해결을 위해 새로운 의미의 세속화가 요구되며, 세속화 과정의 진정한 완결이 필요하다. 역사적인 부정의(不正義)가 존재할 때 세속화는 언제든지 작동되어야 한다.[3] 역사적 문제의 완전한 해소는 세속화 과정이 더 이상 요구되지 않는 현실에서만 기대할 수 있다.

하버마스가 동일한 제목에서 세속화 문제를 다루었듯이, 세속화 문제에 대한 체계적 연구의 단초는 그 누구보다 헤겔에게서 발견된다. 헤겔은 '신앙과 지식'[4]에서 종교와 신앙에 대한 전통적인 물음을 획기적으로 정리하며 이를 근대적인 모습으로 변형시킨다. 이른바 반성철학에 의해 피안으로 밀려난 절대자는 '사변'의 힘을 통해 다시금 개념의 테두리 속에서 다루어질 수 있게 된다. "사변적 성금요일"[5]을 분기점으로 하여 철학은 정신의 운동을 통해 절대자와 무한의 세계를 인간 사유의 틀 가운데 위치시킨다. 후기 헤겔의 체계 사유는 이러한 입장에서 출발한다. 이를테면 반성철학이 밀쳐 놓은 절대자의 문제를 개념의 테두리 속에 들어오게 하는 논리는 절대자를 개인적으로나 집단적으로

---

3 H., Blumenberg, *Säkularisierung und Selbstbehauptung*, Frankfurt/M. 1974 참조. 블루멘베르크는 세속화를 "역사적 부정의의 범주에 대한 비판"으로 규정한다.

4 G.W.F. Hegel, *Glauben und Wissen*, GW. Bd. IV, Hamburg 1968.

5 같은 책, 414쪽.

수용하고 그에게 맹목적으로 복종하는 차원을 넘어서서 절대자를 누구나 인정하고 받아들일 수 있는 *보편적인 조건* 속에서 파악하는 것을 의미한다. 세속화는 바로 이러한 사유의 조건 속에서 주제화된다.

여기서 헤겔 철학이 파악하는 '신앙과 지식'의 관계가 새로운 현실적 의미를 가질 수 있다. 세속화는 자연과학적 세계와 유한자의 영역에 국한될 수 없으며 무한자와 영원자의 영역으로 확대되어야 한다. 무한자의 세속화는 먼저 종교의 진정한 의미를 정신 속에 담지하는 프로테스탄트적 의식을 통해 구체화되며, 그 다음에는 종교적, 절대적 의식이 현실 속에 편재하는 대립과 분열을 통합으로 이끌어 주는 새로운 의미를 창출함으로써 성취된다. 이러한 통합의 이상은 제한된 특정 사회에만 적용되는 것이 아니라 오늘날과 같이 문명 충돌의 가능성을 염려하고 있는 전 지구적인 차원에도 적용된다.

'세속화'에 대한 연구는 독일을 중심으로 60년대 이후 많이 이루어졌지만 국내에서는 아직 본격적인 논의가 이루어진 바 없다. 독일에서의 연구는 문제성의 특유성 때문에 무엇보다 신학을 중심으로 진행되었으며 이와 관련하여 종교철학과 역사철학의 논의점을 형성하기도 했다. 불트만(Bultmann)의 '탈신화화', 고가르텐(Gogarten)의 '위기의 신학', 본회퍼(Bonhoeffer)의 '탈종교화', 블루멘베르크(Blumenberg)의 『세속화와 자기주장』[6], 륍베(Lübbe)의 「역사철학적 범주로서의 세속화」[7] 및 『계몽주의 이후의 종교』[8]는 세속화 문제에 대한 대표적인 논

---

6 H., Blumenberg, *Säkularisierung und Selbstbehauptung*, Frankfurt/M. 1974.

7 H., Lübbe, "Säkularisierung als geschichtsphilosophische Kategorie", in: *Die Philosophie und die Frage nach dem Fortschritt*, hg. von H., Kuhn und F., Wiedmann, München 1964.

8 H., Lübbe, *Religion nach der Aufklärung*. Graz/Wien/Köln 1986.

의들이다.

블루멘베르크와 뤱베는 각각 세속화를 비판하고 긍정한다. 블루멘베르크는 종교적 신학적 내용이 세속화될 경우 그것은 인간의 자기주장(Selbstbehauptung) 아래로 떨어질 수밖에 없으며 이렇게 되면 종교의 절대적인 내용은 그 의미를 상실하게 된다고 주장한다. 세속화는 근대 이후 급속하게 진행된 자연과학과 기술의 영향, 그리고 이를 통한 인간의 자기주장과 같은 차원에서 받아들여진다. 여기서 세속화는 종교적 내용을 모두 인간 사유의 차원으로 끌어내리는 일이 되며 이로써 종교와 신에게 종속된 인간으로부터 자기를 주장하는 자유로운 인간을 확립하는 일로 연결된다. 여기서 세속화된 세계의 자기주장과, 세계의 주재자로 자임하는 종교의 자기주장 사이에 투쟁이 발생한다. 문제는 과학으로 무장한 세속화된 세계 속에도 여전히 '비인간화'의 문제가 남아 있으며 이는 어떤 방식으로든 과학 너머의 차원에서 제공될 수밖에 없는 초월적 기준으로 해결책을 찾아야 한다는 것이다.

뤱베는 세속화를 종교사회학의 범주로 이해한다. 그에 의하면 세속화는 사회의 분화 과정을 거치면서 이전까지 사회 통제의 수단으로 이해되어 온 제도화된 종교의 의미가 축소되는 것을 지시한다. 여기서 종교의 폐쇄성은 해체되며 그 맹목적인 명령 체계가 개방성으로 바뀐다. 그럼에도 종교의 의미는 완전히 사라지지 않는다. 왜냐하면 현대 사회는 스스로 창출하고 정초할 수 없는 기능에 바탕을 두고 있으며 이러한 기능은 세속화된 종교, 즉 '문화종교'에서 도출된 것이기 때문이다. 여기서 문화종교는 사회가 스스로 창출할 수는 없지만 사회 통합과 정당화를 위해 받아들이는 종교적 전제이다. 종교의 내용이 사회 구성과 통합에 필수적인 전제의 역할을 수행하는 것이다. 계몽된 현대 사회는 불가피하게도 그 자체가 보증할 수 없는 전제를 갖는다.

이런 차원에서 세속화는 근대 경험과학의 세계를 지시하는 것을 넘어서서 초월적인 세계와의 적극적인 관계를 지시하는 것으로 확대되어야 한다. 초월적 세계와의 적극적 관계는 종교가 갖는 초월적 의미가 사회적, 문화적 현실 가운데 그때마다 늘 새롭게 구현되는 데 있다. 이러한 구현은 종교가 도그마의 틀을 넘어서서 그 자체가 사회적 통합이나 정당성을 가능하게 해 주는 의미로 해석됨으로써 가능하다. 이러한 세속화는 '체계이론'(Luhmann)과 연관 되며 문화이론으로서의 윤리학(Schleiermacher)과 적극적으로 관계한다.[9]

2. 세속화와 세속주의

사전적인 의미의 세속화는 교회의 통치와 지배로부터 관할구역이나 기관이나 구체적인 사실이 방면되는 것을 지시한다. 원래의 세속화 개념은 법률적인 의미를 지니는 것으로서 세속 국가권력이 교회의 재산을 강제로 넘겨받는 것을 뜻한다. 세속화에 이런 의미를 부여한 사건은 1618년에 시작되어 30년간 지속되었던 종교전쟁을 종식시키기 위해 체결된 베스트팔렌 평화(Pax Westphalica) 조약이다. 교회의 의지에 반해서 교회의 자산들을 국가 공권력이 몰수하는 일을 설명하면서 '세속화' 라는 용어를 사용한 것이다.[10] 여기서 세속화는 *변화된 세계*를 지

---

9 G. Scholtz, "Kritik und Affirmation des Säkularisierungsbegriffs", in: ders, *Zs chen Wissenschaftsanspruch und Orientierungsbedürfnis*, Frankfurt/M. 1991, 305쪽 이하 참조.

10 심상태, 「'세속화' 현상이란?」, 『사목』, 제214집, 한국천주교중앙협의회, 1996, 9쪽 참조.

시하는 전문용어가 된다.

세속화를 통한 변화 가운데서 가장 중요한 의미를 지니는 것은 무엇보다 삶과 현실의 근본적인 변화이다. 사람들은 세속화를 통해 종교의 타율적 지배에서 벗어나 개인 삶의 자립성과 자유를 획득하며 더 나아가 전적으로 새로운 삶의 지평을 발견하고 소유하게 된다. "세계가 세속화됨으로써 모든 생의 영역은 역사화되고 그로써 전 역사는 신의 섭리 안에 흡수된다...세속화라는 것은 '인간존재의 역사화' 다."[11] 세속화를 통한 변화는 새로운 역사의 등장을 가능하게 할 뿐 아니라 삶의 구체적인 마당 가운데서 새로운 역사의 출현을 체험하는 사람들로 하여금 변화 자체에 대한 의식을 갖게 한다. 이러한 역사의식은 변화에 대한 의식이자 새로움에 대한 의식이고 그 무엇보다 *자유와 진보에 대한 의식*이다. 서양의 역사에서 자유가 없던 시대로부터 자유의 시대로 이행한 것을 가장 잘 보여 주는 모범사례는 종교개혁과 프랑스혁명일 것이다. 굳이 헤겔의 분석에 의존하지 않더라도 우리는 이 두 사건이 인간을 종교적으로, 그리고 정치-사회적으로 해방시킨 자유의 사건으로 규정하는 데 주저하지 않는다. 표면적인 역사 변화의 이면에 우리가 마주하고 있는 '세속화' 개념이 작동하고 있음이 틀림없다. 신 앞에서 모든 신앙인이 자유로울 뿐 아니라 신에게 다가갈 수 있는 동등한 권리를 소유하고 있다는 사실이 이 두 사건 속에 구체적으로 반영되어 있기 때문이다. *세속화는 부당한 정신적 지배의 청산을 뜻한다.*

세속화 문제에 관한 연구보고는 이 개념을 대체로 다음과 같은 형태로 개관하고 있다. 그것은 ① 종교의 지배와 우선권이 사라지는 '종교

---

11 서남동, 「세속화의 과정과 그리스도교」, 『전환시대의 신학』, 한국신학연구소, 1982, 230쪽 이하.

의 몰락', ② 종교가 사회화되고 신학이 정치화되는 종교와 세계의 일치, ③ 인간이 자율적으로 세계를 지배하게 된 세계의 탈신성화(Entsakralisierung), ④ 개인과 사회가 종교로부터 분리되고 자유롭게 되는 종교로부터 인간의 자립화, ⑤ 종교와 신앙의 내용 및 종교적 행동방식이 세속적인 영역으로 전이되는 것 등이다.[12] 이런 맥락에서 세속화는 ⓐ 정치-법률적 성격을 띤 개념이며, ⓑ 교회 자산의 몰수에서 보듯이 문화적, 사회-정치적 해방을 지시하는 개념이고, ⓒ 시대징후적인 신학적 범주이다.[13]

요컨대 세속화는 "세계의 탈주술"(M. Weber)로 규정되는 근대적 사유방식의 전형이다. 세계와 신이 인간의 사유와 대립하면서 인간에게 복종을 강요하는 부자유의 상태로부터 세계와 신이 인간의 사유 안으로 들어오는 자유는 근대적 사유에서 비롯되기 때문이다. 이러한 사실은 인간이 사고와 인격을 점유한 주체로 이해되는 데서 잘 나타난다. 점유(Besitz)는 점유된 것을 마음대로 처분할 수 있는 강제력과 연관되어 있다. 인간이 그 무엇을 점유한다는 것은 그것을 마음대로 처분할 수 있다는 것과 맞물려 있다. 인간은 그에게 외적으로 주어지고 부과된 것을 점유함으로써 이를 자신의 방식대로 처분할 수 있다. 그러나 이때 주어진 것은 아무런 변화 없이 인간의 소유로 되는 것이 아니라 점유 방식에 따라 변화한다. 점유는 인간 외적인 것이 아무런 변화 없이 인간적인 것으로 옮겨지는 동일한 점유라기보다 그것이 점유 주체에 의해 새롭게 변화되는 점유(Umbesetzung)이다. 이것은 세속화의 일차적 의미로 받아들여지는 '몰수' (Enteignung) 개념의 연장선상에 있

12 L. Shiner, "The Meanings of Secularization", in: *Intern. Jb. f. Rel.soziologie*, Bd. III (1967) 60쪽 이하 참조. (Baruzzi, 같은 책, 308쪽에서 재인용)

13 심상태, 같은 책, 10쪽 참조.

다. 세속화는 신앙적 내용의 인간적 자기화와 더불어 신앙을 통한 인간적 세계의 자기변화를 지시한다. 이를테면 신앙의 내용이 세속화될 때 신적인 내용은 모두 몰수되며 남는 것은 인간적인 것 밖에 없게 되는 의미에서 말하는 신앙의 세속화가 아니다. 오히려 신앙의 내용에 의해 신앙과 무관한 인간적인 것이 변화를 겪게 되며 이로써 인간과 무관하게 강요되는 신앙의 내용이 구체성을 얻게 되는 세속화이다. 이러한 의미의 세속화는 '몰수'와 더불어 '점유'의 의미를 갖는다.[14] 블루멘베르크에 의하면 이것은 "종말론의 세속화"가 아니라 "종말론을 통한 세속화"이다.[15]

여기서 '세속화'(Säkularisierung)와 '세속주의'(Säkularismus)의 구별이 중요한 문제로 떠오른다.[16] 세속화는 신적인 것과 세상적인 것, 신앙적인 것과 현세적인 것의 연관을 밝히려는 문제라면, 세속주의는 신적인 것과 신앙적인 것을 전투적인 방식으로 인간적인 것으로 만들려는 이데올로기적인 특성을 지닌다. 세속화는 인간과 신 내지 지식과 신앙의 관계를 통해 유한한 세계의 변화를 의도하는 긍정적인 측면을 지니며 최소한 신과 신앙의 영역을 훼손하지 않으려는 가치중립적 입장을 견지한다. 이에 반해 세속주의는 신과 신앙의 영역을 아예 인정하지 않고 이 둘이 갖는 힘을 몰수함으로써 모든 것을 세상적인 것으로 끌어내리려는 부정적이고 전투적인 입장을 지닌다. 세속화에서는 신과 인간 사이에 현재적 긴장이 존재하는 반면, 세속주의에서는 모든 것이

---

14 A. Baruzzi, "Säkularisierung — Ein Problem von Enteignung und Besitz", in: *Philosophisches Jahrbuch*, 85 (1978) 참조.

15 H. Blumenberg, *Säkularisierung und Selbstbehauptung*, Frankfurt/M. ²1983, 46쪽 이하 참조.

16 Baruzzi, 306쪽 이하; 강문규, 「세속주의와 세속화」, 『기독교사상』, 1965년 2월호 참조.

인간의 것이 되었기 때문에 신과 신앙의 문제는 현재의 인간에게 과거적인 것에 지나지 않는다. 따라서 신앙의 입장에서 세속화에 대해 비판적으로 바라보는 시각은 진정한 의미의 세속화와 세속주의를 구별하지 않는 데서 나온다.

세속화는 신앙과 지식의 관계를 새로운 지평에 놓는다. 세속주의는 신앙으로부터 벗어나서 세상 속으로 들어가는 관점을 강조하는 반면, 세속화는 세상과 더불어 다시금 신앙으로 들어가는 것을 지시한다. 신앙으로부터 벗어나서 세상 속으로만 나아가는 세속주의는 인간이 신앙의 모든 내용을 몰수하여 신적인 것을 인간적인 것으로 만들고 성스러운 것을 세속적인 것으로 바꾼 상황을 가리키기 때문에, 신앙의 위력이 더 이상 힘을 발휘하지 못한다. 세속주의에는 신앙과 지식 내지 신적인 것과 인간적인 것 사이에 아무런 관계가 없으며 이 둘의 비동일성이 자리 잡고 있을 뿐이다. 신적인 것은 인간적인 것에 의해 몰수당하고 지배당하기 때문에 이 둘 사이에는 긴장관계가 전혀 존재하지 않으며, 따라서 신적인 것은 생명력을 상실하고 죽음의 상태에 머물게 된다. 세속주의는 인간적인 것이 신적인 것을 자기화함으로써 그것의 생동성이 비생동적으로 된 상황을 지시한다. 세속주의의 극단은 무신론보다 더 한 허무주의에 빠진다. 무신론은 *유신론에 맞서면서* 신과 관계하는 반면에 세속주의는 아예 *신 없는* 사상이기 때문이다.[17]

세속주의에 반하여 진정한 의미의 세속화는 신적인 것과 인간적인 것의 밀접한 관계를 만들어 낸다. 여기서는 신과 세계의 *분리*가 아니라 이 둘의 분리와 동시에 *관계*가 중요하다. 신과 세계의 분리는 세속화 과정의 한 계기를 형성한다면 이 둘의 새로운 관계는 세속화 과정의 또

17 A. Baruzzi, 같은 책, 309쪽 참조.

다른 계기를 만들어 낸다. 이 둘의 분리와 새로운 관계가 나타나는 과정은 구체적인 정신적 운동의 과정이며, 이를 통해 신과 세계의 의미 변화가 일어난다. 세속주의와 구별되는 진정한 의미의 세속화는 신적인 것을 몰수하여 인간적인 것 아래로 편입시키는 것을 넘어서서 신적인 것을 통해서 인간적인 것의 전적인 변화를 추구한다. 세속화를 통해서 신적인 것을 인간적인 것과 관계 짓는 것은 신적인 것의 위력과 권리를 박탈하고 이를 통해서 인간적인 것을 확장하려는 것이 아니라 오히려 저급하고 단순한 상태에 머물러 있는 인간적인 것의 상승을 의도한다. 진정한 의미의 세속화는 세계와 인간적인 것을 보다 높은 질적 상태로 도약시키지만, 이러한 도약은 결코 신적인 것과 신앙의 기준을 벗어나지 않는다. 오히려 세속화 과정을 통해 신적인 것과 신앙 내용의 새로운 지평이 개방되고 전개된다. 이런 맥락에서 세속화는 신적인 것의 *몰수와 점유의 변증법*과 다르지 않다. 새로운 역사의 전개는 이와 같은 신과 인간의 관계에서 마련된다.

3. 세속화의 변증법과 역사의 진보

이러한 차원에서 볼 때 세속화는 역사적 진보와 자유를 설명하는 관련 틀이다. 역사적 진보와 자유의 획득은 인간의 의식화 과정 없이 이루어질 수 없다. 역사의 변화와 관련된 인간의 의식화 과정을 잘 보여 주는 사례는 헤겔의 양심의 변증법[18]에서 잘 드러난다. 헤겔에게는 두 개의

---

18 G.W.F. Hegel, *Phänomenologie des Geistes*, Frankfurt/M 1970, 464쪽 이하; Auinger, Th.: *Das absolute Wissen als Ort der Ver-Einigung. Zur Absoluten Wissenschaftsdimension des Gewissens und der Religion in Hegels Phänomenologie des*

양심이 있을 수 없다. 종교적 양심과 인륜적 양심은 하나의 양심이며 하나의 확실성이다. 이것은 신적 정신이 개인과 공동체 가운데 살아 숨쉬는 것으로서 인간은 이를 통해서 늘 새로운 정신의 현실을 경험하고 소유한다. 그러나 현실 속에서 종교적 양심과 일치하지 않는 것이 발견되면, 양심은 이러한 현실을 그것과 일치된 현실로 바꾸려고 한다.[19] 양심과 일치된 현실은 내면의 양심이 현실 가운데 실현된 것으로서 그 자체가 인륜적 양심이다. 내적 양심과 현실의 불일치는 진정한 자유의 상태가 아니기 때문에, 양심과 자유의 상태를 위해 이 둘이 일치되는 상태로 이행해야 한다. 부자유의 상태는 자유의 상태로 이행해야 하며, 이러한 이행을 주도적으로 수행하는 것은 실천적 자기의식의 활동성이다. 이것은 헤겔에게서 발견되는 세속화 개념의 특별한 모습이다. "종교적 양심의 원리와 인륜적 양심의 원리는 개신교적 양심에서 동일한 것이 된다."[20] 그에게는 국가가 기독교적 진리를 가장 구체적으로 세속화한 인륜체이다.

신으로부터 주어진 정신으로 이해되는 양심은 그것이 인간의 모든 활동성을 일방적으로 명령하는 위치에 있는 한 분열된 의식과 불행한 의식의 모습으로 나타난다. 이렇게 분열된 의식에서는 신적인 정신이 인간 가운데 내재되어 있다 하더라도 그것은 진정으로 인간에게 점유된 정신이 아니다. 인간에게 내재되어 있지만 점유되지 않은 상태로 있는 정신은 세속화의 과정을 통해 점유의 상태로 이행해야 한다. 세속화

Geistes, Würzburg 2003, 43쪽 이하, 특히 73쪽 이하 참조.

19 최신한, 「헤겔의 실천적 의식와 양심」, 『헤겔철학과 종교적 이념』, 한들출판사 1997, 73쪽 이하, 특히 76쪽 참조.

20 G.W.F. Hegel, *Enzyklopädie der philosophischen Wissenschaften III*, Frankfurt/M. 1970, §552, 365쪽.

는 우선 주어져 있는 실천적 의식을 내적으로 의식화하는 일이다. 이것은 인간의 내면성과 분리된 상태로 주어져 있는 신적인 정신을 신적인 차원에서 인간의 차원으로 옮기는 일이며, 이를 통해 인간의 의식 가운데 신적인 정신이 살아 숨 쉬게 하는 일이다. 다만 주어져 있는 양심은 그 자체가 신적 정신이기는 하지만 인간의 의식 속에 살아 있지 못함으로써 자신의 지위와 능력과 과제를 전혀 의식하지 못한다. 소여되어 있는 신적 정신의 세속화는 인간의 의식 가운데서 신적 정신과 인간적 의식을 구별함으로써 신적 정신과 연결되어 있는 인간적 의식의 지위와 능력과 과제를 인식하게 한다. 양심의 확실성은 바로 이러한 의식의 분화와 운동에서만 획득될 수 있다. 의식의 분화 이전에 주어져 있는 양심은 아직까지 실천적 확실성으로서의 의식이 아니다. 의식의 분화를 관통한 양심은 현실과 분리된 자신과 현실과 통일된 자신을 아는 *절대정신의 현존적 지식*으로 나타난다.[21]

몰의식적으로 주어져 있는 신적 정신을 의식적으로 점유함으로써 발생하는 정신의 힘은 인간의 부자유 상태를 자유의 상태로 이행하게 한다. 신적 정신이 소유하는 선과 정의의 기준이 의식적으로 분명하게 됨으로써 이러한 기준에 어긋나는 현실은 부정적 현실로 인식되고 이를 통해 부정적 *현실에 대한 부정의 운동*이 촉발된다. 몰수와 점유의 변증법으로 이해되는 세속화는 신적 차원에만 머물러 있어서 인간적 차원의 저편에 있던 선과 정의의 기준이 인간에게 몰수되고 인간에 의해 점유되는 사태를 지시한다. 인간의 활동성은 인간만의 활동성을 넘어서 신적인 활동성을 수행하는 위치에 있게 되고 이를 통해 진정한 의미의 현실 변화를 이끌어 낼 수 있다. 몰수는 인간에게 몰의식적으로 주어져

---

21 Th. Auinger, 같은 책, 73쪽 참조.

있는 신적 정신을 인간의 의식에 비판적으로 접목시키는 일이며, 점유는 신적 정신으로부터 소외되어 있는 인간적 의식을 신적 정신과 통일시키는 일이다. *몰수는 비판이며 점유는 비판의 자기화이다*. 몰수와 점유는 비판의 운동이 만들어 내는 새로운 현실의 창출과정과 다르지 않다. 인간의 의식 속에 살아 숨 쉬는 신적 정신은 그 기준에 미치지 못하는 부정적 현실을 새로운 현실로 변모시킨다. 부정적 현실이 부정적 현실로 인식되고 새로운 현실로 탈바꿈하는 데서 새로운 역사가 전개되는 것은 자명하다. 역사의 운동은 신적 차원과 인간적 차원의 만남에서 구체화된다는 사실이 여기서도 확인된다.

역사적인 자유 획득의 과정은 삶과 시간의 맥락을 벗어나지 않는다. 몰수와 점유의 변증법은 시간의 연관성 가운데 있다. 외적으로 주어진 신앙의 내용을 인간의 것으로 만들고 이를 인간의 자발성을 통해 현실 속에 구현하는 것은 현실의 새로운 변화와 직결된다. 외적으로 주어진 신앙의 내용은 그것의 발생적 차원이나 이를 수용한 신앙인의 입장에서 볼 때 과거적인 것이다. 구체적인 신앙 내용이나 특정 종교의 교리는 이를 받아들이는 사람의 의식 가운데 생동적인 신앙의 현재화 과정이 발생하기 전까지 여전히 과거적인 의식의 형태로 남아 있다. 헤겔이 지적하듯이 표상의 단계에 머물러 있는 종교는 이를 받아들이는 신앙 주체의 의식적 파악과정이 시작되기 전까지 과거적인 형태에 머물러 있다.[22] 따라서 종교적 표상은 그것이 그저 주어져만 있을 때에는 현실의 현재적 변화를 이끌어 낼 수 없다. 현재적 변화가 없는 현실은 정체적 현실일 뿐 진보하는 현실이 될 수 없다. 현실의 변화와 진보는 과거

---

22 W. F. Hegel, *Religions-Philosophie*, Hamburg 1987, 56쪽 이하; 최신한 옮김, 『종교철학』, 지식산업사 1999, 68쪽 이하 참조.

적 형태의 종교적 표상이 현재의 신앙 주체에게 받아들여져야 하며 그에 의해 파악되어야 하고 이를 통해 그의 의식 속에 점유되어야 한다. 외적으로 주어진 신앙 내용을 외부적인 것으로부터 몰수하여 자기 내적으로 점유하는 과정을 거치지 않는 한 현실의 현재적 변화를 기대할 수 없는 것이다.

종교적 내용의 의식적 점유는 그것에서 과거적 형태를 벗겨 내고 현재의 옷을 입히는 작업이다. 신앙 내용의 의식적 점유는 이제껏 경험되지 않은 신앙의 신천지에 들어가는 일이며 새로운 역사 전개의 출발점이다. 따라서 종교의 내용을 의식 가운데 새롭게 점유하는 것은 그때마다 새로운 역사를 만들어 낸다. 이런 맥락에서 신앙 내용의 의식적 점유는 변화와 진보의 필요조건이다. 이렇게 본다면 기독교의 종말론은 모든 것의 끝이 아니라 새로운 시작의 토대이자 새로운 현재 그 자체이다.[23] 미래는 과거에 주어진 신앙의 내용을 현재의 의식 가운데 실질적으로 점유하는 데서 도래한다. 여기서 아직까지 선과 정의와 진리가 이루어지지 않았음이 의식적으로 확인되고 그것이 어떤 기준에서 성취되어야 하는지 그 방향과 목표가 제시될 수 있기 때문이다. 현재적 의식은 과거에 주어진 실체적인 것에 대한 반성이자 앞으로 도래할 새로운 궁극의 모습에 대한 희망이기도 하다. 세속화 과정에서 확인되는 과거와 현재와 미래의 중첩은 다름이 아니라 신적인 것의 의식화 과정이다.

---

23 W. Pannenberg, "Präsentische Eschatologie in Hegels Geschichtsphilosophie", in: R. Bubner/W. Mesch (Hg.), *Die Weltgeschichte — das Weltgericht?*, 특히 320쪽 참조.

4. 종교적 내용의 학문적 번역으로서의 세속화

세속주의는 종교적 내용을 파괴할 수 있는 반면, 진정한 세속화는 종교적 내용을 늘 새롭게 번역하고 해석하면서 새로운 현실을 가능하게 한다. 그러나 종교적 내용이 새로운 현실을 통해 형성되는 것은 자동화 과정이 아니다. 한 공동체가 종교적 전승을 가졌다고 해서 항상 새로운 현실을 맞는 것은 아니기 때문이다. 오히려 종교적 전승 때문에 어려움을 겪는 공동체를 확인하는 것은 어렵지 않다. 바로 여기서 종교적 내용을 파괴하지 않는 세속화가 문제로 떠오르며 이를 위해 종교적 내용의 학문적 번역이 중요 과제로 나타난다. 종교적 내용의 번역은 종교의 초월적 지평을 현실화함으로써 현실을 새로운 차원으로 상승시키는 데 목적이 있다. 현실의 변화와 진보를 이끌어 내지 못하는 번역은 그 자체가 또 하나의 과거로 묻힐 수 있다. 따라서 종교적 내용의 번역으로 규정되는 세속화는 기존 종교를 단순히 현재의 언어로 기술(記述)하는 차원을 넘어서야 하며 그것을 내용적으로 *정당화*해야 한다. 번역은 그 어떤 경우에도 현실의 변화와 관련되어야 한다는 점에서 역사성을 띤다. 역사성을 띤 번역은 기존의 종교 내용에 현실적 정당성을 부여하는 작업으로 확인된다.

실제의 역사를 새롭게 변모시키는 번역은 세속화의 근간을 이룬다. 누구에게든지 타당하게 받아들여지는 평등한 이성의 권리는 종교적 뿌리를 갖는다. 예컨대 법 앞에 만인이 평등하다는 민주주의 이념은 모든 신앙인은 신 앞에서 평등하다는 기독교 사상의 세속화이며, 형법의 범죄 개념은 죄인이 신과 맺는 종교상의 범죄관계를 세속화한 것이다.[24]

24 H. Blumenberg, "Säkularisierung. Kritik einer Kategorie historischer Illegi-

마찬가지로 법과 정치의 이성적 합법화는 종교적 전승의 원천에서 나온다. 대표적으로 헤겔의 인륜성 개념은 철저하게 종교에서 나오며, 특히 국가는 기독교적 이념을 가장 잘 구현하고 있는 인륜체로 파악된다. 종교개혁자들에 의해 세속화된 구원의 개념이 서양기독교인들의 성실한 노동과 일상적 삶을 가능하게 했다는 것은 너무나도 잘 알려진 세속화의 증거이다. 가톨릭교회의 제2차 바티칸공의회도 자유와 평등과 같은 계몽주의적 성과를 기독교와 직접적으로 연관된 것으로 평가한다.[25]

더 나아가 역사적인 실정종교는 구체적인 세속화 과정의 산물로 이해된다. 왜냐하면 그것은 그 이전의 종교적 형태인 주술과 신비와 비교(秘敎)를 극복하고 탈주술화했기 때문이다. 이런 맥락에서 근대는 중세의 신학적 실체를 학문적으로 변형시켰다는 점에서 "기독교적 이교"(異敎, Häresie)[26]로 규정될 수도 있다. 이러한 변화와 변형은 주어져 있는 신앙의 가르침에 대한 맹목적 수용과 반복적 수행으로서의 역사가 아니라 그때마다 늘 새롭게 이해되고 받아들여지는 새로운 의미 출현으로서의 역사이다. 이렇게 보면 모든 종교적 역사는 기존 종교의 변형과 이교의 연속적인 출현과 다르지 않을 수 있다. 따라서 우리의 맥락에서 중요한 것은 종교의 배제와 단절이 아니라 *종교적 진리의 번역*으로 재확인된다. 따라서 종교적 내용의 번역은 현재의 문명이 안고 있는 문제를 해결할 수 있는 방법과 지혜를 마련해 준다. 세속화가 파

---

timität", in: H. Kuhn/F. Wiedmann, *Die Philosophie und die Frage nach dem Fortschritt*, München 1964, 240쪽.

25 W. 카스퍼, 『현재와 매래를 위한 신앙』, 분도출판사 1979, 21쪽 (심상태, 같은 책, 20쪽에서 재인용)

26 C.F. v. Weizsäcker, "Ethische und politische Probleme des Atomzeitalters", in: *Außenpolitik*, Mai 1958, 305, (Blumenberg, "Säkularisation", 같은 책, 265쪽에서 재인용)

괴적 이성과 비관적 이성의 작업이 아니라면 늘 새로운 현실 지평을 추구해야 하며, 그때마다 새로운 현실의 원천을 종교에서 구할 필연성이 있다. 종교에 대한 맹목적인 복종을 넘어서 종교의 내용으로부터 주어진 문제를 해결할 수 있는 지혜와 기준을 발견해야 하는 것이다.

종교적 확신을 일반적인 언어로 번역하기 전에는 그것에 대한 다수의 동의를 기대하는 것이 잘못일 수 있다. 모두가 공유할 수 있는 언어로 번역되지 않은 종교적 확신은 내적이고 지극히 개인적인 것이다. 이러한 확신은 그 자체 안에 진리와 정의를 담지하고 있다 하더라도 그 위력을 개인의 테두리 안에 묶어 두게 된다. 진리와 정의가 개인적인 것만이 아니라면 그것은 인간 내면의 갱신과 더불어 공동체의 혁신으로 이어져야 한다. 개인 내면의 확신은 공동체의 확신에서 결실을 맺지 않는 한 그 자체가 불완전하다. 개별 신앙인의 숫자가 많음에도 불구하고 그들이 속해 있는 공동체가 정의롭지 못하다면 이것은 종교가 온전하지 못함을 보여 주는 반증에 지나지 않는다. 종교적 진리는 개인의 내면으로부터 공공의 영역으로 나올 때 비로소 그 완전한 실현을 경험할 수 있다. 이와 다른 관점에서 종교를 공공성에서 배제하는 입장과 태도도 일반적이고 대중적인 인정을 끌어낼 수 없다. 이미 종교의 차원을 떠나서 세속화된 사회도 종교적 언어의 분절능력을 보존할 때 사회의 새로운 차원을 개방할 수 있는 의미의 원천을 놓치지 않을 수 있다.

신학적인 내용을 학문적으로 번역하는 일은 권위를 지니는 신학적인 내용을 학문으로 옮겨 놓는 단순한 전이(轉移)를 넘어선다. 헤겔이 주장하는 바와 같이 종교적 표상을 철학적 개념으로 옮기는 작업은 동일한 내용을 담는 상이한 형식의 전이에 머물지 않는다. 동일한 내용을 다른 형식에 담을 때 새로운 의미의 공간이 창출되며, 새로운 의미 영역은 전이와 이행(移行)을 통해서만 확인된다. 형식의 전이는 번역에서 발생하며 내용의 이행은 번역의 역사성에서 등장한다. 결국 종교적 내용의 세속화는 내용과 형식에서 전혀 새로운 의미 공간의 창출과 연결되어 있다. 여기서 세속화는 역사의 진보를 가능하게 하는 틀로 이해된다. 특히 역사철학에서 통용되는 역사적 진보의 이념은 헤겔이 보여 주듯이 신학적 종말론을 세속화한 결과이다. 이런 맥락에서 본다면 기독교가 말하는 '인간이 된 신'의 이념은 철학적, 정신적 삶의 상승과 확대를 상징한다. 세속화는 역사적 과정을 설명하는 기본 형식으로 이해되며[27], 종교를 철학적으로 번역하는 일은 세속화의 변증법을 작동시키는 논리적인 힘으로 간주된다.

세속주의가 보여주듯이 종교적 사고방식과 삶의 형식이 이성을 통해 일방적으로 대치되는 것도 문제지만, 근대적 사고와 계몽의 과정이 무조건 비신앙적인 것으로 평가절하되는 것도 문제이다. 종교와 학문, 신앙과 계몽은 양자택일의 문제가 아니라 상호 침투하면서 새로운 삶의 형식을 만들어 내는 관계와 이행의 문제이다. 종교는 무조건 학문으로 이행되어야 한다거나 학문은 궁극적으로 신앙에 종속되어야 한다는 일방주의에는 경직된 기준만이 살아 있을 뿐 이 기준이 불가피하게 만들어 내는 잘못된 현실에 대한 절실한 관심이 결여되어 있다. 어떤 모습이든 일방주의가 산출하는 현실은 살아 숨 쉬는 생동적인 현실과 거리가 있다. 여기서 역사의 발전과 진보를 기대하는 것은 자기모순이다. 이런 점에서 세속화는 종교와 학문의 상호운동 및 전통과 현재의 상호운동을 설명하는 틀이기도 하다. 예컨대 "국가시민대중의 다원화된 이성은 경직된 전통과 세계관적 내용으로부터 균등한 간격을 요구하는 한에서 세속화의 역학을 추종"[28]하기 때문이다.

---

27 Blumenberg, 같은 책, 249쪽 참조.

5. 세속화와 새로운 현실

종교와 세속은 변증법적 관계 속에 있다. "거룩한 것은 거룩함 그 자체와 세속성을 함께 포용하고 있기"[29] 때문에, 삶은 이 둘의 관계를 통해 비로소 자기 초월과 자기확장에 이를 수 있다. 속된 세계와 역사는 초월의 세속화를 통해 새로운 모습으로 변형되고 발전되어야 한다. 세속화의 진정한 목표는 신적인 자유를 인간의 세계에 구현하는 데 있다. 이것은 소금이 녹지 않으면 부패를 방지할 수 없는 이치와 같다. 종교성이 세속화되지 않으면 종교의 역할을 제대로 감당할 수 없는 것이다. 이른바 '문화이론으로서의 윤리학'[30] 내지 '문화신학'의 의미가 여기서 구체적으로 확인된다. 세속화 과정을 통해 속된 세계가 성스러운 세계로 변모되고 탈바꿈할 수 있다는 사실은 현실의 문화적 변형과 맞닿아 있기 때문이다. 중요한 것은 현실에서 발생하는 문화적 변형이 성스러운 초월적 기준으로부터 유래한다는 사실이다.

이런 맥락에서 서양의 기독교는 다른 종교에 비해 문화적 우위를 점하는 것으로 평가되기도 한다. 기독교 자체 내에 세속화의 뿌리가 있기 때문에, 기독교 역사는 다름 아닌 세속화의 역사이다. 다른 종교는 세속화와 무관하며 세속화를 거부하기 때문에 오로지 그 종교의 지배를 초월적 차원에서 요구할 뿐이다. 따라서 이러한 종교가 지배하는 세계는 새로운 세계로 변모할 수 없으며 심지어 아직까지도 중세적 지배의 모습을 보이기까지 한다.

---

28 Habermas, 같은 책, 15쪽.

29 P. Tillich, *The Protestant Era*, Chicago 1948, XI쪽.

30 최신한, 「문화이론으로서의 윤리학」, 김수철 외, 『현대 윤리학의 문제들』, 철학과현실사 2002 참조.

요컨대 현대 사회와 인류의 문제는 세속화에 있다기보다 '세상화'(Verweltlichung)에 있다. 초월적인 것과 성스러운 것이 전혀 문제시되지 않고 모든 것이 세속적인 것으로 변모됨으로써 더 이상 현실의 긍정적인 변화나 변화의 기준을 기대하고 마련할 수 없는 상태가 문제인 것이다. 이 경우 종교적 근본주의를 통해 인간을 지배하려고 하는 입장이나 신을 부정하고 인간중심적인 방식으로 세계를 지배하려고 하는 입장이 전혀 구별되지 않을 수도 있다. 전자는 신을 표방하면서 신의 권위로 인간과 세계를 지배하려고 하는 사이비 신앙이자 "거룩한 것으로 분장한 종교적 세속주의"[31]이며, 후자는 신을 배제한 채 인간의 합리성으로 세계를 자기화하려는 편협한 이성이다. 종교적 근본주의 내지 종교적 세속주의를 극복하기 위해서는 본 회퍼의 주장과 같이 종교성보다 종교를 세속화한 비종교성이 더 요구된다. 이것은 종교와 초월의 배제가 아니라 그 실현이다.

세속화는 성과 속의 단순한 일치 내지 반대의 일치(coincidentia oppositorum)에 그치는 것이 아니다. 그것은 성이 세속화됨으로써 속된 세계의 역사화가 진행되고 이를 통해 새로운 세계의 변화가 일어나는 *변증법적*인 것이다. 반대의 일치로 이해되는 세속화는 내면화로 나타나는 개인적인 것인 반면, 변증법적인 것으로서의 세속화는 현실과 삶의 역동적인 변화를 이끌어 내는 공동체적인 것이다. 개인 내면의 종교적 변화는 실존철학의 지평에 머물지만, 현실 공동체와의 관련 속에서 이루어지는 세속화는 새로운 역사의 출현과 연관된다는 점에서 역사철학적 관점을 갖는다. 세속화는 무엇보다 먼저 종교의 변형이며 더 나아가 종교를 통한 현실의 변화이다. 변화를 유도하지 않는 세속화는 극단

31 강문규, 같은 책, 48쪽.

적인 형태의 세속주의로 변질되며 결과적으로 성스러움과 아무런 관련이 없게 된다. 그러므로 진정한 의미의 세속화에서 우리는 성년이 된 세계를 기대할 수 있다. 세속화의 역사적 과정과 성숙한 세계는 동전의 앞뒤와 같기 때문에, 세속화를 통해 변화된 현실은 자유와 자율과 책임이 수반되는 세계이다. 여기서는 그야말로 *초월적 신앙에 대한 응답과 현실적 이성의 책임*이 교차한다. 이러한 교차에서 그때마다 늘 새로운 현실이 만들어지는 것은 자명하다. 이러한 현실에서는 신앙을 배척하고 멸시하는 차가운 이성과 논리의 압제가 없으며 이성을 죄악시하는 불타는 신앙의 맹목성도 존재하지 않는다.

세속화와 관련해서 볼 때 종교의 내용은 더 이상 성물과 같은 대상적인 것이 아니라 그것을 내적으로 지니고 있는 사람들의 정신적인 것이다. 대상은 인간과 분리되어 있는 것인 반면 정신적인 것은 인간의 의식 속에 생동적으로 살아 있는 것이다. 종교의 내용은 초월적인 것이 아니라 개인의 마음 가운데 생생하게 살아 있는 특유한 것이며 이를 나누는 공동체 속에 역사(役事)하는 것이다. 진정한 세속화는 현실과 개인의 내면을 가로질러 가면서 이들을 새로운 모습을 변형시키는 정신적인 힘의 과정 그 자체이다. 세속화의 본질은 종교와 계몽의 이분법적 대립에서가 아니라 양자의 상관관계 가운데 깃들어 있다.

8

종교의 현주소
– 세속화의 대상인가, 새로운 의미의 근원인가?

1. 현대의 조건과 종교: 소멸인가, 복귀인가?

종교는 "개별적인 의식적 존재가 절대적 존재와 맺는 관계"[32]이며 "절대-이상적-존재에 대한 인식"[33]이다. "유한성의 한복판에서 무한자와 하나가 되고 순간 가운데서 영원인 것이야말로 종교의 불멸성이다."[34] 이것은 종교에 대한 대표적인 정의들이다. 요컨대 종교는 유한한 세계를 넘어 무한한 세계로 들어서고 순간으로부터 영원으로 진입하는 초월의 사건이자 그 마당이다. 제약된 현실세계로부터의 초월에 대해 침묵하거나 이를 배제하는 종교적 가르침이 있다면, 그것은 엄격한 의미에서 종교가 아니다. 현실 가운데 초월이 내재한다는 주장도 종교에 의

---

32 G.W.F. Hegel, *Phänomenologie des Geistes*, Frankfurt/M. 1970, 416쪽 이하.

33 F.W.J. Schelling, *Philosophie und Religion*, AW 8, Darmstadt 1988, 639쪽; 『인간적 자유의 본질 외』, 한길사 2000, 242쪽.

34 F.D.E. Schleiermacher, *Über die Religion*, Göttingen ^{6}1967, 133쪽, 최신한 옮김, 『종교론』, ^{2}2002 기독교서회, 118쪽.

한 인간 의식의 상승과 확장을 예외 없이 인정하기 때문이다. 현실 내재적이든 현실 초월적이든 간에 종교는 '새 하늘과 새 땅'에 대한 약속임이 틀림없다. 따라서 차안을 넘어 피안에 이르는 종교적 경험은 곧 "엑서더스의 경험"이다.[35]

현대의 정신적 상황은 종교 및 초월과 관련해서 양면적인 모습을 보여 준다. 학문의 진보와 더불어 무신론이 등장하면서 종교가 소멸의 위기로 빠져든 상황이 있는가 하면, 과학기술문명의 이면이 야기하는 삶의 위기 요인들로 인해 종교가 다시금 부흥하는 상황도 존재한다. 전자는 초월을 본질로 하는 종교가 인간의 이론적, 실천적 활동에 의해 정복되고 극복됨으로써 초월이 더 이상 초월로 받아들여지지 않는 상황을 지시한다. 이에 반해 후자는 인간의 내면에서 초월자를 자기화하는 무신론이 스스로를 기만하는 또 다른 독단론임이 밝혀지면서[36], 종교를 통해 진정한 삶의 의미 원천을 추구하려는 정신적 운동의 상황을 가리킨다. 현대에는 종교 몰락의 징후와 더불어 종교 부흥의 발걸음이 공존하고 있는 것이다.

종교의 몰락을 대변하는 사태는 서양철학과 기독교 신학에서 대두된 '신의 죽음'이다. 신의 죽음은 하이데거의 해석대로 삶의 의미 원천의 소멸이며 초감각적 근거의 상실이다.[37] 삶의 의미가 퇴색하고 존재의

---

35 Gianni Vattimo, "Die Spur der Spur", in: J. Derrida/G. Vattimo (Hg.), *Die Religion*, Frankfurt/M. 2001, 107쪽.

36 무신론의 연유는 다양하지만, 이 경우에 특징적인 것은 무신론은 인간 가운데 내재하는 "신 의식의 엄격함에 대한 무례한 공포"에서 나온다는 것이다. F.D.E. Schleiermacher, *Der christliche Glaube nach den Grundsätzen der evangelischen Kirche im Zusammenhang dargestellt*, Berlin 71960, Bd. 1, §33, 2쪽.

37 M. Heidergger, "Nietzsches Wort 'Gott ist tot'", in: Heidegger, *Holzwege*, Frankfurt/M. 1980, 212쪽 이하 참조.

근거가 상실된 것은 신에 대한 옛 정의들이 오늘날의 인간에게 더 이상 의미 있게 받아들여지지 않기 때문이다. 의미의 원천이 고갈되었을 뿐 아니라, 변함없이 영향을 끼칠 수 있어야 하는 존재의 근거가 생명력을 상실하면서 박제와 같은 옛것으로 편입된 것이다. 종교는 아무도 방문하지 않는 판테온이 되었으며 아무런 정신도 살아 있지 않은 성전이 된 것이다. 따라서 현대는 근거와 통일성의 해체를 의미하는 '신 죽음'의 소용돌이에 휩싸여 있으며, 그 결과 '불안'과 '개별화'와 '초월적 기준의 상실'의 늪에 빠져 있다.

이와 같은 조건 속에서 현대가 직면한 문제는 다음과 같이 요약될 수 있다.[38] ①불안 극복의 문제, ②제의나 윤리와 같은 일상을 넘어가는 영역에서의 행위 기준의 문제, ③불의, 고통, 운명과 같은 인간의 처분 가능성을 넘어서는 문제, ④사회 통합의 문제, ⑤전통 형이상학의 해체 이후 세계를 통합적으로 설명할 수 있는 근거 문제, ⑥사회적 불의와 부도덕에 맞설 수 있는 가능 근거 문제.

이러한 문제들은 철학과 종교의 필요와 과제를 묻는 기준으로 사용될 수 있다. 21세기 삶의 조건 속에서 불가피하게 종교의 유의미성에 대해 묻는다면, 이러한 문제들은 곧 종교의 과제로 연결된다. 이 모든 문제들을 충족시키는 종교가 존재하는가? 아니면 이런 문제들이 사라짐과 아울러 종교도 몰락한 것인가? 모든 것을 포괄하고 통일하는 종교적 이념이 존재하는가, 아니면 이러한 이념은 이미 해체되었고 모든 것은 개별화되었는가? 종교가 삶을 영위하고 해석하는 통일적인 기준을 감당하고 있는가, 아니면 이미 이러한 통일적 기준 자체가 사라졌는가? 전통 형이상학의 한계 상황 가운데서 종교가 이러한 물음에 어떻

---

38 F.-X. Kaufmann, *Religion und Modernität*, Tübingen 1989, 84쪽 이하 참조.

게 답하느냐에 따라 종교의 소멸과 부흥이 거론될 수 있다.[39]

종교의 소멸은 '신의 죽음'이라는 규정이 잘 대변해 준다. 신의 죽음은 윤리적인 최종기준의 상실과 사회 통합 근거의 상실을 의미한다. 이것은 일어날 수 있는 가능한 모든 문제들을 최종적으로 해결할 수 있는 가능성의 상실이자 모든 것을 긍정적으로 뒷받침할 수 있는 최종근거의 상실이다. 이것은 결국 삶의 근거 상실이다. 삶의 근거 상실이라는 사실을 자명하게 받아들이고 더 이상 삶의 의미와 근거를 추구하지 않는다면 종교는 더 이상 존립할 수 없으며 존립할 필요도 없다. 신의 죽음은 불가피하게 종교의 소멸로 이어지며, 신의 죽음을 선포한 현대의 무신론은 무종교가 되는 것이다.

그러나 무신론과 무종교의 현실은 안정적인 것이 아니다. 신의 죽음과 종교의 소멸은 삶의 관점에서 볼 때 결코 쉽게 인정될 수 없다. 삶의 불안과 불안정은 새로운 안정과 안전을 추구하기 때문이다. 새로운 안전[40]에 대한 욕구가 있는 한 종교의 소멸은 더 이상 거론될 수 없다. 안정과 안전에 대한 요구는 삶의 의미와 근거에 대한 요구이기 때문이다. 무신론은 현대의 특징적인 정신적 상황을 보여 주는 동시에 종교의 복귀가 불가피하다는 사실을 지시하기도 한다. 특히 21세기의 삶과 문화를 둘러싸고 종교에 대한 물음과 담론이 있다는 사실은 종교가 소멸하지 않았다는 반증이 된다. 종교에서 더 이상 아무것도 기대할 것이 없고 종교가 완전히 소멸해 버렸다면 그것의 소멸이냐 부흥이냐는 물음 자체가 등장하지 않을 것이기 때문이다.

---

39 E. Teufel (Hg.), *Was hält die moderne Gesellschaft zusammen?*, Frankfurt/M. 1996, 165쪽 이하 참조.

40 O.F. Bollnow, *Neue Geborgenheit. Das Problem einer Überwindung des Existenzialismus*, Stuttgart 1972 참조.

현대에는 무종교를 강변하는 무신론과 더불어 '무관심'(Indifferenz)이라는 무신론[41]이 지배적이다. 산업사회의 발전이 진행될수록 사람들은 이른바 '세계경제의 종교'에만 탐닉하면서 그 밖의 모든 사실에 대해서는 무관심하게 된다. 한편으로 경제적 안정과 소비와 만족이 삶의 최종적인 기준이 되기 때문에 세계경제는 종교적 성격을 띠며, 다른 한편으로 이러한 삶은 그 어떤 정신적 최종근거에 대해서도 무관심하기 때문에 무신론으로 규정된다. 그러나 세계경제가 삶의 문제를 해결해 주기는커녕 새로운 문제와 불안을 생산하며 무관심의 행동양식이 무관심으로 일관할 수 없는 새로운 삶의 문제를 만들어 내는 한 무관심의 무신론은 더 이상 고수될 수 없다.

이른바 '종교의 복귀'라는 현상은 인간의 역사 속에서 가장 심각하게 대두되고 있는 각종 위기현상의 등장과 직결되어 있다. 핵무기의 확산, 테러리즘, 환경 파괴, 유전자 조작과 같은 새로운 현상은 삶의 불안을 야기하며, 삶의 불안은 삶의 의미를 근본적으로 흔들고 손상시킨다. 현대를 가로지르고 있는 삶의 불안은 애당초 그것을 해소하기 위해 등장한 과학과 학문의 진보가 만들어 낸 아이러니이다. 이러한 상황 속에서 종교는 다시금 삶의 불안을 해소하고 새로운 삶의 의미를 찾아 줄 수 있는 통로로 재인식된다. 현대의 종교는 새로운 의미 추구의 토대로 새롭게 자리 잡는다. 삶의 불안이 종교의 복귀라는 현상을 야기한다면, 오늘날 종교는 과학과 철학에 의해 이미 극복되고 지나간 것이 재등장한 것으로, 그리고 계몽에 의해 해소된 것으로 간주되었던 것의 새로운 출현으로 파악되어야 한다. 종교를 통해 확보되는 새로운 의미의 토대

---

41 H.-G. Gadamer, "Gespräche auf Capri Februar 1994", in: J. Derrida/G. Vattimo, 같은 책, 242쪽 이하 참조.

는 철학을 통해 확보되었던 기존의 토대를 대치한다. 따라서 종교의 재등장은 철학에 의해 극복되었던 종교가 다시금 철학의 자리를 차지한 것으로 간주될 수 있다.

종교의 복귀 현상과 신과 구원에 대한 새로운 추구는 철학사적으로 볼 때 전통 형이상학에 대한 비판과 극복의 시도로 간주된다. 유한한 존재는 물론이고 신까지도 이성적으로 설명하려는 형이상학의 운동으로부터 새로운 의미의 근원을 추구하는 또 다른 정신적 운동이 등장한 것이다. 따라서 오늘의 정신적 상황은 전통 형이상학의 해체와 새로운 근거 추구라는 교차적 운동 가운데서 설명된다. 새로운 근거 추구가 새로운 형이상학의 등장과 무관할 수 없다면 종교의 복귀라는 현상은 새로운 형이상학이 등장할 수 있는 토대가 된다.

그러나 종교의 복귀는 예전에 있었던 역사적 종교가 아무런 의미 변화나 새로운 방향 설정 없이 재현되는 것이 아니다. 종교의 복귀 현상은 예전의 지배구조와 폭력에 토대를 두는 종교의 복귀가 아니라, 현대 문화의 한계를 극복하려고 하는 종교의 변형이다. 무관심, 임의성, 다원성, 소비지향성 등으로 특징지어지는 현대인의 삶의 특징은 아무런 변형 없이 주어져 있는 전통 종교를 보존하고 강화하기는커녕 이를 해체하는 데 앞장설 것이다. 따라서 종교의 복귀는 역사적 종교의 반복이 아니라 그때마다 새로운 의미 지평의 일어남이어야 한다.

새로운 의미 지평의 개방은 두 가지 차원에서 가능하며, 이것은 종교에 대해 두 가지를 요구한다. 한편으로 종교는 전통 형이상학의 갱신이라는 맥락에서 더 깊고 세련된 합리성과 학문성의 옷으로 갈아입을 필요가 있다. 종교에게 합리성과 학문성을 요구하는 것은 '탈주술'(Entzauberung)과 '세속화'의 과정을 재촉하는 것과 다르지 않다. 탈주술과 세속화는 기존의 종교에서 새로운 삶의 기준과 가치와 의미를 발견할 수 있는 길이다. 이것은 기존의 종교에서 새로운 합리성을 발견함으로써 변화된 사회를 통합하고 결집할 수 있는 새로운 근거를 제시한다. 종교를 세속화하는 것은 종교 속에 감추어져 있는 비밀을 개방하는 것이며 이를 통해 이제껏 발견되지 않은 삶의 합리성을 제시하는 일이다. 세속화는 종교에 대한 철학적 계몽의 과정이며 종교적 진리를 보편화하는 과정이다.

다른 한편으로 종교는 더 이상 기존의 체계화되고 제도화된 틀과 동의반복적인 제의에 머물 수 없다. 기존의 종교 제도와 제의가 삶을 새롭게 하는 대신 반복적으로 공허함만을 가져다준다면, 더 이상 종교에 대한 독점적 정의나 종교적 경험의 통일성은 요구될 수 없다. 그러나 종교의 통일적 의미가 사라졌다고 해서 종교 자체가 몰락하거나 종교의 의미가 완전히 소멸된 것은 아니라면, 그것은 제도로서의 종교와는 다른 차원에서 찾아야 한다. 이러한 조건 속에서는 공적 종교가 비판을 받는 대신 개인 내면의 의미 지평은 이전보다 더욱 큰 조명을 받게 된다. 내면화된 종교에서는 무엇보다 개인의 의미 공간이 중요하기 때문에, 종교는 여기서 개인에게 매순간 새로운 삶의 근거와 비밀을 제시하는 틀로 탈바꿈해야 한다. 현대 문화와 삶의 조건 속에서 요구되는 종교의 가치는 '새로운 의미의 생기'(生起)에 있다.

요컨대 오늘의 종교 복귀 현상은 기존의 종교로부터 새로운 합리성을 찾아내는 철학적 계몽과 새로운 종교적 지평에서 삶의 의미를 찾아내는 종교적 계몽을 통해 설명할 수 있다. 두 가지 계몽은 각각 보편적 근거와 개별적 근거를 추구하지만, 양자에게 공통적인 것은 기존의 것을 대치하는 삶의 새로움이다.

2. 세속화와 철학적 계몽

우리의 논의는 21세기 현실에서도 종교는 유의미하다는 사실로부터 출발한다. 무엇보다 기존의 종교를 인정하고 이 가운데서 새로운 현실을 가능하게 하는 토대를 발견할 수 있다는 것이 이 장(章)의 중심논제이다. 종교가 여전히 현실의 근거로 기능할 수 있어야 한다면, 중요한 것은 종교 속에서 현실 문제의 해결점을 어떻게 발견해 내는가에 있다. 이와 반대로 종교로부터 현실의 갈등이 초래된다면 이것 역시 종교에 대한 계몽과 비판을 통해 해결될 수 있어야 한다. 예컨대 종교 간의 갈등과 여기서 비롯되는 문명충돌의 가능성은 종교에 대한 계몽과 "세속화 과정의 변증법"[42]을 필연적으로 요구한다. 이 두 방향은 모두 "종교 속의 이성"[43]을 발견하는 데서 합치된다. 종교 속의 이성은 종교에 대한 철학적 파악 없이 거론될 수 없다. 여기서 종교는 철학적 파악의 대상이며, 철학은 종교의 내용을 정당화하는 개념의 힘이다. 철학적 파악은 종교 가운데 감추어져 있거나 개인적인 방식으로 드러나는 진리를 객관적으로 밝힐 수 있다. 이것은 오랜 논의의 역사를 갖고 있는 종교와 철학의 관계이며 종교적 도그마에 대한 계몽의 관계이다. 종교에 대한 철학적 계몽과 비판은 '탈주술'과 '세속화'의 이름으로 성취된다.

막스 베버에게서 유래하는 세계의 탈주술 개념은 사회적 행위의 모든 영역을 합리화한 결과를 가리킨다.[44] 이것은 종교적인 가르침을 합

---

42 J. Habermas, *Glauben und Wissen*, Friedenspreis des Deutschen Buchhandels 2001, Frankfurt/M. 2001, 11쪽 ; 본서 제7장 참조.

43 G.W.F. Hegel, *Religions-Philosophie*, GW 17, Hamburg 1987, 41쪽. 『종교철학』, 지식산업사 1999, 51쪽.

44 F. Wagner, *Was ist Religion? Studien zu ihrem Begriff und Thema in Geschichte und Gegenwart*, Gütersloh 1986, 196쪽 이하 참조.

리적인 삶의 수행으로 번역하는 세속화 개념과 연결된다.[45] 프로테스탄트 윤리와 자본주의 정신의 관계를 해석하는 데서 드러나듯이 세속화는 종교적 내용을 합리적인 사회적 행위로 번역하는 과정을 지시한다. 종교의 세속화는 합리적인 행위를 가능하게 하는 틀이며 사회적 행위의 진보와 역사 발전의 가능조건이다. 자기 비판적 사고 및 계몽의 과정과 무관한 종교와 신앙은 삶을 위협하고 자유를 손상시키는 폭력에 소용될 수도 있다. 이에 반해 종교의 세속화 과정은 합리적 행위를 가능하게 함으로써 기존의 비합리적인 삶을 보다 합리적인 삶으로 바꿀 수 있다. 중요한 것은 오로지 계몽의 능력만이 진보를 가능하게 한다기보다 계몽의 대상인 종교 가운데 용해되어 있는 긍정적 내용이 실질적인 진보를 가능하게 한다는 것이다. 주술의 단계에 있는 종교적 내용과 탈주술된 내용은 동일할 수 있지만 세속화의 과정 이후에는 상이한 모습으로 나타난다. 동일한 내용은 그것을 담는 상이한 형식에 따라 전혀 다른 결과에 이른다.

세속화 과정의 중요성에 관한 한, 종교는 그만의 독자성을 갖는다기보다 오히려 이성과의 관계를 통해 그 진정한 의미를 드러낼 수 있다. 그렇다고 해서 종교가 이성과 학문에 종속적인 것은 아니다. 오히려 종교와 아무런 연관성도 없이 인간의 노력만으로 유토피아에 도달할 수 있다는 환상은 근대적 탈주술 과정의 극단적인 모습에 지나지 않는다. 이와 반대로 역사적으로 제도화된 종교는 그때마다의 시대적 요구에

---

45 헤겔은 탈주술과 계몽은 유한성에 국한되므로 종교는 탈주술 개념으로 풀 수 없다는 입장을 견지한다. 종교를 진정으로 파악하기 위해서는 주관성의 확장이 필요한데, 저 유명한 '사변적 성금요일'은 이것에 관한 메타포이다. Hegel, *Glauben und Wissen*, GW 14, 414쪽; W. Jaeschke, *Hegel Handbuch. Leben–Werke–Wirkung*, 2003, 138쪽 이하 참조.

이성적인 방식으로 부응하지 못할 경우 그 시대에 아무런 의미도 제공해 주지 못할 뿐 아니라 시대로부터 밀려오는 비판을 통해 아예 폐기처분될 수도 있다. 탈주술 및 세속화와 관련해서 볼 때 종교와 철학은, 헤겔이 주장하는 바와 같이 공히 절대적인 내용을 소유하고 있지만 그것을 담는 형식에서 근본적으로 구별된다. 그러므로 종교의 내용을 진정으로 드러내기 위해서는 종교에 철학의 옷이 입혀져야 하며 비교적(秘教的)인 것이 공교적(公教的)인 것으로 탈바꿈해야 한다. 진정한 의미의 세속화는 종교와 철학의 완전한 교차에서 가능하다. 종교의 내용을 객관적으로 구현한다는 점에서 세속화는 신적인 것을 인간의 조건 가운데서 되살려 내는 작업이며 인간적인 것으로부터 신적인 것으로 되돌아가는 것이다. 따라서 세속화는 흔히들 오해하고 있는 바와 같이, 신적인 것을 인간적인 것으로 강등시키고 파편화시키는 세속주의(Säkularismus)와 엄격하게 구별되어야 한다.

종교가 세속화의 대상으로 파악될 때 불가피하게 요구되는 종교와 철학의 관계는 종교적 표상과 철학적 개념 간의 변증법적인 관계와 다르지 않다. 이 둘의 변증법적 관계는 종교적 진리가 현실 가운데 실현되는 역동적 구조를 보여 준다. 신앙인의 마음속에 사적(私的)으로 자리 잡고 있는 비밀스런 종교적 진리는 철학의 도움으로 현실 속에 객관적으로 현시되며, 객관적으로 현시된 진리는 잘못된 현실을 올바른 현실로 변화시키는 위력을 갖는다. 현실의 변화는 종교적 내용에 철학적 계몽이 매개될 때 비로소 성취되는 것이다. 철학적 계몽과 무관한 종교는 종교적 열광자를 만들어 낼 수 있을지 몰라도 그 진리를 현실 가운데 구현할 수 없다. 종교적 열광자와 종교적 내용은 서로 형식적으로 관계할 뿐이기 때문이다. 자기반성이 없는 맹목적 신앙인에게 신앙의 내용은 추상적인 명령의 대상에 지나지 않는다. 신앙인에게 타자로 남아 있는 종교적 내용이 인간의 내면과 실재적 현실을 변화시킬 수 없는 것은 자명하다. 그러므로 신앙과 지식의 관계는 종교적 타자를 자기화하는 세속화 과정과 다르지 않다. 이러한 과정은 종교적 내용을 내면 가운데서 부정하고 비판한 후 이를 다시금 수용하는 역동적인 내면의 운동을 거치면서 종국에는 새로운 자기를 형성하고 새로운 현실을 산출한다. 이런 점에서 세속화는 종교적 내용을 비판적으로 자기화하는 '몰수와 점유의 변증법'[46]으로 규정되기도 한다. 이것은 인간에게 초월적으로 부여된 의미체계를 초월의 세계로부터 몰수하여 내재의 재산으로 삼는 과정으로서 종교적 내용에 대한 이성적 비판과 비판의 자기화이다.

이런 맥락에서 종교적 진리와 실체는 고급문화의 조건에서만 구체적으로 드러나고 전개될 수 있다. 종교의 정신적 지평은 경제적, 사회적, 정치적, 학문적 조건이 마련된 가운데서만 항상 새롭게 드러나는 반면, 원시적이고 자연적인 조건에서는 늘 동일한 주술로 나타난다. 주술과 인간의 정신은 서로에 대해 남남이다. 주술로서의 종교에서는 타자적 정신의 반복이 일어날 뿐 정신의 자기전개가 이루어질 수 없다. 정신의 자기전개는 탈주술과 세속화의 과정에서 비로소 이루어진다. 정신의 새로운 전개가 이루어지는 탈주술과 세속화의 과정은 종교에 의한 현실 변화를 가능하게 할 뿐 아니라 종교 자체의 발전을 촉진한다.

여기서 종교를 유형적으로 주술적 종교와 탈주술적 종교로 나누어 보는 것은 큰 의미를 지닌다. 종교 가운데는 계몽과 세속화를 내적으로 허용하면서도 이를 통해 중단 없이 발전하는 종교가 있는가 하면, 세속

---

46 A. Baruzzi, "Säkularisierung — Ein Problem von Enteignung und Besitz", in: *Philosophisches Jahrbuch*, 85쪽(1978) 참조.

화의 과정을 엄격하게 금하는 종교가 있다. 전자는 시대 변화에 따라 늘 새로운 정신적 가치를 제공해 주는 종교인 반면, 후자는 시대 변화와 무관하게 인간을 교조적으로 지배하는 종교이다. 예컨대 기독교는 그 어떤 종교보다 세속화의 과정에 더 많이 노출되어 왔는데도 늘 새로운 진리를 확장해 온 종교로 규정된다. 현대의 무신론이 대부분 기독교에서 파생되었으며 기독교는 그때마다 위협적으로 도전해 오는 반대 정신에 대해 언제나 논쟁적이었다는 사실은 서구의 발전과 세속화 과정의 상관관계를 염두에 둘 때 시사하는 바가 크다. "신에게 가까이 다가서려면, 신으로부터 멀리 떨어져나가야 한다."[47] 세속화의 과정은 신으로부터의 타락과 멸망의 길이 아니라 오히려 신에게 이를 수 있는 실질적인 길이다. 이러한 길은 현실 가운데 늘 새로운 정신의 흔적을 각인함으로써 발전적인 역사를 형성한다. 이와 반대로 세속화 과정을 철저하게 배제하거나 이와 무관한 교조적 종교는 인류를 예측할 수 없는 위기로 몰아 넣을 수 있다. 여기서 역사의 정지나 후퇴가 언급되는 것은 당연하다. 이러한 판단은 한가한 반성과 예견이 아니라 현재의 인류가 직면하고 있는 절박한 현실이다.

세속화 과정과 무관한 종교는 분화된 사회와 세계를 통합하기는커녕 오히려 분열을 조장하는 데 앞장선다. 이러한 현상은 종교 간의 불화에서 발생하는 문명충돌의 가능성을 염려하는 것에서 극단적으로 나타난다. 이런 맥락에서 세계 정치가 맞는 위기는 외교와 정치의 측면에서 종교적 차원을 무시함으로써 극단화되었다는 주장이 제기되기도 한다.[48] 현실 정치에서 종교적 차원이 고려되어야 한다는 것은 종교가 정

---

47 S. Kierkegaard, *Krankheit zum Tode*, Gütersloh 1985, 115쪽.

48 H. Küng, "Die Verantwortung der Religionen und der Kirchen", in: Teufel, 같은 책, 288쪽.

치에 개입해야 한다는 주장과 아무런 상관이 없다. 오히려 이것은 현실의 갈등이 종교의 갈등에서 유래한다는 사실에 대한 반성의 촉구이며 더 나아가 종교적 가르침으로부터 정제된 새로운 통합의 이념이 현실적인 정치기술을 선도해야 한다는 의미이다.

여기서 우리는 종교에 대한 철학적 계몽의 가능성과 필연성을 염두에 두면서, 한스 큉이 주도하는 '세계에토스 운동'에 주목할 필요가 있다. 그는 종교적 신앙에 뿌리를 두거나 인본주의에 기초를 두는 세계에토스가 국가와 사회의 새로운 통합을 가능하게 할 수 있다고 주장한다.[49] 이러한 에토스는 인간의 자유를 제약하는 종교적 도그마가 아니라 새로운 삶의 의미와 가치를 추구하는 개인들을 묶어 주는 역할을 감당한다. 이러한 세계에토스는 특정 종교에 확정적으로 주어져 있는 것이 아니라 종교적 가르침으로부터 이성적인 방식으로 발굴해 내어야 하는 내용이다.[50] 기존의 종교에 대한 메타적 파악과 재구성이 없이는 모든 사람들을 합리적으로 설득할 수 있는 에토스를 마련할 수 없다.

종교가 유발하는 사회 분열과 국가 간의 충돌은 종교적 근본주의 및 이와 관련되어 있는 배타적 도덕성에서 비롯된다. 종교적 근본주의와 배타적 도덕성은 신앙인의 반성과 자기대상화 운동과는 아무런 상관이 없는 곳에 있다. 이 둘은 자기화의 대상이라기보다 복종의 대상이다. 그렇기 때문에 이 둘 가운데서 신앙인 개인의 자유와 자발적인 결단을 발견하는 것은 불가능하다. 여기서는 종교적 내용에 대한 합리적 태도의

49 같은 책, 299쪽.

50 큉은 모든 종교에서 발견되며 21세기의 문화적 토대가 될 수 있는 세계에토스의 구체적인 내용을 다음과 같이 정리한다. 1. 비폭력과 생명경외의 문화를 위한 의무 2. 연대의 문화와 정의로운 경제 질서를 위한 의무 3. 관용의 문화와 진실된 삶을 위한 의무 4. 평등의 문화와 남녀의 파트너십을 위한 의무. 같은 책, 292쪽 이하.

결정보다 도그마에 대한 복종이 요구될 뿐이기 때문이다. 그러므로 종교 간의 분쟁이나 종교 때문에 발생하는 사회적 갈등을 극복하기 위해 요구되는 첫 번째 것은 종교에 대한 철학적 계몽과 세속화이다. 계몽의 과정을 생략한 채 개인과 국가의 변화를 기대하는 것은 불가능하다.

3. 새로운 의미의 생기와 종교적 계몽

시대의 변화와 무관하게 존속하는 종교의 중심문제는 초월이다. 현대의 종교 복귀 현상은 바로 이 초월에 대한 갈망의 표현이다. 초월은 무엇보다 인간에게 필연적으로 주어져 있는 자연성과 직접성을 넘어서는 데 있다. 이것은 육체적 조건과 같은 직접적인 직접성으로부터의 초월일 뿐 아니라 이미 주어져 있는 정신을 넘어선다는 차원에서 매개된 직접성으로부터의 초월이기도 하다.

앞에서 살펴본 세속화 과정은 정신의 중첩된 매개로 규정되는 초월이다. 역사 속에 등장한 실정종교에는 이미 정신이 매개되어 있지만, 이를 무반성적으로 받아들이는 사람에게 이 정신은 매개된 직접성에 지나지 않는다. 이런 점에서 "종교는 정신의 매개된 직접성"[51]이다. 세속화 과정이 종교를 이성과 지식에 재매개함으로써 그 가운데 깃들어 있는 의미를 객관적으로 드러낸다면, 이러한 초월은 정신을 현실 속에 구현하기 위한 것이다. 종교의 세속화는 정신의 이성적 자기 매개 과정과 다르지 않다. 그러나 종교적 초월에서 주도적인 것은 객관적인 것보다 내면적인 것이며, 내면에서 최초로 형성되는 실정적 새로움이다. 이

---

51 Hegel, *Religions-Philosophie*, 30쪽. 『종교철학』, 38쪽.

렇게 본다면 세속화 과정 속에 있는 종교는 그 본래의 초월에 못 미친다. 그것은 어디까지나 주어진 것의 변형이며 주어진 가르침의 객관적 확인이다. 엄격한 의미에서 세속화 과정은 종교 자체의 문제라기보다 현실의 문제이며 종교를 통한 현실 변화의 문제이다. 따라서 세속화의 대상으로 규정되는 종교 가운데는 전적인 새로움이 들어 있다고 말하기 어렵다.

전적인 새로움의 경험에 관한 한, 종교는 주어진 자연성과 현재적 경험을 초월하는 장과 위력이어야 한다. 경험의 초월은 유한한 세계의 필연적 연관을 벗어나는 일로서 무한한 세계에 대한 체험과 초현실적인 세계에 대한 자유로운 맛봄으로 나타난다. "종교는 무한자에 대한 느낌과 취향이다."[52] 무한자를 늘 새롭게 맛본다는 의미의 초월은 전적으로 직접적이며, 기존의 그 어떤 체험도 영향을 끼치지 못한다는 의미에서 가장 직접적인 직접성이다. 이러한 상태에 이르기 위해 금욕과 명상이 요구된다 하더라도, 이것은 진정한 초월을 방해하는 자연적 요소에서 벗어나기 위한 정신적 노력의 단면일 뿐 그것이 초월의 매개적 조건인 것은 아니다. 직접성은 새로운 세계를 처음으로 열어 보여 준다는 점에서 '종교적 계몽'으로 불릴 수 있다. 이미 주어져 있는 것을 객관적으로 드러내는 철학적 계몽과 달리 종교적 계몽은 아직까지 전혀 확인되지 않은 세계를 새롭게 드러내면서 그곳으로 진입해 들어가는 사건이다.

종교적 계몽으로서의 초월은 주어져 있는 자연성을 전혀 새로운 정신성으로 바꾸는 힘으로서 기존의 삶의 지평을 확대시켜 준다. 초월은 유한한 일상성의 지평을 벗어나서 무한한 정신의 지평으로 들어서는

---

52 Schleiermacher, *Über die Religion*, 53쪽. 『종교론』, 58쪽.

사건이다. 따라서 종교는 지평 확대의 현장이자 이것을 가능하게 하는 원동력이다. 지평 확대로서의 종교는 개인을 새로운 개인으로 변화시키는 동시에 개인을 다른 개인과의 관계에서 새로운 존재로 변모시킨다. 지평 확대로 규정되는 종교는 개인을 새로운 개인으로 변화시키는 사람됨(Menschwerdung des Menschen)의 틀이며 한 시대의 의미연관을 새로운 의미연관으로 변모시키는 교양의 틀이기도 하다. 인간 내면의 진정한 형성을 지시하는 전문용어인 '교양'(Bildung)이 원래 종교적 신비주의와 밀접하게 관련되어 있었다는 것[53]은 종교가 사람됨의 틀이라는 사실을 잘 보여 준다. 종교는 인간을 진정한 인간으로 만들어 줄 뿐 아니라 그때마다의 시간적 의미를 새롭게 충전하면서 새로운 역사를 형성한다.

새로운 세계의 접촉과 이를 통한 새로운 의미의 획득은 항상 비판적 의식과 연결되어 있다. 기존의 세계에 만족하며 기존의 질서에서 부자유를 느끼지 않는다면 새로운 세계를 동경할 필요가 전혀 발생하지 않기 때문이다. 따라서 '새로운 의미의 생기'로 규정되는 종교는 철학사적 근대 비판과 밀접하게 관련되어 있다. 종교에 대한 이러한 규정은 역사적으로 확립된 교리와 제도를 우선시하는 종교 이해에 대해서도 비판적이기 때문에 끊임없이 교리의 확장과 더불어 새로운 종교 제도를 시도한다. 여기서 종교가 새로움을 추구하고 새로움을 통해 생동성을 구한다는 사실은 자명하다. 새로운 의미를 추구하는 종교가 근대적 사유에 대해 비판적인 것은 계몽과 학문의 과정이 인간을 유한성과 제약성의 틀에 묶어 놓으면서 원대한 정신세계를 상실하게 한다는 이유 때문이다. 더 나아가 이성의 무한성에 도달함으로써 완결된 존재 이해

---

53 H-G. Gadamer, *Wahrheit und Methode*, Tübingen ^{4}1975, 7쪽.

를 성취할 수 있다는 주장에서는 '새로움'을 향한 출구가 없기 때문이다.

사실 근대적 사유를 대변하는 학문적, 경제적, 기술적 코드는 그 자체로 반종교적 경향을 띤다. 이것은 존재에 대한 지배의 표현이며 타자를 전면적으로 자기화하려는 이상의 표현이기 때문이다. 지배의 코드인 이성은 유한한 대상 뿐 아니라 무제약적 대상까지도 자기화할 수 있다는 환상으로부터 결국 종교의 결핍에 이르게 되며, 종교의 결핍은 정신성의 상실로 나타난다. 이성을 통해 추구되는 근대의 완성은 종교의 소멸이라는 불가능의 가능으로 나타나는 것이다. 인간이 무한한 정신성을 상실할 경우 "정신과 영혼의 병"[54]에 이르게 된다는 경고는 오늘날 철학사적 사실로 확인되고 있다. 이런 맥락에서 새로운 의미의 생기로 규정되는 종교는 근대 이후에 실증적으로 확인되고 있는 '정신의 병'을 치유하기 위한 노력의 일환이기도 하다.

요컨대 무한성의 상실이라는 정신의 병을 문제 삼는 것은 이성중심주의에 대한 비판이자 계몽적 사유의 극단에 대한 비판이며 이미 존립하고 있는 것 일반에 대한 비판이다. 이러한 비판은 오늘날의 '종교의 복귀'라는 현상을 둘러싸고 양면적인 모습으로 나타난다. 하나는 기존의 종교에 대한 해체와 분화의 과정이며, 다른 하나는 새로운 종교성에 대한 추구이다. 이 둘의 긍정적 조합은 삶의 생동성을 산출할 수 있는 반면, 그 부정적 조합은 종교와 정신성 자체의 소멸에 이를 수도 있다. 특히 전자는 기존 종교로부터의 탈주술로 나타나며 결과적으로 종교적 신앙의 상대화와 다원화로 이어진다. 종교의 초월성과 단일성을 거부하고 그 의미를 현실과 개인 가운데서 다양한 방식으로 발견하려는 것

---

54 Schleiermacher, *Der christliche Glaube*, §33, 2.

이다. 이러한 과정은 결국 모든 종교적, 윤리적 물음을 상대화시키는 방향으로 전개되고 종교 이외의 영역에 편만해 있는 우연성의 의식과 결합함으로써 더 이상 회복될 수 없는 종교의 상실로 귀결될 수 있다. 종교의 상실은 결국 삶의 의미의 총체적 상실이라는 허무주의 그 자체이다. 세속화의 과정에서 유의미하게 드러난 종교까지 해체될 수밖에 없는 상황이라면 그것은 종교의 허무주의와 다르지 않다.

공적(公的) 삶에서 유리된 사적 공간의 황폐화가 종교의 허무주의에까지 이르게 되면 삶은 더 이상의 탈출구가 없는 비극 그 자체가 된다. 여기서 삶은 더 이상 기존의 동어반복적 제의와 제도의 틀 속에 있는 종교를 통해 의미를 획득할 수 없으며 그렇다고 해서 종교 이외의 영역에서 전혀 새로운 삶의 의미를 획득할 수도 없다. 현대의 조건 속에 있는 인간은 불안과 무의미의 수렁에 빠져 있는데도 단순히 옛 종교로 귀의할 수 없는 것이다. 이것은 생태계의 위기를 맞은 인간에게 곧바로 자연으로 돌아가라는 요구할 수 없는 것과 같다. 이러한 상황은 이제 종교를 둘러싸고 예전에 없던 날카로운 방식의 입장 표명을 요구한다. 오늘날의 인간에게 요구되는 종교는 세계를 전적으로 부정하는 초월적이고 윤리적인 저항인가, 아니면 세계를 긍정하는 초월적인 의미 부여인가?[55]

삶의 불안과 관련해서 종교가 요구된다면, 이때의 종교는 세계 속에서 초월적인 의미를 발견하려는 동경과 노력으로 이해된다. 세계를 부정할 경우 세계를 부정하는 또 다른 차원의 세계를 전제해야 할 것이지만, 이 전제는 현실로 들어올 수 없는 현실의 맞수로서의 초월적 세계

---

55 Gabriel, "Gesellschaftliche Modernisierung und der Bedeutungswandel des Religiösen", in: E. Teufel, 같은 책, 173쪽 참조.

이다. 이러한 세계는 근대적 사유가 끊임없이 통합하려고 노력했던 대상이었다는 점에서 또 다른 세속화의 대상이 된다. 여기서 종교는 이원론적 틀 가운데 자리 잡고 있는 영원한 타자에 지나지 않는다. 이에 반해 세계를 긍정하는 초월적인 의미 부여로서의 종교는 세계 자체를 일원적 통합의 체계로 간주하면서 전체존재의 갱신을 의도한다. 종교는 윤리 이상의 것으로서 전체존재의 근본적인 의미 변혁과 관련되어 있다.

여기서 종교는 '존재의 새로운 일어남'이라는 의미를 획득하면서 형이상학에 대한 비판적 입장과 만난다. 모든 존재를 탈신화하는 데서 전통 형이상학과 철학적 학문이 성립하는 반면, 학문 자체가 탈신화되면서 전통 형이상학에 대한 비판과 새로운 종교성이 문제되기 때문이다. 전통 형이상학을 완성시켜가는 과정에서 종교의 세속화가 문제되었다면, 이제는 새로운 종교성을 둘러싸고 형이상학 비판의 관점이 중요한 문제로 떠오른다. 새로운 종교의 필요성과 맞물려 있는 형이상학 비판의 관점은 포스트모더니즘에서 처음으로 나타난 것이 아니다. 그것은 낭만주의 사유에 뿌리를 두고 있다.

오늘날 새롭게 조명받는 낭만주의 사유의 특징은 무엇보다 계몽적 사유의 제약성과 유한성을 비판하고 무한한 세계를 지향하는 데 있다. 인간은 유한한 세계를 분석하고 명료화할 수 있는 능력만이 아니라 무한한 세계와 접촉하면서 이 세계를 드러낼 수 있는 능력도 소유한다. 우리의 논의에서 중요한 것은 이러한 주관성의 능력을 인정하는 가운데 마련될 수 있는 새로운 종교성이다. 언급한 바와 같이 새로운 종교성을 통해 드러나는 새로운 세계와 초월적 세계는 계몽의 성격을 지닌다. 낭만주의에서 말하는 종교는 아직까지 드러나지 않은 세계를 직관과 감정을 통해 실정적으로 드러내는 것이며 이를 통해서 새로운 삶의 지평을 개시(開示)하는 것이라면, 무한한 세계의 자기화라는 차원에서 계몽주의를 확장하려고 하는 낭만주의는 계몽주의의 포기라기보다 그 철저화로 이해되어야 한다. 지금까지 알려지지 않았던 세계를 처음으로 드러내는 것은 철학적 계몽과 구별되는 의미의 계몽인 것이다. 여기서 중요한 것은 인간의 주관성 가운데 무한자가 그때마다 늘 새로운 모습으로 — 고유하고 특유하게 — 일어나는 사건이다.

이러한 맥락에서 낭만주의 철학자들은 종교를 '신화'를 통해 설명하려고 하고, 특히 역사적으로 주어져 있는 옛 신화학에 대한 재구성이나 재해석이 아니라 '새로운 신화학' 자체를 정립하려고 한다. "진정한 신화학은 오로지 자연의 형태를 통해서만 가능한 이념의 상징학이며 무한자의 완전한 유한화인 이념의 상징학이다."[56] 이것은 이미 역사적으로 계시된 것에 대한 새로운 해석이 아니라 아직까지 전혀 드러나지 않은 원형의 현현이다. 따라서 "신화는 — 철저하게 역사적인 동시에 바로 이를 통해 세계 내적 역사성의 내재로 환원될 수 없는 — 역사성이 현시되는 장이다."[57] 신화의 실정성은 기존의 의미연관에 이의를 제기하는 타자성의 등장인 동시에 새로움이 만들어 내는 전통과의 유의미한 단절이다. 새로운 신화학에 대한 현재적 논의[58]의 핵심도 이제껏 드러나지 않았던 무한자의 세계를 새롭게 보여 주는 데 있다면, 중요한 것은 기존의 종교에 대한 메타적 해석이라기보다 새로운 종교의 일어남이다.

예술이 새로운 세계를 체험하게 함으로써 학문과 기술에 의해 지배

---

56 Schelling, *Philosophie und Religion*, 653쪽; 『인간적 자유의 본질 외』, 259쪽.

57 G. Vattimo, 같은 책, 115쪽.

58 M. Frank, *Kaltes Herz, Unendliche Fahrt, Neue Mythologie*, Frankfurt/M. 1989 참조.

되는 삶의 몰개성과 몰고유성을 극복하는 데에 중요한 역할을 감당하는 것처럼, 종교도 새로운 의미의 생기라는 차원에서 기술문명에 유린당한 삶에 새로운 의미를 제공해 준다. 예술과 종교는 초일상적 삶과 새로운 의미의 생기를 둘러싸고 동일한 관심사를 갖고 있다.[59] 그러나 여기서 획득되는 의미는 학문적 보편성과 구별되는 개체성이다. 종교가 가져다주는 삶의 의미는 무한자에서 발생하는 근원적 특성을 지니기는 하지만 개인의 내면 가운데서 일어나는 개성적인 것을 넘어서지 않는다.

이러한 현상은 종교의 성격은 물론이고 종교기관의 변형과도 관련된다. 현대의 조건은 종교를 몰락에 이르게 하지는 않지만 종교를 예전의 통일적인 종교로 복귀하게 하지도 않는다. 종교는 대부분 개인적인 차원에서 일어나는 삶의 새로운 의미 획득과 관련해서 나타난다. 새로운 의미의 추구는 결국 새로운 종교의 추구로 이어지며, 새로운 종교는 내면성으로서의 종교와 개인화된 종교로 구체화된다. 이런 맥락에서 현대에는 독점적인 종교기관의 출현이 불가능한 대신, 종교기관으로부터 자유로운 개인적인 신앙과 경건에 대한 관심이 더 확대된다. 삶의 새로운 의미연관을 열어 주는 종교가 개인적인 지평에서 중요하게 부각되고 이를 통해 개인화된 종교가 등장하는 것이다. 종교의 개인화는 인간의 자유 획득과 밀접하게 연관되어 있다. 우리의 논의에서는 공적인 차원에서 거론되는 개인의 자유와 병행해서 사적인 차원에서 내적으로 확장되는 자유가 관건이다. 내적 자유에 대한 열망이 클수록 종교의 개인화 내지 개인적인 의미공간으로서의 종교가 더 강하게 나타난다. 개

---

59 U. Barth, "Religion und ästhetische Erfahrung", in: K.-M. Kodalle/A.M. Steinmeier(Hg.), *Subjektiver Geist. Reflexion und Erfahrung im Glauben*, Würzburg 2002 참조.

인화된 종교는 개인의 삶의 의미가 구체적으로 실현될 수 있는 장이기 때문이다.

그러나 개인의 내적 자유의 확장은 사회적 공간을 확보하지 못할 때 또 다른 부자유로 떨어질 수 있다. 개인화된 종교는 개인의 내면에 국한되지 않고 종교적으로 계몽된 개인들을 연대하는 '개인화된 종교 공동체'로 확대되어야 한다. 그렇지 않는 한 개인의 내면화 과정과 사회의 분화 과정은 더 심화될 것이며, 분화의 극단은 또 다른 의미의 소외를 수반할 것이기 때문이다. 바로 여기서 '개인적 사회' 내지 '교제적, 사교적 관계'(Geselligkeit) 개념이 새롭게 조명받는다. 이 개념은 개인화되고 내면화된 종교가 만들어 내는 사회적 형태를 지시한다.[60] 개인의 내면에서 획득된 새로운 삶의 의미는 교제의 성격을 지닌 종교 공동체를 통해 확장될 수 있어야 한다. 여기서 공적인 시민사회와 구별되는 사적인 의미의 공동체가 부각된다.

이 문제는 종교를 통한 사회적 통합의 가능성에 대한 물음으로 이어진다. 개인화된 종교가 사회적 과정 속에 있지 않을 때 종교를 통한 사회적 통합은 불가능하다. 시민사회를 구성하는 원리가 '욕구'라면 종교를 통해 구성되는 원리는 '의미'가 될 것이다. 종교를 통한 사회적 통합 가능성에 대한 물음은 종교적 의미가 개체를 넘어서서 체계 속에서도 기능할 수 있는가라는 물음이며, 이것은 내면화되고 개인화된 종교의 사회적 관계가 가능한가에 대한 물음과 동일하다. 내적 의미를 통해 결속되는 사회가 가능하다면, 그리고 종교적 의미가 개인과 개인을

60 Schleiermacher, *Über die Religion*, "Vierte Rede", N. Luhmann, *Gesellschaftsstruktur und Semantik. Studien zur Wissenssoziologie der modernen Gesellschaft*, Bd. 1, Frankfurt/M. 1998, 158쪽 이하, Th. Luckmann, "Überlegungen zu den Metamorphosen der Religion in der Moderne", in: Teufel, 같은 책, 205쪽 참조.

친밀하게 묶어 주는 사회가 이루어질 수 있다면, 이것은 현대의 의미 위기를 극복할 수 있는 대안이 될 수 있다. 여기서 우리는 종교가 극단적으로 분화된 포스트모던 사회의 통합에 단서를 제공할 수 있다는 논제와 만난다. 종교는 포스트모던 사회가 상실한 정당성을 새롭게 제공해줄 수 있다는 것이다. 새로운 정당성을 확보하기 위해서는 기존의 종교에 대한 세속화 과정과 더불어 새로운 종교성의 일어남이 요구된다.

삶 속에서 새로움을 추구하는 개인은 새로움을 위해 늘 기존의 것을 비판하고 이미 통합되어 있는 것을 분화한다. 그러나 재통합의 근거가 결핍된 채 이루어지는 비판과 분화는 불가피하게 분산의 과정으로 이어지며 이는 사회적 불안정으로 나타날 수 있다. 불안정은 통합의 이념이 상실된 채 진행되는 개인적 분화의 필연적 귀결이다. 통합의 이념이 해체되었다 하더라도 지속적 안정은 사회의 정언적 요구임이 틀림없다면, 분화된 사회를 재통합하는 의미연관은 사회의 안정적 지속을 위해서 필요불가결하다. 분화를 거치면서도 안정을 확보할 수 있는 길은 새로운 분화를 통합할 수 있는 의미체계를 통해 마련되어야 한다. 새로운 의미체계가 우리의 논제와 같이 종교를 통해 마련될 수 있어야 한다면, 이러한 의미체계는 개인의 내면에서 일어난 새로운 의미가 교제적 결속을 만들어 낼 수 있을 때만 가능하다. 의미에 대한 개인의 확신은 개인과 개인의 실질적 교제를 통해서만 공동체의 결속을 형성할 수 있기 때문이다. 종교적 내면성은 새로운 의미의 원천이지만, 새로운 의미는 개인들 간의 실질적 결속을 통해서만 완성된다.

결국 21세기 삶의 조건 속에서 종교의 의미는 철학적 계몽과 종교적 계몽이라는 양방향에서 추구될 수밖에 없으며 이를 통해 사회 구성원 모두를 공동의 세계로 묶어 주는 '시민종교'의 차원에서 구체화되어야 한다. 시민종교는 종교적 계몽에서 나오는 그때마다의 구체적인 신앙 내용과 이것을 전달하고 수용하는 종교적 의사소통 없이 — 철학적 계몽 없이 — 형성될 수 없다. 시민종교는 내면의 운동과 아울러 타자와의 반성적 관계를 요구하기 때문이다. 오늘의 종교는 양방향의 계몽을 통해 사회적 계몽을 창출할 수 있을 때 유의미한 삶의 변화를 도출할 수 있다. 그렇지 않는 한 종교는 모든 것을 상위에서 지배하는 도그마로 남으면서 현실적 삶을 파괴하는 하나의 주의(Doktrin)로 전락하거나, 아니면 전승으로서의 종교가 모두 세속화됨으로써 종교는 초월성과 타자성을 상실하면서 마침내 인간성의 범주 안에 갇히게 된다. 인간성의 범주에 묶여 있는 종교는 또 다른 무신론이 될 수 있다. 예컨대 칸트의 도덕종교가 무신론의 출발이라고 간주하는 다소 극단적인 입장[61]에 서지 않는다 하더라도 종교는 타자의 얼굴을 갖지 않는 한 삶의 새로운 의미 지평과는 아무런 상관이 없기 때문이다.

---

61 J. Derrida, "Glauben und Wissen. Die beiden Quellen der *Religion* an den Grenzen der bloßen Vernunft", Derrida/Vattimo, 같은 책, 23쪽 참조.

9

종교의 객관성과 체계 사유

헤겔철학은 궁극적으로 학적 체계를 지향한다는 점에서 다른 어떤 철학보다도 논리적이며 체계적이다. 헤겔은 완벽한 체계 구상을 『엔치클로페디』[62]를 통해 시도하며 『엔치클로페디』의 체계는 그 구조에 있어서 다른 어떠한 철학보다 의미 있는 것으로 받아들여진다. 그러나 『엔치클로페디』의 체계는 헤겔이 희망하는 바와 같이 그 자체가 완벽한 것으로 정립되지 못했다. 헤겔 자신에 의해 체계의 불완전성을 극복해 보려는 시도가 있었다는 사실은 그가 체계의 완전성을 만족스럽게 구현하지 못했음을 반증한다. 그러나 이러한 『엔치클로페디』의 불완전성에도 불구하고 종교철학의 체계는 헤겔이 다룬 다른 어떠한 분과보다도 체계적인 것으로 평가된다. 헤겔은 이러한 체계의 완전성이 기독교에 용해되어 있는 것으로 간주한다. 종교철학에서 다루어지는 역사적인 실정종교들 전체가 체계적인 것이 아니라 그 중에서 기독교야말로 헤

62 G.W.F. Hegel, *Enzyklopädie der philosophischen Wissenschaften* I, II, III, Frankfurt 1970.

겔이 희망하는 가장 완전한 체계를 갖추고 있다는 것이다. 이런 관점에서 기독교의 삼위일체론은 철학의 한 분과인 종교철학 가운데서만 의미를 지니는 체계가 아니라 철학 전반을 위해서도 가장 의미 있는 체계로 받아들여진다.

헤겔 체계의 완결성은 자기관계의 완결성이며, 이러한 완결성은 타자관계를 자기관계로 사유하는 데서 이루어진다. 이것은 자기와 타자의 완전한 일치가 사유 가운데서 개념적으로 성취된 것이다. 여러 저서에 일관되게 나타나는 이러한 사유는 타자존재 속의 자기존재(Beisichsein im Anderssein)로 요약된다. 이것은 주객의 절대적 동일성이며 개념과 실재의 통일이고 내용과 형식의 일치이다. 헤겔은 이러한 체계의 자기완결적 구조를 기독교의 삼위일체론에서 발견한다. 왜냐하면 기독교 삼위일체론은 1) 그 자체가 가장 완전한 종교적 표상으로 이미 역사 속에 실증적으로 주어져 있는 것이며[63], 2) 종교철학은 이를 가장 완벽하게 파악할 수 있기 때문이다. 여기서 삼위일체론은 종교철학의 테두리나 종교적 의식의 차원에 제한되지 않고 자기관계라는 사변철학의 근본문제에 대한 역사적인 해결로 나타난다. 헤겔은, 사변적 자기관계가 목적으로 하는 자유는 기독교 삼위일체론에서 가장 구체적으로 구현되어 있다고 본다. 그러므로 헤겔의 삼위일체론은 사변철학의 근본 구조일 뿐 아니라 이 구조 위에 가능했던 구체적인 역사적 현상이기도 하다.

헤겔의 체계 사유를 삼위일체론과의 연관성에서 고찰하는 것은, (1) 철학 일반의 체계를 형성하는 내용이 기독교적인 소여로부터 출발한다

63 헤겔은 기독교가 삼위일체성 때문에 다른 종교보다 더 완전하며 가장 완전한 종교라고 주장한다. 이 점은 종교철학의 논리적 전개와 일치한다. 이러한 주장은 『역사 속의 이성』 *Die Vernunft in der Geschichte*, Hamburg 1955, 59쪽에도 나와있다.

는 사실과 연관되어 있으며, (2) 철학적 체계는 그것이 종교적 표상의 범주를 벗어나는 보편적 사유 범주의 체계인 한 기독교적인 소여를 넘어서는 보편적 이념의 체계여야 한다는 사실과 맞물려 있다. (1)은 헤겔철학을 전적으로 기독교적으로 해석할 수 있는 토대가 되며, (2)는 삼위일체론에서 보이는 기독교적 이념을 존재 일반의 보편적 이념으로 해석할 수 있는 근거가 된다. 헤겔철학은 기독교적 전제 없이는 생성될 수 없었으리라는 주장(1)과 기독교적 이념이 사변적 신학(spekulative Theologie)을 매개로 보편적 사유체계와 연관되어 있다는 주장(2)는 헤겔의 종교철학에서 다룰 수 있는 중요한 논제들이며, 우리의 논의는 이러한 테두리 속에서 이루어진다. 특히 (2)의 관점은 사변적 신학과 철학의 일치로 이끌어지며, 이것은 신학의 작업 이전에 소여되어 있는 존재 일반의 보편적 구조 탐구로 안내된다.

1821년에 행한 최초의 종교철학강의는 기독교의 삼위일체론을 다음과 같이 요약하고 있다. "신 자신은 전체존재 가운데 있는 일자이다. (신적) 자연은 계시된다. (신적) 자연은 타자를 위해 이렇게 1) (외적) 자연과 2) (인간적) 의식으로 계시된다. 자연은 이 둘이 아니라 오직 이것들의 일자이다. 정신이 계시된 것이 자연과 의식이다."[64] 신과 자연과 인간의 절대적 통일성을 보여 주는 삼위일체의 내용은 헤겔에 의해 다음과 같이 보다 상세하게 설명된다. "첫 번째 영역은 순수한 이념과 사유하는 정신 속에 존재하는 영원한 신이다. 두 번째 영역은 자연 속에 실현된 보편자, 전적으로 외적인 존재, 그리고 진정한 외화이다. 세 번째 영역은 그 스스로 전적으로 내적 존재인 동시에 외적 존재인 유한

---

64 G.W.F. Hegel, *Religions-Philosophie*, GW. Bd. 17, Hamburg 1987, 206쪽. 최신한 옮김, 『종교철학』, 지식산업사 1999. 이하 이 책의 인용은 쪽수를 괄호로 묶어 본문에 직접 표기한다.

적 존재 가운데서 외면성이 심원한 분열과 의식적 부정으로 완성됨이며, 이로써 영원한 이념에로 복귀가 일어나는 계기이다."(272이하)

"자연과 유한적 정신의 창조에 앞서서 그의 영원한 본질 속에 내재하는 신"[65]이 자연과 인간에게 현상하며 유한한 자연과 유한한 인간에서 신 자신으로 복귀한다는 것은, "유한적인 정신 일반에 나타난 신의 모습이며 구원과 화해의 역사이고 영원한 신의 역사 그 자체이다."(221) 삼위일체의 신은 "자연의 창조자이면서 자연의 지혜로운 보존자"(221)이고 그 회복자이다. 그는 자신의 동일적 사유를 넘어서서 유한적 자연과 정신 가운데로 외화되어 분열되고 이로부터 자기 자신의 동일성을 회복하는 절대이념인 것이다. "이념이 절대적인 것은 신이 곧 정신임을 뜻한다."(210) 정신의 운동으로 나타나는 신적인 이념은 그 자체의 매개과정을 통해 즉자대자적인 자신에 이르게 되므로, 삼위일체성은 실체적인 것이 아니라 정신적인 것 내지 영적인 것이다. 따라서 삼위일체성은 "신"이라는 주어에 대해 임의적으로 붙여지는 오성적 술어나 개념이 아니라, 신의 개념이 그 구체적 역사인 실재와 맺는 계기와 과정 전체이다.

여기서 삼위일체성의 두 가지 측면이 드러난다. 하나는 계시 이전의 신이 소유하는 "내재적 삼위일체성"(immanente Trinität)이며, 다른 하나는 계시를 통해 인간과 자연에 관계하고 섭리하는 신의 "경륜적 삼위일체성"(ökonomische Trinität)이다. 이 두 가지 중 어떤 측면이 강조되든지 상관없이 중요한 것은 신이 실체적인 것이 아니라 생동적인 것이라는 사실이다. 이념이 "개념과 객관성의 절대적 통일"[66]이라는

---

65 G.W.F. Hegel, *Wissenschaft der Logik I*, Frankfurt 1969, 44쪽.

66 G.W.F. Hegel, *Enzyklopädie der philosophischen Wissenschaften I*, Frankfurt 1970, 367쪽.

『엔치클로페디』의 명제는 종교철학적으로, 신의 개념과 그로부터 창조된 자연과 정신의 통일이라는 삼위일체적 의미, 즉 절대정신의 운동이라는 생동적 의미를 지닌다.[67] 삼위일체성을 매개로 하여 기독교 속에 용해되어 있는 이성적 사실을 입증해 보이려는 시도는 신개념의 운동성과 생동성에 대한 논의로 모아진다. 삼위일체론과 학적 체계의 상관관계는 이 점에서 분명하게 드러난다. 기독교의 신은 유한자와 대립된 신이 아니며 모든 유한적 존재 가운데서 활동하는 신이기 때문이다. 나는 헤겔의 삼위일체론이 보여 주는 체계 사유를 밝혀냄으로써 기독교적 사실이 신앙인의 주관성 가운데 제한되는 것이 아니라 모든 존재를 관통하는 통일적이고 유기적인 객관성임을 규명하려고 한다. 기독교의 객관성과 이성적 특징은 삼위일체성이 오성의 사실을 넘어서는 사변적인 것이며(1), 이런 사변적 인격성이 신적인 사랑으로서 유한자 가운데 구체화되고(2), 이러한 사랑의 활동성이 정신의 자기관계로 드러난다(3)는 사실이 밝혀짐으로써 입증된다.

1. 삼원성과 삼위일체성

종교적 사실이 오성을 넘어선 것이라는 생각은 칸트의 비판철학 이후 일반화된 것이다. 그 어떠한 존재도 주관성과의 매개를 통해 파악할 것을 요구하는 근대 이후의 철학은, 종교가 대상으로 하는 무한자에 대해서도 주관성의 매개를 강조한다. 오성적으로 파악될 수 없는 무한자는

---

67 이런 맥락에서 회슬레는 종교철학과 같은 실재철학이 논리학의 "짝"이라고 규정한다. V. Hösle, *Hegels System*, Hamburg 1987, 644쪽 이하 참조.

인간의 자율적인 실천적 능력과 관계하거나 직관 및 감정의 능력과 관계한다. 전자의 경우 무한자는 이성의 실천적 사용에 있어서 필연적으로 요청되는 이념[68]이나 "도덕적 질서" 내지 "세계섭리(göttliche Weltregierung)"[69]로 규정되며, 후자의 경우 무한자는 전적으로 수용적인 주관성의 내밀한 자리에서 그때마다 새롭게 생기(生起)하는 존재로 규정된다.[70] 특히 종교를 "근원적 직관"으로 규정하는 이론은 그것을 오성 형이상학이나 도덕으로 수렴하는 이론보다 종교의 자립성과 고유성을 잘 드러내 보인 것으로 평가받는 대신 주관성으로서의 종교라는 비판을 감수해야 한다. 이에 반해 헤겔의 종교 이해는 전통적인 오성 형이상학이나 이를 비켜가는 대안들에 대한 비판으로부터 출발한다. 헤겔의 종교 이해는 소위 "이성 형이상학"의 프로그램 속에서 이루어진다. 종교는 오성이나 실천이성이나 직관에 의해 설명될 수 있는 것이 아니라 이성을 통해 객관적으로 파악될 수 있다는 것이다. 종교의 객관적 모습은 오로지 이성적 탐구방식을 통해서만 드러날 수 있으며 이러한 탐구방식에 정확하게 일치하는 종교가 기독교이고 그 내용은 삼위일체성이라는 것이 헤겔 주장의 핵심이다.

종교에 대한 탐구에서 삼원성(Dreiheit)과 삼위일체성에 대한 언급이 중요한 것은, 종교의 내용이 결코 오성의 폭에 감싸질 수 없는 사변적인 내용을 담고 있기 때문이다. 오성은 종교의 내용을 파괴한다. 오성은 종교가 삼원성으로 표현되든지 삼위일체성으로 표현되든지 상관

---

68 I. Kant, *Kritik der praktischen Vernunft*, Hamburg 1985, 4쪽.

69 J.G. Fichte, "Über den Grund unseres Glaubens an eine göttliche Weltregierung", in: I.H. Fichte(Hg.), *Fichtes Werke*, Bd. V. Berlin 1971, 186쪽.

70 F.D.E. Schleiermacher, *Über die Religion*. Reden an die Gebildeten unter ihren Verächtern. Göttingen 61967: 최신한 옮김, 『종교론』, 기독교서회 2002, 특히 둘째 강연 참조.

없이 그 내용을 파괴한다. 오성을 도구로 삼아 종교를 변호하는 것은 그 의도와는 다르게 종교를 왜곡시킬 수 있으며, 종교에 대해 오성적인 방식으로 논쟁하는 것도 종교를 파괴하는 결과에 이른다. 오성적인 방식으로 종교를 다루는 것은 종교의 내용을 흠집 내기 위하여 종교와 관계하는 일에 불과하다. 헤겔은 이러한 종교와 오성의 관계를 다음과 같이 비유적으로 표현한다: "오성은 절대적 관계를 흠집 내기 위하여 이 관계 안에 흠을 집어넣는다."(80)[71] 오성은 종교의 사변적 내용을 그 내용에 걸맞는 것으로 파악하지 못하며 이것을 오히려 유한적 관계로 변형시켜 버린다. 그러므로 삼위일체성의 사변적 내용은 오성적으로 파악되면서 비본질적인 것으로 전락한다. 삼위일체성은 그것이 오성적으로 이해될 경우 수를 나타내는 것에 불과하기 때문이다. 오성적으로 파악된 삼위일체성은 정신의 본질적인 관계를 나타낸다기보다 비본질적인 관계를 보여 준다. 숫자 "셋은 하나가 아니며 유한적인 것과 인간적인 것은 신적인 것과 하나로 되지 못한다는 아주 비본질적인 관계"(80)가 여기서 나타나는 것이다. 비본질적인 관계 가운데서 표현되는 종교는 진정한 종교가 아니며, 이것은 기껏해야 오성 형이상학 내지 몰정신적인 교의로 구성된 자연신학에 지나지 않는다.

종교적인 이념은 오성이나 숫자나 표상으로 간단히 표현될 수 없다. 헤겔이 삼위일체론을 강조하는 것은, 영원한 이념은 삼위일체성을 통해서만 드러날 수 있다고 생각하기 때문이다. 오성이나 표상을 통해 설

---

71 „Verstand gibt solchen absoluten Verhältnissen erst die Krätze um sie zu kratzen.„ (80) 1821년 강의의 비평본을 편집한 예슈케(Jaeschke)는 이러한 흠집 내는 오성의 역할이 번역자가 저자를 흠집 내기 위하여 저자에게 흠집 내는 연장을 쥐어 준 것과 같은 것이라고 해설한다. G.W.F. Hegel, *Religions-Philosophie*, 381쪽; "Verhältnis des Scepticismus zur Philosophie". in: GW.4, 220쪽 참조.

명되는 종교적 이념은 예컨대 육화와 삼원성에 대해 언급하기는 하지만 그 설명 자체가 추상적이며 정신적인 생동적 통합을 이루어 내지 못한다.[72] 예컨대 "인도의 브라만은 사랑이 아니라 추상이다."(223) 인도 종교에서 보이는 "이념의 여운과 흔적"(223)은 기독교의 삼위일체성과는 근본적으로 구별되는 것으로서 그 자체가 추상에 지나지 않는다는 것이다. 종교적 이념이 추상에 지나지 않는다는 것은 다음의 사실을 의미한다: 오성이나 숫자나 표상으로 표현된 이념은 육화와 같은 자기분화의 과정을 거치기는 하지만 그 자체가 분화된 특수성과 다수성에 아무런 제약적 척도가 될 수 없으며 이러한 특수성도 근원적 이념으로 회귀하는 척도가 될 수 없는 비생동적인 표상에 불과하다. 비생동적인 표상으로 표현되는 종교적 이념은 이념의 통일성을 담아낼 수 있기는 하지만, 이러한 통일성은 오성적인 추상적 보편성이거나 감각적으로 표상된 보편성에 지나지 않는다. 예컨대 아리스토텔레스는 피타고라스의 3의 수(Trias)와 신의 표상을 연관 지우면서, 우리가 신을 세 번 부를 때 신을 완전히 부른 것이라고 말한다.[73] 헤겔은 이것을 지극히 추상적인 신 표상으로 간주한다.(224) 이에 반해 정신이나 사랑의 통합을 지칭하는 삼위일체성은 이념의 분화와 자기복귀가 완전한 원환구조를 이루고 있는 것으로서, 여기서는 이념이 분화됨으로써 발생하는 자기모순과 이 모순의 극복이 통일적인 구조 속에서 이루어진다. 삼위일체성은 이념의 이러한 생동적 운동을 지칭한다.

이런 맥락에서 헤겔은 삼원성이나 삼위일체성이 진정한 진리를 담아

---

72 헤겔은 인도 종교의 트리무르티(Trimurti)와 쉬바(Schiwa)가 신의 다중적 형태화를 포함하고 있는 것으로 파악하지만 이러한 다중적 표상은 사유라기보다 감각적 표상에 지나지 않는 것으로 간주한다. Hegel, *Religions-Philosophie*, 223쪽, Anm. 참조.

73 Aristoteles, *De coelo*. A 1, Bd. 1, 195E (268a 10-15) 참조.

낼 수 있는 형식이라고 생각한다. 헤겔은 삼원성과 삼위일체성을 전적으로 동일한 것으로 보지는 않지만, 기독교 이전의 종교적 표상에 등장하는 삼원성 가운데 "진리의 절대적 의식"이 포함되어 있다고 주장한다.(225) 이들 종교에서 삼원성의 진정한 모습이 드러난 것은 아니지만 삼원성 자체가 종교적 이념을 담을 수 없는 유한적 형식은 아니라는 것이다. 그렇지만 헤겔은 이들 종교는 삼원성을 단순히 오성적으로 고찰함으로써 원래 삼원성이 담지할 수 있는 이념의 생동적 의미를 추상적 차원으로 밀쳐내 버렸다고 본다. 이념의 세 가지 계기들을 하나로 간주하는 삼원성은 오성적 관점에서 볼 때 가장 비이성적인 것이다. 오성에게 숫자 하나는 오로지 자립적 하나이어야 하며 이 하나를 다른 하나와 혼동하는 것은 가장 큰 오류가 된다. 하나는 절대적 자립성을 지니며 다른 하나와는 절대적으로 분리되어 있다. 헤겔은 이러한 오성적 하나의 개념을 질료에 걸맞는 것이라고 생각한다. 질료는 질료로 그치며 외적인 상태에 머물러 있을 뿐이기 때문이다. 질료는 실제적이기는 하지만 비정신적인 존재이다. 질료가 다른 질료와의 관계를 통해 하나로 남아 있지 않으려 한다 해도 질료는 외적이며 비정신적인 상태를 벗어날 수 없다. 그러나 정신적 규정은 하나에 대한 오성적 파악과 달리 이러한 오성적 하나의 개념을 무조건 받아들이지 않는다. 헤겔의 사변적 고찰은 "숫자 하나를 자기 내적으로 변증법적인 것으로, 즉 자립적인 것과 진정한 것이 아닌 것으로 드러내 보인다."(225) 바로 여기서 "세 가지의 하나는 오로지 하나로 파악된다."(225) 세 가지의 하나가 자립적 셋이 아닌 통일적 하나일 수 있는 것은 그것이 오성적 지평을 넘어서서 정신적 단계에 들어섬으로써 가능하다. 정신의 생동적 과정이 세 가지의 하나를 자립적 셋이 아닌 통일적 하나로 형성하는 것이다.

요컨대 삼원성은 자립적 셋을 통일적 하나로 형성할 수 있는 원리이며, 이 원리는 이미 오성의 차원을 넘어서 있다. 헤겔은 삼원성 가운데 오성적 차원을 넘어가는 사변적 내용이 용해되어 있는 것으로 보고 이것과 기독교의 삼위일체성을 연관 짓는다. 그는 플라톤에 의해 추상적 이념으로 규정된 삼원성[74]이나 칸트의 삼중성(Triplizität) 개념[75]이 비록 정신의 구체적인 운동성을 보여 주지 못했다 하더라도 오성적 지평을 넘어갈 수 있는 사변적 초석을 마련한 것이라고 평가하는 반면, 이러한 문제에 대해서 진지하게 생각하지 않은 신학자들을 부정적으로 평가한다. 신적인 이념은 삼원성을 매개로 할 때 비로소 통일적으로 파악될 수 있다는 사실을 신학자들은 올바로 통찰하지 못했다는 것이다. 신학자의 반열에도 당당하게 서 있는 헤겔은 삼원성을 신적인 이념을 서술할 수 있는 토대로 간주하며 이것을 삼위일체성으로 새롭게 정립한다.

삼원성이 삼위일체성으로 변형되는 데에는, 하나와 셋이라는 숫자에 대한 사변적 해석을 넘어서서 삼원성을 인격성의 틀 가운데서 해석하는 작업이 필수적이다. 절대이념의 생동성은 인격성 가운데서 잘 드러나기 때문이다. 헤겔은 인격성을 먼저 "절대적 이념 속에 들어 있는 고차적인 구별의 규정"(225)으로 정의한다. 이것은 삼원성의 경우와 같이 세 가지가 하나 속에 들어 있는 것을 지칭한다. 오성으로서는 셋을 하나로 파악하는 것이 불가능하듯이 절대적인 이념 가운데 구별적인 인격성들이 들어 있다는 사실을 파악하는 것도 마찬가지로 불가능하다. 아니 오히려 오성으로서는 삼원성을 파악하는 것보다 삼위일체적 인격성을 파악하는 일이 더 어렵다. 인격성은 단순한 형식이 아니라 그

74 Platon, *Timaios*. 34c–35b; 31c–32a 참조.

75 Kant, *Kritik der reinen Vernunft*. Hamburg 1956, B 110 참조.

자체가 주체의 무한한 형식이기 때문이다. 인격성은 그 자체가 무한한 형식을 가지고 있기 때문에 한 인격성의 계기는 다른 인격성의 계기와 대립한다. 더 나아가 각각의 인격성이 무한한 형식을 지니고 있는 한 이들 간의 대립은 극단적이며 절대적이다. "세 가지 신들은 그 자체로 무한한 하나이며 심지어 근본적으로 배타적인 것이기도 하다. 이들은 다수의 하나이지만 오로지 하나로만 파악되는 심각한 모순이다."(226) 헤겔은 이렇게 대립하는 인격성을 심지어 악으로 규정하기까지 한다.[76] 오성, 감성, 표상 등에 의해 파악되는 인격성은 이처럼 모순 그 자체이다. 그러나 세 가지 신들의 인격성은 실제로 상호 극단적인 대립으로 그치는 것이 아니라 이러한 대립의 해소이기도 하다. 인격성의 본래적 의미는 분리에 있다기보다 관계나 통일에 있다.[77] 여기서 주의해야 할 사실은 대립 내지 모순의 존재와 모순의 해소를 구별하는 일이다. 모순의 해소는 모순을 인정하는 바탕에서 가능하기 때문에, 모순의 해소 이후에 도달하게 되는 삼위일체적 통일의 상태가 무조건 무모순의 상태를 의미하는 것은 아니다. 삼위일체성이 갖는 중요한 의미는, 인격성들 간에 모순이 있음에도 불구하고 이 모순의 해소가 가능하다는 사실에 있을 뿐, 삼위일체성이 아예 무모순적인 것이라는 사실에 있지 않다.

세 가지 인격성의 극단적 대립이 그 해소와 함께 있다는 주장은, 삼위일체성이 오로지 사변적 지평에서만 이해될 수 있는 것이라는 주장과 맞물려 있다. 오성적인 지평에서 생각한다면 사변은 마치 도깨비 방

---

76 헤겔은 서로 대립하는 인격성을 "악의 확실성에 대한 무한한 주관성"으로 규정하기도 한다.(226)

77 예컨대 셸링은 인격성을 "자립적 존재의, 그와 독립해 있는 토대와의 결합"으로 규정한다. F.W.J. Schelling, *Philosophische Untersuchungen über das Wesen der menschlichen Freiheit und die damit zusammenhängenden Gegenstände*, SW. VII 394쪽: 최신한 옮김, 『인간적 자유의 본질』, 한길사 2000, 44쪽.

망이와 같은 마술적인 것으로 보일 수도 있다. 이러한 생각은, 극단적으로 대립하는 주체가 또한 대립의 해소 자체라는 것을 도저히 합리적으로 이해할 수 없다는 반성에서 나온 것이다. 그러나 여기서 또다시 강조되어야 하는 것은, 인격의 삼위일체성이 결코 표상적 차원의 인격성이나 감성적 차원의 인격성이 아니라는 사실이다. 삼위일체성은 신적 이념을 지칭하는 것이지 표상이나 감성의 본질을 가리키는 것이 아니다. 그렇다고 해서 신적 이념이 표상이나 감성과 대립되는 위치에 있는 것도 아니다. 대립을 벗어날 수 없는 표상과 감성의 차원을, 이념의 자기모순적 운동을 통해 이념 자신으로 포섭하는 모순극복의 구조가 삼위일체적 이념 가운데 용해되어 있는 것이다. 삼위일체성이 보여 주는 사변성은 결국 자기모순을 향한 "자기 방출"과 자기에로 복귀하는 "영원한 운동"(226)이다. 여기서 종교적 이념은 자기동일성의 규정을 얻으며 그것도 '보편적'이라는 수식어가 붙은 규정을 획득한다. 이러한 보편적 자기동일성은 이제 진정으로 자유로운 인격성으로 정립된다. 자유로운 인격성은 고착화된 주체가 아니라 대자적으로 운동하는 주체이기 때문이다. 헤겔은 자유로운 인격성으로 규정되는 삼위일체성을 사랑에 대한 사변적 해석을 통해 구체화한다.

2. 삼위일체성과 사랑의 원리[78]

헤겔은 보편자와 개별자의 완전한 통일로 이해되는 삼위일체성을 "무한한 사랑" 내지 "영원한 사랑"으로 규정한다. "신은 자신의 계시이며 자신을 객관화하고 이렇게 자신을 객관화하면서 자기와 동일적으로 존재하는 영원한 사랑"(283)이며 "타자를 자기 자신의 것으로 소유하려고 하는 영원한 사랑이다."[79] 사랑을 통합의 이념과 관련하여 생각한 것은 『종교철학』이 처음이 아니다. 헤겔은 프랑크푸르트 시절에 사랑을 보편적 통합의 원리로 상정하면서 이를 면밀히 검토한 바 있다.[80] 그러나 칸트철학의 바탕 위에서 생각한 사랑의 원리는 감정의 차원에 머무는 단순한 통합의 원리였다. 사랑의 원리는 대립과 분열로 귀결되는 오성적 사유를 극복하기 위해 대안적으로 마련되기는 했지만 아직 이성적 원리로 자리 잡지 못했기 때문이다.[81] 삼위일체성으로 규정되는 『종교철학』의 사랑은 프랑크푸르트 시절의 사랑 개념을 이성적 지평에서 회복한 것이다. 사랑은 더 이상 감정의 지평에 머물지 않으며 예나 시대에 언급된 가족 공동체의 자연적, 육체적 통합의 원리로 소극적으로 기능하는 것도 아니다. 신의 사랑은 인간의 주관적 지평과 경험적 차원에 제한되지 않는다.

---

78 헤겔은 종교철학을 1821년에 처음으로 다루었으며, 그 후 1824년, 1827년, 1831년에도 종교철학 강의를 했다. 그러나 1821년의 원고는 그 후의 강의에 토대가 되었으며, 이 원고의 내용은 그 후의 강의에 있어서도 큰 변화 없이 지속적으로 유지된 것으로 평가된다.(W. Jaeschke, "Editorischer Bericht", in: G.W.F. Hegel, *Religions-Philosophie*, 356쪽 참조) 그러나 헤겔은 "사랑"에 대해서는 1821년 강의에서만 다루고 그 후의 강의에서는 이를 "신앙"이나 "종교적 표상"에 대한 설명으로 대치한다. 이것은 "무한한 사랑"의 개념에 대한 헤겔의 입장 변화나 철회라기보다, 종교의 이성을 교의적이고 형이상학적인 관점에서가 아니라 현실적이고 역사적인 바탕 위에서 설명하려고 한 데서 생긴 결과로 보인다. W. Jaeschke, *Die Vernunft in der Religion*. Studien zur Grundlegung der Religionsphilosophie Hegels, Stuttgart-Bad Cannstatt 1986, 352쪽 참조.

79 G.W.F. Hegel, *Die Vernunft in der Geschichte*, Hamburg 1955, 59쪽.

80 G.W.F. Hegel, *Frühe Schriften*, Frankfurt 1971, 239이하, 419이하 참조. 본서 제1장 참조.

81 사랑의 원리가 이성 내지 정신의 원리로 이행하는 과정에 대해서는 최신한, 「전일성이론의 자기의식적 구조. 헤겔 초기 사상에 나타난 종교와 철학의 관계를 중심으로」, 『헤겔철학과 종교적 이념』, 한들 1997, 199-221쪽 참조.

삼위일체론에서 중요하게 받아들여지는 사랑의 개념은 신의 무한한 사랑이다. 이성적인 것 내지 사변적인 것으로서의 삼위일체성을 무한한 사랑으로 규정하는 헤겔의 생각은 다음의 명제에 잘 나타나 있다. "무한한 사랑은 사변적인 것을 표현하며 죽음 속의 사랑과 이행을 드러내 보인다" 여기서 주목을 끄는 사실은, 사랑이 이루어 내는 절대적 통합과 절대적 긍정성이 죽음이라는 절대적 부정성과 매개되어 있다는 것이다. 이것은 죽음과 매개된 사랑의 변증법이며 죽음의 변증법을 통해 이룩되는 사랑이다. 이것은 삼위일체성을 구성하는 숫자 셋이 오성적으로가 아니라 이성적으로 읽혀야 하는 것과 같이, 사랑과 죽음은 오성적인 관점에서는 서로 모순적으로 보이는 것이지만 사변적 관점에서는 하나의 연관성 가운데 있음을 보여 준다.

삼위일체론에서 사변적인 의미를 지니는 죽음은 성자의 죽음이다. "사변적인 것은, 아들이 신적 존재로 전제되고 신적 존재가 아들로 변화되며 아들이 절대적 사랑인 죽음에 이른 사실이다."(265) 일반적으로 죽음이 유한성과 부정성을 뜻하지만 성자의 죽음은 "최고의 부정" 이며 "가장 극단적인 유한성"이다.(265) 삼위일체성이 마땅히 신과 세계의 근원적 결속으로 받아들여질 수 있어야 한다면 시간적인 존재 가운데서 죽음을 맞은 신은 신 자신의 최고 외화이며 가장 극단적인 유한성이기 때문이다. 성자의 죽음은 곧 신 자신의 죽음으로서 외화와 분열의 극단이다. 그러나 삼위일체의 신은 이런 극단적 유한성과 분열 가운데서도 그 자신과 직접적으로 통일되어 있다. 만약 죽음이 모든 것의 종말일 뿐 아니라 신의 종말이기도 하다면 신과 무한성은 애당초 언급될 수 없으며 삼위일체성도 거론될 수 없다. 삼위일체의 신은 오히려 이러한 극단적인 유한성과 통합되어 있다. 신은 이러한 절대적 유한성 가운데서도 자기 자신을 직관하며 자신과 인간(성자)의 동일성을 의식한다. "사랑은 자기의 인격성과 소유 등을 포기하는 자기의식과 행위이며 타자 가운데서 감행되는 최고의 자기 포기"(265)라면, 신의 죽음으로 규정되는 성자의 죽음은 곧 "최고의 사랑"이며 이러한 사랑에 대한 직관이다. 사랑은 이렇게 절대적으로 극단적인 것들 간의 통일이며 "신과 인간의 동일성에 대한 의식"(265)이다.

삼위일체성의 사랑이 신과 인간의 동일성을 지칭하는 한, 경험적인 지평에서 이루어지는 사랑은 삼위일체성을 대변할 수 없다. 헤겔이 종교철학적으로 이해하는 사랑은 그 개념을 엄격하게 적용할 경우 이웃사랑과도 구별된다. 이론의 한계 너머에서 요구되는 실천적 사랑 내지 도덕적 사랑도 완전한 통합을 말하기에는 부족하다는 것이다. 이웃사랑은 우선 경험적 지평에서 일어나며 개별적으로 실현될 수밖에 없다. 이웃사랑이라는 도덕적 계명은 경험적인 제약을 넘어설 수 없다. 그것은 "법이 아니라 타자의 행복으로 표명되며 타자의 특수성에 대한 나의 지각의 관계로 말해진다."(258 이하) 도덕적 사랑은 실제적으로 몇몇 특수자에게 국한되어 실현될 수 있을 뿐이며, 이런 경험적 차원을 넘어가는 보편적 사랑은 그것이 도덕적 차원을 벗어나지 않는 한 전체 인간성에 대한 공허하고 추상적인 표상으로 남게 된다. 헤겔이 목적으로 하는 사랑의 개념은 도덕적 차원이나 비형이상학적인 인간학의 차원에 머물 수 없다. 그는 경험적 특수성을 위한 사랑은 완전한 통합을 이룰 수 없다고 보고 전 존재를 관통하면서도 실재와 매개를 갖는 원리를 추구한다.[82] 만약 완전한 통합의 이상이 경험적 차원에서 특수성을 위해서만 추구된다면, 이것은 오히려 특수 집단과 민족의 통합조차 이

82 이러한 노력은 칸트적인 의미의 도덕성을 인륜성으로 매개하는 차원에서도 드러난다.

루지 못하는 어려움에 떨어질 수도 있다. 특수성을 향하는 사랑은 어차피 특수성들 간의 통합에 이를 수 있을 뿐이며 그 자체가 특수성의 지평을 넘어서서 전체존재를 통합할 수는 없다. 특수성으로 향하는 사랑은 순수한 마음과 단순한 사랑에 지나지 않기 때문이다. 헤겔이 사랑의 개념까지도 "사변적으로" 파악하려고 하는 것은 바로 이러한 이유 때문이다. 순수한 내면적 사랑은 그 외부에서 강력한 도전이 밀려올 때 이를 감당할 수 없으며, 만약 이러한 경우를 맞게 되면 이를 감내하는 고통과 인내가 마침내 광신적 폭력으로 전개될 수도 있다.[83]

사랑의 사변적 특성을 염두에 둔다면, 우리는 절대적 사랑으로 규정되는 성자의 죽음을 개별적인 인간의 죽음이 이해되는 지평에서 이해해서는 안 된다. 더 나아가 특별한 존재인 성자의 희생이 인간 일반에 대한 절대적 보상 행위가 될 수 없다는 반론도 제기될 수 없다. 개인은 자신의 행위에 대해 스스로 책임을 질 뿐 다른 사람이 그 행위를 책임질 수 없다는 것은 경험적 지평과 개인의 지평에서만 받아들여질 수 있기 때문이다. 경험적인 관점에서는 타자에 대한 사랑이 타자를 전면적으로 보상할 수 없다. 그러므로 성자의 죽음이 갖는 의미는 개인적 지평이나 경험적 지평에서 얻어질 수 없으며, 그것은 오로지 사변적인 지평에서 얻어질 뿐이다. 죽음의 보편적 의미가 사변적 지평에서 얻어질 수밖에 없다는 것은 성자의 죽음과 사랑이 정신(靈)의 지평에서 고찰되어야 한다는 사실을 의미한다. 사랑의 절대적 통합은 결국 성자의 실제적 죽음에 대한 사변적 파악을 통해 가능하며, 죽음에 대한 사변적 파악은 실제적, 경험적 차원을 넘어서는 정신적 차원을 요구한다. 아니

---

83 헤겔은 이러한 경우를 아프리카의 회교도에게서 보고 있다. *Religions-Philosophie*, 261쪽 참조.

오히려 정신적 차원에서 이해되는 죽음을 통해서만 무한한 고통은 절대적 통합으로 연결될 수 있다. 사랑으로 표현되는 삼위일체성이 영적인 지평에 있다면, 사랑이 지배하는 하나님의 나라 또한 영적, 정신적 지평에 있는 것이다.

삼위일체론이 보여 주는 사랑과 죽음의 연관은 헤겔에게 중요한 논리적 의미를 지닌다. 그가 강조하는 "사변적인 것"은 바로 이러한 연관을 지칭한다. 죽음의 "깊은 고통"은 사랑과 매개됨으로써 그 자체가 절대적으로 전도되면서 "죽음의 죽음"과 "절대적 화해"에 이르게 된다.(272) 따라서 사랑은 그 자체가 사변적인 것으로서 논리적으로는 부정의 부정으로 규정된다. 사랑의 의미가 오로지 정신적인 지평에서 이해될 수밖에 없다는 앞의 주장은 무엇보다 이 부정성 개념과 연관되어 있다. "정신은 오로지 이러한 부정의 부정으로서의 정신이다. 정신은 부정적인 것을 포함할 뿐 아니라 화해하는 신 및 사랑의 신을 포함하고 있다."(262 이하) 죽음으로 대변되는 극단적인 유한성은 사랑을 통해 무한성과 하나가 되며, 최고의 고통은 사랑을 통해 그 극복에 이른다. 유한성이 갖는 부정성은 사랑을 통해 무한성에 매개되면서 구체적인 긍정성에 도달하는 것이다. 사랑의 긍정성은 아무런 매개도 거치지 않은 순수한 긍정성이 아니라 죽음으로 대변되는 최고의 고통을 극복함으로써 성취된 구체적인 긍정성이다. 이러한 긍정성을 대변하는 삼위일체성의 사랑은 결국 극단적인 유한성과 무한성의 통일이며 극단적 분리의 회복이고 죽음을 극복하는 생명이다. 통일, 자기복귀, 생명, 화해 등으로 표현되는 사랑은, 부정성을 매개한 긍정성을 지칭한다.

헤겔이 종교철학적으로 이해하는 사랑은 결국 개별자와 보편자를 묶는 존재의 원리로 나타나며 모든 존재를 생동적으로 관통하는 이념의 특징으로 규정된다. 사랑은 개별자들을 보편자로 통합하며 회피될 수 없는 개별자의 특수성을 보편성으로 고양시킨다. 이렇게 개별자들을 보편자로 통합하는 사랑은 곧 기독교적인 정신이며 그것도 모든 개별자들을 영적으로 하나로 묶는 성령(Pneuma, heiliger Geist)이다. 사랑은 거룩한 영으로서 모든 개별자들을 하나로 통합하는 동시에 이들을 보편자로 고양시킨다. 사랑으로 통합된 개별자는 단순한 개별자에 머무는 것이 아니라 개별자이면서 더 이상 개별자가 아닌 보편자이다. 개별자와 보편자의 완전한 상호침투가 사랑에 의해 성취되는 한, 사랑은 신과 인간의 동일성을 성취하는 의식으로서 모든 개별적 주관성을 넘어서는 객관적 주관성이며 유한한 경험적 주관성을 넘어서는 사변적 주관성이다.

객관적 주관성으로서의 사랑은 단순히 종교적 표상을 통해 외적으로 주어진 통합의 원리가 아니라 실제적인 화해의 원리이다. 사랑이 실제적인 통합의 원리 내지 화해의 원리로 작용한다면, 이것은 외적으로 주어진 종교적 표상의 차원에서는 결코 성취될 수 없으며 따라서 이 표상이 구체적으로 작용할 수 있는 지평으로 이행해야 한다. 신적인 무한한 사랑은 믿음을 가진 유한자에게 단순히 표상되는 사랑이 아니라 유한자들이 실제적으로 공동체를 형성할 수 있는 사랑이며 이 공동체 가운데서 살아 숨 쉬며 작용할 수 있는 사랑이다. 여기서 무한한 사랑은 무한한 주관성으로서 교회공동체의 중심점이 되는 것이다. 사변적 주관성을 근간으로 하는 삼위일체론은 여기서 성령론(Pneumatologie) 내지 정신론(Psychologie)이 된다. 전자는 기독교 신학적 표현이며 후자는 철학적 표현이다. 헤겔은 성령론과 정신론을 차별적으로 다루지 않고 이 둘의 진정한 통합을 지향한다. 헤겔은 이른바 사변적 성령론(spekulative Pneumatologie)을 성취함으로써 신학과 철학의 완전한 통합을 이루어 내고자 한다.

3. 삼위일체론과 정신론

3.1 정신으로서의 신과 정신의 자기관계

계시종교의 삼위일체론은 정신론이다. "계시와 현현은 의식에 대한 존재이며, 이 대(對) 의식존재는 신 자신이 정신으로서 정신에 대해 존재하며 영(靈)으로서 영에 대해 존재하는 것이다."(207) 이러한 정신 대 정신의 관계 내지 정신의 자기관계는 신과 인간과 자연의 자기동일적 관계를 보여 준다. 삼위일체성의 표상은 아버지를 통해 아들이 산출되고 아버지와 아들의 분리와 대립이 정신 (혹은 영) 가운데서 통일되는 것을 지칭한다면, 아버지 신의 논리적 개념은 정신을 통해 아들 및 아들이 관계하는 세계와 통일을 이룬다. 아버지와 아들의 분리는 정신 가운데서 통일되는 것이다. 이런 점에서 계시종교의 신은 곧 정신(靈)이며, 정신으로서의 신이 바로 삼위일체의 신이다. 이러한 정신으로서의 신은 무한한 자기 산출과 자기 구별을 거쳐 자기에게로 복귀하는 한에 있어서 자기 운동의 과정 속에 있다. 『엔치클로페디』의 절대적 이념과 계시종교의 정신이 동일한 것은 신이 이러한 운동 가운데 있는 무한한 인격성이며 무한한 자기구별이자 자기복귀이기 때문이다.

"정신의 본성은 자신을 나타내고 대상화하는 것이다."(207) 정신의 정신다움은 그 행위와 생동성에 있다. 따라서 정신으로 규정되는 절대자는 단순히 유한자에 대립적으로 고착되어 있는 실체적 존재가 아니다. 절대자는 그 자체가 정신으로 규정되는 한 스스로 대상이면서 자기의식이고, 이렇게 대상 가운데 자기의식적으로 존재하는 생동적인 정신적 진리이다. 정신으로서의 절대자는 그 자체가 대상화되어 대상 가운데 나타나야 한다. 그 가운데 절대자가 나타나는 존재 역시 그 자체가 절대자를 드러내 보여 줄 수 있어야 하는 한 정신의 운동과 무관한 존재일 수 없다. "정신은 자기와 동일한 정신에게만 계시되며"(208), 운동하는 "신의 나타남은 정신적 자기의식 가운데서 이루어진다."(206) 정신의 운동을 통해 드러나는 삼위일체적 신은 "자연"과 "의식"으로 계시되는 "일자"와 다르지 않으며, 이 세 가지는 운동하는 정신의 구체적인 계기이다. 이렇게 운동하는 정신으로서의 절대자는 곧 자연과 의식이라는 전체존재 가운데 있는 일자인 것이다. 삼위일체적 정신은 모든 것을 결속하는 전-일성의 이념과 다르지 않다.

정신의 생동성으로 대변되는 삼위일체성은 신과 세계의 화해를 보여주는 화해 종교의 근본적 특성이다. 신과 대립되어 있는 세계와 인간적 의식은 유한적 존재와 유한적 의식으로 머문다. 이 경우 인간적 의식은 단순히 유한적 의식으로 그치는 것이 아니라 자기 가운데 반영되어 있는 절대적 의식의 운동을 스스로 배척하는 "우상의 의식"(209)으로 전락한다. 더 나아가 유한적 의식은 스스로 내적인 운동을 포기하고 외면성과 외적 목적만을 추구하는, 다시 말해서 유한적 세계에만 고착된 타락한 의식이 된다. 종교적 의식의 중요성은 여기서 분명하게 드러난다. 종교적 의식 내지 종교를 통해 매개된 절대적 의식은 인간존재를 유한성으로부터 무한성으로 고양할 수 있는 능력이다. 인간적 의식의 본래성은 바로 여기서 획득된다. 삼위일체의 종교는 이러한 본래적 의식의 가능성을 세계와 신의 화해를 통해 보여 준다. 신의 절대성과 인간 유한성 간의 분리는 유한적 의식의 타락으로 귀결되는 반면, 이러한 분리의 중지와 절대성에로의 복귀는 유한성의 극복으로 나타난다. 유한적 의식과 유한적 실재가 절대자에게로 복귀할 때, 이들의 유한성은 영원성으로 고양되며 유한적 속성은 신적 속성과 하나가 된다. 삼위일체적 정신은 유한적 의식과 절대적 의식의 통일을 일구어 내는 운동이다. 이 운동은 절대적 정신이 유한적 의식으로 분화되는 운동인 동시에 유한적 의식이 절대적 정신으로 복귀하는 운동이기도 하다. 정신의 운동을 통해 매개되는 신과 세계의 화해는 "신적 자연과 인간적 자연의 통일"(209)로 귀결된다. 결국 "정신은 신적 자연과 인간적 자연의 즉자적 통일이 대자적으로 산출되는 생동적인 과정인 것이다."(211)

3.2 정신의 운동, 개념의 운동, 신 인식

정신의 운동은 『정신현상학』에서 이미 "개념의 운동"이란 표현으로 선취된 바 있다. 절대자의 진리란 하나의 명제나 이 명제를 구성하는 하나의 개념을 통해 표현될 수 없다. 신을 지칭하는 절대적 개념이 그 자체로 진리로 받아들여질 수 없는 경우는 실체적 절대자 개념에 해당한다. 절대자가 상대적 존재와의 아무런 관계를 드러내 보여 주지 못하는 실체적 절대자는 이미 유한자와 대립하고 있기 때문이다. 절대자는 유한자와 대립하는 절대자가 아니라 유한자와의 관계를 자기 안에 포함하는 절대자로 표현될 때 진정한 절대자일 수 있다. 절대자에 대한 이러한 표상은 스피노자 이후의 모든 철학에서 공동적으로 받아들여지는 사실이다. 절대적 개념은 그 자체가 유한자와의 관계를 자기 안에 포함할 수 있기 위해서 절대적 개념의 운동을 필연적으로 요구한다. 이러한 절대적 개념의 운동은 절대자와 유한자의 통일이 대자적으로 산출되는 과정이다. 이러한 통일이 대자적으로 산출될 수 없는 경우 절대자에 대한 개념은 기대될 수 없다. 만약 헤겔에게 정신의 자기외화와 자기복귀라는 운동이 결여되어 있다면 우리는 그를 매개로 하여 소위 신개념에 대한 언급을 들을 수 없었을 것이다. 따라서 운동하는 절대자는 사실상 절대적 개념이라기보다 "절대이념"인 것이다. 이념은 공허한 개념과 다르게 자기 안에 존재의 계기를 포함하고 있기 때문이다. 더 나아가 신에 대한 형이상학적 개념은 추상적인 반면 정신으로서의 신은 그를 구체적으로 드러내 보여 주는 개념이기 때문이다. 이념으로 받아들여지는 헤겔의 "개념"은 곧 주관성이며 "자기 안에서 자신을 실현하고 자신에게 객관성을 부여하는 과정이다."(212) 우리는 정신의 구체적 규정과 내용이 매개된 개념을 형이상학적인 추상적 개념으로 치부할 수 없다. 절대자는 절대적 개념의 운동을 통해 진정한 절대자로 드러난다. 절대적 개념의 운동은 곧 정신의 운동이므로, 정신으로서의 신과 절대이념은 호환적이다.

헤겔의 삼위일체론은 요컨대 신이 곧 정신이며 정신으로서의 신은 객관성을 담지하는 생동적 이념이라는 주장에 함축적으로 요약되어 있다. 이론철학이나 오성 형이상학의 관점에서는 도대체 받아들여질 수 없는 이러한 주장은 이제 개념과 운동의 상관관계에 대한 설명을 통해 보다 구체화되어야 한다. 헤겔의 논증방식은 1) 개념을 정지의 형식으로만 받아들이지 않고 이를 개념의 운동을 매개로 하여 설명하려는 것과 2) "개념 규정의 완성은 개념이 완전하게 대상화되고 개념 가운데서 개념 자체가 표명되며 개념의 규정성이...대자적이며 스스로 계시되는 개념을 의미한다"(31)는 사실에 잘 나타나 있다. 이러한 설명의 근간을 이루고 있는 것은 요한의 로고스신학이라는 형이상학적 사실이다. 이를 차치하고서라도 여기서 드러나야 하는 것은 순수 학문적 관점에서 요구되는 개념 운동의 필연성과 그 정당화이다. 다시 말해서 헤겔의 삼위일체론은 소위 기독교적 사실의 형이상학적 정당화로 받아들여지기보다 기독교적 사실을 통해 매개된 절대자의 학문적 정당화로 이해되어야 한다. 헤겔이 삼위일체론을 철학체계를 위해서 뿐 아니라 학문적 인식을 위해서 중시하는 이유는, 삼위일체론에서 보여지는 정신의 운동만이 유일하게 전체성의 학을 충족시킬 수 있으며 진정한 절대자의 구조를 드러내 보여 줄 수 있기 때문이다. 그러므로 객관성과 무관한 순수개념에 대한 논의나 유한적 존재에 관한 필연적, 비유동적 개념에 대한 논의는 여기서 문제되는 절대적 개념과 전적으로 구별된다. 순수개념은 신의 개념이 아닐 뿐 아니라 유한적 개념도 아니기 때문이며 유한적 존재의 개념 역시 신의 개념이 아니기 때문이다.

그러나 절대자에 대한 오성적 탐구방식에서는 절대자에 대한 규정을 "조용한 정지의 형식"(218)으로 표현하거나 아예 규정 자체를 거부한다. 오성적 규정은 개념의 운동에 대해 알지 못하며 절대자는 오성적 규정의 한계를 벗어나기 때문이다. 규정에 대한 부정에서는 절대자에 대한 개념이 전혀 드러날 수 없으며, 개념의 활동성을 배제한 형식에서는 절대자에 대한 부분적 규정이 그 전체의 규정으로 오인된다. 절대자에 대한 개념적 규정의 포기는 절대자에 대한 또 다른 접촉의 통로를 주장하지 못하는 한 더 이상 절대자에 대한 논의의 영역에 있지 않다. 또한 외적 반성 내지 유한적 반성으로 이루어지는 절대자의 규정은 절대자를 그 자체로 드러내 보여 줄 수 없는 반성의 자기모순에 빠진다. 오로지 추상적 규정으로 받아들여지는 오성적 규정은 규정 대상인 존재나 주어에 대해 늘 항상 긍정적 관계만을 맺어야 한다. 따라서 절대자와의 긍정적 관계를 서술하는 규정은 그것이 절대자의 다양한 측면을 드러내 보일 수밖에 없는 한 다양하게 나타나며, 이런 다양한 규정들은 절대자에 대한 경험적이며 외면적인 파악을 넘어설 수 없다. 절대자에 대한 다양한 술어는 예컨대 전능, 정의, 자비, 지혜, 섭리, 전지(全知), 섭리, 창조, 사랑, 구원 등 다양하게 나타날 수 있지만 어느 하나도 절대자에 대한 통일적인 파악을 마련해 줄 수 없으며 다양한 술어들 간의 필연적인 관계를 드러내 보여 주지 못한다. 이 규정들은 그 자체가 무한한 규정일 수 있기를 바라는 것과 다르게 실제로는 전혀 무한한 규정이 아니다. 절대자에 대한 반성 규정들은 절대자를 유한화하는 것에 지나지 않는다. "이 규정들은 오로지 신에 대한 우리의 관계를 표현한 것일 뿐 신 자체의 속성을 표현한 것이 아니기"(219) 때문이다. 절대자에 대한 술어적 규정은 반성적 규정의 방법과는 다른 차원에서 마련되어야 하는 필연성이 바로 여기서 생겨난다.

이제 절대자에 대한 술어는 기존의 술어들과는 전혀 다른 차원과 맥락에서 마련될 수 있어야 하거나, 기존의 것이 부분적으로 의미가 없지 않는 한 이로부터 전체의 규정이 통일적으로 획득될 수 있어야 한다. 전자는 절대자에 대한 전혀 새로운 규정의 산출로 나아가는 방향이며, 후자는 기존해 있는 규정들의 통일적이며 보편적인 규정으로 나아가는 방향이다. 전자는 절대자에 대한 체험적, 직관적 생기(生起)에 호소하는 방법이라면, 후자는 절대자에 대한 개념적 파악의 방향성 가운데서 오성적 방식의 한계를 넘어가는 방법이다. 헤겔은 당연히 후자의 방식을 따르려고 하며, 여기에는 전자의 방식에 대한 부분적 용인과 더불어 그것에 대한 비판적 관점이 깔려 있다. 새로움의 생기로 규정되는 절대자는 이에 대한 반성적 규정에서 드러나지 않은 면을 회복하는 낭만주의적 장점이 있음에도 불구하고 어차피 주관성 가운데서 현상하는 절대자에 불과하기 때문이라는 것이다. 예컨대 슐라이어마허는 신을, 그 가운데 어떠한 대립도 전개되지 않은 절대의존의 감정과 연관된 존재로 규정한다.[84] 절대자에 대한 대립적 규정은 반성으로부터 유래하는 반면 절대자에 대한 총체적 규정은 반성을 넘어가는 절대의존의 감정에서 근원적이고도 시원적으로 마련된다는 것이다.[85]

---

84 D.E.F. Schleiermacher, *Der christliche Glaube*, Berlin ^{7}1960 Bd. I, 265쪽 이하 참조.

85 절대의존감정에 의한 절대자 규정이 주관성에 차폐된다는 문제는 독립적인 논의를 요한다.

절대자에 대한 오성적 규정을 극복하기 위한 방법은 지금까지 알려지지 않은 전혀 새로운 절대자 규정을 통해서도 가능할 것이다. 그러나 헤겔은 이러한 방향으로 진행하는 대신 기존해 있는 오성적 규정의 부분적 의미를 인정하는 것으로부터 출발한다. 절대자에 대한 오성적 규정은 그것이 절대자를 전체적으로 드러내 보이지는 못하지만, 그렇다고 해서 그것이 아무런 의미를 지니지 못하는 것은 아니라는 것이다. 전능, 정의, 자비, 지혜 등과 같은 절대자 규정은 지금까지 "대중적으로 사용되어" 왔을 뿐 아니라 "영혼에 커다란 의미를 가져다 준다"는 차원에서 전혀 의미 없는 규정이 될 수는 없는 것이다.(219) 그러나 이러한 규정들이 절대자 자체의 전체적 규정이 아닌 한 이러한 규정들은 자기 안에 모순을 지닌다. 더 정확하게 표현하자면, 인간은 이러한 규정들에 대해 만족하지 않으며 가능한 한 그 결핍을 새로운 규정을 통해 보충하려고 하는 것이다. 오성적 규정이 갖는 결핍, 즉 유한적 규정은 이제 스스로의 유한성을 부정하는 운동의 과정을 통해 그 자체의 결핍을 메워갈 수 있다. 유한적 규정은 모순으로 귀결되는 반면 유한적 규정이 갖는 모순은 규정들의 운동을 통해 지양된다. 여기서 유한적 규정이 보여 주는 절대자에 대한 "추상적인 술어는 운동하는 가운데 그 의미를 획득한다."(220) 추상적 술어와 유한적 규정은 절대자에 대한 규정에 있어서 배제되는 것이라기보다 그 운동의 한 계기로 받아들여지는 것이다. 이런 맥락에서 부정의 부정이라는 헤겔 특유의 운동 논리는 절대자의 규정에 있어서 필연적이다. 추상적 규정으로서의 개념은 그것이 개념으로 고착화되는 한 추상성과 유한성을 벗어날 수 없는 반면, 그것이 자기부정의 운동과정으로 이어질 때 구체성과 무한성을 표현하게 된다. 헤겔이 이해하는 이념과 정신은 바로 이러한 개념의 운동 내지 생동적 개념을 지칭한다.

4. 헤겔 삼위일체론의 의미

헤겔의 삼위일체론이 보여 주는 기독교적 사실의 객관성은 그것이 철학적 체계 사유와 결합되어 있다는 점에서 상반된 평가를 받을 수 있다. 종교적인 사실은 철학적 논증의 대상이 될 수 없으며 그것이 비록 삼위일체성으로 표현된다 하더라도 이는 순전한 신앙의 대상으로 그쳐야 한다는 주장이 그 하나이며, 삼위일체성이 종교적 사실을 대변한 것이라 하더라도 그것이 그 자체로 의미 있는 것으로 옹호되고 이를 비판하는 사람들에 대해 적절하게 변호될 수 있기 위해서는 그 객관성이 보편적인 언어에 담길 수 있어야 한다는 것이 다른 하나이다. 사실상 이러한 대립적인 관점은 헤겔의 종교철학에 대해서만 적용되는 것이 아니라 기독교 신학과 종교철학의 역사 속에서 끊임없이 논의되어 온 것이기도 하다. '종교 혹은 이성인가', 아니면 '종교와 이성인가' 하는 주제와 직결되는 이러한 논의는 논의의 역사 가운데서 다양한 스펙트럼으로 나타났지만 헤겔은 종교와 이성의 조화 가능성 및 필연성을 삼위일체론을 통해 입증해 보인 것이다.

헤겔 삼위일체론의 의미는 그것이 기독교적 사실 속에 들어 있는 이성적 특징을 드러내고 있다는 데서 찾아야 한다. 종교는 이성과 무관한 것이 아니며 종교 속의 이성이라는 주제가 애당초 언급될 수 없는 것이 아니라는 관점이 일반적으로 받아들여질 수 있다면, 그것은 이 이론에서 가장 특징적인 경우를 경험하게 된다. 종교에서 이성적인 것이 발견될 수 있다면 그것은 다른 이성적 내용과는 비교할 수 없는 것이 된다. 종교는 전체존재와 관계하는 무한자를 대상으로 하기 때문이다. 여타의 존재에 대해 이성적 객관성을 확보할 수 있다 하더라도 종교의 대상에서 객관성을 획득하지 못한다면 이러한 객관성은 불완전한 객관성일 것이며, 불완전한 객관성에 도달한 학문은 불완전한 학이 될 것이다. 따라서 완전한 체계를 목적으로 하는 철학의 객관성과 종교적 사실의 객관성은 이성의 매개를 통해서만 일치될 수 있으며, 헤겔은 그 이론적 가능성을 기독교 삼위일체론을 통해 입증한 것이다.

그러나 종교적 내용을 대하는 개별적 주체에게는 기독교의 삼위일체성도 여러 가지 종교적 표상들 중의 하나로 다가온다. 개별적 주체에게는 삼위일체성도 특수한 표상을 넘어서지 못하는 것이다. 종교의 보편적 내용이 이를 받아들이는 주체의 형식 가운데 특수성으로 남아 있다는 것은 그 자체로 모순이다. 더 나아가 종교적 내용이 그 자체로 실체화되어 신앙인이 이를 무조건적으로 수용해야 하고 복종해야 하는 것으로 나타난다면 이렇게 받아들인 내용은 그것이 소유하고 있는 원래의 보편성까지 손상시키는 결과에 이를지 모른다. 청년 헤겔의 기독교 실정성 비판[86]은 이러한 맥락에서 이루어진 것이며, 이 비판은 새로운 도덕적 의식과 종교적 의식의 회복을 목적으로 이루어졌다. 요구되는 새로운 도덕적 의식과 종교적 의식은 당연히 보편성을 내용으로 가져야 한다면, 종교적 표상의 특수성과, 실정성으로 전락한 종교적 내용을 진정한 종교의 내용으로 회복하는 길은 마땅히 "이성의 자기 재생산"[87]이라는 방식으로 이루어져야 한다. 그러나 이성의 자기 재생산은 그것이 어디까지나 재생산인 한 무로부터의 창조와 같은 것이 될 수 없다. 이것은 이미 소여되어 있는 종교적 사실의 보편성을 주관성의 지평에서 회복하는 절차에 지나지 않는다. 따라서 헤겔의 삼위일체론은 이미 주어진 기독교적 사실을 철학적으로 번역한 것 이상이 아니다. 헤겔에

---

86 G.W.F. Hegel, „Positivität der christlichen Religion„, in: ders, *Frühe Schriften*. Frankfurt 1971, 104-229쪽.

87 G.W.F. Hegel, *Jenaer Schriften*. Frankfurt 1971, 22쪽.

의하면 신의 신비(221)는 오성이 아니라 오로지 정신의 운동을 통해서만 파악될 수 있지만, 신의 신비가 신비로 남아 있는 것과 그것이 학문의 형태로 구체화되는 것은 임의로 결정될 수 없다. 이것은 앞서 언급한 종교와 이성의 조화 가능성 및 필연성을 구체화할 수 있는 특별한 내용과 형식을 요구한다. 여기서 그 내용은 기독교적 사실이며 형식은 정신의 자기관계이고 이것을 통일적으로 표현한 것이 헤겔의 삼위일체론이다. 그러므로 헤겔에게서 "이성의 문화"[88]는 종교적인 내용까지 이성적으로 드러낼 수 있을 때 비로소 꽃필 수 있다. 기독교적 사실이 드러낼 수 있는 이성의 문화는 삼위일체성 가운데 용해되어 있는 이념에 대한 파악 그 이상이 아니다.

그러나 삼위일체성에 대한 객관적 파악이 주지주의나 영지주의로 오해되어서는 안 된다. 정신의 운동을 통해 획득되는 객관적 주관성은 단순한 지성적 활동의 결과물로 받아들일 수 없다. 단순한 지성적 활동이 산출하는 내용은 다시금, 파악하는 주체와 대립되어 있는 실체적 무한자에 관한 오성 형이상학이 될 것이다. 무한한 주관성은 오로지 즉자적인 신만을 지칭하는 것이 아니라 그가 매개하는 역사 속의 주관성도 의미해야 한다면, 그것은 무한한 주관성이 역사 속의 주관성과 맺는 관계 이상이 아니다. 정신과 정신의 관계는 개별적 정신과 무한적 정신과의 수직적 관계일 뿐 아니라 개별적 정신 간의 수평적 관계 일반이 형성하는 무한적 정신에 대한 수직적 관계이기도 하다. 이러한 정신의 관계는 기독교 교회 공동체가 신과 관계하는 것이며, 이러한 관계는 공동체를 구성하는 개별적 정신의 신 인식으로 귀결된다. 신은 자신을 인식하는 교회 공동체에서 비로소 정신으로 존재할 수 있으며 그 가운데서 활동

88 I. Kant, *Kritik der reinen Vernunft*, B XXX.

할 수 있기 때문이다. 그렇지 않다면 신은 추상적 무한자이거나 비인격적 실체에 불과할 것이다.

여기서 정신의 자기관계는, "신이 나를 바라보는 눈이 곧 내가 신을 바라보는 눈"[89]이라는 지평에 이른다. 원래 인간의 시선과 신의 시선의 신비적 합일을 뜻하는 엑크하르트(Meister Eckhart)의 이 명제는 여기서 신비적 지평을 넘어서서 개념적 지평에 도달한 것이다. 내가 신을 바라보는 눈은 경험적 지평에서 완결될 수 없기 때문에, 나의 시선이 신의 시선과 진성으로 일치할 수 있기 위해서 나는 신을 늘 새로운 눈으로 바라보아야 한다. 그러나 신에 대한 나의 새로운 시선은 그 자체가 객관적인 것으로 인정받을 수 없다면 나는 그것을 객관적인 것으로 드러내기 위해서 또다시 이성의 번역작업을 수행해야 한다. 기독교의 완전성은 교의적 사실이라는 과거적 내용 뿐 아니라 그것에 대한 새로운 이해까지 포함하는 것이어야 한다면, 이러한 완전성의 객관적 모습은 지속적인 생성 가운데서 찾아야 한다. 그러나 삼위일체성에 대한 새로운 이해는 또다시 경험적 지평을 떠나 이루어질 수 없으므로 삼위일체성에 대한 사변적 인식과 그 새로운 생성은 둥근 사각형의 모순과 같으며 서로가 서로에로 회귀하는 순환과 흡사하다. 헤겔의 삼위일체론이 이 문제까지 설명하고 있는지에 대해서는 아직도 많은 물음이 남아 있다.

---

89 G.W.F. Hegel, *Vorlesungen über die Philosophie der Religion I*, Hamburg 1966, 257쪽; J. Splett, *Die Trinitätslehre G.W.F. Hegels*. Freiburg/München 1965, 120쪽 참조.

10

예술종교와 진리의 역사성

예술종교(Kunstreligion)는 슐라이어마허가 선구적으로 사용하고 노발리스(Novalis)가 낭만주의적으로 재구성했으며 헤겔도 이를 독특하게 정립한다. 이 장에서는 헤겔의 '예술종교' 개념을 규명하고 가다머(H.-G. Gadamer)가 예술의 진리를 밝혀내는 틀로 이 개념을 사용한 논거를 추적하려고 한다. 헤겔의 예술종교 개념은 절대정신의 세 양태인 예술, 종교, 철학의 상관관계를 규명하는 과정에서 드러난다. 이러한 상관관계는 예술이 종교로, 종교가 철학으로 지양되는 과정을 지시하며 이를 통해서 절대자의 개념적 진리가 드러난다. 예술종교는 절대자의 진리를 드러내는 변증법적 과정에서 중요한 위치를 차지하고 있는 것이다. 헤겔에게 예술은 애당초 정신의 역사와 연관되어 있으며 다양한 예술현상도 이념의 역사화 과정과 직결되어 있다. 따라서 나는 먼저 예술이 예술종교로 규정될 때 드러나는 진리의 변증법적 특성과 역사성을 추적한다.

가다머는 예술의 진리를 규명하려는 자신의 구상을 뒷받침하기 위해 헤겔의 예술종교 개념을 끌어온다. 그러나 가다머는 이 개념의 해석학적 함축에 대해 간략하게 언급하고 있을 뿐 상세한 설명과 논증을 하지 않고 있다. 따라서 가다머가 암시하는 예술종교의 해석학적 함축을 구체적으로 드러낼 필요가 있다. 이러한 작업은 예술의 진리(Wahrheit der Kunst)를 해석학적으로 규명하려는 가다머의 시도가 예술종교 개념을 둘러싸고 어떻게 전개되는지를 규명하는 과정을 통해 이루어진다. 여기서 가다머가 적극적으로 수용하는 헤겔의 예술종교 개념이 드러날 뿐 아니라 이것에 대한 가다머의 적용이 확인된다. 이러한 수용과 적용에 대한 재구성은 예술의 진리와 진리의 역사성을 드러내려는 가다머 해석학의 전반적인 구조와 특징을 보여 줄 것이다.

잘 알려진 바와 같이 가다머의 해석학은 전통철학과의 대화에서 성립하며 여기서 헤겔의 영향은 절대적이다. 가다머는 단순히 자신의 이론을 정당화하기 위해 헤겔철학을 끌어오는 차원에 머물지 않으며 아예 헤겔적인 사유의 틀 속에서 자신의 이론을 전개한다고 평가되기도 한다. 따라서 나는 가다머가 수용하는 헤겔의 예술종교 개념을 밝히면서 한편으로는 이제껏 (국내 학계에서) 별다른 논의가 없었던 헤겔의 예술종교에 대한 이해를 시도하고, 다른 한편으로 가다머의 논의가 함축하는 이 개념의 현재적 의미를 파악하려고 한다. 이것은 단순히 '가다머 속의 헤겔'을 이해하는 문헌학적 차원을 넘어서며 오늘날에도 지속적으로 영향을 끼치고 있는 헤겔의 예술종교의 의미를 추적하는 일이다.

헤겔의 예술종교 개념을 재구성함으로써 '변증법적 사유'와 '정신의 운동성'을 오늘의 맥락에서 재구성한 다음 이 개념에 대한 가다머의 해석학적 적용을 분석함으로써 그가 주장하는 해석학적 진리의 특징을 밝힌다. 여기서 진리의 역사성에 대한 관념론적 고찰과 해석학적 고찰의 동일성과 차이성이 확인된다. 예술종교 개념을 매개로 해서 두 철학자를 비교하는 것은 단순한 개념 발생적 고찰을 넘어서며 그때마다 작용하는 정신의 본질에 대한 고찰이다. 따라서 가다머의 헤겔 수용과 헤겔 비판의 관점을 현대철학의 맥락에서 평가하는 것은 가다머 사상의 유의미성과 한계 지적으로 연결된다.

1. 헤겔의 예술종교 개념과 변증법적 진리

1.1 예술종교의 진리 연관

헤겔은 『정신현상학』, 『철학적 학문의 백과사전』, 『미학』에서 '예술종교'와 '예술과 종교의 관계'를 집중적으로 논의한다. 여기서 예술은 종교로 지양되며 종교는 철학으로 지양된다는 이른바 '예술 종언론'과 '종교 종언론'이 펼쳐진다. 존재의 진리는 의식의 한 계기나 반성의 한 단계에서 완결적으로 드러나지 않고 의식에 대한 의식의 과정 내지 반성에 대한 반성의 총체적 과정에서 비로소 드러난다. 철학의 '현재적' 입장에서는 예술과 종교가 모두 '의식의 과거적 형태'를 띠고 있는 것이다. 따라서 예술의 진리는 예술 자체의 단계에서가 아니라 예술을 지양하면서 이를 자기 가운데 반성적으로 매개하고 있는 종교의 단계에서 처음으로 드러난다. 예술종교라는 이름은 이렇게 붙여진다. 예술종교 가운데 예술의 제계기가 역사적으로 매개되어 있으므로 예술종교는 예술의 진리를 드러낼 수 있다는 것이다.

헤겔은 슐라이어마허와 초기 낭만주의의 논의선상에서 예술종교 개념을 천착하면서 이를 고유하게 발전시킨다. 칸트의 도덕신학에서 전혀 불가능했던 예술과 종교의 관계가 예술종교로 전개되는 것은 감각적 직관의 대상을 현상계만이 아니라 초감각적인 세계로까지 확장시킨 슐라이어마허에게서 힘입은 바가 크다. 슐라이어마허에게 예술종교 개념은 자기직관과 세계직관에 교호적으로 관계하는 예술 감각의 매개를 통해 가능한 것이지만[90], 이것은 칸트의 이원론적 관점을 극복하려는 칸트 이후 철학의 프로그램에 토대를 두고 있다. 초월적인 세계와 관계할 수 있는 통로가 도덕과 양심에 국한되지 않고 예술과 예술 감각에까지 확장된 것은 이론이성과 실천이성으로 나누어진 사유를 통일하고 현상계와 물자체로 나누어진 존재를 일원론적으로 파악하려는 칸트 이후의 철학적 기획과 직결되어 있는 것이다.

예술 감각이 내면성과 초월적 세계에 관계함으로써 예술종교로 변모할 수 있다는 사실은 양면의 특징을 보여 준다. 하나는 내면성과 우주가 갖는 초월적 내용이 인간화되는 것이며, 다른 하나는 이러한 인간의 자기화를 통해 초월적 내용이 자기 안에서 심미적으로 규정되는 것이다. 이렇게 본다면 예술종교는 이미 확정된 진리를 추종하는 교리 중심적 종교를 넘어서 인간의 내면성을 그때마다 새롭게 결정체화한 것인 동시에 새롭게 형성된 내면성이 발견하고 규정한 새로운 무한자이다. 말하자면 내면성이 무한한 지평을 향해 새롭게 형성되는가 하면 무한자가 내면성 가운데서 늘 새롭게 규정되는 것이다.

무한자가 내면성에서 새롭게 형성되고 규정된다는 사유 이전부터 예술은 역사적으로 늘 종교의 내용을 소재로 해 왔기 때문에, 예술은 애

---

90 "모든 사람은 자기 고유의 의식으로부터 감각의 다양한 방향에 대해 잘 안다. 하나는 내적으로 자아 자신을 향하는 것이고, 다른 하나는 밖으로 세계직관의 무규정자를 향한다. 세 번째 방향은 이 두 감각 사이를 쉼 없이 이리저리 동요하는 감각이 오로지 이들의 내적인 통합을 무조건적으로 받아들이는 가운데 동요를 멈춤으로써 이 둘을 결합한다. 이것은 내적으로 완전한 존재와 예술과 예술작품을 향하는 방향이다."
F.D.E. Schleiermacher, *Über die Religion*, Urausgabe, 165쪽. 최신한 옮김, 『종교론』, 기독교서회 2002, 143쪽.

당초 초월적 세계와 관계해 왔다. 예술은 항상 무한자와 관계 맺어 왔다는 점에서 그 자체가 종교적이다. 그러나 예술에 의해 규정되는 무한자와 (예술)종교에 의해 규정되는 무한자는 상이하며 이 가운데 특별한 진리 연관이 존재한다는 독특한 사고가 등장한다. 헤겔의 예술종교 논변은 이러한 진리 연관의 맥락에서 제기된다. 예술의 무한자와 (예술)종교의 무한자가 근본적으로 상이하다기보다 동일한 무한자가 양자에 의해 상이하게 규정되며 (예술)종교는 예술이 묘사하는 무한자의 진리를 드러낸다는 것이다.

예술의 진리 연관은 헤겔 이전의 전통에서 마련된 내용이다. 예술미와 도덕적 선과 철학적 진리가 서로 무관한 것이 아니라는 주장은 칸트 이후의 철학 전통에서 다양하게 논의되기 때문이다.[91] 그러나 진, 선, 미의 연관성은 각 영역에 무한자와 종교가 개입할 때 가장 분명하게 드러난다. 성스러운 신의 존재 속에 이 세 가지가 포함되어 있다는 사실은 신론(神論)의 일반적 전제이다. 따라서 예술을 독자적으로 파악할 때보다 종교와의 연관에서 파악할 때 진리 문제가 전면에 등장하는 것은 자명한 사실이다.

헤겔에서 예술의 진리 연관은 정신철학의 맥락에서 분명하게 드러난다. 예술, 종교, 철학은 절대정신의 세 양태일 뿐 아니라 정신의 자기관계를 보여 주는 여러 형식이기도 하다. 더 구체적으로 언급하면, 예술과 종교는 '정신의 자기의식'을 보여 주는 두 형식이며, 철학은 운동하는 정신의 자기복귀가 성취된 형식이다. 따라서 예술의 진리 연관은 '예술이 정신의 자기의식의 한 형식'이라는 사실에서 가장 잘 드러난다. 그러나 예술에 지식과 인식의 형태가 있다 하더라도 이것은 "직접

---

91 이러한 논의의 출발점은 야코비(F.H. Jacobi)이다.

적 지식이며 감성과 결부된 지식"에 지나지 않는다.[92] 직접적인 것이 지니는 진리는 직접적인 것에 대한 반성과 사고의 매개에서 보다 확실한 모습으로 드러난다면, 예술의 진리는 예술이 종교로 지양될 때 인식된다. 이런 점에서 종교는 정신의 지양된 직접성이자 지양된 감성이다.[93]

예술이 절대자를 드러내는 직접적 지식의 형태라든지, 예술이 미를 넘어서서 진리와 연관된 영역이라는 사실은 예술의 이상(Ideal)에 대한 헤겔의 논의에서 분명하게 드러난다. 예술의 이상은 절대정신이 역사 속에서 자신을 구체적으로 실행한 것이며 자신의 실재를 구체적으로 구성한 것이다. 이상은 이념의 완전성을 배경으로 하는 가운데 드러나는 이념의 상이한 소여방식이며 더 구체적으로 말해서 이념의 감각적 현상이다. 따라서 우리는 이념과 감각의 연관으로서의 이상을 역사와 문화 속에서 실행된 이념으로 간주할 수 있다. 이런 점에서 이상은 유한할 수 밖에 없으며, 역사적이기는 해도 그 자체가 상대적인 것으로 폄하될 수 없다. 오히려 이상은 절대정신의 총체적인 운동을 가능하게 하는 중요한 계기를 형성한다. 예술의 이상은 이념의 살아 있는 현존이다. 그러므로 절대자에 대한 직관으로 규정되는 예술작품과 예술의 이상은 절대자를 총체적으로 드러내는 지식의 변증법적 과정에서 빼놓을 수 없는 계기인 것이다.

이러한 토대에서 헤겔은 예술을 '감각적인 것과 순수 사유의 중간'

---

92 G.W.F. Hegel, *Enzyklopädie der philosophischen Wissenschaften* (=EPW) *III*, Frankfurt/M. 1970, §563, 372쪽.

93 이러한 사실은 특히 기독교에서 잘 드러난다. 기독교의 신은 자기 자신을 확신하는 정신적 존재로서 자연적인 존재를 넘어선다. 종교에서는 자연성과 외면성보다 내면성이 중요한 것이다.

으로 간주하기 때문에, 예술은 진리 문제와 자연스럽게 연관된다. 예술의 이상에서 확인할 수 있듯이 예술은 순수 감각적인 것에 국한되지 않으며 스스로를 사유와 정신을 향해 고양시킨다. 여기서 자연미보다 예술미를 앞세우는 헤겔의 입장이 드러나기도 하지만, 예술은 인간정신의 관점하에 포착된 자연이며, 사유의 관점에 들어온 순수 감각적인 것이고, 감각의 형식 가운데 현상한 이념이다. 예술은 이념으로부터 유리된 현상의 변형이나 가상에 그치지 않으며 이념 자체가 감각 가운데 직접적으로 현상한 또 하나의 진정한 현실이기 때문에, 진정한 존재를 드러내는 데 관심을 갖는 진리 문제와 결코 무관하지 않은 것이다. 예술의 진리 연관성은 먼저 예술에 의해 드러나는 진정한 현실에서 확인되며 더 나아가 예술의 사유 연관성에서 확인된다. 감각적인 것과 정신적인 것의 통합가능성을 주장하며 감각에 포착되는 존재가 사유에 포착되는 존재의 자기 동일적 타자라는 수렴의 사상은 절대관념론이나 이념의 형이상학이 갖는 특징이다. 따라서 헤겔에게는 그 어떤 사유 영역이나 사유에 대응하는 존재영역도 고립되어 있지 않으며 모두가 변증법적 연관성 속에 있다는 점에서 예술도 진리 연관의 틀 속에서 확인되는 것이다.

요컨대 헤겔에서 정신의 운동은 절대자에 대한 직접적 지식이 나타나 있는 예술로부터 절대자를 표상하는 종교를 거쳐 이를 개념적으로 파악하는 철학에서 완성된다. 다시 말해서 이념이 감각적으로 현상해 있는 예술로부터 감각적 현상에 대한 내면화로서의 종교를 거쳐 내면화된 내용을 메타적으로 파악하는 철학에서 완성되는 것이다. 이 과정은 이념이 자기 자신을 현시하는 과정과 다르지 않다. 이념의 진리는 그것이 실현되고 현실화하는 역사적 과정의 매개와 문화 형성의 역사 없이 드러나지 않는 것이다. 예술과 종교로 이루어지는 이념의 실현은 이념의 진리를 완전하게 드러내는 필수 계기이다.

1.2 예술종교와 현실 형성의 틀

헤겔에게 예술은 종교나 철학과 마찬가지로 분열된 의식을 통합하고 절대적 화해를 가능하게 하는 지평이다. 예술은 절대적 화해를 가능하게 한다는 점에서 종교나 철학과 마찬가지로 절대정신에 속하며 '예배'로 규정되기까지 한다.[94] 예술은 직관 가운데서 무한자와 하나가 되는 것이므로, 예술작품은 "신의 표현"으로, 예술가는 "신의 장인"으로까지 규정된다.[95] 그러나 "절대정신은 개별적인 (예술) 형태에서 설명될 수 없다." 헤겔에게 "아름다운 예술의 정신은 제약된 민족정신이다."[96] 그럼에도 헤겔에게 예술종교는 "절대 예술"[97]이며, 절대 예술이기 때문에 종교적 의미를 갖는다. 예술종교가 '절대적'인 것은 헤겔이 예술종교로 지칭하는 그리스의 고전 예술의 특징에서 유래한다. 고전 예술은 가장 자유로운 활동성인 자기의식의 상태에서 신들을 가장 창조적으로 서술하며, '이념과 감각적 현상의 일치' 내지 '정신적 현존과 감각적 현존의 완전한 일치'를 성취하기 때문이다. 그러나 이와 같이 완전한 예술 형식을 지니는 그리스 예술도 현재적인 것이 아니며 반복할 가치가 없는 역사적인 형태에 지나지 않는다.

그럼에도 헤겔에게 그리스 예술은 현실을 형성하는 형식이라는 중요성을 지닌다. 헤겔은 예술이 그리스 폴리스에서 민족의 인륜성을 매개

---

94 G.W.F Hegel, *Differenz des Fichteschen und Schellingschen Systems der Philosophie*, GW Bd. 4, Hamburg 1984, 6쪽.

95 EPW III, §560.

96 EPW, §559.

97 Hegel, *Phänomenologie des Geistes*, Frankfurt/M. 1970, 514쪽.

하는 기능을 수행한다고 주장한다. 그리스에서는 국가도 하나의 '예술-작품' 이다.[98] 예술이 국가의 인륜성을 매개한다는 것은 예술이 도야와 문화를 가능하게 하는 힘을 소유하고 있으며 이를 통해 국가를 형성하고 조직할 수 있다는 사실을 의미한다. 이 점은 분명 근대 국가에 대한 설명이 아니라 그리스 폴리스에 국한된 설명이기는 하지만 예술과 국가가 내적으로 연관되어 있다는 사실을 보여 준다는 점에서 중요하다. 그리스에서는 예술이 국가의 건립에 인륜적 토대를 이룰 정도로 중요한 역할을 하는 반면 근대 국가에서는 예술이 다른 요소들과 더불어 국가의 조직에 '한' 역할 내지 '부분적' 역할을 담당한다. 예술은 근대 국가에서도 문화의 차원에서 국가의 형성과 변형에 '부분적으로' 봉사하고 있다.

예술이 형성과 도야의 형식으로 규정된다는 것은 예술이 예술의 고유한 영역에만 머물지 않으며 정신과 연관된 예술 이외의 영역에도 관계한다는 사실을 뜻한다. 예술을 절대정신의 '한' 계기로 규정하는 것은 예술이 절대정신의 '다른' 계기인 종교 및 철학과도 변증법적으로 관계하게 된다는 사실을 함축한다. 이런 관점에서 볼 때 (예술)종교는 예술의 매개를 통해 새롭게 형성되고 도야된 정신적 지평으로 이해된다. 이 지평은 문화사적으로 형성된 예술의 변형이다. 예술의 매개를 통한 형성과 관련해서는 무엇보다 예술이 만들어 내는 인간 의식의 변형을 거론해야 한다. 이것은 형성과 도야의 형식을 가진 예술에 의해 가능해진 비판적 자기의식의 등장이다.[99] 예술의 역사적 기능 내지 문

---

98 H. Drüe, A. Gettmann-Siefert, C. Hackenesch, W. Jaeschke, W. Neuser, H. Schnädelbach (Hg.), *Hegels »Enzyklopädie der philosophischen Wissenschaften«* (1830). *Ein Kommentar zum Systemgrundriß*, Frankfurt/M. 2000, 323쪽 이하 참조.
99 같은 책, 326쪽 참조.

화사적 기능은 우선 부르주아 계층의 전유물이었던 예술이 근대적 의식의 확장과 함께 시민에게 확대된 데서 찾을 수 있으며, 더 나아가 그리스 폴리스의 경우처럼 예술에 의해 건립된 공동체를 공동체의 구성원이 비판적으로 바라보고 의식 외적인 제약성을 의식을 통해 재구성하는 데서 찾을 수 있다. 예술이 종교로 이행하는 것은 정신의 내면화 과정에 틀림없으며 여기서 발생하는 비판적 의식의 보편화 과정과 다르지 않다. 종교가 정신의 내면화 과정이라는 사실은 『정신현상학』의 '계시종교' 장에서 더욱더 특징적으로 드러난다.

결국 예술은 예술 자체의 지평에서보다 예술을 메타적으로 반성하는 종교의 지평에서, 다시 말해서 (예술)종교가 끼치는 역사적 영향의 맥락에서 규정된다. 이것은 예컨대 실러(F. Schiller)가 예술을 통해 민족을 교육하려고 할 때 강조하는 예술의 영향과 같은 차원의 영향이다.[100] 실러에서 예술은 예술 고유의 영역에 머물거나 예술가만의 전유물에 그치는 것이 아니다. 예술은 초월적 존재와 이념을 인간에게 심미적으로 작용하게 함으로써 현실에 묶여 있는 인간을 더 나은 모습으로 변형하려고 하기 때문에 그 자체가 역사적 맥락 속에 있다. 예술은 예술 밖의 마당에서 실질적인 영향력을 행사한다. 예술의 진리는 예술 밖에서 확인되는 것이다. 이와 같은 역사적 맥락의 중요성은 교리와 자연신학의 전통에 묶여 있는 이성종교의 비작용성과 비역사성을 극복하려고 하는 새로운 종교의 이상에서도 확인된다. 칸트의 도덕신학과 의무론은 도덕의 역사적 영향보다 초월을 향한 의무론적 방향성 제시에 그친 반면, 실러의 예술교육은 심미적 작용의 도움을 통해 보다 실질적으로

---

100 F. Schiller, *Über die ästhetische Erziehung des Menschen in einer Reihe von Briefen*. 1795.

이념과 접촉할 수 있는 역사적인 길을 연다.

예술과 종교의 매개를 보여 주는 대표적인 사례는 '새로운 신화학'의 문제이다. 이것은 셸링과 슐레겔과 같은 낭만주의 철학자들에 의해 제기된 문제인 동시에 저자 미상의 〈가장 오래된 체계기획〉[101]에서 특징적으로 언급된 문제이다. 셸링과 슐레겔이 말하는 '새로운 신화학'과 같은 새로운 종교의 이상은 예술교육이 역사적인 영향을 가능하게 한 것처럼 종교를 예술과 결합함으로써 또 다른 역사적 영향을 창출하려고 한다. 이성의 신화학은 이성의 이념을 상상력과 결합함으로써, 다시 말해서 종교의 초월적 내용을 예술적 활동성과 결합함으로써 현실 속에 초월적 세계의 진정한 영향을 가능하게 한다.[102] 이것은 칸트에게서 보이는 감각과 이성의 대립을 넘어선 이 둘의 종합인 동시에, 종합을 통한 현실세계의 실질적인 변화이며, 이러한 변화를 통한 두 세계의 이념적 통합이다. 결국 헤겔의 운동하는 정신의 관점에서는 종교도 종교 내적인 지평에서가 아니라 예술과의 만남에서 새로운 영향을 경험할 수 있다.[103]

---

101 Das sogenannte 'Älteste Systemprogramm, in: M. Frank, G. Kurz (Hg.), *Materialien zu Schellings philosophischen Anfängen*, Frankfurt/M. 1975, 110-112쪽 참조.

102 F.W.J. Schelling, *System des transzendentalen Idealismus*, Hamburg 1957, 298쪽 참조, 본서 제12장 참조.

103 헤겔은 새로운 신화학이 예술과 종교의 관계를 설명하는 최종적인 대안이 될 수 없다고 생각한다. 이 점은 셸링과 슐레겔의 낭만주의 사유에 대한 비판이기도 한데, 그 이유는 새로운 신화학이 더 이상 인간과 신의 통합과 화해를 이루는 규범으로 간주될 수 없으며 그 자체가 역사적 상대화를 피할 수 없기 때문이다. 오히려 모든 종교와 신화의 역사화 이후 등장하는 이들의 종언 다음에 화해의 인식이 철학을 통해 비로소 가능하다는 것이다. 헤겔로서는 분열의 시대인 근대에는 종교나 신화가 고대에서 가능했던 규범적 통합을 만들어 낼 힘이 없다. (W. Jaeschke, Die *Vernunft in der Religion*, Stuttgart-Bad Cannstatt 1986, 172쪽 이하 참조) 그러나 초기 낭만주의에서 중시하는

1.3 예술종교의 변증법과 자기의식적 진리의 생성

헤겔의 예술종교 개념은 '아름다운 형태'와 '신의 표상'의 상호연관에서 가능하다. 아름다운 형태에서 예술 일반이 갖는 심미적 차원을 고수할 뿐 아니라 신의 표상을 통해 종교적 차원을 보여 주기 때문이다. 예술종교는 심미적 차원과 종교적 차원의 통합을 지향할 뿐 아니라 아름다운 형태가 객관적으로 드러나게 한다. 예술을 통해 현상하는 절대정신은 자기 동력적인 운동 과정에서 종교로 편입되면서 예술 속에 감추어져 있는 진리를 드러낸다. 이것은 절대정신이 예술을 통해 만들어 내는 역사적 문화 형성의 과정이다.

이러한 논변은 '예술종교'에 대한 본격적이고도 유일한 서술인 『정신현상학』에서 구체적으로 확인된다. 헤겔이 언급하는 예술종교는 그리스 종교이다. 그리스 종교는 그리스의 현실과 일치하기 때문에 그리스의 인륜적 정신을 함유하는 종교이다. 헤겔은 그리스의 인륜적 정신이 나타나 있는 현실과 그리스 종교의 관계를 다음과 같이 특징적으로 분석한다. "인륜적 정신의 종교는 이 정신의 현실을 넘어가는 고양이며 인륜적 정신의 진리로부터 그 자신에 대한 순수한 지식으로 되돌아가는 것이다. 인륜적 민족은 자신의 실체와 직접적으로 통일되어 있는 삶을 영위할 뿐 자기의식의 순수한 개별성의 원리를 소유하지 않기 때문에, 인륜적 민족의 종교는 인륜적 민족의 존립과 분리될 때 비로소 등장한다."[104] 그리스 종교는 인륜적 정신의 현실을 넘어서 있는 것으로서 이 현실과 분리된 상태에서 획득되는 현실에 대한 지식이다. 이런

새로운 신화학 논의는 의식의 과거로 밀려나는 종교나 역사가 아니라 새로운 역사를 만들어 내는 의미주체라는 점에서 헤겔의 평가와 구별되어야 한다. 헤겔은 근대성을 강조하지만 초기 낭만주의적 사유는 근대 이후의 문제성을 선취하고 있다.

104 Hegel, *Phänomenologie des Geistes*, 513쪽.

점에서 그리스 종교는 자기의식의 종교이다. 왜냐하면 그것은 인륜적 세계와 일치하지만 이 세계와의 분리에서 비로소 등장하며 이 세계로부터 사고로 고양된 것이기 때문이다. 세계와 현실로부터 분리되어 사고로 고양된 종교는 자기의식의 자유를 드러낸다.

헤겔은 (예술적) 형태와 (종교적) 내용의 일치 내지 감각적인 것과 이념의 완전한 일치를 보여 주는 대표적인 사례를 고대의 아름다운 조각으로 간주한다. 여기서 예술의 이상은 완전히 충족된다. 그러나 그리스 예술종교가 보여 주는 아름다움의 형태는 감각적인 것이며 직접적인 것이다. 그리스 조각이 표현하는 아름다운 신의 형태는 신을 감각적이고 직접적으로 표현한 것으로서 신의 내용을 감각적 직관의 직접적 형식을 통해 드러낸 것이다. 예술종교는 헤겔이 추구하는 형식과 내용의 일치를 최초로 드러낸다. 아름다움의 형태는 신의 내용에 대한 지식의 한 형식이며, 이 형식은 직접성을 특징으로 한다. 다르게 표현한다면 예술종교는 이상을 이념의 현존재로 드러낸 것으로서, 이념이 이런 모습으로 드러나는 것은 그것이 아직 정신의 자기관계 속으로 들어서지 않았다는 것을 지시한다. 말하자면 (절대적) 내용과 형식의 일치는 초역사적인 지평에서 단번에 이루어지는 것이 아니라 역사의 매개를 거치면서 종합적으로 이루어진다. 따라서 아름다움의 형태에서 표현되는 일치는 또 다른 형식에서의 일치로 이행해야 한다. 헤겔에게 이 또 다른 형식은 종교와 철학이다.

앞서 언급한 바와 같이 예술종교는 정신이 "지양된 자연성이나 자기의 형태에서 자기 자신을 아는" 정신의 현실성이다. 왜냐하면 "형태는 의식의 산출을 통해 자기의 형식으로 고양되며 이를 통해 의식은 자신의 대상 가운데서 자신의 행위나 자기를 직관하기 때문이다."[105] 이렇게 규정되는 예술종교는 "정신이 자신을 자연적이거나 직접적인 형태를 띤 대상으로 아는"[106] 자연종교와 구별되며, 자연종교의 의식적인 형식과 예술종교의 자기의식적인 형식을 통일한 계시종교와도 구별된다. 자연종교에서 정신은 "자연적 형태"를 갖는다면, 예술종교에서 정신은 자연성으로부터 자기로 고양된 형태를 가지며, 계시종교에서 정신은 "진정한 형태"를 갖는다. 자연종교에서 정신은 빛, 식물과 동물, 공작인(工作人 Werkmeister)의 형태를 갖는 반면, 예술종교에서 정신은 추상적 예술작품, 생동적 예술작품, 정신적 예술작품의 형태를 갖는다. 이와 같은 헤겔 특유의 서술이 갖는 핵심은 정신을 세 가지 종교 형식의 틀에서 각각 자연적 형태, 예술적 형태, 순수 내면적 형태를 구분한 데 있다. 우리가 주목하는 것은 헤겔이 예술종교에서 주장하는 내용, 즉 자기성의 고양 및 이 고양이 드러내는 진리의 역사성 함축이다. 진리의 역사성은 실체가 주체로 변모하는 과정에서 발견될 수 있다면, 헤겔은 이를 다음의 표현으로 확인하고 있다. "예술의 종교를 통해 정신은 실체의 형식으로부터 주체의 형식으로 들어선다. 왜냐하면 예술의 종교는 정신의 형태를 산출하며 말하자면 이 정신의 형태에서 행위와 자기의식을 정립하기 때문이다."[107]

예술종교의 세 단계는 정신이 실체의 형식으로부터 주체의 형식으로 진행하는 과정을 잘 보여 준다. '추상적 예술작품'의 단계에서는 원래 통일적으로 드러나야 하는 의미의 분리와 무매개적 대립을 드러내는 예술작품들이 거론된다. 이를테면 신상조각, 초기 송가, 비밀의식 등과 같이 공동체의 인륜적 질서나 종교적 자기반성에 이르지 못한 예술작품이 그것이다. 다음으로 그리스 민족은 제식과 예술을 통해 그들의 고

---

105 같은 책, 502쪽

106 같은 곳.

107 같은 책, 545쪽.

유한 정신을 의식하며 신을 마음속에 떠올리면서 정신적인 것을 수용하게 된다. 이러한 정신의 특성은 인간의 자기반성에서 확인될 뿐 아니라 인간에 내재하는 자연의 자기인식에서도 확인된다. 헤겔은 이러한 예술종교의 두 번째 단계를 '생동적 예술작품'으로 규정하며, 이를 대변하는 것으로 엘레우시스 비교(秘敎)와 올림포스 축제를 든다. 여기서는 자연과 정신의 통일뿐만 아니라 인간 육체의 신격화가 잘 드러나 있다. 자연과 정신이 분리되어 있는 작품에서와 달리 생동적 예술작품에서는 이 둘의 통합과 정신의 운동이 확인된다.

생동적인 예술작품에서 나타나는 자연과 정신의 통합은 헤겔이 지향하는 신 존재 자신의 자기의식을 아직 드러내지 못한다. 여기서 예술종교의 셋째 단계인 '정신적 예술작품'이 등장한다. 서사시, 비극, 희극과 같은 언어 예술작품에 나타나 있는 그리스적 신 이해가 그것이다. 신은 자연적 존재로서가 아니라 정신화된 존재로 묘사된다. 서사시에서는 신과 인간의 관계가 의식화된다. 비극의 고상한 언어에서는 신의 실체가 비극적인 여러 인륜적 형태로 나누어짐으로써 개체성이 스스로를 특수화하는 자기의식적 보편자가 된다. 희극에서는 비극적인 해결이 희극의 아이러니한 자기의식의 승리로 끝난다. 여기서 천상의 신은 시인과 관객의 현실적 자기의식 속에서 희극적으로 드러난다.

결국 예술종교의 일련의 과정은 인간의 의식과 무관하거나 분리되어 있는 실체가 인간의 의식과 통합되는 과정을 묘사하고 있으며 이를 통해 실체의 진리는 예술과 문명의 역사를 통해 드러난다. 이러한 실체의 드러남에는 예외 없이 실체가 인간의 의식 속에서 스스로를 확인하는 정신화 과정이 자리 잡고 있다. 인간의 입장이나 철학의 시선에서 보자면, 예술종교의 진행과정을 통해 사유하는 개인은 더 이상 전통에 몰의식적으로 묶여 있거나 자기 밖의 신에게 숭배하지 않는다. 신이 자기 밖의 존재와 대립하는 유한한 존재가 아니어야 한다면, 이러한 의식의 자유 획득 과정에서 신도 타자를 자기 속에서 직관하는 자유로운 정신적 존재로 확인된다. 요컨대 예술종교의 진행과정은 사유하는 정신의 자유 획득과정과 다르지 않은 것이다.

예술종교는 그리스의 인륜적 정신의 종교로서 이 정신은 스스로를 자유로운 민족의 실체로 안다. 자신을 자유로운 존재로 인식하는 정신의 주체는 예술가이며, 이러한 예술가의 내면은 조각과 같은 고정된 예술의 형식을 벗어나 인륜적 정신의 지평에 있기 때문이다. 예술종교에서는 그리스 예술의 조각이 묘사하는 인륜성이 예술가의 정신 속에 살아 있다. 인륜적 정신의 종교에서는 실체나 신적인 존재가 인간화되고 주관화되어 있다. 그리스 예술이 묘사하는 완전한 화해는 예술종교의 내면화 과정을 거치면서 비로소 구체적으로 확인되는 것이다. 예술은 예술 자체에서가 아니라 예술종교의 단계에 들어오면서 처음으로 그 진정한 모습이 드러난다.

이에 반해 동방 종교(orientalische Religion)는 아직까지 이러한 자기의식의 자유를 드러내지 못한다. 그리스 종교는 기존의 정신적 현실과 거리를 유지하면서 현실을 반성하는 사고의 관계를 보여 주는 반면, 동방 종교는 표상 속에서 새로운 현실의 도래를 기다리는 존재의 관계를 보여 주기 때문이다.[108] 헤겔이 파악하는 동방 종교는 자유의 상태를 알지 못하며 기껏해야 지배 권력을 정당화하면서 주인과 노예의 관계로 이루어진 비본질적인 공동체의 현실을 드러낼 뿐이다.

동방 종교와의 비교에서도 분명해진 바와 같이 그리스 종교는 자기

---

108 J. Heinrichs, *Die Logik der »Phänomenologie des Geistes«*, Bonn ^{2}1983, 434쪽 참조.

의식의 자유를 근간으로 한다. 헤겔은 그리스 종교에서 자유로운 정신의 활동성을 발견하며 이 활동성을 그리스 예술에서 확인한다. 그리스 종교는 그리스 예술의 종교이며 그리스 예술에 대한 반성이다. 그리스 종교는 그 자체가 그리스 예술에 대한 반성인 한 그리스 예술과 종교에 입각한 새로운 법적 현실과 사상체계의 토대가 되기도 한다. 그리스 예술이 그리스 종교로 이행한 것처럼 그리스 종교도 새로운 현실에 대한 선취로서 궁극적으로 그리스 철학과 법적 상태로 이행하는 것이다.

이와 같은 초월적 이념의 실현 과정은 정신의 역사적 과정이다. 예술 속에 가상적으로 나타난 이념은 예술종교에서 보다 구체적으로 드러나며 계시종교를 거쳐 철학에서 원래의 자리로 복귀한다. 이러한 자기 현상과 자기복귀의 과정이 정신의 운동으로 나타나기 때문에, 현상된 이념의 매 계기는 그 다음 계기로 이행할 때마다 자신의 진리를 드러낸다. 예술 속에 가상으로 나타난 이념을 인간이 의식할 때, 그리고 의식된 내용을 가지고 그때마다 새로운 문화를 창출할 때 원래의 이념은 자신의 진리를 보다 구체적으로 실질적으로 드러낸다. 이념의 진리는 이념의 역사화 과정 없이 드러나지 않는다.

이념의 역사화 과정을 주장하는 헤겔의 논변에서는 역사적 지양이 반드시 역사적으로 지양되는 단계의 종언을 의미하지 않는다. 예술이 예술철학으로 지양되는 것은 예술이 완전히 끝난 자리에서 예술과 무관한 종교가 시작된다는 의미가 아니라는 것이다. 오히려 예술의 역사화를 통해서 일어나는 역동적인 변화는 예술과 종교 양자를 동시에 변화시키며 자유롭게 한다. 예술종교는 단순히 '예술 이후의 것'으로서 예술과 무관한 것일 수는 없으며 오히려 예술이 지니고 있던 내용을 메타적인 차원에서 드러내 보여 준다. 이른바 예술의 진리가 예술 너머의 형식에서 밝혀진다. 따라서 예술이 예술종교로 변모하는 과정은 정신철학의 관점에서 볼 때 "예술의 진보적 해방"[109]이라는 의미를 갖는다. 예술이 (예술)종교에서 '의식의 과거적 형태'로가 아니라 의식을 통한 예술의 진보적 해방으로 파악될 때 정신의 운동이 갖는 특징적인 모습이 구체적으로 확인된다. "아름다운 예술은 해방의 한 단계일 뿐 최고의 해방 자체는 아니다."[110] 절대정신의 한 계기를 차지하는 예술은 그것이 정신의 운동에 참여하고 있는 한 예술의 단계에서보다 종교의 단계에서 그 내용을 더욱 구체적이고 새로운 모습으로 전개시킬 수 있다는 것이다. "아름다운 예술은 (그 특유의 종교와 같이) 자신의 미래를 진정한 종교에서 갖는다."[111] 예술의 진리가 예술종교에서 확인된다는 진리의 역사성에 관한 우리의 모든 논의는 요컨대 실체적인 것을 주관화하고 의식화하는 자유의 맥락에서 하나로 수렴된다.

이러한 헤겔의 관점이 형이상학적인 전제에서 출발하는 것은 확실하다. 즉자적 이념의 외화와 자기복귀라는 형이상학의 전체 구도 가운데서 예술과 종교와 철학이 설명되고 있기 때문이다. 그러나 절대정신의 운동을 통해 설명하는 내용들은 모두 역사화의 과정과 맞물려 있을 뿐 아니라 역사화의 과정을 가능하게 하는 의식의 운동과 연결되어 있기 때문에 단순히 형이상학적 전제의 관철로 폄하될 수 없다. 바로 여기서 헤겔의 예술종교 개념을 통해 드러나는 진리의 역사성이 밝혀진다. 진리는 즉자적인 상태의 존재에서 곧바로 확인되는 것이 아니라 그것의 역사화 과정을 가능하게 하는 비판적 자기의식의 활동을 통해 비로소

---

109 W. Jaeschke, "Kunst und Religion. Überlegungen zu ihrer geistesphilosophischen Grundlegung, in: A. Gethmann-Siefert, L. de Vos, B. Collenberg-Plotnikov (Hg.), *Die geschichtliche Bedeutung der Kunst und die Bestimmung der Künste*, München 2005, 102쪽.

110 EPW, §562.

111 EPW, §563.

확인된다. 역사적 과정을 도외시할 수 없기 때문에 "진리는 전체"임이 틀림없다. 다르게 표현하면 진리는 전제된 내용에 대한 의식적 재구성이 만들어 내는 무전제화 과정의 전체인 것이다.

2. 가다머의 예술종교 개념과 해석학적 진리

가다머는 『진리와 방법』에서 '예술종교'에 대해 아주 간략하게 언급하고 있다.[112] 그러나 단 몇 줄에 불과한 이 언급이 함축하고 있는 의미는 가다머의 철학적 해석학을 관통하는 문제성을 담고 있다. 이것은 하이데거에 의해 본격적으로 논의된 '예술의 진리'를 정당화하려고 하는 가다머의 주장을 강화할 수 있는 논거로 보이기 때문이다.

가다머가 헤겔의 예술종교에 관심을 기울이고 이를 적극적으로 수용하는 것은 예술이 묘사하는 실체 때문이 아니라 그것이 담고 있는 정신의 역사성 때문이다. 이런 맥락에서 가다머는 예술작품을 예술작품으로 정확하게 재구성하는 "심미적 의식(ästhetisches Bewußtsein)"을 비판한다. 주어진 예술작품을 정확하게 재구성하는 것은 그가 독특하게 규정하는 "미적 구별(ästhetische Unterscheidung)"을 수행한다. 가다머가 보기에 이것은 방법을 앞세우는 철학의 한계를 드러낸다. 예술의 사상(事象)을 영향사를 통해 총체적으로 파악하려고 하는 가다머는 헤겔의 예술종교 개념에서 자신이 이해하려고 하는 예술의 전형을 발견한다. 지속적으로 영향을 끼치고 있는 예술의 진정한 의미는 이른바

---

112 H.-G. Gadamer, *Wahrheit und Methode*, Tübingen ^{4}1975(=WM), 535쪽 이하.

"미적 무구별(ästhetische Nichtunterscheidung)"을 통해서만 파악할 수 있다는 것이다. 그러므로 예술의 진리는 예술에서가 아니라 예술을 지양하면서도 그 영향을 담지하고 있는 종교에서 드러난다는 헤겔의 논변을 적극적으로 수용하는 것이다.

가다머는 예술의 진리를 규명하기 위해 '심미적 의식', '미적 구별', '미적 무구별', '예술의 자율성'과 같은 개념들을 고유하게 정립한다. 이러한 개념들에 대한 재구성은 예술의 진리에 관한 가다머의 생각을 효과적으로 드러내 준다. 무엇보다 심미적 의식은 학문의 유명론을 전제하며, 예술에 대한 추상을 만들어 낸다. 심미적 의식은 1) 예술세계를 그 밖의 세계와 극단적으로 구별함으로써 예술을 현실과 숙명적으로 분리시키며, 2) 진리의 역사적 연관을 도외시하고, 3) 예술가 자신의 사실적 충동을 도외시한다. 말하자면 "심미적 의식의 추상은 의식 자체를 위해 적극적인 수행을 완수한다. 이 추상은 순수한 예술작품이 무엇인지를 보게 하게 그것이 그 자체로 존재하게 한다."[113] 심미적 의식의 수행은 예술작품의 특수성을 미적으로 구별하는 것이다. 심미적 의식이 수행하는 미적 구별은 예술 수용자의 변화무쌍한 일상적 관심을 한 군데 묶어 놓으며 오로지 예술작품에만 관계하게 하는 결과를 낳는다.

그러나 작품은 미적 구별을 수행하는 심미적 의식에 귀속되면서 작품 자체가 속하는 장(場)과 세계를 상실한다. 이렇게 되면 예술가도 세계 속에서 자신의 장을 상실하게 된다. 실제로 예술 관찰자들은 다양한 예술기관과 예술행사를 통해 이러한 구별을 수행한다기보다, 작품과 다양하게 접촉하며 그때마다 그것이 끼치는 영향을 학습한다. 이러한

113 WM, 81쪽.

만남과 학습은 관찰자의 상상력과 함께 다양한 방식으로 일어나는데, 이것을 이해하기 위해서는 미적 구별 개념과 구별되는 다른 개념이 필요하다. '미적 무구별'의 개념은 이러한 맥락에서 등장한다.

가다머에게 심미적 의식의 전형은 역사주의에서 나타난다. 역사주의는 진리와 이성에 관계한다기보다 표현과정 자체의 재구성에 관계한다. 심리적 재구성과 역사적 재구성을 통해 심미화하는 방식은 사상(事象)에 대한 인식으로부터 멀어진다. 가다머가 볼 때 구성에 대한 재구성을 중시하는 미학과 해석학은 진리와 무관하다. 이런 맥락에서 가다머는 예술작품이 인식으로 기술되지 않고 체험의 표현과 창조적인 체험의 추체험으로 표현되는 것을 비판한다. 예술 감각의 직접성, 예술적 영감의 순간적 독창성, 고유한 예술 체험을 강조하는 것은 연속성과 통일성을 요구하는 인간의 자기이해에 비추어 볼 때 사소한 것에 지나지 않으며 심지어 삶에서 아무런 구속력을 지니지 않는 파편적인 것에 불과하다. 따라서 예술의 독자성을 요구하는 이러한 체험은 가다머가 말하는 예술 경험과 무관하며 진리 문제와도 상관없다. 오히려 그에게서 "예술은 인식이다." 그리고 "예술작품의 경험은 이 인식에 관여한다."[114] 예술은 학문, 현실, 사회, 진리의 가장자리에 있는 것이 아니기 때문에, "미학은 예술을 정당하게 평가하기 위해서 그 자체를 넘어가야 하며 심미적인 것의 순수성을 포기해야 한다."[115]

예술이 체험의 표현으로가 아니라 인식으로 이해될 수 있는 경우는 알레고리(Allegorie)에서 발견된다. 알레고리는 심미적 경험이라기보다 현실경험이다. 그렇기 때문에 알레고리는 천재의 전유물이 될 수 없

114 WM, 92쪽.

115 WM, 88쪽.

다. 그것은 확고한 전통에 기인하며 개념적 파악에 모순되지 않는 규정적인 의미를 갖는다. 예술과 관련하여 가다머에게 중요한 잣대는 예술과 현실의 연관이다. 현실과 유리된 예술은 아름다운 가상의 자율적 왕국에서 활동할 뿐이다. 지속적인 현실 인식과 분리된 예술은 가상과 픽션에 속한다. 예술의 픽션화는 예술의 진리를 사소한 것으로 만들며, 비현실적으로 변하게 하고, 예술 속에 있는 본질적인 것을 폐색시킨다.

요컨대 가다머의 문제의식은 현실과 연관된 예술의 진리를 드러내는데 있다. 전통 미학과 해석학에 대한 비판도 이러한 관점에서 전개된다. 예술은 존재론적 과정으로 귀결되는 시간적 서술을 벗어나서 거론될 수 없다. 시간적 존재경험은 곧 진리인식으로 간주되어야 한다. 그러나 진리는 심미적 의식에 의해 인식론적으로 구성되는 것이 아니라 예술을 통해 우리 가운데 일어나는 것이다.

가다머의 헤겔 수용은 이러한 맥락에서 이루어진다. 그는 헤겔의 예술종교 개념에서 자신의 해석학이 비판하는 '재구성으로서의 이해'와 그것이 옹호하는 '통합으로서의 이해'가 잘 드러난다고 주장한다. 예술종교 개념에서 심미적 구별의 한계가 드러나면서 재구성으로서의 이해는 한계에 봉착하는 반면, 심미적 무구별의 해석학적 성과가 드러난다는 것이다. 다음의 인용문은 이 사실을 압축적으로 보여 준다. 헤겔의 예술종교 개념은

> "필자(즉, 가다머)가 심미적 의식에 대해 해석학적으로 회의하고 있는 바를 정확하게 묘사하고 있다. 예술은 예술로서가 아니라 종교로, 신적인 것의 현재로, 예술 자체의 최고 가능성으로 존재한다."[116]

---

116 WM 535쪽

가다머는 헤겔에게서 역사적으로 기억하는 의식을 발굴해 내고 이것의 중요성을 강조한다. 역사적으로 기억하는 의식은 과거적인 것으로서의 예술을 과거적인 모습 그대로 재구성하는 것이 아니라 과거적인 것으로서의 예술이 현재에 끼치고 있는 영향을 기억해 내는 활동성이다. 이것은 실제적인 예술 경험의 틀이다. 진정한 예술 경험은 아이러니하게도 예술을 예술로 경험하는 것이 아니라 예술이 예술 '다음의 단계' 나 예술 '이후' 의 틀 속에서 드러나는 모습을 경험하는 것이다. 이것은 우리가 헤겔에 대한 논의에서 다양한 방식으로 확인한 내용과 같다. 그러므로 가다머에게 해석학의 과제는 "실제적인 예술 경험을 미적 무구별의 개념을 통해 심미적 의식으로부터 분리시키는 것"이다.[117] 이것은 앞서 언급한 '해석학적 통합' 의 과제와 다르지 않다.

가다머가 헤겔의 미학과 예술종교 개념을 높게 평가하는 것은 이 둘이 "심미적인 것이 요구하는 초시간성과 작품 및 세계의 역사적 일회성 간의 갈등"[118]을 해소하는 유일하고 실제적인 해결책을 보여 주기 때문이다. 헤겔의 예술종교 개념은 예술의 초시간성과 일회성을 함께 생각하며, 예술을 구별된 하나의 부분으로서가 아니라 전체로 기억해 낸다. 예술종교는 세계 가운데 생기한 예술 자체와 그것의 영향을 함께 생각함으로써 예술을 전체로 드러낸다는 것이다. 한편으로 예술은 그리스 예술에서 보듯이 기독교의 등장 이후 더 이상 신적인 것을 드러내는 최고 단계가 아니며 진리의 최고 방식이 아니다. 여기서 예술은 "반성예술(Reflexionskunst)"이 된다. 예술은 그 자체를 넘어가는 지평에서 스스로를 조망함으로써 '반성예술' 이 된다. 예술이 메타적 차원에

117 같은 곳.

118 WM 536쪽.

서 스스로를 부정적으로 확인하는 모습은 당연히 반성적이다. 다른 한편으로 (헤겔식으로 말해서) 계시종교에서 철학으로, 혹은 표상에서 개념으로 나아가는 정신의 진보는 예술을 예술 그 이상으로 파악하게 한다. 가다머는 여기서 "반성예술로부터 예술반성으로의 이행"이 발생한다고 말한다.[119] 이러한 이행에서 확인되는 바이지만, 예술은 그것이 반성예술로 규정될 때 이미 진리 문제와 연결되어 있으며 그 자체가 지식의 차원에 속한다는 사실이 확인된다. 예술은 진리 문제의 지평에서 비로소 예술이 되는 것이다. '예술이 진리 문제의 지평에서 비로소 예술로 된다'는 사실은 '예술이 전체로 드러난다'는 위의 언급과 통한다. 결국 예술이 전체로 드러나면서 자신의 진리에 이르는 것은 예술이 정신의 역사성의 맥락에서 통합적인 것으로 파악될 때만 가능한 일이다.

예술종교 개념에서 반성예술로부터 예술반성으로의 이행이 드러난다는 사실과, 예술의 진리는 통합적인 시간성 속에서 드러난다는 사실은 동일한 주장이다. 헤겔이 말하는 정신의 역사성과 같은 맥락에 있는 가다머의 해석학적 시간성은, 현재의 예술경험에서 압축적으로 드러나는 총체적이고 통합적인 사건으로서의 시간성이다. 예술의 진리는 예술의 시간적 연속성과 불가분리적이기 때문에 그때마다 "존재의 증가"를 가져온다. 존재의 증가는 놀이를 통해 펼쳐지는 변화하는 예술의 표현에서 그 진리가 드러나는 사태를 의미한다.[120] 예술작품은 그것을 경험하는 주체와 그 삶을 벗어나서 존재하지 않으며 항상 그것과 함께 있음으로써 진리를 드러낸다. 비극의 경우가 특징적으로 보여 주듯이 공연의 고유한 내용은 순수 심미적인 영역에만 머물지 않으며 공연에 참

119 같은 곳.

120 J. Grondin, *Einführung zu Gadamer*, Tübingen 2000, 74쪽 참조.

여하는 사람의 고유한 삶의 구체적인 현장으로 연결된다. 공연은 공연에 참여하는 사람의 삶의 연속성과 분리되어 있지 않으며 오히려 이 가운데서 그 진리를 드러내는 것이다. 가다머가 말하는 존재의 생기와 진리의 역사성은 삶의 연속성과 분리되어 있지 않다.

여기서 가다머가 특징짓는 해석학적 시간성의 특징을 일별할 필요가 있다. "심미적 의식은 예술 가치를 지니는 모든 것을 그 속에서 총괄할 것을 요구하기 때문에 동시성"(Simultaneität)의 성격을 갖는다."[121] 가다머는 심미적 의식이 만들어 내는 동시성의 예로 도서관과 박물관과 콘서트홀을 든다. 이것은 심미적 의식의 미적 구별 활동이 마련한 동시성의 외적 현존이다. 심미적 의식의 시간성으로 특징지어진 '동시성1(Simultaneität)' 은 가다머가 진정한 예술 경험의 시간성으로 규정하는 '동시성2(Gleichzeitigkeit)' 와 대비될 때 그 한계가 분명하게 드러난다.

똑같이 '동시성' 의 의미를 갖고 있는 이 두 용어를 우리는 가다머의 의도에 따라 각각 '의식 소여적 동시성(Simultaneität)' 과 '역동적 동시성(Gleichzeitigkeit)' 으로 옮길 수 있을 것이다. 의식 소여적 동시성은 심미적 의식에 대상적으로 '함께(zugleich)' 주어진 모든 예술적 가치의 총괄을 의미한다. 여기에는 과거에 존재했던 모든 예술적 가치가 현재 속에 '함께' 재현되어 있다는 의미에서 예술의 동시성을 보여 주는 동시에 그 역사성을 보여 준다. 그러나 이렇게 심미적 의식 가운데 주어지는 동시성과 역사성은 의식에 대해 대상적인 성격을 지니고 있다는 점에서, 예술이 관찰자의 현재적 삶에 끼치는 영향과 그 가운데서 일어날 수 있는 새로운 의미의 출현과 무관하다. 바로 이러한 이유로

---

121 WM, 81쪽.

가다머는 의식 소여적 동시성 대신에 역동적 동시성을 중시한다. 키르케고르가 신학적으로 사용한 용어에서 차용한 역동적 동시성 개념은 무엇보다 시간의 현실작용성에 초점을 맞추고 있다. "역동적 동시성은 의식에 깃들어 있는 소여방식이 아니라 의식에 대한 과제이며 의식이 요구하는 수행에 대한 과제이다."[122] 역동적 동시성은 역사적인 내용이 단순히 의식 가운데 함께 있다는 사실이 아니라 이것과 관련된 자기 고유의 현재성을 총체적으로 매개해야 하는 과제를 보여 주는 것이다. 여기서는 과거적인 것이 역사적 거리가 유지된 채 의식 속에 재현되는 것이 아니라, (그리스도의 구원의 사역과 같은) 과거적인 것이 현재적으로 매개되고 작용함으로써 과거에는 드러나지 않았던 의미가 지금 새롭게 일어나는 것이다.

3. 예술의 진리, 존재의 주관화인가, 주관성의 존재론화인가?

가다머는 헤겔의 '예술종교' 개념에 대해 논의하지만 독자적인 예술종교 개념을 확립한 것은 아니다. 가다머는 자기만의 고유한 예술종교 개념을 발전시켰다기보다 헤겔의 논의를 빌어 자신의 해석학 이론을 더욱 확고히 하려고 한 것이다. 여기서 우리는 '가다머가 자기화한 헤겔'을 '가다머와 구별되는 헤겔'과 혼동해서는 안 되며 더 나아가 '헤겔을 넘어가는 가다머'의 진면목도 확인할 필요가 있다. 이것은 가다머의 해석학이 헤겔의 예술종교 개념에 부여한 유의미성과 한계를 발견하는 범위 안에서 이루어져야 하는 작업이다. 여기서 중심적으로 제기되는

---

122 WM, 121쪽.

물음은 예술종교 개념을 둘러싸고 두 철학자가 펼치는 진리관의 동이성(同異性)이다.

가다머는 정신의 역사성을 강조하는 헤겔의 논변을 수용함으로써 자신의 해석학이 주관주의와 역사주의를 극복한 이론을 제시했다고 생각한다. 그에게 진리는 주체가 객체를 구성하는 주객 대립 모델에서 구해질 수 없으며 주체와 객체가 혼융되는 존재론적 지평에서 오로지 총체적인 방식으로만 획득될 수 있다. 예술의 진리나 해석학적 진리는 예술적 산출과 수용의 맥락연관성을 통해서만 획득된다는 것이다. 여기서 가다머는 진리를 정신의 총체적 진행과정과 그 결과로 간주하는 헤겔과 동일한 논의선상에 있음이 틀림없다. 헤겔에게 이념은 예술에서 아직 개념적 투명성에 도달하지 못하는 반면 예술 '이후'의 단계에서 비로소 그 진정한 모습이 드러난다. 예술의 진리가 (예술)종교에서 드러난다는 헤겔의 논변은 해석학적 진리가 예술작품과 수용자의 공동작업에서 드러난다는 주장과 정확하게 맞아떨어지는 것이다. 이전과 이후의 연관성을 고려하지 않고는 이전의 진리가 드러나지 않는다는 점에서 역사성과 맥락성은 두 사유의 공통분모이다.

그러나 헤겔에서 정신의 역사성을 주도하는 것은 주관성이며 이것은 진리 문제와 더불어 개념을 산출하는 학문적 주관성으로 확인되는 반면, 가다머에서 주관성은 그 자체가 역사의 원대한 진행과정에 편입되어 있다는 점에서 애당초 독자적인 활동성이 인정되지 않는 부차적인 것이다. 헤겔에게 진리는 주관성의 산물인 반면 가다머에게 진리는 주관성을 자기 안에 포섭하는 존재와 역사의 산물이다. 헤겔에게는 전제된 존재의 주관화가 관건인 반면 가다머에게는 주관성의 존재론화가 중심문제이다. 여기서 '가다머가 자기화한 헤겔'과 '가다머와 구별되는 헤겔'이 갈라진다. 이것은 근대철학과 현대철학의 분기점이기도 하며 철학의 현재성을 판가름하는 준거점이기도 하다. 여기서 헤겔의 예술종교의 관점을 충실히 따른다는 가다머의 주장[123]에 대한 평가가 요구된다.

가다머가 말하는 해석학적 진리는 분명 명제적 진리를 지칭하지 않는다. 명제적 진리는 역사성을 통해 확인될 수 없으며 언어적 매개과정을 통해 확정될 수 없다. 역사성과 맥락성에서 확인되는 진리는 예술작품을 삶의 형식의 반성으로 간주하는 데서 발생하는 진리로서 정신적 삶의 진리이며 그때그때 주어지는 삶의 현장에 참여하면서 획득하는 진리이다. 그렇다 하더라도 가다머의 존재론화된 진리 개념과 주관성에서 산출되는 진리 개념 사이에는 가다머를 따르는 논자들도 인정하는 딜레마가 있다. 이를테면 가다머가 말하는 '존재론화'를 강하게 주장할 경우 예술작품의 의미에 참여하는 수용자의 입장이 전혀 고려되지 않는 어려움이 발생한다는 것이다. 수용자조차 의미맥락에서 물러나 있어야 하고 모든 것을 존재가 주는 선물로 간주할 경우 예술작품의 작용을 일방적으로 인정할 뿐이며 관찰자가 기여하는 바는 아무것도 존재하지 않게 되기 때문이다. 예컨대 "존재론화의 강한 버전과 약한 버전"을 구별하려는 시도는 이러한 문제를 잘 드러내 준다.[124] 작품, 영향사, 관찰자의 상호보충을 인정하지 않는 '강한 존재론화'는 진정한 예술경험과 해석학적 경험을 벗어나는 것이다.

이해 주체가 독자적으로 인식하는 경험의 진리를 인정하지 않고 오로지 전승이 가져다주는 진리만을 경험할 수밖에 없다는 존재론화에서는 수용자와 이해 주체의 역할을 찾아볼 수 없다. 지평융합으로서의 이

---

123 WM, 535쪽.

124 D. Teichert, *Erfahrung, Erinnerung, Erkenntnis. Untersuchungen zum Wahrheitsbegriff der Hermeneutik Gadamers*, Stuttgart 1991, 166쪽 참조.

해가 이해 주체의 독자적인 지평확대를 인정하지 않는다면 그것은 이해 주체의 활동성에 선행하여 모든 의미를 결정하고 있는 언어존재의 사변적 자기운동에 지나지 않을 수 있다.[125] 지평융합이 가다머의 의도와 달리 사변적 독백으로 귀결되지 않으려면 위에서 언급한 구별을 따라 '존재론화의 약한 버전'을 택할 수밖에 없다. 이것은 해석학적 진리에 관한 한 전승사건과 더불어 이해 주체의 활동성을 인정하는 해석이다. 우리는 이해 주체가 전승의 대상과 관계하면서 획득하게 되는 자기만의 경험을 배제한 채 전승이 가져다주는 의미만을 수동적으로 받아들인다고 말할 수 없다. 해석학적 경험은 이해자의 현재적 관심, 과거에 대한 선지식, 미래를 향한 개방적 태도가 어우러짐으로써 형성되는 것이지, 이해 주체가 배제된 채 된 일방적으로 작동되는 존재의 독백이 아니다. 가다머가 헤겔의 예술종교 개념을 모델로 하여 전개한 역사화와 맥락화는 주관성의 문제를 배제할 때 감수해야 할 부담이 너무 큰 것이다.

그럼에도 가다머가 새로운 예술 개념을 매개로 하여 현대철학의 맥락에서 제시하고 있는 진리관의 위상은 분명해 보인다. 헤겔의 예술종교 개념을 수용하는 이유에서 밝혔듯이 예술의 역사적 일회성과 심미적인 것이 요구하는 초시간성의 긴장을 진리의 역사성과 맥락성의 지평에서 해소한 것은 분명 헤겔을 현대적인 모습으로 복원하면서 현대철학의 문제에 접근한 것이다. 존재 전체를 역동적으로 파악하면서도 의식철학과 주체철학의 틀을 벗어나 보겠다는 생각이다. 예술이 예술의 자리에 국한되지 않고 종교와 국가와 사회에 결속된다는 사상은 예

125 최신한, 「슐라이어마허와 가다머(II). 해석학의 보편성 요구 — 지평융합인가, 지평확대인가?」 『철학연구』 제 90집, 대한철학회 2004, 407-434쪽, 특히 426쪽 이하 참조.

술을 매개로 하여 존재 전체를 역동적으로 파악하려는 시도이며, 전승 사건을 통해 진리의 생기를 강조하는 입장은 구성적 주체의 틀을 벗어나서 (예술적 대상의) 의미를 획득하려는 시도이다.

문제는 전승된 것이 새로운 의미의 조망을 얻게 된다는 생기 진리관이다. 가다머가 헤겔의 예술종교 개념을 매개로 해서 강화하려고 하는 해석학적 진리의 생기적 특성은 양면성을 지니기 때문이다. 이것은 진리를 삶과 역사의 총체적 지평에서 구하는 원대한 시도를 하면서도 진리의 산출에서 이해자의 역할을 인정하지 않는 한계를 보여 주고 있는 것이다. 특히 예술의 진리를 예술종교에서 확인할 수 있다는 시도에서 드러났듯이 예술은 헤겔에서처럼 종언을 맞든지 가다머에서 확인되는 바처럼 그 자립성을 손상당한다. 뿐만 아니라 진리를 전승의 생기에서 찾음으로써 옳고 그름을 판가름할 수 있는 방법적, 학문적 주관성을 철학에서 추방한다. 따라서 헤겔의 예술종교 개념을 자기화한 가다머의 한계가 드러남으로써 더욱 분명하게 조망되고 추구되는 사실은 다음과 같다. 진리의 역사성을 드러내면서도 예술의 자립성을 구하고 이해 주체를 역사의 꼭두각시 노릇에서 빠져나오게 하는 이론이 요구되는 것이다.[126]

---

126 가다머가 추구하는 예술의 진리가 헤겔이 상정한 예술종교 모델에서만 드러나는지, 아니면 이 모델은 예술의 자립성을 잃게 하므로 예술 고유의 진리를 드러낼 수 있는 또 다른 예술종교 개념은 없는지 시험해 보는 것은 흥미로운 탐구일 수 있다. 예컨대 슐라이어마허의 예술(종교) 개념과 하이데거의 예술 개념을 비교함으로써 주체를 포기하지 않으면서도 새로움의 진리를 담아낼 수 있는 새로운 이론을 전망해 볼 수 있다. 그때마다 내면성 가운데 새롭게 형성되고 결정체화되는 예술종교의 지평은 주체와 생기적 진리의 문제성을 함께 보여 주기 때문이다.

11

후기세속사회의 종교 담론

이 장은 오늘날 새롭게 부각되고 있는 '종교 담론'의 현주소를 확인하고 여기서 논의되는 중심문제를 재구성한다. 그리고 이러한 논의가 나아가야 할 방향을 제시함으로써 현재 진행되는 종교 담론의 사회적 의미뿐만 아니라 그것의 영향으로 나타날 수 있는 종교의 정치적, 문화적 의미를 추적한다. 나는 하버마스의 종교 이해를 출발점으로 하여 '종교와 계몽의 관계'를 밝히고 이를 통해 이 시대에서 종교가 차지하는 중요성과 의미와 과제를 밝히는 것을 첫째 목표로 삼는다. 그 다음으로 계몽주의 이후에 나타난 종교비판의 전통을 체계적으로 재구성함으로써 계몽과 종교의 관계는 물론이고 '포스트계몽' 내지 '계몽의 계몽' 운동과 종교의 관계를 드러내 보이려고 한다. 여기서 제기되는 물음은 다음과 같다. 1. 후기세속사회는 어떠한 특징을 지니는가? 2. 후기세속사회에서 종교는 과연 필연적인가? 3. 갈등이 상존하는 사회에서 종교는 어떤 기능을 할 수 있는가? 4. 한국에서 시민종교는 가능하며 그것은 어떤 형태로 이루어질 수 있는가?

종교의 세속화에 대한 논의는 그 자체가 현재 진행형이다. 새롭게 등장한 연구들도 종교와 '근대'(Moderne)의 관계를 재정립하려고 하며, 특히 종교에 대한 계몽의 과정으로 나타난 세속화 자체에 대한 계몽, 즉 '탈세속화'의 의미를 천착하려고 하기 때문이다. 계몽의 진행 이후 전적으로 공(公)적인 삶에 의존하게 된 삶은 공공 문화의 최종 심급인 종교와 무관하게 진행될 수 없다. 서양의 기독교와 아시아의 유교는 공공 문화에 깊숙이 자리 잡은 대표적인 종교현상이다. 여기서 종교는 계몽된 삶과 공적인 삶의 불가피한 연관에서 주제화된다. 종교가 사적인 공간에 자리한다 하더라도 이는 결코 사소한 경험으로 치부될 수 없다. 왜냐하면 종교는 개인의 삶을 떠받치고 있는 의미의 근원이기 때문이다.

이른바 '후기세속시대의 종교 담론'은 '시대의 요구로서의 종교'라는 주제를 포함한다. 우리 시대는 여느 시대와 마찬가지로 종교적 문제를 안고 있다. 종교적 문제는 신앙인들만의 문제 내지 개인 내면성의 문제를 넘어서서 이미 사회적, 정치적 문제가 되었으며 그것도 단일 사회의 테두리를 넘어서서 인류 전체의 문제로 부각된 지 오래다. 여기서는 근대 이래 종교와 계몽의 관계를 통해 확인된 종교, 즉 이성의 비판을 거친 종교를 주제화하며, 이런 의미에서 종교에 대한 세속화를 다룬다. 그런데 계몽의 과정을 통해서도 사라지지 않고 영향을 미치는 종교는 이제 계몽의 과정 자체를 반성하는 포스트 세속화 시대에서 새롭게 조명되어야 한다. 그 이유는 계몽을 통해 달성된 근대화가 새로운 계몽을 요구하면서 포스트근대의 전통을 만든 것과 같이 계몽을 통해 이루어진 종교의 세속화는 또다시 그것에 대한 메타적 반성을 요구하기 때문이다. 후기세속시대(Zeit der Postsäkulären)의 종교는 세속화된 종교에 대한 비판과 반성이며 그 결과는 종교와 관련된 인간 삶의 새로운 의미 추구와 뗄 수 없다.

세속화를 통해 종교를 모두 이성으로 환원하고 종교의 내용을 보편적 도덕의 차원으로 옮겨 놓은 '이후'에도 사회는 여전히 도덕을 통해 해결될 수 없는 문제들을 만들어 내고 있으며 이러한 문제들은 사회적, 국제적 갈등으로 잔존하고 있다. 더 나아가 유럽 이외의 지역에서 새롭게 부각되고 있는 '종교의 재부흥'은 세속화 논제가 담아낼 수 없는 새로운 정신적 상황을 보여 준다. 세속화와 계몽의 과정을 통해 해결되지 않은 문제가 있는 한 철학과 이성은 이 문제에 대한 반성과 비판을 포기할 수 없다. 바로 여기서 새롭게 등장하는 철학적 물음은 세속화와 계몽 자체에 대한 비판과 성찰이다. 이런 점에서 '후기세속주의'(Postsäkularismus)라는 표현은 곧 현재의 정신적 상황을 대변한다.[127]

2. 근대와 탈근대, 세속화와 후기-세속화

종교에 대한 철학의 전통적 탐구는 '신앙과 지식'의 관계를 규명하는 데서 출발한다. 종교에 대한 이성적, 철학적 파악은 종교의 내용을 철학적 개념으로 옮겨 놓는 일에서 종결되는데, 여기서 종교의 독자적 지위는 사라진다. 이것이 종교와 계몽의 첫째 관계이다. 종교비판과 종교에 대한 이성적 파악 이후 종교는 사라지며 오로지 무신론만 남게 된다. 지금까지 삶의 중요한 방향성을 결정하던 종교는 이성과 학문과 기술에 의해 완전히 대치되는 것으로 보인다. 공적인 삶의 중요한 부분을 차지하던 종교는 이로 인해 개인적인 것으로 변모한다. 그러나 종교의

127 '후기세속'이라는 시대적 규정은 하버마스에 빚지고 있다. 하버마스는 2000년대 들어서 다른 문제들보다 종교 문제를 더 중요하게 다루고 있으며, 그것도 9 · 11테러 등 현재 국제사회에서 일어나고 있는 구체적인 이슈와 연관해서 종교의 의미를 심층적으로 분석하고 있다. 하버마스에게 후기세속사회의 종교 담론은 현재 진행형이다.

자리를 차지한 학문과 기술은 실제로 삶의 공적인 문제를 모두 해결할 수 없으며, 이로써 계몽과 종교의 관계는 새로운 물음을 남긴다. 종교의 세속화는 과연 정당한 것이었나? 종교의 세속화에 대한 물음은 사적인 것으로 전락한 종교에 대한 비판적인 물음인 동시에 세속화 과정 자체에 대한 물음이다. 이제 종교는 세속화에 대한 계몽, 즉 후기세속화의 과정으로 진입하며 여기서 종교의 의미가 새롭게 떠오른다. '종교의 재(再)세속화' (Resäkularisierung), '탈세속화', '탈개인화', '종교의 재활성화'가 새롭게 주제화되는 것이다.

후기세속사회의 종교 담론을 천착하기 위해서 먼저 '세속화' 및 '후기세속사회'의 계보학적 특징을 밝혀야 한다. 세속화는 사회의 근대화 과정과 뗄 수 없다.[128] 일반적으로 세속화 개념은 근대성의 사회정치적 종교문화와 연관된다면 세속화-이후를 뜻하는 후기세속사회는 탈근대의 문화현상 일반과 연관된다. 하버마스의 경우에는 전통적인 종교철학과 형이상학이 세속화 과정과 연관되는 반면, 탈형이상학적 사유는 형이상학과 더불어 종교적 전통까지 '이후'의 계보학 안으로 가지고 들어와야 한다.[129] 다른 철학적 주제들은 물론이고 종교도 예외 없이 현재의 '후기'-현대 내지 '탈'-근대의 맥락에서 다루어져야 한다는 것이다.[130]

세속화 과정의 특별한 국면이라 할 수 있는 후기세속사회에서도 종

128 본서 제7장 참조.

129 J. Habermas, *Zwischen Naturalismus und Religion*, Frankfurt 2009, 13쪽.

130 다른 주제에서도 그러하지만 하버마스는 종교 문제에 관해서도 칸트를 문제사의 중심축으로 간주한다. 세속화 전통에서부터 후기-세속화 과정에 이르기까지 모든 운동은 칸트가 그어놓은 '지식과 신앙'의 경계에 기반을 두고 있다는 것이다. Habermas, "Die Grenze zwischen Glauben und Wissen. Zur Wirkungsgeschichte und aktuelle Bedeutung von Kants Religionsphilosophie", in: *Zwischen Naturalismus und Religion*, 216쪽 이하. 참조.

교는 인간에게 여전히 중요한 의미를 지닌다. 종교는 사회 통합의 가능성을 제공할 뿐 아니라 유한한 인간에게 삶 자체의 의미와 위로를 제공한다. 더 나아가 삶이 나아가야 할 방향성을 제시하고 모든 사건들을 우연의 연속으로 보는 관점을 극복하게 한다. 이런 맥락에서 종교에 대한 현재의 대표적 논제들을 다음과 같이 정리해 볼 수 있다. ① 종교를 후기세속사회에서도 여전히 필요한 기능으로 보는 관점(H. Lübbe)[131], ② 종교의 독자성을 인정하는 이러한 견해에 맞서서 종교는 오로지 현실 사회의 문제를 해결해 줄 수 있는 의미충전체로서 새롭게 번역되고 해석되어야 할 대상에 지나지 않는다는 관점(J. Habermas).[132] 뤕베에게 종교는 삶의 우연성을 극복시켜주는 생생한 현재의 힘인 반면, 하버마스에게 종교는 현재의 사회적 통합을 위해 해석되고 번역되어야 하는 과거적 대상에 불과하다. 양자는 현실 종교를 그 자체로 인정하는 데서는 상이한 입장을 보여 주지만, 종교의 시대적 필요성에 대해서는 같은 입장이다.

종교의 필요성은 시대를 막론하고 인간의 유한성을 극복하려는 근본적인 문제에서 출발한다. 인간의 유한성, 특히 인간 이성의 유한성에서 나오는 지식의 유한성은 인간의 제한성을 보여 주는 것만으로 끝나지 않는다. '알 수 없는 것'과 '말할 수 없는 것'이 확인됨과 동시에 그 너머의 세계에 대한 방향성과 노력도 구체적으로 드러난다. 알 수 없지만 생각할 수 있으며 말할 수 없지만 믿을 수 있는 세계에 대한 추구는 일반적으로 세계상(像)이나 세계관으로 나타난다. 그러나 세계상(Welt-

131 H. Lübbe, "Staat und Zivilreligion. Ein Aspekt politischer Legitimität", in: H. Kleger/A. Müller (Hg.), *Religion des Bürgers*, 1986

132 J. H. Franz, *Religion in der Moderne. Die Theorien von Jürgen Habermas und Hermann Lübbe*, Berlin 2009.

bild)은 막연한 세계관이나 인생관이 아니라 유한한 이성과 지식 너머의 세계를 보여 주는 구체적인 신앙이어야 한다. 그러므로 신앙은 인간의 유한성을 극복하려는 적극적이고도 구체적인 방향성이라는 점에서 미신이나 맹신과 구별된다. 맹신은 진정한 신앙과 달리 구체적인 내용을 결여하고 있으며 많은 경우에서 삶의 방향성과도 무관하다. 따라서 의미로 가득 차 있는 신앙이 결여된 세계상은 종교로 간주될 수 없는 반면 진정한 세계상은 현재의 삶에 의미를 부여하는 종교가 될 수 있다. 종교와 세계상의 연관은 유한한 지식 너머의 세계를 추구하는 계몽된 인간의 노력에서 확인된다.

종교가 세계상으로 규정될 수 있다는 말은 당연히 '전체로서의 세계'와 관련된다. 부분으로서의 세계에 대해서는 대표적으로 자연과학이 잘 설명하고 있다. 지식 너머의 세계에 대한 관심과 이를 향한 노력은 결국 전체세계에 대한 관심이며 이를 담는 세계관은 그 자체가 "포괄적이고 총체적인 교설"(comprehensive doctrine)[133]이다. 존 롤스는 이를 "시민사회의 배경문화"[134]에 속하는 것으로 규정한다. 이 배경문화는 반드시 종교적인 것이 아닐 수 있지만 종교도 이 영역에 속하며, 이것이 시민적 삶의 방향에 영향을 미친다. 전체에 대한 관심이 부분적 삶을 결정하는 것은 당연하므로 이를 반영하는 종교나 세계상은 시민사회와 분리될 수 없다. 시민사회의 배경문화가 곧 종교가 아니라 하더라도 종교 없는 시민사회와 종교 있는 시민사회는 분명히 구별되며, 종교 있는 시민사회가 훨씬 더 풍부하고 심오한 의미체계를 갖는 것이 확실하다.

---

133 J. Rawls, *Politischer Liberalismus*, Frankfurt 1998, 77쪽 이하.

134 같은 책, 79쪽.

3. 세속화시대의 종교와 후기세속시대의 종교

그동안 종교는 근대화된 사회 속에서 이전보다 더 많은 정치적 의미를 지니게 되었다. 근대화의 진행과 더불어 종교가 무의미하게 되고 사람들의 관심에서 사라지게 된 것이 아니라, 오히려 종교가 세속화된 사회 속에서 더 큰 의미를 지니게 된 것이다. 이러한 상황을 만들어 낸 대표적인 사건은 9 · 11테러와 이라크전쟁이다. 유럽과 미국의 정치는 이 사건 이후 동일한 틀 속에서 파악할 수 없게 되었다. 종교가 정치에 미치는 영향에서 유럽과 미국은 사뭇 상이한 모습을 보여 준 것이다. 이라크 전쟁에 찬성했던 미국의 여론은 많은 부분 종교에서 영향을 받았지만 유럽에서는 그 영향이 미미했다. 이것은 어떤 의미에서 "서방의 양분"[135]이다. 세속화가 진행된 사회 속에서 종교가 더 많은 의미를 지니게 되었다는 것은 세속화와 근대성의 관계가 '합리화의 과정'과 다르게 진행된 사실을 의미한다. 세속화는 원래 합리화의 산물이었다. 그러므로 세속화된 사회 속에서 확인되는 종교의 부각은 '후기세속사회'의 문제연관으로 나타난다. 이것은 "국가와 공공성에서 보이는 종교의 정치적 역할"[136]에 대한 물음이기도 하다.

시민사회의 구성원들은 동일한 정치공동체에서 확인되는 종교나 세계관의 차이를 서로 용인하고 존중해야 한다. 종교와 신념의 차이가 정치공동체의 정체성을 결정하거나 훼손할 수 없다. 이것은 한국과 같은 다종교 사회에서는 자연스러울지 모르지만 유럽이나 미국과 같은 기독

---

135 J. Habermas, "Religion in der Öffentlichkeit. Kognitive Voraussetzungen für den »öffentlichen Vernunftgebrauch« religiöser und säkularer Bürger", in: J. Habermas, *Zwischen Naturalismus und Religion*, Frankfurt 2009, 121쪽 이하.

136 같은 책, 123쪽.

교국가에서는 쉽게 합의할 수 없는 문화적 관점이다. 한국에서도 다종교의 평화로운 공존은 표면적인 현상일 뿐이며 그 자체가 이성적 반성의 산물은 아니다. 이런 점에서 공적인 이성사용과 여러 종교들의 관계가 문제로 떠오른다. 한 정치공동체에서 서로 다른 종교와 신념을 가진 사람들은 서로 간의 갈등을 회피하려고 노력해야 하며 이를 위해 항상 자기성찰을 하지 않으면 안 된다. 한 정치공동체에서는 종교와 확신의 차이를 가진 사람들에게 늘 이성적 압박이 주어진다. 공적인 관계에서는 아무리 종교적 신념에 충실한 사람이라 할지라도 교의적인 이유로 대립하기보다 이성적 토론에 참여할 수 있어야 한다. 그는 결코 손상될 수 없으며 신성하기까지 한 종교적 진리까지도 합리적으로 설명할 수 있어야 한다. 정치공동체의 유지를 위한 이러한 노력은 신앙의 힘에서가 아니라 이성의 힘에서 가능한 것이다.

여기서 종교적 확신과 윤리적 확신이 구별된다는 사실을 확인할 수 있다.[137] 이 문제에 대해서는 이미 슐라이어마허가 종교, 형이상학, 도덕이 각각 독자성을 지닌다는 사실을 강조한 바 있다.[138] 이 세 가지는 모두 무한자를 대상으로 삼지만 무한자와 관계하는 양식이 다르다. 종교는 직관과 감정으로, 형이상학은 사고로, 도덕은 의지로 무한자와 관계하는 것이다. 각자가 마음으로 체험하고 고백하는 신앙이 다른 사람의 그것과 다르다 하더라도 그는 실천이성의 차원에서 타자와 대화할 수 있으며 갈등의 상황 속에서도 대화하지 않으면 안 된다. 바로 여기서 대화가 가능할 수 있는 종교의 이성적 차원, 즉 종교의 공적 차원이 요구된다.

---

137 같은 책, 135쪽 참조.

138 F. D. E. Schleiermacher, *Über die Religion. Reden an die Gebildeten unter ihren Verächtern*, Berlin 1799. 『종교론』, 기독교서회 2002, 특히 「둘째 강연」 참조.

이성이 공적으로 사용될 수 있으려면 종교공동체의 언어가 비종교적인 시민의 언어, 즉 일반적인 언어로 번역될 수 있어야 한다. 그렇지 않는 한 종교적 언어와 행동원칙은 그것이 갖는 가치와 상관없이 공공성에 영향을 미칠 수 없을 것이다. 종교적 진리가 비종교적인 시민에게 개방될 수 있기 위해서는 그 진리를 담고 있는 언어가 일반적인 언어로 옮겨져야 한다. 종교공동체와 비종교적 시민은 종교적 언어의 번역을 매개로 서로에게 개방되어 있다.

이러한 상호개방을 염두에 둔다 하더라도 한 공동체 안에서는 특정 종교나 개인적 세계관보다 국가의 통일성이 더 중요하게 받아들여진다. 그러나 국가의 통일성은 단순히 이념으로만 전제되어 있는 것이 아니라 종교를 가진 시민과 세속화된 시민 간의 상호관계를 통해 그때마다 구체적으로 확인되고 정립되어야 한다. 일반 시민들 사이의 불일치뿐만 아니라 종교적 시민과 세속적 시민 간의 불일치가 국가의 통일성에 선행할 수 없다. 그러므로 이를 위해서는 양자 사이의 지속적인 대화와 상호관계가 요구된다. 그렇지만 이 사실은 시민적 합의가, 그 배경을 이루는 종교적 문화의 차원보다 앞선다는 것을 뜻하지 않는다. 오히려 후자는 전자가 염두에 두어야 하는 인식론적 전제이다. 그렇지만 전제는 전제로 남아있을 것이 아니라 인식론적 상태의 변화를 통해 모든 시민이 공유할 수 있는 상태가 되어야 한다. 종교적 내용은 인식론적으로 변화될 때 시민적 삶에 기여할 수 있다.

하버마스에 의하면 후기세속사회에서 종교적 시민은 다음의 세 가지 항목에 대해 인식론적 태도를 가져야 한다.[139] 종교적 시민은 ①타종교나 세계관에 대해, ②세속적 지식과 사회적으로 제도화된 지식에 대

139 같은 책, 143쪽 참조.

해, ③정치적인 영역에서 통용되는 세속적 근거의 우선성에 대해 인식론적 태도를 가져야 한다. 이렇게 함으로써 종교적 시민은 세속적 시민과 자기반성적으로 소통할 수 있으며 종교적 교의가 인식론적 진보와 모순되지 않는다는 사실을 확인할 수 있다. 이러한 태도의 요구는 적어도 사회적으로는 종교에서 이성적 관점이 중요하다는 것과 밀접하게 연관된다. 종교적 시민이 세속 시민과 이성적으로 관계하는 것은 종교적 시민 쪽에서는 세속적 지식체계에 대한 학습과정과 적응과정이다. 그러나 세속 시민 쪽에서는 이러한 이성적 관계가 동시에 세속 시민이 접하지 못했던 종교적 내용의 수용과정이 된다. 앞서 언급한 종교적 내용의 번역은 이러한 수용을 가능하게 하는 원동력이다.

세속화의 관점에서 보면 종교는 모든 것을 합리화의 틀 속에서 파악하는 근대화의 과정 속에서 살아남을 수 없다. 종교 자체가 사회의 문화적 배경이라 할지라도 마찬가지이다. 종교적 내용의 번역은 이런 점에서 양면성을 띠고 있다. 한편으로 그것은 분열되어 가는 후기세속사회의 문제를 해결해 줄 수 있지만 다른 한편으로 종교 자체를 지양하는 결과에 이를 수 있다. '번역'의 관점에서만 본다면 종교공동체는 후기세속사회에서도 존속하기 어렵다. 왜냐하면 종교가 지니는 초이성적인 내용이 모두 이성적인 것으로 옮겨질 때 종교 고유의 내용은 아무것도 남지 않을 것이기 때문이다. 따라서 후기세속사회에서 종교적 시민은 세속 시민의 이성적 활동으로부터 공공성의 차원을 학습해야 하며, 마찬가지로 세속 시민도 종교적 표현이 담고 있는 내용으로부터 제도화된 틀을 넘어설 수 있는 새로운 지평을 볼 수 있어야 한다. 공공성의 새로운 지평을 열기 위해 세속 시민은 종래의 이성사용 방식을 제한해야 하며, 종교적 시민은 공공성에 참여하기 위해 종교적 특수성과 차이성의 지평을 넘어서야 한다. 이로써 양자는 결국 "상호 보완적 학습과

정"[140]으로 들어간다. 여기서 종교는 전(前)정치적 토대로 자리 잡는다.[141]

4. 종교의 개념화와 종교적 의사소통

종교의 개념화에 관한 한 빼놓을 수 없는 논의는 세속화의 연장선상에서 칸트의 정신을 철저화한 헤겔의 테제이다. 헤겔에게 종교의 개념화는 종교적 표상의 불명료하고 신비스런 언어를 보편적 개념으로 번역하는 작업이다.[142] 하버마스에게도 이러한 시도는 전적으로 유의미하다. 그 이유는 공적인 이성에게 전혀 낯설지 않는 내용을 지니고 있는 종교언어는 불가해하고 수수께끼 같은 언어를 넘어설 때만 진정한 의사소통에 이를 수 있기 때문이다. 9 · 11테러와 같은 종교적 정통주의의 정치적 영향을 극복하기 위해서라도 종교적 가르침의 개념화 작업으로서의 세속화과정은 지속되어야 한다.[143]

그러나 칸트와 헤겔의 종교 담론은 형이상학의 테두리를 벗어나지 않는다. 종교를 철학과 대등한 위치에 둔 슐라이어마허나, 마르크스와 다른 방식으로 실천으로 나아간 키르케고르의 종교적 실존은 이미 전통적 형이상학의 틀을 벗어나 있다. 이것은 세속화의 전통에서 포착할

---

140 같은 책, 146쪽.

141 J. Habermas, "Vorpolitische Grundlage des demokratischen Rechtsstaates?", in: *Zwischen Naturalismus und Religion*, Frankfurt 2009, 106쪽 이하.

142 G. W. F. Hegel, *Religions-Philosophie*, Hamburg 1987, 『종교철학』, 지식산업사 1999, 56 이하 참조. 최신한, 「종교적 진리와 철학적 진리. 화해에 대한 종교적 표상과 철학적 파악」, 『헤겔철학과 종교적 이념』, 한들출판사 1997, 121-142쪽 참조

143 Habermas, *Glauben und Wissen*, Frankfurt 2001 참조.

수 없는 종교의 새로운 지평임이 틀림없다. 그렇지만 이러한 지평이 이전보다 더 큰 파괴력을 가지고 인간의 (종교적) 삶을 지배한다면, 후기세속사회의 이런 요소에 대한 탐구는 철학자가 회피할 수 없는 새로운 물음이 된다.

슐라이어마허와 키르케고르를 통해 내면화되고 개인화된 사적(私的) 종교는 지속적으로 개인적 차원에 머물 수 없다. 종교적 체험과 이를 담아내는 종교적 실존은 개인적인 차원에 묶여 있는 한 이미 산출한 종교적 새로움마저 상실하는 또 다른 모순에 노출될 수 있다. 계몽 이전의 종교가 사회의 규범을 외부에서 강제했다면, 세속화된 종교는 종교의 종교성을 모두 말살함으로써 종교를 공적인 영역에서 퇴출시켰다. 이에 대한 반발로 등장한 사적 종교는 또 다시 공공성의 결핍으로 인해 새로운 혼돈을 맞는 것이다. 여기서 후기세속사회의 종교는 다시금 공공성을 주제화한다. 새로운 주제는 '만남'과 '의사소통'이 되어야 한다. 내면에서 새롭게 발견한 종교적 삶의 의미는 공동체 속에 구현될 때 완성에 이를 수 있으며, 타자가 발견한 의미와 관계하는 '상호전달'에서 비로소 확산될 수 있다. 결국 공동체성을 결여한 종교는 무의미하거나 생명력이 약하다.

후기세속사회의 종교 담론은 이제 새로운 공동체의 구성에 관계한다. 종교 담론은 '지금'과 '여기'의 현장에서 살아 숨 쉬는 종교적 삶의 의미를 해석해야 하며 이를 통해 현실의 삶을 이전과는 구별되는 변화된 삶으로 형성해야 한다. 후기세속사회의 종교 담론은 개인적 삶의 도야를 가능하게 하는 것과 마찬가지로 사회적 도야를 가능하게 해야 한다. 그렇지 않는 한 종교는 사적 영역을 벗어날 수 없으며 기존하는 종교 간의 갈등을 해결할 수 없다.

여기서 종교담론의 새로운 범주로 '만남'이 등장한다. 만남은 종교

간의 만남 이전에 종교적으로 도야(陶冶)된 주체들 간의 만남이다. 새로움을 간직한 주체들 간의 '상호전달'[144] 없이 실정종교가 성립될 수 없기 때문이다. 종교 간의 만남을 가능하게 하는 종교 담론은 현실의 변화와 새로운 규정이라는 테두리하에서 시민종교의 성격을 띨 수 있다. 다양한 종교적 삶들이 만나는 것은 새로운 시민종교가 될 수 있는 것이다. 종교적 의미의 세계는 상호관계성과 만남의 세계이며 주체의 영역을 벗어나는 탈중심성의 세계이다. 특히 종교를 매개로 하여 주어져 있는 생활세계는 새로운 문화종교와 시민종교(Rousseau, Hegel)의 영역이다. 여기서 시민종교가 주제화되는 이유는 다수의 종교 속에서도 사회적 평화는 유지되어야 하며 이를 위한 관용이 요구되기 때문이다. 그러므로 후기세속시대의 종교 담론은 개인의 내면에만 머무는 종교성과 특정 종파를 중심으로 하는 독자적이고 폐쇄적인 종교 공간을 인간의 삶 전반에 대한 해석으로 고양시킴으로써 종교 다원적 공동체가 높은 차원에서 새롭게 공유할 수 있는 통일적 의미영역을 창출해야 한다. 이것은 종교적인 차원이 기여할 수 있는 사회 통합의 새로운 지평이다.

5. 후기세속사회와 시민종교의 가능성

한 사회의 모든 개인들을 공통의 세계로 결속시켜 주는 의미지평이 시민종교라는 사상의 출발은 루소이며 미국에서는 벨라(R. N. Bellah)가 이 개념을 특징적으로 전개시켰다. 이러한 의미지평은 사회와 국가가

---

144 Schleiermacher, 최신한 옮김, 『종교론』, 기독교서회 2002, 155쪽 이하 참조.

항상 기대고 있는 전제의 특성을 지닌다. 바로 이러한 의미지평은 종교 담론의 이론적 작업을 통해 구체적으로 마련될 수 있는 상징의 공간이다. 그러므로 시민종교로 표현되는 일반의지(루소)의 구체적인 내용이 중요하며, 계층 간의 구별 없이 모든 구성원이 동의하고 수용할 수 있는 문화적 상징과 그 의미결정체가 중요하다. 헤겔의 '민족종교'[145] 개념도 이런 차원에서 '시민종교'의 성격을 띨 수 있으며, 사회구성원들의 실질적인 결속의 가능성을 보여 준다. 헤겔에게 종교는 늘 인륜적 삶의 통일과 밀접한 연관을 지니기 때문이다. 시민종교로 기능하는 종교 담론은 사회구성원들이 쉽게 동의할 수 있는 의미지평을 이념의 차원에서 감정과 마음의 차원으로 끌어내릴 수 있어야 한다. 종교는 현실적 삶의 인륜성과 맞서는 추상적인 교리의 명령이 아니라 인륜성과 함께 호흡하면서 이를 고양시키는 현실 정신의 실질적 결정체가 되어야 한다. 여기서 시민종교는 삶의 한복판에서 작용하는 문화종교가 된다.

루소에게는 "사회적 통합을 파괴하는 모든 것은 아무런 가치가 없다."[146] 종교도 마찬가지이다. 사회적 분열을 조장하는 종교는 아무런 의미가 없다. 루소는 개인이 고백하는 내면의 종교와 달리 시민종교를 "오로지 그것이 실행되는 영역 안에서만 정당성을 갖는 다양한 민족(national) 종교"로 규정한다. 시민종교는 민족종교이므로 자연스럽게 사회적 통합으로 나타나야 한다. 그렇지 않다면 민족종교는 더 이상 종교로서의 의미를 지니지 못한다. 반면에 시민을 국가에 결속시키는 종

---

145 G. W. F. Hegel, *Frühe Schriften*, Frankfurt 1971, 9쪽 이하, 특히 31쪽 이하 참조.

146 J. Ferrari, "Über die bürgliche Religion im politischen Denken Jean-Jacques Rousseaus", in: L. Kreimendahl/M. Neugebauer-Wölk/F. Vollhardt (Hg.), *Aufklärung. Interdisziplinäres Jahrbuch zur Erforschung des 18. Jahrhunderts und seiner Wirkungsgeschichte*, Hamburg 2009, 164쪽.

교는 사회적 유용성을 지닌다는 측면에서 시민종교이다. 종교의 유용성은 종교의 본질에 속하는 것이라기보다 종교의 현실적 효과이다. 그러므로 루소는 종교적 제의가 사회적 법률과 결합되는 시민종교를 좋은 것으로 평가한다. 여기서는 "국가에 복무하는 것이 곧 보호자 신에게 예배하는 것"이다.[147]

사회가 지속적으로 분화되고 전문화되면 전체로서의 사회는 시민의 관심에서 멀어진다. 시민사회는 애당초 자기반성적인 개인에서 출발했지만 지속적인 사회화 과정은 사회 자체를 파괴함으로써 결국 개인의 자기파괴에 이른다. 이것은 오늘의 시민사회가 안고 있는 중요 문제이다. 시민사회는 무제한적으로 진행되는 개인의 분화과정을 극복하기 위해 전체로서의 사회를 존립하게 할 수 있는 대안을 찾아내야 한다. 이것은 개인이 개별화와 특수화를 포기하지 않으면서도 자기 스스로 공동체에 속한 존재임을 확신하는 "시민의 에토스"[148]이다. 국가의 슬림화 현상과 더불어 해체되는 공동체가 아니라 새로운 전체를 창출하는 공동체가 요구되는 것이다.

시민사회는 다양하게 정의되지만 그 공통분모는 시민들의 자발적인 연합과 네트워크이며 이를 채우고 있는 것은 개인들의 공통된 관심과 믿음이다. 가족이 자연적인 연합이라면 시민사회는 의식화 과정을 거친 정신적 연합이다. 그런데 종교와 시민사회의 관계는 바로 이러한 연합의 연관에서 발견된다. 시민이 갖는 연대의식은 일종의 집단의식으

---

147 Ferrari, 같은 책, 165쪽.

148 A. Klein, *Der Diskurs der Zivilgesellschaft. Politische Hintergründe und demokratietheoretische Folgen*, Opladen 2001, 122쪽, R. Schieder, "Zivilgesellschaft und Religion" in: B. Weyel/W. Gräb (Hg.), *Religion in der modernen Lebenswelt. Erscheinungsformen und Reflexionsperspektiven*, Göttingen 2006, 178쪽 재인용.

로서 여기에는 대표적으로 신화와 종교가 속한다. "집단의식은 종교적 차원을 갖는다."[149] 시민사회에서 종교는 행위의 기준이나 규범과 같은 현실적인 차원이 아니라 이 모든 것을 넘어서는 초월적 차원이다. 종교는 시민사회의 초월적 집단의식이다. 이것은 결국 극단적으로 분화되며 해체될 수 있는 사회를 떠받치고 있는 결속력이다. 그래서 바츨라프 하벨은 "정치의 전(前)정치적 토대"로서 "인간 실존이 관계하는 절대적 지평"을 강조한다.[150]

시민사회와 시민종교의 관계는 의존관계로 볼 수 있다. 특히 시민사회가 혼돈 속으로 빠져들거나 구심점을 상실하게 될 때 정신적 연합으로서의 시민사회는 그 정체성을 위해 새로운 안정의 토대를 찾는다. 인간은 불안정을 겪을 때마다 새로운 안정을 위한 상징을 요구한다. 상징화(化)는 자연에 대한 조직화(Organisation)와 대비된다. 상징은 정신과 내면의 조직화이다.[151] 따라서 종교는 교리적 전제 없이 고찰할 때 상징 욕구의 표현이다. 그리고 상징화 요구가 사회적 안정과 연관되는 한 시민종교는 사회적 결속과 밀접하게 관계한다. 사회적 결속의 문제는 윤리적인 연관을 가지므로 시민종교는 결국 정치적 인륜성과 연결된다.

시민종교가 정치와 연관된다 하더라도 그것은 국가의 일이 될 수 없다. 다시 말해서 국가가 사회 통합을 명분으로 특정 종교의 윤리를 교육시킬 수 없다. 오히려 시민종교는 특정한 고백으로 이루어질 수 없기

---

149 R. Schieder, 같은 책, 180쪽.

150 Václav Havel, "Anti-Political Politics", 395, in: *Civil Society and the State*, hg. von John Keane, London 1993, 381-398. 같은 책, 180쪽에서 재인용.

151 F. D. E. Schleiermacher, *Ethik*(1812/13), Hamburg 1981; M. Kumlehn, *Symbolisierendes Handeln. Schleiermachers Theorie religiöser Kommunikation und ihre Bedeutung für die gegenwärtige Religionspädagogik*, Gütersloh 1999 참조.

때문에 자유로운 고백들의 연합이 될 가능성이 크다. 시민종교는 애당초 자유에 근거하고 있으며, 그렇기 때문에 종교의 다원성은 전제된 것과 다름없다. 그리고 시민사회가 의존하는 시민종교라면 그것은 내면의 자유로운 확신에 뿌리를 박고 있어야 한다. 그렇지 않는 한 시민종교는 인륜성의 지평에서 실질적인 사회 통합을 이루어낼 수 없다.

시민종교와 개인적인 종교적 고백은 서로 경쟁하거나 충돌해서는 안 된다. 이를 위해서는 국가의 중립적 태도가 중요하다.[152] 국가가 특정 종교의 도움으로 사회적 합의를 도출하려고 해서는 안 되며 개별 종교도 종교 내적인 선교의 목적으로 사회적 현안에 개입해서는 안 된다. 이것은 시민종교가 종교적 특성이 아닌 정치적 특성을 지니고 있다는 사실을 잘 보여 준다. 시민종교가 개인의 종교적 고백과 무관하게 시민 전체의 현안에 참여하고 문제 해결을 위해 노력하는 한 그것은 종교적 영성이 아니라 "정치적 영성"(politische Spiritualität)[153]을 갖는 것이다. 그러나 정치적 영성의 원천은 개별 종교들이다. 종교적 시민이 전체 사회를 위해 사회봉사적(diakonisch), 정치적 책임을 의식한다면 이들은 이미 정치적 영성과 밀접한 연관을 갖고 있다.

6. 21세기 한국사회와 시민종교

후기세속사회의 종교 담론을 서술한 바와 같이 정립할 수 있다면, 우리는 이를 구체적인 현실에 적용해 볼 수 있다. 이것은 현대의 종교 담론

---

152 Schieder, 같은 책, 184쪽 참조.

153 Schieder, 185쪽.

을 한국사회에 적용함으로써 우리의 고유한 시민종교를 모색하고 이를 통해 사회 통합의 새로운 이념을 창출하는 일이다. 한국에서 시민종교는 여전히 파편화되어 있으며 기회가 있을 때마다 갈등으로 표출되는 종교 현실을 넘어설 수 있는 사회 통합의 가치와 연결되어야 한다. 우리에게 '사회 통합'이라는 화두는 이론적 성찰의 필요성을 능가하는 현실적 요구이다. 종교는 역사적으로 사회 통합의 이념을 제공해 온 측면과 더불어 그 자체가 사회적 갈등 및 국제분쟁의 불씨가 되기도 했으므로, 종교 담론을 통해 사회 통합의 가능성을 타진하는 일은 순수한 학문적 작업을 넘어서는 삶의 한 부분이다.

이러한 맥락에서 "종교 간의 대화 없이 세계평화 없다"는 한스 큉의 모토는 우리 사회에도 적용되어야 한다. 상이한 종교적 토대에서 출발한 시민적 삶이 서로 만나고 대화함으로써 공통분모를 찾을 수 있다면 이는 문화종교로 이해되는 시민종교의 한국적 현상이 될 수 있다. 이것은 다양한 종교에 내재하는 공통의 가치로서 궁극적으로 사회 통합의 이념으로 자리 잡는다. 여기서 우리가 추구하는 중심 이념은 무엇보다 '자유', '나눔', '화해', '평화'이다. 이러한 이념은 새로운 종교문화임이 틀림없다. 그동안 간헐적으로 시도된 종교 간의 대화가 실제로 정치 이전의 담론을 통합하는 기능을 담당하게 된다면, 종교가 개인 내면의 새로운 안정을 넘어서서 공공의 영역에서도 사회의 새로운 안정성을 창출하는 데 적극적으로 기여하게 된다.[154] 이것은 외적으로 다양한 종교들과 개인주의의 통합이며 내용적으로는 종교와 도덕과 정치의 통합

---

154 종교 교육의 차원에서도 일선 학교가 종교 교육을 무조건 배제할 것이 아니라 종교를 사회정치적 문화의 토대로 간주하여 적극적으로 교육하고 이를 활용할 수 있게 함으로써 종교가 새로운 세대에게 이른바 '교양 있는 사람들의 종교문화'로 자리 잡을 수 있다.

이기도 하다.[155]

한국에서 21세기 시민종교의 가능성을 고찰하면서 다른 나라의 사례를 살펴보는 것은 좋은 참고가 된다. 미국의 경우 시민종교에 대한 논의는 존 듀이와 로버트 벨라의 주장이 대표적이다. 듀이는 이른바 "아메리칸 신조"(American Creed)를 시민종교로 내세우면서 이를 "인간 및 인간발전능력에 대한 신앙"으로 간주한다. 벨라의 경우 시민종교는 "정치적 도덕의 보존과 정치적 전체주의의 방지를 위한 이니셔티브"이다.[156] 종교는 개인의 내면에서 머무는 것이 아니라 시민 전체를 위한 의미연관이다. 21세기의 종교는 시대의 개인화 경향을 대변하는 개인적 종교로 끝나는 것이 아니라 공적(public) 종교로서 그 힘을 발휘한다. 기독교 국가인 미국에서도 시민종교는 전체를 위한 의미연관을 위해 다양한 종교들의 연합으로 나타나거나 듀이의 경우처럼 아예 무신론으로 보이는 인간적 신조로 등장하는 것이 특징이다. 그렇지만 결코 간과할 수 없는 것은 최근 강한 목소리를 내고 있는 종교적 우파의 영향력이다.

러시아에서는 시민종교가 더욱더 특징적으로 나타난다. 1990년대와 2000년대에는 과거 시대로의 복귀를 의심할 만큼 러시아정교가 강하게 등장한다. 그렇지만 이것은 시민 개인에게서 일어난 신앙심 회복의 현상이라기보다 러시아정교가 국가적, 문화적 측면에서 재부상한 현상이다.[157] 이것은 푸틴 대통령까지 나서서 러시아의 도덕적 원천인 기독

155 W. Gräb, "Säkularisierung — Ende der Religion oder Verfall der Kirche", in: Ch. v. Braun/W. Gräb, J. Zachhuber (Hg.), *Säkularisierung. Bilanz und Perspektiven einer umstrittenen These*, Berlin 2007, 85쪽 참조.

156 R. Schieder, USA: "Säkularer Staat mit Zivilreligion", Ch. v. Braun/W. Gräb, J. Zachhuber (Hg.), 같은 책, 106쪽 이하.

157 H. Ohme, "Säkularisierung im heutigen Russland", 같은 책, 120쪽 이하 참조.

교와 러시아정교의 문화로 되돌아가야 한다고 역설할 정도로 국가적이다. 러시아에서는 '세속화'가 단지 서구에 국한된 운동에 불과하며, 이보다 더 중요한 것은 러시아 고유의 문화에 토대를 두는 종교의 지속이다. 이 종교는 물론 러시아정교이다. 시민종교가 시민적 삶의 문화와 뗄 수 없는 것이라는 사실은 비록 세속화의 부정이라는 특이한 현상이기는 하지만 러시아에서도 동일하게 확인된다.

한국에서 시민종교는 문화적, 정치적 통합의 시각에서 볼 때 전통적인 유교의 영향을 벗어날 수 없다. 근대화를 이룬 후에도 한국에서는 여전히 가족 중심적인 유대가 중요하며, 이것은 시민사회를 떠받치고 있는 문화로 자리 잡고 있다. 애당초 농경사회의 문화였던 가족 중심적 유대가 근대화된 사회에서도 '연고주의'라는 형태로 남아 있는 것이다. 이것은 신(新)유교적 전통에 바탕을 둔 것으로서 가족 중심적 의례를 중시하면서 혈연, 지연, 학연의 연고주의로 굳어진 문화이다.[158]

후기세속사회의 관점에서 보자면 이렇게 규정된 한국의 시민종교는 역동적이고 다층적인 현재의 시민사회를 드러내기에 역부족이다. 우선 계몽의 과정에서 가족 중심적 유대가 새롭게 조명되어야 하며 더 나아가 '계몽의 계몽' 과정에서 이 문제가 재조명되어야 하기 때문이다. 가족 중심적 유대는 세속사회, 후기세속사회의 시대 구별과 무관하게 한국의 시민종교로 남아 있다는 점에서 한편으로 현실적인 시민종교의 역할을 하고 있다고 볼 수 있다. 다른 한편으로 가족 중심적 유대는 후기세속사회의 특징과 함께 변형되고 보충되어야 할 요소를 많이 안고 있다. 이것은 특히 한국사회가 더 이상 유교적 사회로만 규정될 수 없

---

158 차성환, 「새 천년과 한국 시민종교의 과제」, 『글로벌 시대 한국의 시민종교』, 삼영사 2000, 205-237쪽 참조.

다는 점에서 또 다른 시민종교를 통해 보충되어야 한다. 현재의 한국사회는 서구의 정치제도와 종교문화가 전통적인 유교문화와 공존하는 사회이며 서양에서 전파된 종교를 고백하는 신앙인이 국민의 상당수를 차지하고 있기 때문에 이러한 보충은 필수적이다.

이러한 보충을 위해 고려되어야 할 요소는 한국에서 여러 종교가 공존할 수 있는 토대에 대한 분석, 서구에서 수입되어 정착된 정치제도에 내재해 있는 도덕과 규범의 분석, 그동안 이룬 종교 간 대화의 성과 분석이다.

여러 종교의 공존은 한국사회의 현실이다. 그러나 공존의 현실이 곧바로 상호인정의 상태로 평가될 수는 없다. 불편한 상황이 조성되면 현실 종교는 언제나 서로 충돌할 수 있기 때문이다. 명백한 것은 종교 간의 갈등을 제한하고 해소하는 길이 다원성에 대한 인정에 있다는 사실이다.[159] 그러나 자신의 고백과 다른 종교에 대한 실질적인 인정은 결코 간단하지 않다. 타종교에 대한 인정과 다원성에 대한 인정은 반성적인 상태를 요구한다. 종교가 역사적으로 형성되어 온 민족적인 문제가 아니라 개인적인 문제가 될 때 사람들은 비로소 다원성을 인정할 수 있다. 개인의 삶을 에워싸고 있는 외적 환경으로서의 종교가 아니라 내면 가운데 반성적으로 살아 있으면서 신조를 위해 자원하여(volunteer) 행동할 수 있는 종교가 될 때 다른 사람의 종교적 고백도 인정할 수 있다. 다원성은 한편으로 신까지도 쇼핑할 수 있는 "종교들의 슈퍼마켓" 내지 "인스턴트-영성(Instant-Spiritualität)을 위한 슈퍼마켓"[160]이라

159 D. Martin, *On Secularization: Toward a Revised General Theory*, 김승호 옮김, 『현대 세속화 이론』, 한울 2008, 304쪽 참조

160 *Der Spiegel*, 2000/52쪽, in: http://www.spiegel.de/spiegel/print/d-18124584.html.

는 몰가치적 현상을 보여주지만, 다른 한편으로는 개인의 내면적 결단과 분리될 수 없는 '다양한 초월성'을 지시하는 것임도 아울러 잘 보여준다.

그러므로 종교 간의 대화는 다원성과 공통성에 대한 인정에서 출발한다. 이러한 인정은 곧 자기고유의 고백을 넘어서는 도덕에 대한 내면화이다. 그리고 이러한 반성적 상태의 도덕은 시민종교의 토대가 된다. 전(前)세속화, 세속화, 후기 세속화가 공존하는 한국사회에서 요구되는 시민종교는 사회적 통합을 가능하게 하는 반성의 틀로 등장해야 하며 그 구체적인 모습은 모든 종교가 동의할 수 있는 도덕이어야 한다. 유교적 연고주의를 넘어서는 새로운 차원의 도덕은 특정 종교에 의존하지 않으면서도 현실 종교와 뗄 수 없는 도덕이어야 한다. 이 도덕의 생동적인 모습은 기회 있을 때마다 수행하는 대화에 있는데, 여기서도 각 종교의 가르침은 결코 소멸되지 않는다. 신앙의 잠재성과 도덕의 현실성은 후기세속사회를 지탱하는 힘이다.

더 나아가 정치제도에 내재해 있는 도덕에 대한 고려는 한국의 시민종교를 위해 중요한 역할을 할 수 있다. 여기서 중요한 포인트는 모든 종교가 사회적-정치적 맥락에서 도덕의 토대를 형성할 수 있다는 것이다. 중국의 경우 문화혁명 이후 유교를 포함해서 모든 종교를 배제했기 때문에 소위 도덕적 진공상태가 등장했지만, 이제는 이러한 상태가 지속 가능한 시민사회의 중요한 결핍으로 성찰되고 있다. 왜냐하면 종교에서 나오는 도덕이 상실되면 결국 시민사회가 파괴되고 자연스럽게 경제도 올바로 작동될 수 없기 때문이다.[161] 유교의 '하늘'(天) 개념은

161 H. Küng, *Wozu Weltethos? Religion und Ethik in Zeiten der Globalisierung. Im Gespräch mit Jürgen Hoeren*, Freiburg 2002, 160쪽 참조.

서양종교의 신과 마찬가지로 초월성을 대변하며 이것은 모든 도덕의 토대를 이룬다. 시민사회를 떠받치면서 올바른 방향으로 나아가게 하는 도덕과 규범은 실제로 작동하고 있는 현실 종교에서 도출되어야 하며 그 자체가 사회적 구심점으로 기능해야 한다. 사회정치적 제도 가운데서 기능하는 도덕의 정립은 결국 현실 종교의 세속화에서 달성되어야 한다.

이러한 논의를 토대로 한국의 시민종교를 '한국인의 신조' (Korean Creed)로 이름 붙이고 이를 떠받치는 기본 항목을 다음과 같이 제시해 볼 수 있겠다.

1. 우리는 언제나 삶의 자유를 추구한다.
2. 우리는 기회가 닿는 한 자원하여 타인에게 봉사한다.
3. 우리는 개인의 이익과 더불어 사회의 공익을 추구한다.
4. 우리는 개인이나 집단의 지배에 항거한다.

12

형이상학의 미래와 새로운 신화학

"무엇이 형이상학이며, 무엇이 현대인가?"[162] 이것은 "형이상학으로의 회귀인가?"라는 주제하에 현대를 "형이상학 이후의 사유"[163]로 규정하는 하버마스에 맞서는 헨리히의 물음이다. 오늘날의 대표적인 논객이 던지는 이 물음은 "종교의 몰락인가, 종교의 부흥인가?"[164]라는 물음과 더불어 형이상학과 종교의 현재적 상황을 조심스럽게 진단하며 이 둘의 미래를 예견한다. 인류의 현재적 자기반성을 담고 있는 이들 물음을 넓은 시각에서 조망하는 것이 허용된다면, 그것은 개인의 삶의 의미와 공동체의 정당성을 상실하면서 위기를 맞은 현대의 세계상(像)과 인간상에 대해 되돌아보는 물음으로 규정되며, 따라서 이러한 역사 가운데서 손상당한 인간의 인간화를 모색하는 물음으로 이해된다. 이러한 시

162 D. Henrich, "Was ist Metaphysik — was Moderne? Zwölf Thesen gegen Jürgen Habermas", in: D. Henrich, *Konzepte*. Essays zur Philosophie in der Zeit, Frankfurt/M. 1987, 11-43쪽.

163 J. Habermas, *Nachmetaphysisches Denken*, Frankfurt/M. 1992.

164 E. Jüngel, "Untergang oder Renaissance der Religion?", in: E. Teufel(Hg.), *Was hält die moderne Gesellschaft zusammen?*, Frankfurt/M. 1996, 176-197쪽.

도는 "영원에 대한 동경"과 "제한의 찬란함"을 거쳐 "이성의 신성화"를 이룩한 문화시대 이후, 이성의 자기분열 상태에 빠져 있는 현대인에게 "제4의 문화시대"[165]를 열어 줄 수 있는 새로운 형이상학에 대한 모색이기도 하다.

이 장은 형이상학의 종언과 관련된 현대의 정신적 상황을 규명하고 형이상학의 죽음으로부터 파생된 인간성의 손상을 점검한 다음, 초기 낭만주의와 초기 관념론의 생성 시기에 제기된 "새로운 신화론"을 재구성함으로써 "인간의 인간화" 가능성을 시도해 보고, 이 같은 새로운 형이상학을 위한 철학의 과제에 대해 반성해 보고자 한다.

1. 신의 죽음과 형이상학의 종언

현대가 맞고 있는 사회나 국가의 정당화 위기는 현대인의 삶의 의미 위기와 맞닿아 있다. 사회와 국가를 결속하는 원리가 더 이상 원리로 받아들여지지 않거나 그것이 아예 개인적인 차원으로 해체되어 버린 상황은 개인과 개인을 결속하는 공동성의 결여로 이어지고 이는 역으로 개인적인 삶의 의미 상실로 귀결되기 때문이다. 현대가 공동체의 통합을 보증해 줄 최종적인 기준을 상실하고 의미 위기와 정당화의 위기에 빠지게 된 것은 계몽주의적 사유에서 연유하는 학문중심적 세계관에서 찾아진다. 극단적인 학문화의 과정은 모든 존재의 의미를 인간의 이성을 통해 규정함으로써 세계 존재는 물론이고 절대자까지도 이성의 술어적 규정으로 환원하였고, 그 결과 "신의 죽음"이라는 극단적인 표현

165 신일희, "제4의 문화시대", 1995년 6월 20일자 매일신문 〈신일희 칼럼〉 참조.

으로 규정되는 시대정신에까지 이르게 된다. 신의 죽음이 뜻하는 형이상학적 의미는 "초감각적 세계의 초감각적 근거가 비현실적으로 되어버린"[166] 상황이다. 신의 죽음은 "최고 가치의 무가치화"를 의미하며 이러한 가치에 의해 결정되는 인간 삶의 "목표 상실"[167]을 뜻하고 더 나아가 공동체를 형성하고 유지시키는 메타 차원적 근거의 소멸을 뜻한다. 이성이 주도하는 계몽의 기획은 모든 존재를 이성 아래 둠으로써 소위 형이상학의 분쇄[168]라는 극단적인 의미 위기의 상황에 이르게 된다.

현대의 형이상학적 상황은 여기서 신 죽음의 상황과 인간 소외의 현실로 요약된다. 절대적 소외로 표현되는 인간성의 손상이나 가치와 의미를 상실한 허무주의는 인간에게 주어져 있는 전제들로부터 유래된 것이 아니라 역설적이게도 이에 대한 인간 이성의 의미 창출과정에서 생겨난 것이다. 신 죽음의 상황은 다름 아니라 인간으로부터 배제되고 죽임당한 신의 상황이며 인간 스스로가 만들어 낸 무한자 상실의 상황이다. 자기로부터 무한자를 배제한 인간의 허무주의적 상황은 계몽주의 이후 현재에 이르기까지 지속적으로 이어져 오고 있으며 그 구체적인 모습은 인간 현실 가운데 분명하게 반영되어 있다. 초감각적 세계와 초월적 가치기준을 더 이상 인정하지 않게 된 인간의 역사는 스스로 자기 제한의 도정을 적극적으로 통과해 온 것이다.

애당초 천박한 계몽주의에 의해 유린된 신과 종교는 기술시대에도 여전히 나타날 뿐 아니라 이전보다 더 정교한 형태로 발견된다. 종교와

---

166 M. Heidegger, "Nietzsches Wort 'Gott ist tot'", in: M. Heidegger, *Holzwege*, Frankfurt/M [6]1980, 249쪽.

167 같은 책, 218쪽.

168 M. Frank, "Metaphysik heute", in: M. Frank, *Conditio moderna*, Leipzig 1993, 100쪽 이하 참조.

신을 배제하면서 형성된 소위 계몽된 삶은 전체의 결속에 맞서 개별화되고 파편화된 삶으로 나타나며, 이는 사회가 산업사회를 통과하여 정보화사회로 진입하는 과정에서 더욱 심화된다. 현대정신의 자화상이라 할 산업사회와 정보화사회에서는 거의 모든 것이 경제적 코드나 학문적-기술적 코드에 의해 규정되고 결정된다. 그러나 경제와 기술의 대상은 두 말할 것도 없이 유한적인 물질세계인 반면, 여기서 소외되는 것은 무한한 정신세계이다. 유한적인 물질세계에 제한된 인간정신은 그 자체로 손상당한 정신이며 불완전한 정신이다. 여기서는 경제적, 정치적, 사회적 상황의 변화가 더욱 심해지는 반면 이를 종합적으로 판단하고 제어할 수 있는 종합적인 방향정위가 결여되어 있다.[169] 신의 죽음과 무한자의 상실은 결국 최고의 정당화를 가능하게 하는 원리의 상실로 이어지며, 신-죽음의-신학은 종교의 몰락에 대한 확증으로 나타난다. 이 때문에 현대의 정신적 상황은 더 이상 이성적이거나 원칙적이지 않으며 오히려 물리적 힘과 수사학적 힘에 의존하는 전쟁상황으로 유도된다. 이것은 신의 죽음으로부터 유래하는 "사회 진화론적 결과"이다.[170]

삶의 의미 상실과 공동체적 유대의 상실은 현대인이 겪는 소외 경험의 근원이다. 근원적 결속을 상실한 개인과 공동체의 관계는 기계적인 관계와 다르지 않다. 기계는 제작자에 의해 만들어지지만 제작자의 손을 떠나는 순간 그의 새로운 관심이나 의도와 상관없이 기계적인 법칙에 따라 독자적으로 작동한다. 인간 이성에 의해 구성되었지만 이성으로부터 더 이상 영향을 받지 않는 기계적인 관계에는, 이 관계를 새롭게 형성할 수 있는 상위 목적의 개입 가능성이 차단되어 있다. 이념에

---

169 A. Gehlen, Die Seele im technischen Zeitalter, 1957 참조.

170 M. Frank, 같은 책, 89쪽.

봉사하지 않는 기계 같은 사회는 "자기를 갈아 버리는 무서운 맷돌"[171]과 같을지 모른다. 현대의 사회는 상위의 목적을 상실한 사회이며 그렇기 때문에 현실적인 문제가 발생할 때 이를 전진적이고 통일적인 방식으로 해소할 수 없기 때문이다. 오히려 기계적인 관계가 인간의 현실적인 삶으로 엄습해 올 경우 인간의 소외의식은 정신병이라는 극단에 이를 수도 있다. 의기소침이나 우울증으로 나타나는 인간의 소외현상이나 정신병은 기계처럼 돌아가는 현실에서 보이는 인간의 생동성과 근원성 상실에서 비롯되며 이는 공동체의 공동성 상실로 귀결된다.

애당초 신의 역사로부터 나온 서양의 역사에서 집단적인 무신론이 범람하고 힘의 논리가 팽배하게 된 것은 현대가 만들어 낸 또 하나의 아이러니이며 인간의 자기분열이다. 원래 무한자와 통합되어 있을 뿐만 아니라 그렇지 않을 경우 그와 다시 통합하려는 "종교적 성향"[172]을 지닌 인간에게 신의 상실과 무신론은 "영혼의 병"[173]인 동시에 특수의지의 "특수한 병"[174]이다. 분열의 극복과 정신병의 회복은 특정 사조를 언급하기에 앞서 인간존재에게 부과된 사명이다. 이러한 노력은 계몽주의에 맞선 낭만주의와 연이어 등장한 독일관념론에 의해 시도되었을 뿐 아니라 잘못 전개된 계몽의 역사에 대한 현대철학의 비판적 경향에서도 발견된다. 그것은 신과 종교에 대한 맹목적 추구에서 나온 것이라기보다 계몽의 과정에서 손상당한 인간성과 결속을 상실한 사회의 회복에 대한 반성으로부터 불가피하게 나온 것이다.

---

171 Novalis, Frank 42쪽 재인용.

172 F.D.E. Schleiermacher, *Über die Religion, Reden an die Gebildeten unter ihren Verächtern*, Urausgabe 144쪽.

173 Schleiermacher, *Der christliche Glaube nach den Grundsätzen der evangelischen Kirche im Zusammenhang dargestellt*, [7]1960, 177쪽.

174 F.W.J. Schelling, *Das Wesen der menschlichen Freiheit*, Stuttgart 1964. 366쪽.

2. 형이상학적 관심과 새로운 신화학

2.1 새로운 신화학과 이념의 전제

계몽주의 '이후' 시대에서 보여지는 신화에 대한 논의는 그것에 의해 배제된 형이상학에 대한 관심과 직결된다. 그러나 신의 죽음이라는 허무주의적 조건하에서 신화와 종교에 대해 논의하고 더 나아가 새로운 신화학을 창출해 보려는 시도는 이성 이전 시대에 대한 막연한 향수가 아니다. 그것은 이성에 의해 새롭게 규정됨으로써 인간 삶의 새로운 의미지평을 열어 줄 수 있는 새로운 시대를 향한 욕구이다. 이것은 실패한 이성이 밝혀낸 종교의 의미를 반복적으로 확인하려는 것이 아니라 이성에 이해 잘못 해석되었거나 아직까지 아예 드러나지 않은 의미를 추구하려고 한다. 헤르더가 "신화학의 재생"에 대해 언급하고 레씽이 "영원한 새 복음"을 강조하면서 새로운 종교를 건립하려고 하는 것은 형이상학에 대한 전혀 새로운 관심이며 이를 통해서 새로운 시대를 창출하려고 하는 철학적 욕구이다. "지금이 종교를 건립하는 시대라는 말은 결코 농담이 아니며 너무도 진지한 말이다. 이것은 모든 목적 중의 목적이며 중심점이다. 나는 분명 새로운 시대의 위대한 탄생이 등장하고 있는 모습을 본다"[175] 프리드리히 슐레겔의 이러한 선언은 형이상학에 대한 새로운 관심과 다르지 않다.

새로운 시대에 대한 열망 및 형이상학에 대한 새로운 관심과 관련하여 이 필자가 주목하는 문헌은 아직까지 그 저자가 분명하게 밝혀지지 않은 〈가장 오래된 체계기획〉[176]이다. 이 단편은 특히 이 장의 주제인

---

175 F. Schlegel, Brief 7. Mai 1799; M. Frank, "Brauchen wir eine 'neue Mythologie'", in: M. Frank, *Kaltes Herz, Unendliche Fahrt, Neue Mythologie*, Frankfurt/M. 1989, 94쪽에서 재인용.

새로운 신화학과 관련하여 가장 함축이 많은 문헌으로 평가된다. 새로운 시대를 위한 새로운 형이상학의 과제는 다음의 명제에 잘 나타나 있다: "우리는 새로운 신화학을 소유해야 한다. 그러나 이 신화학은 이념에 봉사해야 한다. 그것은 이성의 신화학(Mythologie der Vernunft)이 되어야 한다."[177]

새로운 시대를 위한 화두는 계몽주의적 사고에 의해 상실된 종교와 신화학과 이념의 회복에 있다. 이들 모두는 무한자의 관련을 떠나서 언급될 수 없다면 새로운 시대의 중심문제는 무한자로 정립된다. 무한자에 대한 관심은 종교와 형이상학에 대한 새로운 관심이며 사고에 의해 완전히 해소될 수 없는 전제에 대한 관심이다. 새로운 시대에는 그 어떤 사고와 행위에 의해서도 완전히 설명될 수 없는 전제가 새롭게 조명되며 초이성적인 계시와 전체성이 새로운 시각에서 탐구된다. 모든 영역에서 탈신화화를 주도해 왔던 학문은 형이상학에 대한 새로운 관심과 함께 그 자체가 탈신화화 작업의 대상이 된다. 예전의 신화와 종교는 학문의 탈신화화 운동의 대상이 되면서 몰락한 반면, 신화와 종교는 학문의 탈신화화와 더불어 그 옛 명예를 되찾는다. 새로운 시대의 새로운 관심은 종교와 신화에 대한 전도된 평가로부터 비롯된다.

신화는 한편으로 비합리적인 것이나 태고적인 것으로서 이해되기도 하지만 다른 한편으로 계몽의 형식으로 받아들여진다. 전(前)학문적인 세계설명은 비합리적이고 학문적인 세계설명은 합리적이라는 계몽주

---

176 "Das sogenannte 'Älteste Systemprogramm'", in: M. Frank/G. Kurz (Hg.), *Materialien zu Schellings philosophische Anfängen*, 110–112쪽. Vgl. R. Bubner (Hg.), *Das älteste Systemprogramm. Studien zur Frühgeschichte des deutschen Idealismus*, Bonn ²1982.

177 같은 책, 111쪽 이하.

의적 구별은 이제 더 이상 설득력이 없다. "신화가 독자적인 합리성을 갖고 있다는 것은 의심할 수 없는 사실이다. 그것은 우리의 현실관계를 질서 있게 하며 설명을 통해 이해를 도모한다. 신화는 가끔씩 그 합목적성이 입증되는 관점규칙과 행위규칙에 대한 학문적 정초가 신화적 정초의 자리를 차지할 때 이들 규칙을 근거 짓는다."[178] 현대를 계몽주의 "이후" 시대로 규정하고 이 "이후"에 대한 새로운 해석에서 현대성의 새로운 지평을 열어 보이려는 철학에서는 신화와 종교로부터 드러날 수 있는 합리성이 무엇보다 강조된다. 신화는 계몽주의에 의해 "신의 죽음"이라는 표현으로 확정된 가치와 의미 상실의 시대 가운데서 인간존재를 새로운 차원으로 정위할 수 있는 또 다른 계몽의 형식을 지니고 있다.

계몽주의에 대한 비판이 종교와 신화의 재발견으로 이어진 것은 낭만주의에 의해 가능해졌다. 특히 낭만주의는 종교와 신화를 분명하게 구별하지 않기 때문에, 이 둘은 거의 동일한 의미로 쓰인다. 중요한 것은 계몽주의에 의해 배제되었거나 무의미한 세계로 퇴색해 버린 무한자의 재발견이며 이를 통해서 근거를 상실한 채 개별화된 세계의 재통합 가능성이다. 낭만주의의 신화 탐구에서는 사회의 통합을 보증해 줄 수 있는 최고의 가치를 발견하는 일이 관건이다. 이러한 최고의 가치는 그 자체가 규범적인 것으로서 사회 구성원들의 상호이해는 물론이고 개별적인 가치관의 통합을 가능하게 한다. 원래 고대의 신화는 인간과 자연을 성스러운 존재에 관련짓고 이 둘을 이러한 관계를 통해 정초하는 기능을 수행했다.[179] 신화가 인간과 자연을 정초한다는 것은 자연과

---

178 H. Lübbe, *Religion nach der Aufklärung*, Graz/Wien/Köln 1986, 25f.

179 M. Frank, "Brauchen wir eine 'Neue Mythologie'", in: Kates Herz, Unendliche Fahrt, Neue Mythologie, Frankfurt/M. 1989, 96f. 참조.

학적인 인과관계를 의미한다기보다 정당화(Rechtfertigung)를 뜻한다.[180] 신화의 설명에 의해 인간과 자연은 세계 속에서 그 정당한 의미를 부여받으며, 이 의미는 인간과 자연을 결속하는 특별한 가치를 갖는다. 성스러운 존재는 모든 개별 인간의 투쟁과 상이성 너머에서 이들의 대립을 통합할 수 있는 존재라면, 성스러운 존재에 의해 정당화되는 가치는 당연히 사회구성원의 대립을 통합으로 이끌 수 있는 힘을 지닌다. 낭만주의에 의해 재조명된 신화는 그 자체가 현실과 성스러움 간의 연관을 보여 주는 것으로 기능한다. 신화가 가지고 있는 이러한 현실 정당화의 기능이 더 이상 작용하지 않을 때 새로운 신화가 요구되며 기존의 신화에 대한 새로운 해석이 요구된다. 현실이 정당성을 상실하는 것은 현실의 사회적 관계가 더 이상 종교적인 지평에서 정초되지 못하는 데서 연유하며, 이러한 사태는 종교적, 초월적 지평까지 이성의 분석에 내맡겨짐으로써 이성이 더 이상 전제를 갖지 않는 사태에서 비롯된다. 신화나 종교에 대한 새로운 관심은 이성의 분석에 의해 결코 해소될 수 없는 무한자에 대한 관심이며 이를 드러내 보일 수 있는 종합적 정신에 대한 관심이다.

분석적 이성 대신에 종합적 이성을 요구하고 이차적인 분석보다 근원적인 통합을 중시하며 기계론 대신에 유기체론을 강조하는 철학은 하나같이 계몽주의적 이성에 맞서면서 이를 극복하기 위한 대안으로 마련된 것이다. 종합적 이성은 분석적 이성의 문제와 한계를 넘어가면서 이것에 새로운 과제를 부과하는 이념이다. 이념은 계몽주의의 한계를 극복하려고 하는 근대철학에서 공통적으로 추구되고 다양한 방식으로 설명되어 온 것으로서 예컨대 슐라이어마허의 "세계정신"이나 헤겔

180 같은 곳 참조.

의 "절대정신" 및 셸링의 "무차별자"와 같은 것이다. 이념은 인간의 유한적인 세계경험에 직접적으로 관계한다기보다 예술과 종교와 철학과 같은 절대적인 영역에 나타나면서 유한자의 한계상황을 극복하게 해 주며 유한자의 문제상황을 무한자의 지평에서 해소시켜 준다. 이념은 개별 인간이 빠져들게 되는 갈등상황을 해소시켜줄 뿐 아니라 이들에게 새로운 방향성을 제시해 주는 "인간성의 스승" 역할을 감당하는 것이다.[181]

종교나 신화 속에 용해되어 있는 이념은 인간 삶의 규범체계로 기능한다. 전통적으로 종교는 — 서양에서는 특히 기독교를 중심으로 — 전승된 규범체계로서 이 규범체계에 의한 사회 지배를 확인해 주었다. 종교적 이념은 정치적 지배를 확인하고 보증해 주는 기능(Beglaubigungsfunktion)을 지닌다는 점에서 단순히 가치에 대한 신앙이라는 내면적인 차원을 넘어서며 집단적 동일성을 가능하게 하는 근거 역할을 했다. 흥미로운 것은 종교가 지배 이데올로기라는 비판이 무신론의 등장과 함께 거론된다는 것이다.

규범체계로서의 이념은 인간 삶의 새로운 의미체계와 이에 근거한 공동체 구성을 위해 필요한 전제이다. 그것은 국가나 사회에 의해 구체적으로 보증되는 이념이 아니라 오히려 인간 삶의 공동성을 위해 국가나 사회에 부과되는 명법(Imperativ)과 같은 전제이다. 국가나 사회가 가져야 하는 명법은 그 자체에 의해 산출되지 않으며 정당화되지 않는다. 그것은 오히려 그 이상의 차원에서 마련되는 전제, 즉 종교와 신화의 차원에서 외적으로 부과되는 전제이다. 예컨대 기독교 교회의 역할은 사회의 계몽을 복음의 빛 아래에서 수행하는 일인데, 이 경우 복음

---

181 Das älteste Systemprogramm, 111쪽.

은 사회와 국가의 통합에 전제가 되는 것이다.[182] 이러한 전제는 공동체의 통합을 위해서 종교로 제도화되어야 한다. 제도화된 종교는 우선 사회의 특정 부분을 결속하며 더 나아가 사회 전체의 통합을 지향한다. 종교적 전제는 이를 받아들이고 이것에 근거하여 새롭게 결속되는 사회에 의해 개념적으로 확증되지는 않지만 그 기능은 사회적 통합이라는 실제적 사실의 획득으로 확인된다. 제도화된 종교가 이러한 기능을 수행할 수 있는지, 그리고 이러한 기능 수행을 가능하게 하는 사회 통합의 전제를 내용적으로 소유하고 있는지 하는 문제는 해당 종교의 미래와 직결되어 있다. 전통의 종교에서 이러한 요소가 발견될 수 없다면, 그것은 새로운 종교에서 찾아져야 하며 새로운 종교의 등장을 더 이상 기대할 수 없다면 그것은 기존의 제도 종교에 대한 새로운 해석에서 추구되어야 한다.

여기서 '신화학'과 '이성'의 상호관계가 드러난다. "신화학은 이념에 봉사해야" 하며 "이성의 신화학이 되어야 한다"는 〈가장 오래된 체계기획〉의 주장은 신화에다 단순한 전제의 역할만을 부여한 것이 아니다. 신화나 종교가 개인과 사회에 오로지 전제로 주어져 있기만 하다면 그것은 소위 계몽된 현대인에게 아무런 의미를 지니지 못할 수 있다. 신화나 종교가 이성과 관계 맺어야 하는 것은 이성적 주체의 요구이며 권리 주장이다. 종교로부터 역사적으로 인정된 가치들, 예컨대 기독교적 전통으로부터 강조된 양심, 인간의 존엄, 법치국가의 의무와 성취 등은 종교의 세속화 과정을 통해, 즉 종교에 대한 반성적 매개과정에 의해 현실 속에 구체적으로 확정된 가치들이다. 그러나 그것이 새로운 사회를 구

182 G. Rohmoser, "Die theologischen Voraussetzungen der Hegelschen Lehre vom Staat", in: *Heidelberger Hegel-Tage 1962* (Hegel-Studien/Beiheft 1), Bonn 1964, 239-245쪽.

성할 수 있는 개인의 확신과 무관하게 단순한 전제나 단순한 명법으로 기능한다면 그것은 역으로 사회의 통합과는 아무런 상관도 없는 죽은 전제로 남을 것이다. 새로운 사회의 통합은 이것을 성취하려는 개인에게 확실한 모습으로 살아 있는 전제에 의해서만 가능하다. 이미 전제되어 있는 내용에 대한 맹목적이며 주술적인 신앙은 현실의 어떠한 문제도 해결하지 못한다. 현실의 문제는 전제를 내적으로 확신하고 이를 통해 새로운 역사를 형성하는 정신에 의해서만 해결될 수 있다. 이런 맥락에서 "예언적인 역사서술"은 "예언자 자신이 이전에 선포했던 사건을 그 스스로 형성하고 실행할 때 가능하다"[183]는 칸트의 언명은 의미 심장하다.

그러나 이성과 신화의 상호관계에 대한 강조가 학문에 의한 신화의 대치로 나아갈 수는 없다. 학문이 신화를 대신할 수 없는 것은 신-죽음의-형이상학을 극복하려는 노력에서 본 바와 같다. 이성의 신화학이 의도하는 것은 지금까지 드러나지 않은 신화나 종교의 의미를 근원적인 차원에서 새롭게 드러냄과 동시에 이를 개별적인 차원을 넘어서서 공동체적으로 확인시키는 데 있다. 이성의 신화학은 한 사회를 위한 인식의 공동성, 느낌의 공동성, 그리고 행위의 공동성을 보다 상위적인 의미체계에 대해 현실적으로 보증해 준다. 이것은 신화로 조건 지워져 있는 사회에서 공동성이 마련되는 것과 흡사하지만, 현실을 구성하는 개인의 구체적인 반성이 매개된 공동성이라는 점에서 현대 이전의 공동성과 엄격히 구별된다.

단순히 신화학 일반이 아니라 이성의 신화학이 필요한 이유가 여기

183 I. Kant, *Der Streit der Fakultäten*, Werke in zehn Bänden, hrsg. von W. Weischedel , Bd. 9, Darmstadt 1983, 351쪽.

서 더욱 분명해진다. 성스러운 존재와 관계하는 허구적인 이야기가 사회구성원의 일치를 신비적이고 주술적인 방식으로 정초하는 것이 아니라, 공동체 구성원의 생동적이고 주체적인 매개가 공동성을 이성적인 방식으로 정초한다. 이성의 신화학은 옛 신화와 같이 소박한 차원에서 사회의 통일성을 요구하지 않는다. 그것은 오히려 전혀 비신화적인 방식으로 사회의 공동성을 추구하며 이성적인 방식으로 상호주관성을 획득하고자 한다. "계몽주의 이후"의 시대 내지 "형이상학 이후"의 시대에서는 사회의 공동성이 강제적인 방식으로 구해질 수 없으며 하부구조의 목적합리적인 행위가 일방적으로 억제될 수 없다. 사회의 공동성은 오로지 자율적이고 이성적인 방식으로 마련되어야 하는 것이다. 따라서 이성의 신화학은 두 가지 목표를 갖는다. 사회의 공동성을 획득하기 위해서는 먼저 사회 통합을 가능하게 하는 의미체계가 내용적으로 주어져 있어야 하며, 이러한 의미체계가 사회 구성원의 자율적이고 합리적인 매개과정을 통해 접근 가능한 것이 되어야 한다. 이성의 신화학은 기존의 종교나 신화가 갖는 단순한 규범적 요구와 달리 사회적 통합을 창출할 수 있는 해석작업을 수행해야 한다. 이러한 해석은 기존의 신화를 넘어서는 것이며 이를 새로운 방식으로 재구성하는 것이다. "철학은 신화가 보편적인 우주 질서의 지평에서 만들어 내는 개별 개인과 특수한 정치 공동체 간의 통일을 재산출해야 하는데, 이를 근대의 자유 이념과 개별자의 완전한 개성을 관통하는 조건하에서 재생해야 한다."[184] 주어져 있는 종교적 지식과 우주적 지식은 그 자체가 과거적인 형태를 지닌 것으로서 현재의 지평에서 아무런 의미를 지니지 못하

184 J. Habermas, "Können komplexe Gesellschaften eine vernünftige Identität ausbilden?", in: J. Habermas, *Rekonstruktion des historischen Materialismus*, Frankfurt/M. 1976, 114; Frank, 같은 책, 95쪽 이하 재인용.

는 죽은 글씨로 끝나지 않는다. 오히려 그것은 비판의 과정이 매개될 경우 새로운 의미체계로 드러날 수 있는 가능성을 지니고 있는 것으로서 살아있는 상징체계일 수 있다.

2.2 이성의 신화학과 서민종교

국가나 사회에 부과되는 명법과 같은 전제로 기능하는 이성의 신화학은 이제 그 내용과 형식에서 계몽주의 이후 시대에 걸맞는 모습으로 드러나야 한다. 새로운 신화학이 지니는 최고의 이념은 내용적으로 모든 존재와 현실을 포함하는 것이어야 할 뿐 아니라 이들의 결속을 가능하게 하는 형식을 지니고 있어야 한다. 이념은 전체존재라는 내용과 이들의 실제적인 결속이라는 형식을 지니고 있어야 한다. 결국 이념은 다만 주어져 있는 단순한 전제의 단계로부터 이 전제가 담고 있는 내용을 다양한 방식으로 자기화하는 형식에 의해 구체적으로 드러나야 한다. 이런 문제성은 〈가장 오래된 체계기획〉 가운데 압축적으로 표현되어 있다. 〈가장 오래된 체계기획〉에는 자연과 사회와 역사를 포괄하는 완전한 철학 체계의 구상이 드러나 있으며, 이러한 구상의 중심점에 이념이 자리 잡고 있다. 새로운 신화학을 통해 드러나는 이념은 근대적 조건 가운데 있는 분열된 현실을 새로운 인륜적 현실성으로 변경시키려 한다. 따라서 종교나 새로운 신화학은 자연이나 사회나 역사와 무관한 종교일 수 없고 이 모든 것을 자기 안에 포함하는 전체와 관계하며 전체의 내적 구조와 관계한다. 헤겔에게서 보이듯이 새로운 신화학은 근대의 시대적인 상황 속에서 불가피하게 분리되어 있는 영역들을 통합하려고 하며 이를 통해 전체존재의 결속을 철학적 체계로 드러내려고 한다.

근대의 분열상은 지배자와 피지배자, 높은 계층과 천민, 지배자의 자유와 피지배자의 복종, 지배자가 갖는 통일적인 원리와 피지배자가 갖는 다양한 견해 사이의 분리와 대립에 잘 나타나 있다. 대립과 분열로 인해 실패한 계몽의 역사는 이제 계몽의 계몽을 의도하는 새로운 신화학을 통해 극복되어야 한다. 〈가장 오래된 체계기획〉의 저자는 이성의 신화학과 감각종교(sinnliche Religion) 내지 서민종교(Volksreligion) 간의 관계를 밝힘으로써 새로운 통합의 가능성을 제시한다. 또한 그는 전체존재의 결속이 "이성과 마음의 일신론"과 "상상력과 예술의 다신론"의 통합으로 구체화되어야 한다고 주장한다. 계층의 구별과 종교적 표상의 대립이 이러한 통합을 통해 해소되어야 한다는 것이다. 새로운 신화학은 이성과 마음을 중시하는 성직자와 지혜자, 그리고 이성보다 상상력과 감각에 내맡겨져 있는 서민(Volk) 사이의 구별과 대립을 해소하며, 이성을 통해 추구되는 일신론과, 상상력 및 감각을 통해 접근할 수 있는 다신론의 구별과 대립을 해소한다는 것이다.

새로운 신화학은 우선 감각과 표상과 이성의 통합을 의도한다. 감각과 표상에는 서민이 어울리고 이성에는 지배자와 성직자가 걸맞다면, 이러한 구별은 결국 사회 결속의 저해로 귀결되기 때문이다. 통합을 가능하게 하는 이념은 지배자와 이성의 전유물이 될 수 없으며, 감각이나 표상과 친숙한 서민이 이념에 대해 무지한 것도 아니다. 이념은 대립하는 것으로 보이는 두 계층에 함께 관여하며 각각의 계층에 독특한 방식으로 작용한다. 진정한 인간성을 대변하는 새로운 종교는 오히려 감각과 표상이 담고 있는 내용이 이성적으로 형성되고 이성이 감각이나 표상이 지니는 구체적이고 생동적인 내용에 주목할 때 가능하다. 감각과 표상의 종교에서 결여된 이성적 내용과 이성종교에서 결여된 느낌의 요소는 새로운 종교나 새로운 신화학에서 상호 보충되어야 한다. 이런 맥락에서 "신화학은 철학적으로 되어야 하며, 서민은 이성적으로 되어야 한다."(112)

종교와 관련하여 서민에게 제일 먼저 다가오는 것은 느낌과 마음의 관심이다. 서민에게 "종교는 신과 그 속성에 관한 학이 아니며 신에 대한 우리의 관계나 신에 대한 세계의 관계에 관한 학이 아니고 우리 영혼의 지속에 관한 학도 아니다. — 종교는 단순한 이성을 통해 수용될 수 있는 것이거나 다른 방도를 통해 우리에게 알려질 수 있는 것이 아니다 — 종교는 단순히 역사적인 지식이나 형식적으로 추론된 지식이 아니다. 그것은 마음으로 하여금 관심을 갖게 하는 것이며 우리의 느낌과 의지 규정에 영향을 끼치는 것이다."[185] 종교는 서민과 관계하기 위해서 우선 감각종교가 되어야 한다. 종교의 내용이 느낌 가운데 구체적으로 확인되고 상상력과 마음에 강하게 작용함으로써 이를 받아들이는 주체는 삶의 열정을 가지며 덕을 실행하려는 의지를 갖게 된다. 서민이 받아들일 수 없는 역사적 지식이나 이로부터 나오는 추론적 지식은 서민에게 다시금 까다로운 주인의 인상으로 다가올 수 있다. 서민은 감각종교를 통해서 — 정치적 지배이든 경제적 지배이든 상관없이 — 강압적인 외적 지배의 굴레를 벗어날 수 있으며 새로운 이념을 향해 자유롭게 고무된다.

그렇지만 서민종교는 아무런 내용이 없는 종교나 사람들을 현혹하는 잘못된 내용으로 채워진 종교로 오인되어서는 안된다. 이념을 지니지 않은 감각종교는 서민을 지속적으로 자극할 수 없으며 서민의 삶을 올바른 틀 가운데서 열정적이게 할 수 없다. 서민종교는 오히려 "신화학으로서의 최고 이념을 포함할 뿐 아니라 이념의 형식을 띤 신화학으로서의 최고 이념을 포함한다."[186] 따라서 신화학의 이상은 아름다우면서

185 G.W.F. Hegel, *Frühe Schriften*, Frankfurt/M, 11쪽.

186 Hegel, Fortsetzung des Systems der Sittlichkeit, 139쪽.

영원하다. 심미적인 것과 무관한 진리와 선은 불완전하다. 여기서 감각의 형식을 띤 이념을 강조하는 것은 종교가 서민에게 자연스럽게 다가가기 위한 것이지 감각 가운데서 이념을 유린하거나 소멸시키기 위함이 아니다. 이념이 심미적으로, 즉 신화적으로 형성되기 전에는 서민이 이념에 대해 관심을 갖지 않는다. 서민종교와 감각종교는 서민을 이념과 결부시키기 위해 필요한 것이지 종교적 주체를 말초적인 감각의 상태로 전락시키기 위해 요구되는 것이 아닌 것이다.

이와 대조적으로 "철학은 철학자를 감성적으로 형성하기 위하여 신화적으로 되어야 한다."[187] 감성이 결여된 이성은 실패한 계몽을 주도한 오성과 같이 분석에 매달리며 이러한 분석을 통해 규정된 존재자를 고착시키는 일로 만족한다. 신화학에 대한 관심이 결여된 철학자는 일반적으로 이념 일반에 대해 관심을 갖지 않는다. 그가 비록 이념에 관계한다 하더라도 추상적으로 관계할 뿐이며, 그렇기 때문에 이념에 대해 구체적으로 관계하는 다양한 서민의 상황을 이해할 수 없다. 철학자는 스스로 감성적으로 형성됨으로써 이념에 이르는 구체적 통로를 알게 되는 반면, 이념에 이르는 감각의 통로를 무시함으로써 "계몽된 유한자"로 남게 된다.[188] 철학이 이성의 신화학을 의도하는 것은 감각을 이성 아래에 굴복시키고 결과적으로 신화학을 철학에 종속시키기 위함이 아니라 감각과 이성의 상호관계를 통해 이념을 구체적으로 실현시키기 위한 것이다. 이성과 신화학을 동시에 강조하는 것은 이성이나 감각에 경도되지 않은 균형 있는 형식을 통해 이념의 내용을 드러내기 위한 것이다.

---

187 Das ältestes Systemprogramm, 112쪽.

188 같은 곳.

이런 맥락에서 볼 때 이성의 신화학에서는 소외되는 영역이 존재하지 않는다. 여기서는 예술과 종교와 철학의 구별이 없으며 이와 관계하는 감각과 표상과 개념의 차별화가 없고 이와 관련된 사회 계층 간의 구별도 존재하지 않는다. 더 나아가 "아름다운 신화학의 이상이 보여주는 영원성은 그 완전한 예술적 아름다움이나 이를 표현하는 이념의 숭고성이나 이념이 귀속하는 현실에 기인하지 않고, 모든 존재와 이 모든 존재의 비분리성 간의 동일성[189]에 기인한다."[190] 신화학의 이상은 결국 모든 존재의 결속과 동일성에 있다. 이러한 동일성은 그것이 현실 속에 실현되어야 한다는 사실을 포함하고 있다면, 새로운 신화학의 이념은 그 실현과 결부되어 있는 것이다. 새로운 신화학을 통해 현실의 새로운 공동적 동일성이 가능할 수 있다면, 신화학이 담고 있는 이성과 현실적 인륜성은 하나의 연관 가운데 있다.

지금까지 분석된 이성의 신화학에 비추어 볼 때 서민종교는 — 특히 헤겔의 경우 — 루소의 시민종교와 흡사하며 정치적 자유와 서민종교의 통합을 지향한다.[191] "서민의 정신, 역사, 종교, 서민이 누리는 정치적 자유의 등급은 하나로 결속된다."[192] 다시 말해서 서민종교는 현실의 인륜성으로부터 유리되어서 신앙인 내면에서 자리 잡고 있는 종교에 맞선다는 점에서 일반적으로 시민종교로 불리는 종교와 깊게 관련되어 있다. 루소에 의해 강조된 시민종교는 모든 사회제도 형성의 가능조건으로 전제되어 있는 것으로서 사회의 모든 개인을 공동의 세계로

---

189 "Identität von diesem Allem und der Untrennbarkeit desselben"

190 G.W.F. Hegel, "Fortsetzung des Systems der Sittlichkeit", in: K. Rosenkranz, *G.W.F. Hegels Leben*. Berlin 1844. Nachdruck Darmstadt 1963, 135쪽 이하.

191 H.F. Fulda/R.-P. Horstmann (Hg.), *Rousseau, die Revolution und der junge Hegel*, Stuttgart 1991 참조.

192 Hegel, *Frühe Schriften*, 42쪽.

결속하는 의미 지평을 산출한다.[193] 시민종교란 정치체제와 국가가 보증할 수 없음에도 그것에 명시적으로 역관계하는 전제의 틀이나 형식을 일컫는다.[194] 루소의 시민종교에서 중요한 요소를 이루는 것은 신념의 차이까지 포괄하며 보편적인 합의능력을 갖춘 신조(信條)이다.

이러한 신조는 반종교적 사회체제에서 흔히 보이는 바 모든 존재를 결속하는 일반화된 상징과 다르다. 왜냐하면 이것은 시민종교의 기능을 넘겨받을 수 있기는 하지만 사회나 국가가 역관계하는 최종정초적인 전제의 형식을 띠지 않기 때문이다. 예컨대 전체주의 국가는 사회나 국가가 의존하고 있는 전제를 국가 자체가 보증할 것을 요구한다는 점에서, 사회의 진정한 통합을 위해 아무런 보증 요구 없이 시민종교를 전제하는 사회와 근본적으로 다르다. 사회 통합의 기능을 수행하는 시민종교가 이런 왜곡된 방식으로 요구된다면 이는 종교가 사회 통합을 가능하게 하는 순기능을 한다기보다 궁극적으로 사회 통합을 방해하는 역기능을 하게 된다. 종교가 사회 통합을 위해 순기능을 하는가 역기능을 하는가 하는 문제는 진정한 신앙의 관점이나 종교적 교제에 의해 이루어지는 반성에 달려 있다. 시민종교의 사활은 그것이 보여 주는 사회 통합의 실제적인 결과에 의해 판가름나는 것이다.

3. 새로운 형이상학을 위한 철학의 과제

이념의 상실이 현재의 형이상학적 상황을 지시한다면 이념의 회복은

193 E. Jüngel, 같은 논문, 187쪽.

194 H. Lübbe, *Religion nach der Aufklärung*, 1986, 306-327쪽 참조.

형이상학의 미래를 규정한다. 새로운 신화론이 제시하는 이념의 현실 작용력은 형이상학의 미래를 보장할 수 있지만, 이것은 신화론의 이념이 철학적 방법을 통해 정당화될 때 비로소 가능하다. 이 문제는 인간에게 전제된 종교와 이 전제를 무전제화하는 방법에 대한 물음이며 이러한 방법이 여전히 이성 중심적으로 가능한지, 아니면 이성 이외의 다른 방법에 의해서 가능한지에 대한 물음이기도 하다. 이것은 다시금 종교에 대한 이성적 계몽이 여전히 유효한지, 아니면 이것이 고유하고 개성적인 종교 소유에 의해 대치되어야 하는지에 대한 물음으로 이어진다. 새로운 신화학에 대한 논의를 통해 분명해진 것은 현대가 잃어버린 삶의 의미와 공동체의 정당화가 이념을 통해 회복되어야 한다는 사실이지만, 그럼에도 남는 문제는 전제로서의 이념이 어떠한 방법을 통해 실제적으로, 그리고 구체적으로 드러나는가 하는 것이다.

이념은 인간 삶에서 추구되는 근거로서 시장의 가격형성과 같이 맥락에 따라 가변적인 가치를 지닌다기보다 모든 실제의 변화를 정초하고 현실의 정당성을 보증해 줄 수 있는 절대적 가치를 지녀야 한다. 그러나 인간 이성이 종교까지 해체하고 이것에 대해 더 이상 설명의 여지를 남기고 있지 않은 계몽 이후의 시대에서는 이러한 가치가 쉽게 찾아지지 않는다. 이성의 신화학이 만들어 내는 가치는 그 자체가 먼저 "반사실적인 것"으로 받아들여질 때 새로운 현실을 창출할 수 있다.[195] 종교가 지니는 이념이 현실 가운데서 용해되면서 사라질 수 없는 것이라면, 그것은 오히려 현실에 맞서서 반사실적인 것을 제시하는 기관이며 사실을 진정한 사실로 이끄는 힘이다. 반사실적인 것으로서의 종교적 이념은 현실적으로 존재하지 않는 것이지만 현실이 그처럼 존재해야

195 M. Frank, 99

하는 바로 그것이며 현실을 현실 배후에서 정당화해야 한다.

그러나 현실을 정당화하는 종교적 이념은 이성의 적극적인 활동과는 무관한 것으로서 단순히 이성의 요청 대상이 될 수 없으며, 그렇다고 이성에 의해 완전히 해명될 수 있는 것이 되어서도 안된다. 소위 "학문으로서의 형이상학"이라는 철학적 프로그램 이후 줄곧 시도되어 온 것은 모든 존재에 대한 이성적 정당화이다. 그러나 이러한 절대적 정당화의 내용이 실제적 현실과 부합되지 않는다는 사실은 형이상학 일반에 대한 작금의 반성이 보여 주는 바와 같다. 존재에 대한 절대적 정당화는 여기서 여전히 성취되지 않은 이상으로 드러난다. 예컨대 헤겔의 『종교철학』이 보여 주는 것과 같이 종교에 대한 메타이론적인 접근은 그 자체가 자기 완결적 형이상학이 되면서 인간에게 더 이상의 전제를 남기지 않는다. 전제가 전적으로 전제 아닌 것으로 규정될 경우 이는 형이상학의 완성인 동시에 구체적인 실정종교의 역사와 관련된 인간 역사의 완성이 된다. 형이상학의 완성과 역사의 종언은 인간에게 더 이상의 신적, 이상적 지평을 허용하지 않는다는 점에서 형이상학의 미래나 새로운 형이상학에 대한 논의에 관심을 갖지 않는다. 그럼에도 현대의 정신적 상황이 새로운 형이상학을 요구한다면, 형이상학의 완성은 여전히 철학의 이상으로 남아 있으며, 이러한 이상에 이르기 위해서 이전의 방법과는 상이한 새로운 방법이 요구된다.

반사실적인 이념은 그 자체가 추상적인 이념이 되지 않기 위해서 어떤 방식으로든지 현실과 관계를 맺고 있어야 한다. 헤겔을 정점으로 하여 완성된 학문으로서의 형이상학이 그 이후의 철학에 의해 그 추상성이 비판되었다면 이는 사변 형이상학의 긍정적인 의미와 더불어 그 한계를 지적하는 것이다. 종교 일반이나 신은 그에 대한 사람들의 접촉이 학문적인 것이든 예술적인 것이든 실천적인 것이든 상관없이 그 자체가 완결된 것으로 간주될 때 자기의 모습을 감추어 버린다. 완결된 체계 가운데 드러난 이념은 그 추상적 특성에 의해 더 이상 현실작용성이 없거나 유한성의 지평으로 떨어지기 때문이다. 새로운 신화학이 의도하는 것은 이념의 추상성을 생동적인 작용성으로 변화시키는 것이다. 신은 역사적인 실정종교에 대한 학문적 파악을 통해 설명되고 인식된 존재로 그치기보다 늘 새로운 모습으로 나타날 수 있고 현실이 그곳으로 수렴될 수 있는 존재여야 하기 때문이다. 이런 맥락에서 신은 그에 관한 학문적 설명이 이루어진 후에도 여전히 "접촉되지 않은 존재"[196]와 "말할 수 없는 존재"[197]로 남아 있을 수 있는 존재여야 한다. 반사실적인 이념이 현실을 정당화할 수 있는 것은 자명하지만 현실 속의 이성이 이념을 전적으로 정당화할 수 있는지는 여전히 물음으로 남는다.

새로운 신화학을 매개로 하여 새로운 형이상학을 모색하는 일은 형이상학을 선험철학의 철저화를 통해 학문적으로 완성하려 한 근대철학의 시도와 다른 방향의 노력이 되어야 한다. 이것은 그 결과에 따라 사변적 형이상학의 이상과 일치할 수도 있겠지만 그 방법에 있어서 다른 방향을 추구한다. "형이상학 이후의 사유"를 강조하는 입장(Habermas)이나 형이상학적 사유의 지속을 주장하는 입장(Henrich)에서 보이는 것처럼 형이상학의 미래에 대한 논의가 그처럼 현재적이라면, 여기서는 새로운 신화학 및 이성의 신화학과 관련하여 이념을 정당화될 수 있는 새로운 방법을 제시하여야 한다.

지금의 논의는 이 이념을 대체로 다음의 두 가지 관점에서 재구성한다. 1) 이념은 현대의 체계이론이 주장하는 바와 같이 초주관적이며 불

---

196 L. Wittgenstein, *Tractatus Logico-Philosophicus*, London 1981, 6.372.

197 같은 책, 6.522.

가침적인 사회의 구속성에 대한 사유로서 그 자체가 적법성(Legalität)으로 환원된다. 이 경우 적법성은 예전의 절대적 가치를 대변하는 것으로 간주된다. 2) 이념은 지금까지 문화적 가치나 종교적 가치에 따라 이루어진 행위를 선험적으로 정당화한다. 이 경우 이념은 그 자체가 보편타당한 것으로 확정되어야 한다. 예컨대 하버마스나 아펠 등에 의해 새롭게 조명된 이념은 다분히 칸트 실천이성의 특성을 띤 것으로서 그 자체가 실천적 신앙의 대상이다. 이 이념은 특정의 세계상을 통해 구체화되지 않고 의사소통과정에 참여하는 개인의 학습과정을 통해 공동직 동일성으로 드러나야 한다.[198] 이 경우 이념은 이성적 합의를 통해 재구성된 것이기 때문에 공동체의 가치와 규범으로 규정되며 계몽주의 이후 부재(不在)하는 신을 대신한다.

그러나 체계이론이 의도하는 적법성이나 담론이론이 추구하는 의사소통적 합의는 이념을 재구성한다는 명분 아래 다시금 이성적인 방식으로 이념에 접근하려고 하며 개인적인 삶의 고유성을 어떻게든 보편성으로 이끌려고 한다. 그러나 〈가장 오래된 체계기획〉이 의도하는 감각종교와 이성의 신화학의 통합은 이성 중심의 작업이 아니다. 〈가장 오래된 체계기획〉은 감각종교를 이성종교로 수렴하거나 이성종교를 감각종교로 수렴하는 일방적인 방식으로 이념을 드러내려고 하는 것이 아니라 이 둘의 생동적인 통합을 통해 이념에 접근하려고 한다. 담론이론의 중요한 전제인 이상적인 담론상황은 현실적으로 모든 사람들에게 열려 있다고 할 수 없으며 합의의 결과에 대해서도 모든 사람이 공감하거나 만족하지 않을 수 있다. 이상적인 담론상황에 들어갈 수 없는 주

---

198 M. Frank, "Metaphysik heute", in: *Conditio moderna*, Leipzig 1993, S. 94쪽 참조.

체들도 당연히 이념과 관련되어야 한다면, 그리고 〈가장 오래된 체계기획〉은 신화학의 철학화(哲學化)와 철학의 신화화(神話化)를 주장한다면, 새로운 형이상학을 위해서는 이념과 이성의 관계뿐만 아니라 이념과 감각의 관계가 아울러 밝혀져야 한다. 감각과 이성은 서민과 지혜자 사이에 형성될 수 있는 관계처럼 감각이 이성에 종속되는 것으로 종결되어서는 안된다. 이 점은 모더니즘에 대한 포스트모더니즘의 비판과도 맞물리는 문제이다.

이념을 전제하면서도 그것을 전적으로 이성이나 사변의 틀 가운데서 추상화하지 않고 생동적인 방식으로 드러낼 수 있는 제3의 길은 새로운 형이상학의 가능성과 깊이 관련되어 있다. 전통적으로 형이상학은 이성의 체계학이지만 이성에 대한 비판 이후의 시대에는 〈가장 오래된 체계기획〉의 제안과 같이 이성과 감각에 의해 재구성되는 이념이 되어야 한다. 이념이 개인 삶의 의미를 보증하며 공동체의 유대를 확증할 수 있으려면, 어떤 방식으로든지 개인과 공동체의 구체적인 생동성과 관련되어야 한다. 이념이 인간에게 생동적으로 다가올 때 인간은 새로운 삶의 의미를 소유하게 되며 이로부터 새로운 역사의 출현이 가능하다. 이 점은 예컨대 정신과학이나 생철학적 전통에서 형이상학의 문제를 "역사적 의식의 도전"[199]으로 규정하는 데서 잘 보여진다. "역사를 통해 형이상학으로 나타나는 것은 이론철학이나 '사변' 철학 가운데서 결코 소진되지 않는다." "그것은 보다 근원적인 방식으로 나타나는 정신적 현상이다."[200]

199 F. Kümmel, Zum Verhältnis von Logik und Metaphysik bei Georg Misch und Josef König, Unveröffentliches Manuskript, 14쪽 이하.

200 G. Misch, *Der Weg in die Philosophie. Eine philosophische Fibel*, München 1959, 48쪽.

근원적인 방식으로 생기(生起)하는 정신적 현상은 새로운 형이상학의 출발점이다. 근원적인 방식으로 삶 가운데 나타나는 것은 그 자체로 창조적인 것이며, 따라서 이것은 새로운 형이상학의 출현으로 이어진다. 이런 맥락에서 형이상학은 종교나 신화에 대한 메타차원의 계몽으로부터 생겨난다기보다 삶의 "역사적 사건"(geschichtliches Ereignis)[201]으로부터 탄생한다. "하늘로부터 보내진 고상한 정신이 우리 가운데 새로운 종교를 건립해야 한다"는 〈가장 오래된 체계기획〉의 주장(112)도 역사 가운데 새로운 방식으로 생기하는 이념의 당위를 표현한 것과 다르지 않다. 정신의 근원적 현상은 정신의 작용으로부터 독립되어 있는 제3의 힘에 의해 지속적으로나 단계적으로 일어난다기보다 그때마다 늘 새로운 영역에 개방되어 있는 정신이 경험하는 전혀 예기치 않은 불연속적인 동요를 통해 일어난다.

정신의 개방, 특히 무한자를 향해 열려 있는 감각은 그것이 이전에 경험하지 못하는 것에 대한 전혀 새로운 인식이며 반복적인 삶의 이해를 넘어서는 전혀 새로운 삶에 대한 이해인 한 자유롭게 하는 인식이며 해방적 인식이다. 이미 전제된 이념에 대한 이성적인 재구성은 역사적-사회적 생활세계의 닫힌 지평에서 이루어지는 반면, 전체존재를 향하는 감각은 그것이 소유하는 자유로운 정신의 에네르기를 통해 인간의 역사를 새롭고 고유한 지평으로 이끈다. 감각을 이성 아래 종속시키는 잘못된 주관성과 그것이 산출하는 잘못된 객관주의는 개방적 인식 내지 자유롭게 하는 인식을 통해 교정되어야 한다. 진정한 객관성과 삶의 의미는 바로 여기서 출발한다.

그러나 개성적인 방식으로 규정되는 삶의 의미는 다시금 이성의 도

---

201 G. Misch, 같은 책, 55쪽.

움으로 공동성을 마련하지 않으면 안된다. 개인이 의식적으로 발견하는 이념은 다른 사람의 것 가운데서 쉽게 평준화될 수 없는 근원적이고 개별적인 것이다. 이러한 근원성과 원본성의 발견에서 인간은 비로소 인간성을 획득하며 여기서 "종교의 개인"(Individuum der Religion)[202]이 형성된다. 그러나 근원적 개성이 다시금 다른 개성에게 전달되고 수용됨으로써 함께 공동성을 창출하지 못한다면 공동체의 유대와 통합은 불가능하다. 감각이 새롭게 창출하는 의미의 다수성은 의미의 공동성으로 연결되지 않을 때, 발견된 이념의 근원적 새로움은 상실되어 버린다. 의미 전달의 무인지대에서 공동성을 기대하는 것은 넌센스이기 때문이다. 바로 여기서 '종교의 개인'을 넘어서는 종교의 이념이 요구된다. 이념은 개별적인 차원을 넘어서서 공동성으로 드러날 때 가상적인 이념이 아닌 진정한 이념으로 확인된다. 그러나 새로운 형이상학이 소유하는 이념은 유한적인 감각을 종속시키는 이성을 통해서가 아니라 무한자와 근원적으로 관계하는 감각과 병렬적으로 통합되는 이성을 통해 드러난다.

202 F.D.E. Schleiermacher, *Über die Religion*. Reden an die Gebildeten unter ihren Verächtern, Urausgabe 259쪽.

참고문헌

강문규, 「세속주의와 세속화」, 『기독교사상』, 1965년 2월호

남기호, 「헤겔의 인식론-헤겔은 과연 관념론자인가」, 『헤겔연구』 24, (2008. 12)

서남동, 「세속화의 과정과 그리스도교」, 『전환시대의 신학』, 한국신학연구소, 1982,

심상태, 「'세속화' 현상이란?」, 『사목』, 제214집, 한국천주교중앙협의회, 1996

이현숙, 『괴테의 "빌헬름 마이스터의 수업시대"에 있어서 '아름다운 영혼의 고백' 연구』, 경북대학교 박사논문, 2004

차성환, 「새 천년과 한국 시민종교의 과제」, 『글로벌 시대 한국의 시민종교』, 삼영사 2000, 205-237

최신한, 『헤겔철학과 종교적 이념』, 한들출판사 1997

_____, 「문화이론으로서의 윤리학」, 김수철 외, 『현대 윤리학의 문제들』, 철학과 현실사 2002, 253-276

_____, 「슐라이어마허와 가다머(II). 해석학의 보편성 요구 - 지평융합인가, 지평확대인가?」『철학연구』 제 90집, 대한철학회 2004, 407-434

_____, 『독백의 철학에서 대화의 철학으로』, 문예출판사 2001

_____, 『정신현상학. 자기 내적 거리유지의 오디세이아』, 살림출판사 2007

Arndt, A., "Schleiermacher und Hegel. Versuch einer Zwischenbilanz", in: *Hegel-Studien* 37. (2002) 55-67

_____, "Schleiermacher. Dialectic and Transcendental Philosophy, Relationship to Hegel", in: *Schleiermacher, the Study of Religion, and the Future of Theology*, Berlin/New York 2010

Auinger, Th., *Das absolute Wissen als Ort der Ver-Einigung. Zur absoluten Wissensdimension des Gewissens und der Religion in Hegels Phänomenologie des Geistes*, Wüzburg 2003

Barth, U., "Religion und ästhetische Erfahrung", in: K.-M. Kodalle/A.M. Steinmeier(Hg.), *Subjektiver Geist. Reflexion und Erfahrung im Glauben*, Würzburg 2002

_____, "Der Letztbegründungsgang der 'Dialektik'. Schleiermachers Fassung des transzendentalen Gedankens", in: U. Barth, *Aufgeklärter Protestantismus*, Tübingen 2004

Baruzzi, A., "Säkularisierung - Ein Problem von Enteignung und Besitz", in: *Philosophisches Jahrbuch*, 85 (1978)

Baum, M., *Die Entstehung der Hegelschen Dialektik*, Bonn [2]1989

Beiser, F., *Hegel*, Routledge 2005. 이신철 옮김, 『헤겔. 그의 철학적 주제들』, 도서출판 b 2012

Blumenberg, H., *Säkularisierung und Selbstbehauptung*, Frankfurt/M. 1974

_____, "Säkularisierung. Kritik einer Kategorie historischer Illegitimität", in: H. Kuhn/F. Wiedmann, *Die Philosophie und die Frage nach dem Fortsch-ritt*, München 1964

Bollnow, O. F., *Neue Geborgenheit. Das Problem einer Überwindung des Existenzialismus*, Stuttgart 1972

Briefe von und an Hegel, Hrsg. von Johannes Hoffmeister, Hamburg 1952 ff. Bd. 2

Cornehl, P., *Die Zukunft der Versöhnung. Eschatologie und Emanzipation in der Aufklärung bei Hegel und in der Hegelschen Schule*, Göttingen 1971

Das sogennante, 'Ä lteste Systemprogramm, in: M. Frank, G. Kurz (Hg.), *Materialien zu Schellings philosophischen Anfängen*, Frankfurt/M. 1975

Dellbrügger, G., *Das Erkennen schlägt die Wunde – und heilt sie*, Stuttgart 2000. 현욱 옮김, 『인식의 상처와 치유』, 서광사 2012

Der Spiegel, 2000/52, in: http://www.spiegel.de/spiegel/print/d-18124584.html.

Derrida, J., "Glauben und Wissen. Die beiden Quellen der *Religion* an den Grenzen der bloßen Vernunft", J. Derrida/G. Vattimo (Hg.), *Die Religion*, Frankfurt/M. 2001

Dierken, J., "'Bewußtes Leben' und Freiheit", in: D. Korsch/J. Dierken (Hg.), *Subjektivität im Kontext. Erkundungen im Gespräch mit Dieter Henrich*, Tübingen 2004

Dittmer, J. M., *Schleiermachers Wissenschaftslehre als Entwurf einer prozessualen Metaphysik in semiotischer Perspektive. Triadizität im Werden*, Berlin/New York 2001

Drüe, H./ Gettmann-Siefert, A./ Hackenesch, C./ Jaeschke, W./ Neuser, W./ Schnädelbach, H. (Hg.), *Hegels »Enzyklopädie der philosophischen Wissenschaften«* (1830). *Ein Kommentar zum Systemgrundriß*, Frankfurt/M. 2000

Düsing. E., "Der Tod Gottes in Religionsphilosophie und Nihilismus", in: A. Gethmann.-Siefert/E. Weisser-Lohmann (Hg.), *Wege zur Wahrheit*, München 2009

D' Hondt, J., "Der Endzweck der Erziehung bei Hegel". In: W.R. Beyer, Die Logik des Wissens und das Problem der Erziehung. Nürnberg Hegel-

Tage 1981, Hamburg 1982

Ebeling, H., "Philosophische Thanatologie seit Heidegger", in: Ebeling, *Der Tod in der Moderne*, Königstein/Ts. [4]1997

Falke, G., "Hegel und Jacobi. Ein methodisches Beispiel zur Interpretation der Phänomenologie des Geistes", in: *Hegel-Studien 22*, Bonn 1987, 129–142

Ferrari, J., "Über die bürgliche Religion im politischen Denken Jean-Jacques Rousseaus", in: L. Kreimendahl/M. Neugebauer-Wölk/F. Vollhardt (Hg.), *Aufklärung. Interdisziplinäres Jahrbuch zur Erforschung des 18. Jahrhunderts und seiner Wirkungsgeschichte*, Hamburg 2009

Fichte, J. G., "Über den Grund unseres Glaubens an eine göttliche Weltregierung", in: I. H. Fichte(Hg.), *Fichtes Werke*, Bd. V. Berlin 1971

Figal, G., "Modernität", in: Günter Figal, *Der Sinn des Verstehens*. Stuttgart 1996

Frank, M., *Conditio moderna*, Leipzig 1993. 최신한 옮김, 『현대의 조건』, 책세상 2002

_____, *Kaltes Herz, Unendliche Fahrt*, Neue Mythologie, Frankfurt/M. 1989

_____, "Brauchen wir eine 'neue Mythologie'", in: M. Frank, *Kaltes Herz, Unendliche Fahrt, Neue Mythologie*, Frankfurt/M. 1989

_____, "Einleitung", in: Friedrich Schleiermacher, *Dialektik*, Herausgegeben und eingeleitet von Manfred Frank, Bd. 1, Frankfurt 2001

Franz, J. H., *Religion in der Moderne. Die Theorien von Jürgen Habermas und Hermann Lübbe*, Berlin 2009

Fuchs, W.(Hg.), *Todesbilder in der modernen Gesellschaft*, Frankfurt 1973

Fulda, H. F. /Horstmann, R.-P. (Hg.), *Rousseau, die Revolution und der junge Hegel*, Stuttgart 1991

Gabriel, K., "Gesellschaftliche Modernisierung und der Bedeutungswandel des Religiösen", in: Teufel, E.(Hg.): *Was hält die moderne Gesellschaft zusammen?*, Frankfurt/M. 1996

Gadamer, H-G., *Wahrheit und Methode*, Tübingen [4]1975

_____, "Gespräche auf Capri Februar 1994", in: J. Derrida/G. Vattimo(Hg), *Die Religion*, Frankfurt/M. 2001

Gawoll, H. J., "Der logische Ort des Wahren. Jacobi und Hegels Wissenschaft vom Sein", in: A. Arndt/Ch. Iber (Hg.), *Hegels Seinslogik. Interpretationen und Perspektiven*, Berlin 2000

Gehlen, A., Die Seele im technischen Zeitalter, 1957

W. Gräb, "Säkularisierung — Ende der Religion oder Verfall der Kirche", in: Ch. v. Braun/W. Gräb, J. Zachhuber (Hg.), *Säkularisierung. Bilanz und Perspektiven einer umstrittenen These*, Berlin 2007

_____, *Religion als Deutung des Lebens*, Göttingen 2006

Grondin, J., *Einführung zu Gadamer*, Tübingen 2000

Grove, P., *Deutungen des Subjekts. Schleiermachers Philosophie der Religion*, Berlin/New York 2004.

Grüning, Th. /Vieweg, K., "Buchbesprechung – *Hegels Transformation der Metaphysik*, hrsg. v. D. Pätzold u. A. Vanderjagt", in: *Hegel-Studien* 29. (1994)

Habermas, J., *Der Philosophische Diskurs der Moderne*. Frankfurt/M. 1988

_____, *Nachmetaphysisches Denken*, Frankfurt/M. 1992

_____, *Glauben und Wissen. Friedenspreis des Deutschen Buchhandels 2001*, Frankfurt/M. 2001

_____, *Zwischen Naturalismus und Religion*, Frankfurt 2009

_____, "Können komplexe Gesellschaften eine vernünftige Identität ausbilden?", in: J. Habermas, *Rekonstruktion des historischen Materialismus*, Frankfurt/M. 1976

Hammacher, K., *Die Philosophie Friedrich Heinrich Jacobis*, München 1969

Havel, V., "Anti-Political Politics", 395, in: *Civil Society and the State*, hg. von John Keane, London 1993, 381-398

Hegel, G.W.F., "Glauben und Wissen oder die Reflexionsphilosophie der Subjektivität, in der Vollständigkeit ihrer Formen, als Kantische, Jacobische, und Fichtesche Philosophie", in: G.W.F. Hegel, *Jenaer Kritische Schriften*, Gesammlte Werke, Bd. 4, Hamburg 1984

_____, *Differenz des Fichteschen und Schellingschen Systems der Philosophie*, GW Bd. 4, Hamburg 1984

_____, *Frühe Schriften*, Frankfurt/M. 1971

_____, "Systemfragment von 1800"

_____, *Phänomenologie des Geistes*, Frankfurt/M. 1970

_____, *Wissenschaft der Logik*. Frankfurt/M. 1970

_____, *Grundlinien der Philosophie des Rechts*. Frankfurt/M. 1970

_____, *Nürnberger und Heidelberger Schriften 1808-1817*. Frankfurt/M. 1970

_____, *Religions-Philosophie*. Gw Bd. 17, Hamburg 1987, 최신한 옮김, 『종교철학』 지식산업사, 1999

_____, *Vorlesungen über die Philosophie der Religion*. Zweiter Band 2. Halbband, Hamburg 1974

_____, *Vorlesungen über die Philosophie der Religion* I, II, Frankfurt/M. 1969

_____, *Enzyklopädie der philosophischen Wissenschaften III*. Frankfurt/M.

1970

_____, "Friedrich Heinrich Jacobi's Werke", in: *Heidelbergische Jahrbücher der Literatur*, GW Bd. 15, Hamburg 1990

_____, *Die Vernunft in der Geschichte*, Hamburg 1955

_____, "Verhältnis des Scepticismus zur Philosophie". in: GW.4, Hamburg 1984

_____, "Fortsetzung des Systems der Sittlichkeit", in: K. Rosenkranz, *G.W.F. Hegels Leben*. Berlin 1844. Nachdruck Darmstadt 1963

Hegel, Anhang II, "Der Geist des Christentums und sein Schicksal," (Schüler Nr. 89), in: Ch. Jamme, H. Schneider, *Der Weg zum System*, Frankfurt/M

Heidegger, M., "Nietzsches Wort 'Gott ist tot'", in: Heidegger, *Holzwege*, Frankfurt/M. [6]1980

_____, *Was ist Metaphysik?*, Frankfurt/M. [11]1975

_____, *Sein und Zeit*, Tübingen 1972

_____, "Vom Wesen des Grundes", in: *Wegmarken*, Frankfurt 1978

Heinrichs, J., *Die Logik der »Phänomenologie* des Geistes«, Bonn [2]1983

Helmer, Ch./ Kranich, Ch./ Rehme-Iffert, B. (Hg.), *Schleiermachers 'Dialektik'*, Tübingen 2003

Helmer, Ch. (ed.), *Schleiermacher and Whitehead: Open Systems In Dialogue*, Berlin/New York 2001

Henrich, D., *Fluchtlinien. Philosophische Essays*, Frankfurt 1982

_____, "Was ist Metaphysik – was Moderne? Zwölf Thesen gegen Jürgen Habermas", in: D. Henrich, *Konzepte*. Essays zur Philosophie in der Zeit, Frankfurt/M. 1987

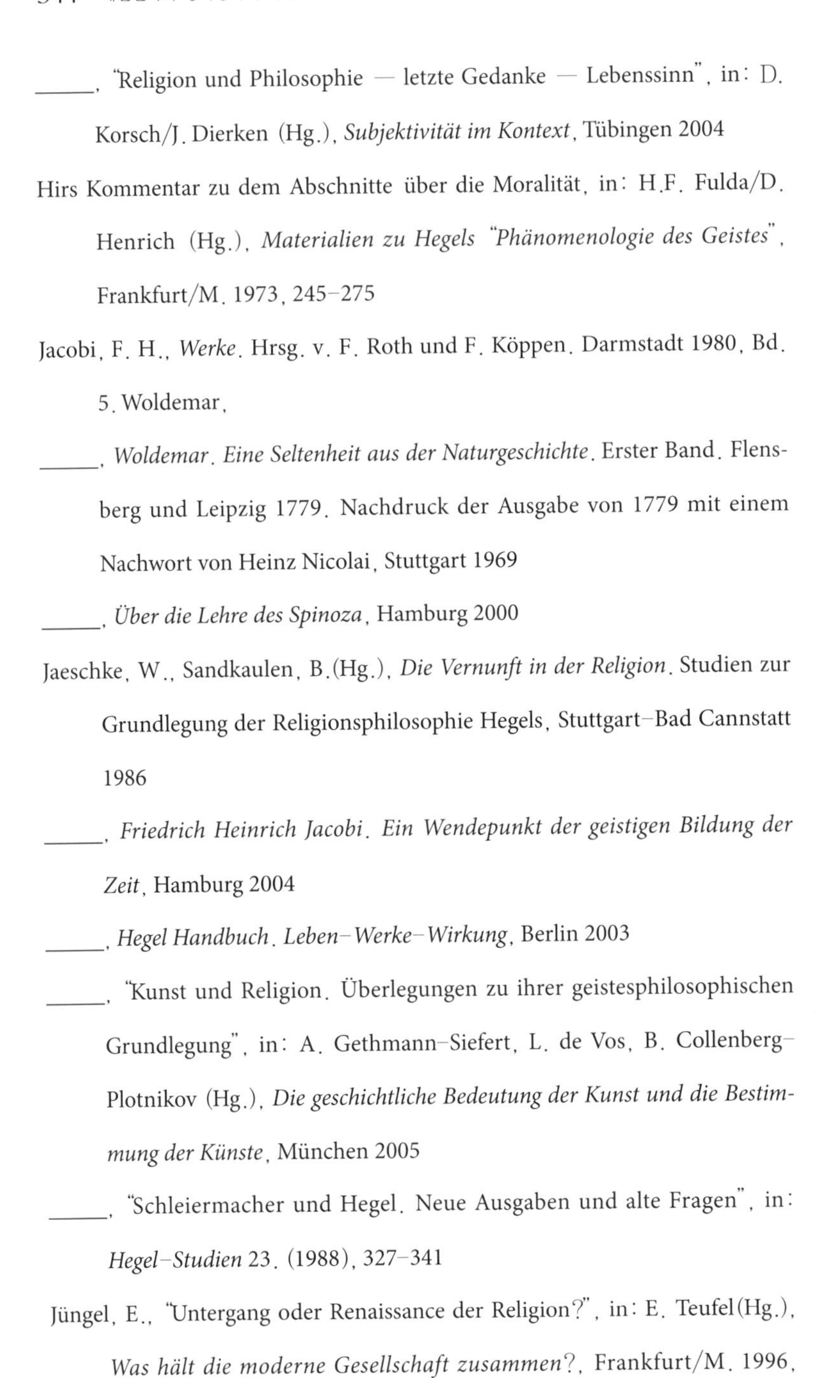

_____, "Religion und Philosophie — letzte Gedanke — Lebenssinn", in: D. Korsch/J. Dierken (Hg.), *Subjektivität im Kontext*, Tübingen 2004

Hirs Kommentar zu dem Abschnitte über die Moralität, in: H.F. Fulda/D. Henrich (Hg.), *Materialien zu Hegels "Phänomenologie des Geistes"*, Frankfurt/M. 1973, 245-275

Jacobi, F. H., *Werke*. Hrsg. v. F. Roth und F. Köppen. Darmstadt 1980, Bd. 5. Woldemar,

_____, *Woldemar. Eine Seltenheit aus der Naturgeschichte*. Erster Band. Flensberg und Leipzig 1779. Nachdruck der Ausgabe von 1779 mit einem Nachwort von Heinz Nicolai, Stuttgart 1969

_____, *Über die Lehre des Spinoza*, Hamburg 2000

Jaeschke, W., Sandkaulen, B.(Hg.), *Die Vernunft in der Religion*. Studien zur Grundlegung der Religionsphilosophie Hegels, Stuttgart-Bad Cannstatt 1986

_____, *Friedrich Heinrich Jacobi. Ein Wendepunkt der geistigen Bildung der Zeit*, Hamburg 2004

_____, *Hegel Handbuch. Leben-Werke-Wirkung*, Berlin 2003

_____, "Kunst und Religion. Überlegungen zu ihrer geistesphilosophischen Grundlegung", in: A. Gethmann-Siefert, L. de Vos, B. Collenberg-Plotnikov (Hg.), *Die geschichtliche Bedeutung der Kunst und die Bestimmung der Künste*, München 2005

_____, "Schleiermacher und Hegel. Neue Ausgaben und alte Fragen", in: *Hegel-Studien* 23. (1988), 327-341

Jüngel, E., "Untergang oder Renaissance der Religion?", in: E. Teufel(Hg.), *Was hält die moderne Gesellschaft zusammen?*, Frankfurt/M. 1996,

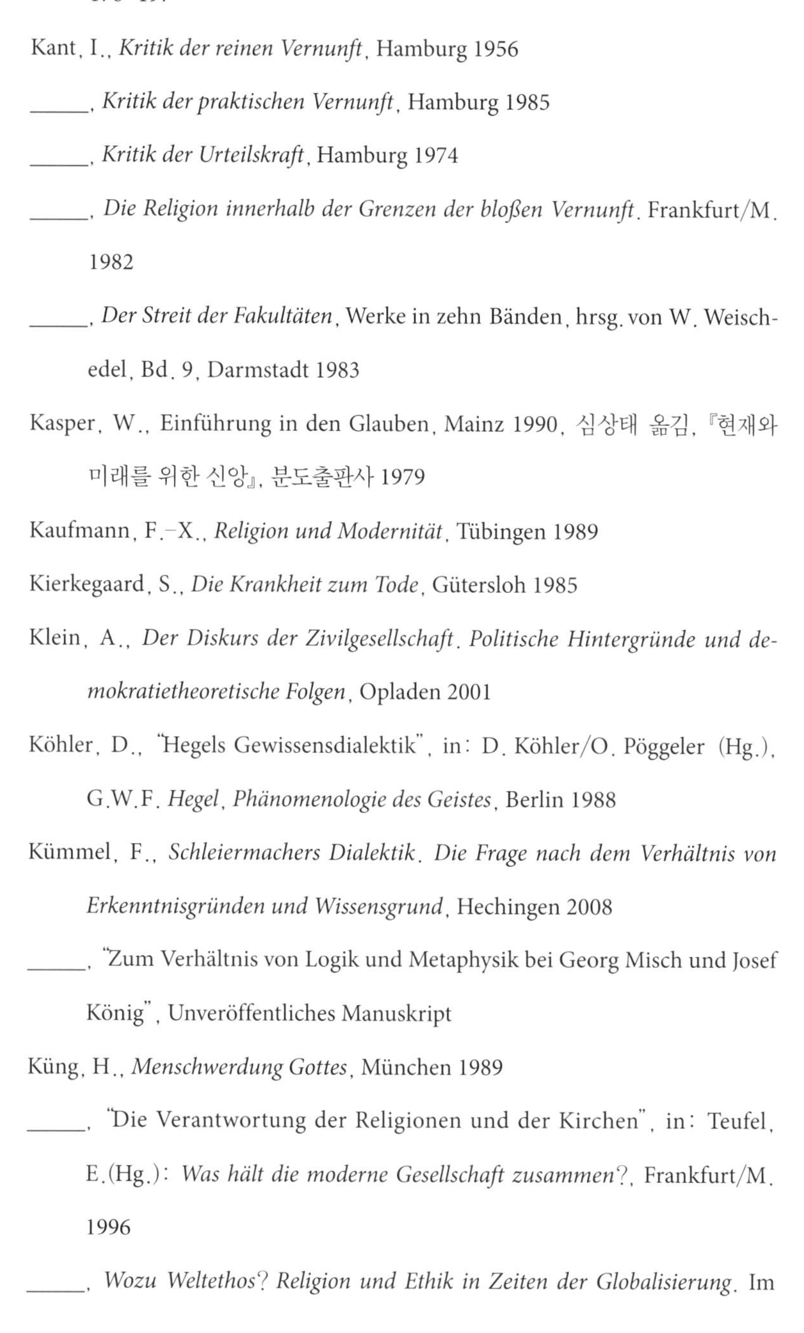

176–197

Kant, I., *Kritik der reinen Vernunft*, Hamburg 1956

_____, *Kritik der praktischen Vernunft*, Hamburg 1985

_____, *Kritik der Urteilskraft*, Hamburg 1974

_____, *Die Religion innerhalb der Grenzen der bloßen Vernunft*. Frankfurt/M. 1982

_____, *Der Streit der Fakultäten*, Werke in zehn Bänden, hrsg. von W. Weischedel, Bd. 9, Darmstadt 1983

Kasper, W., Einführung in den Glauben, Mainz 1990, 심상태 옮김, 『현재와 미래를 위한 신앙』, 분도출판사 1979

Kaufmann, F.-X., *Religion und Modernität*, Tübingen 1989

Kierkegaard, S., *Die Krankheit zum Tode*, Gütersloh 1985

Klein, A., *Der Diskurs der Zivilgesellschaft. Politische Hintergründe und demokratietheoretische Folgen*, Opladen 2001

Köhler, D., "Hegels Gewissensdialektik", in: D. Köhler/O. Pöggeler (Hg.), G.W.F. *Hegel, Phänomenologie des Geistes*, Berlin 1988

Kümmel, F., *Schleiermachers Dialektik. Die Frage nach dem Verhältnis von Erkenntnisgründen und Wissensgrund*, Hechingen 2008

_____, "Zum Verhältnis von Logik und Metaphysik bei Georg Misch und Josef König", Unveröffentliches Manuskript

Küng, H., *Menschwerdung Gottes*, München 1989

_____, "Die Verantwortung der Religionen und der Kirchen", in: Teufel, E.(Hg.): *Was hält die moderne Gesellschaft zusammen?*, Frankfurt/M. 1996

_____, *Wozu Weltethos? Religion und Ethik in Zeiten der Globalisierung*. Im

Gespräch mit Jürgen Hoeren, Freiburg 2002

Kumlehn, M., *Symbolisierendes Handeln. Schleiermachers Theorie religiöser Kommunikation und ihre Bedeutung für die gegenwärtige Religionspädagogik*, Gütersloh 1999

Lohff, W., "Theologische Erwägung zum Problem des Todes", in: H. P. Schmidt (Hg.), *Leben angesichts des Todes*, Tübingen 1968

Lucas Jr. G. R. (ed.), Hegel and *Whitehead. Contemporary Perspectives on Systematic Philosophy*, New York 1986

Luckmann, Th., "Überlegungen zu den Metamorphosen der Religion in der Moderne", in: Teufel, E.(Hg.): *Was hält die moderne Gesellschaft zusammen?*, Frankfurt/M. 1996

Lübbe, H., "Zur Dialektik des Gewissens nach Hegel", in: *Hegel-Studien. Beiheft 1*, Bonn 247-261

_____, "Säkularisierung als geschichtsphilosophische Kategorie", in: *Die Philosophie und die Frage nach dem Fortschritt*, hg. von Helmut Kuhn und Franz Wiedmann, München 1964

_____, *Religion nach der Aufklärung*. Graz/Wien/Köln 1986

_____, "Staat und Zivilreligion. Ein Aspekt politischer Legitimität", in: H. Kleger/A. Müller (Hg.), *Religion des Bürgers*, 1986

Luhmann, N., *Gesellschaftsstruktur und Semantik. Studien zur Wissenssoziologie der modernen Gesellschaft*, Bd. 1, Frankfurt/M. 1998

Martin, D., *On Secularization: Toward a Revised General Theory*, 김승호 옮김, 『현대 세속화 이론』, 한울 2008

Misch, G., *Der Weg in die Philosophie. Eine philosophische Fibel*, München 1959

Moltmann, J., *Theologie der Hoffnung*, Göttingen 1997

Nicolai, H., "Nachwort zum 'Woldemar', Stuttgart 1969

Niethammer, *Der Streit des Philanthropinismus und Humanismus in der Theorie des Erziehungsunterichts unserer Zeit*, 1808

Nietzsche, F., *Fröhliche Wissenschaft*, Berlin 1980

Nohl, H.(Hrsg.), *Hegels theologische Jugendschriften*. Tübingen 1907

Nuzzo, A., "Leben und Leib in Kant und Hegel", in: *Das Leben denken, Hegel-Jahrbuch 2007*, Berlin 2007, Zweiter Teil

Pannenberg, W., "Präsentische Eschatologie in Hegels Geschichtsphilosophie", in: R. Bubner/W. Mesch (Hg.), *Die Weltgeschichte – das Weltgericht*?

Pöggeler, O., "Hegels Bildungskonzeption im geschichtlichen Zusammenhang". In: *Hegel-Studien*, Bd. 15 (1980)

_____, *Hegels Kritik der Romantik*, München 1998

Puntel, L. B., *Darstellung, Methode und Struktur*, Bonn ^{2}1981

Rawls, J., *Politischer Liberalismus*, Frankfurt 1998

Rohmoser, G., "Die theologischen Voraussetzungen der Hegelschen Lehre vom Staat", in: *Heidelberger Hegel-Tage 1962* (Hegel-Studien/Beiheft 1), Bonn 1964, 239-245쪽

Schäfer, R., *Die Dialektik und ihre besonderen Formen in Hegels Logik*, Hamburg, 2000

Schelling, F.W.J., *System des transzendentalen Idealismus*, Hamburg 1957

_____, *Philosophische Untersuchungen über das Wesen der menschlichen Freiheit und die damit zusammenhängenden Gegenstände*, SW. VII. 최신한 옮김, 『인간적 자유의 본질』, 한길사 2000

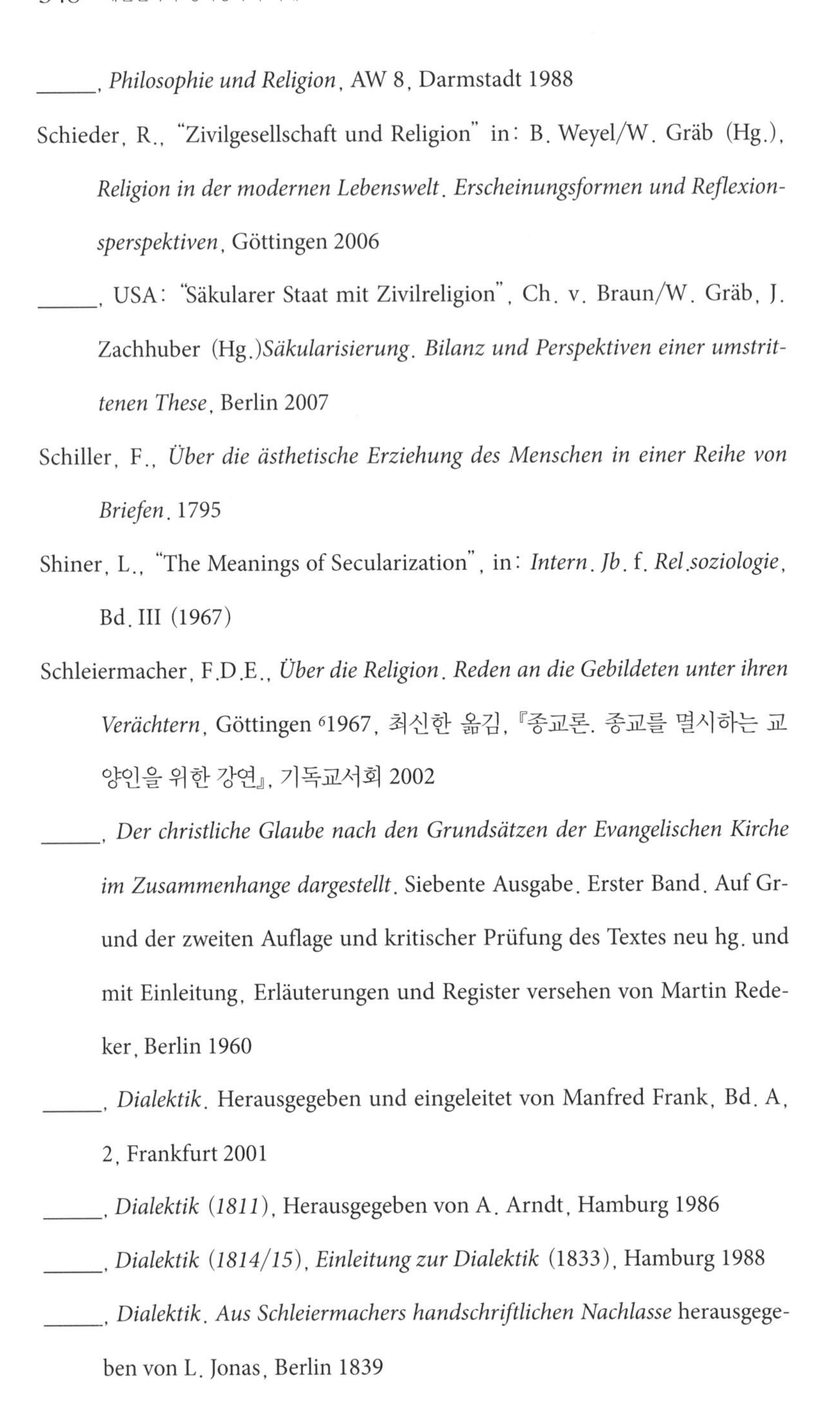

_____, *Philosophie und Religion*, AW 8, Darmstadt 1988

Schieder, R., "Zivilgesellschaft und Religion" in: B. Weyel/W. Gräb (Hg.), *Religion in der modernen Lebenswelt. Erscheinungsformen und Reflexionsperspektiven*, Göttingen 2006

_____, USA: "Säkularer Staat mit Zivilreligion", Ch. v. Braun/W. Gräb, J. Zachhuber (Hg.)*Säkularisierung. Bilanz und Perspektiven einer umstrittenen These*, Berlin 2007

Schiller, F., *Über die ästhetische Erziehung des Menschen in einer Reihe von Briefen*. 1795

Shiner, L., "The Meanings of Secularization", in: *Intern. Jb.* f. *Rel.soziologie*, Bd. III (1967)

Schleiermacher, F.D.E., *Über die Religion. Reden an die Gebildeten unter ihren Verächtern*, Göttingen [6]1967, 최신한 옮김, 『종교론. 종교를 멸시하는 교양인을 위한 강연』, 기독교서회 2002

_____, *Der christliche Glaube nach den Grundsätzen der Evangelischen Kirche im Zusammenhange dargestellt*. Siebente Ausgabe. Erster Band. Auf Grund der zweiten Auflage und kritischer Prüfung des Textes neu hg. und mit Einleitung, Erläuterungen und Register versehen von Martin Redeker, Berlin 1960

_____, *Dialektik*. Herausgegeben und eingeleitet von Manfred Frank, Bd. A, 2, Frankfurt 2001

_____, *Dialektik (1811)*, Herausgegeben von A. Arndt, Hamburg 1986

_____, *Dialektik (1814/15)*, *Einleitung zur Dialektik* (1833), Hamburg 1988

_____, *Dialektik. Aus Schleiermachers handschriftlichen Nachlasse* herausgegeben von L. Jonas, Berlin 1839

_____, *Ethik(1812/13)*, Hamburg 1981

Schmidt, H. P., "Todeserfahrung und Lebenserwartung", in: *Leben angesichts des Todes*, Tübingen 1968

Schmidt, S., *Die Konstruktion des Endlichen*, Berlin/New York, 2005

Schmied-Kowarzik, W., "Hegel und die Pädagogik". In: W. R. Beyer (Hrsg.): *Die Logik des Wissens und das Problem der Erziehung*. Nürnberger Hegel-Tage 1981. Hamburg 1981

Schmitz, H., *Hegels Logik*, Bonn 1992

Scholtz, G., "Kritik und Affirmation des Säkularisierungsbegriffs", in: ders, *Zwischen Wissenschaftsanspruch und Orientierungsbedürfnis*, Frankfurt/M. 1991

Sichirollo, L., "Zur Pädagogik Hegels". In: W. R. Beyer, *Die Logik des Wissens und das Problem der Erziehung*. Nürnberg Hegel-Tage 1981, Hamburg 1982

Siep, L., *Der Weg der Phänomenologie des Geistes*, Frankfurt/M. 2000

Splett, J., *Die Trinitätslehre G.W.F. Hegels*. Freiburg/München 1965

Stolzenberg, J., "Was ist Freiheit? Jacobis Kritik der Moralphilosophie Kants", in: W. Jaeschke/ B. Sandkaulen (Hg.), *Friedrich Heinrich Jacobi. Ein Wendepunkt der geistigen Bildung der Zeit*, Hamburg 2004

_____, "Subjektivität und Leben. Zum Verhältnis von Philosophie, Religion und Ästhetik um 1800", in: W. Baungart, G. Fuchs, M. Koch (Hg.), Ästhetische und religiöse Erfahrungen der Jahrhundertwenden I: um 1800, Paderborn/München/Wien/Zürich 1997

Teufel, E.(Hg.), *Was hält die moderne Gesellschaft zusammen?*, Frankfurt/M. 1996

Teichert, D., *Erfahrung, Erinnerung, Erkenntnis. Untersuchungen zum Wahrheitsbegriff der Hermeneutik Gadamers*, Stuttgart 1991

Theunissen, M., "Zehn Thesen über Schleiermacher heute", in: *Schleiermacher's Philosophy and the Philosophical Tradition*, ed. Sergio Sorrentino, New York 1992

Tillich, P., *The Protestant Era*, Chicago 1948

Utz, K., "Absolute Methode?", in: A. F. Koch/A. O. K. Utz (Hg.), *Der Begriff als Wahrheit. Zum Anspruch der Hegelschen Subjektiven Logik*, Paderborn/München/Wien/Zürich 2003

van Dooren, W., "Bildung, Erziehung, Pädagogik". In: *Hegel-Jahrbuch*, 1973

Vattimo, G., "Die Spur der Spur", in: J. Derrida/G. Vattimo (Hg.), *Die Religion*, Frankfurt/M. 2001

Wagner, F., *Der Gedanke der Persönlichkeit Gottes bei Fichte und Hegel*, Gütersloh 1971

_____, "Philosophisch begriffene christliche Religion zwischen Voll-Endung und Umformung", in: A. Franz, W.G. Jacobs, *Religion und Gott im Denken der Neuzeit*, Paderborn/München/Wien/Zürich 2000

_____, *Was ist Religion? Studien zu ihrem Begriff und Thema in Geschichte und Gegenwart*, Gütersloh 1986

v. Weizsäcker, C. F., "Ethische und politische Probleme des Atomzeitalters", in: *Außenpolitik*, Mai 1958

Wittgenstein, L., *Tractatus Logico-Philosophicus*, London 1981

수록문 출처

제1장 사랑의 형이상학: 「헤겔의 사랑의 형이상학」, 『영원을 향한 철학. 장욱 교수 퇴임기념 논문집』, 동과서, 2004, pp.447-469

제2장 양심의 변증법: 「헤겔, 야코비, 양심의 변증법」, 『해석학연구』, 제21집, 한국해석학회, 2008, pp.85-109

제3장 도야와 문화의 변증법: 「헤겔」, 『위대한 교육사상가들 III』, 교육과학사, 1999, pp.403-434

제4장 삶과 죽음의 변증법: 「삶 속의 죽음, 죽음 속의 삶」, 『목요철학』 제10호, 2012, pp.75-103

제5장 '신은 죽었다'는 말의 콤플렉스: 「형이상학의 현주소와 죽음의 문제」, 『동서철학연구』, 제22호, 2001, pp.267-287

제6장 형이상학의 죽음과 내용의 논리학: 「헤겔과 슐라이어마허. 재조명」, 『헤겔연구』, 제34호, pp.175-195

제7장 세속화의 변증법: 「세속화의 변증법」, 『동서철학연구』, 제31호, pp.123-140

제8장 종교의 현주소: 「종교의 현주소: 세속화의 대상인가, 새로운 의미의 근원인가」, 『현대문화와 철학의 새지평』, 철학과 현실사, 2005, pp.205-227

제9장 종교의 객관성과 체계 사유: 「헤겔의 삼위일체론」, 『기독교사상』, 제487호, 1997/7, pp.90-111

제10장 예술종교와 진리의 역사성: 「헤겔과 가다머의 예술종교 개념과 진리의

역사성」, 『해석학연구』, 제17집, 2006, pp.103-134

제11장 후기세속사회의 종교담론: 「후기세속사회의 종교담론과 시민종교」, 『헤겔연구』, 제33호, 2013, pp.193-213

제12장 형이상학의 미래와 새로운 신화학: 「형이상학의 미래와 새로운 신화학」, 『21세기 학문의 전망과 과제』, 형설출판사, 1999, pp.301-325

찾아보기

|ㅈ|